会计 出纳 税务 财务报表 从入门到精通

崔婕　杨南　编著

清华大学出版社

北　京

内 容 简 介

本书是专门面向财务和会计人员的知识手册，从会计、出纳和税务等不同侧面介绍财务从业者必须掌握的专业知识。书中详细介绍了会计、出纳的账务处理、纳税等日常工作内容，并配以大量的经典案例与图表，不仅为会计人员提供工作指南，更展现了实际工作的步骤、方法、细节和技巧。

本书有助于财务工作者快速掌握专业知识，迅速进入工作状态，成为企业需要的会计人才。

图书在版编目(CIP)数据

会计 出纳 税务 财务报表 从入门到精通 / 崔婕，杨南 编著. —北京：清华大学出版社，2019
（2023.5 重印）

ISBN 978-7-302-52203-4

Ⅰ．①会… Ⅱ．①崔… ②杨… Ⅲ．①会计学—基本知识 ②出纳—基本知识 ③税收管理—基本知识 ④会计报表—基本知识 Ⅳ．①F23 ②F810.423

中国版本图书馆 CIP 数据核字(2019)第 013081 号

责任编辑：胡辰浩　高晓晴
封面设计：周晓亮
版式设计：孔祥峰
责任校对：成凤进
责任印制：丛怀宇

出版发行：清华大学出版社
　　　　　网　　　址：http://www.tup.com.cn，http://www.wqbook.com
　　　　　地　　　址：北京清华大学学研大厦 A 座　　邮　　编：100084
　　　　　社 总 机：010-83470000　　　　　　　邮　　购：010-62786544
　　　　　投稿与读者服务：010-62776969，c-service@tup.tsinghua.edu.cn
　　　　　质 量 反 馈：010-62772015，zhiliang@tup.tsinghua.edu.cn
印 装 者：三河市龙大印装有限公司
经　　销：全国新华书店
开　　本：185mm×260mm　　印　　张：26.5　　　字　　数：678 千字
版　　次：2019 年 8 月第 1 版　　印　　次：2023 年 5 月第 9 次印刷
定　　价：98.00 元

产品编号：078203-01

前 言

财会工作质量的高低，影响着输出会计信息质量的优劣，进一步影响会计信息使用者的各种决策行为。基于财会工作的重要性，我们编写了这本能够帮助读者掌握财务工作要领的知识手册。财会工作涉及的内容庞杂，在综合考虑财会工作多样性的基础上，本书从会计、出纳、账务处理和纳税申报四个方面对会计日常工作的内容进行详细讲解。

第 1 篇，会计基础工作篇(1~5章)。本篇以基础会计核算工作为主线，在读者对会计工作有了基本认识的基础上，对建账、凭证填制、登记账簿工作进行全面的梳理、讲解。

第 2 篇，出纳工作篇(6~10章)。本篇带领读者认识出纳工作的基本内容，使读者掌握现金、银行存款管理的相关工作，以及对各种结算方式的运用。

第 3 篇，账务处理篇(11~15章)。本篇对企业日常经济活动的账务处理进行全面讲解，并介绍了财务报表的编制。

第 4 篇，纳税工作篇(16~21章)。本篇分别对增值税、消费税、企业所得税等多个税种做了充分的理论分析，并附以详细的纳税申报实务演示步骤。

本书内容紧扣最新的会计准则和税法规定，以浅显的理论讲解、详细的实务操作、生动的案例、丰富的图表演示，使读者全面、快速、透彻掌握必备的财会技能。

本书是多人智慧的集成，具体写作分工为：崔婕编写第1、16章；丛路扬编写第2、3、4、5章；程静编写第6、7、8、9、10章；宋丽编写第11、12、13、14、15章；杨南编写第17、18、19、20章；潘王涛编写第21章。除以上作者外，参与本书编写的还有穆乐福、高光辉、董帅、付强、毕鹏翾、范新安、何保国、宁震霖、游雅娟、任丽丽、贾跃杰、任运成、高晓红、孙成洪、李永利、秦文传、陈红、张勇超、宗世龙、张玉冉和董文燕等，在此一并表示感谢。

在本书的编写过程中，参考了一些相关著作和文献，在此向这些文献的作者深表感谢。因作者水平所限，书中可能会因考虑不周而存在这样或那样的问题，欢迎广大读者批评指正。我们的信箱是huchenhao@263.net，电话是010-62796045。

作 者

2019年4月

目　录

第1篇

会计基础工作篇

　　会计的产生源于人类社会生产实践和经济管理客观需要，其最基本的工作便是通过确认、计量、记录和报告，从数量方面反映企事业单位已经发生或完成的各项经济活动。本篇将对会计基础工作进行介绍，让读者了解实务中会计的主要工作内容，掌握会计的概念和基本理论，具备编制会计凭证、建账以及登记会计账簿等技能，以便更好地在会计实务中开展工作。

❑　第1章　会计基础知识概述
❑　第2章　会计工作涉及的内容
❑　第3章　会计核算工作的起点：填审会计凭证
❑　第4章　登记账簿的前提：建账
❑　第5章　会计核算工作的中间环节：登记账簿

第1章 会计基础知识概述

会计是什么？会计要干什么？本章通过介绍会计的定义、发展史、会计实务中的工作流程，以及会计人员的法律责任和岗位要求等，来回答这个问题。通过学习本章的内容，可以了解会计工作的有关内容、理解会计人员应具备的职业素质，明确会计人员的责任。

1.1 会计是怎么来的

会计是人类社会生产经营活动发展的必然产物。生产活动一方面创造物质财富；另一方面会发生劳动耗费，为了实现价值增值，人们总是希望用有限的物质资源创造出尽可能多的物质财富，由此人类便产生了对劳动成果和劳动耗费进行记录的需求。

在人类社会发展初期，社会生产力极其低下，对生产活动的记录也极为简单，即由生产者在生产之余附带地把收入、支出等事项加以记载，它只是生产职能的附带管理工作。原始社会末期，生产力得到了发展，剩余产品出现，对生产活动的记录、计算日益迫切，会计的管理职能逐渐从生产职能中分离出来，产生了专门记录和计算经济活动过程中所得和所费的会计。会计成为一项独立的活动，这标志着会计的诞生。

1.1.1 会计的发展

在历史的长河中，会计的发展大致经历了古代会计、近代会计和现代会计三个主要阶段。

1. 古代会计

习惯上将15世纪以前的会计称为古代会计，它是以官厅会计为主，主要是服务于奴隶主和封建皇(王)室赋税征收、财政支出以及财产保管的会计。

2. 近代会计

近代会计是从运用复式簿记开始的，复式簿记系统的产生是会计发展史上的里程碑。复式簿记系统表面上提供了一系列科学的会计概念，如日记账、分类账、对账和试算平衡。实际上，它不仅提供了一系列科学的会计概念，如资本、成本、收益和盈利等，还创造出资本主义"企业"的概念，会计主体的概念由此逐渐确定。

3. 现代会计

现代会计是20世纪50年代以后，在发达的市场经济国家发展起来的。这一阶段的主要特征是：一方面，传统会计工艺与现代电子计算和信息技术相结合，会计由手工簿记系统发展到数据处理系统和网络系统；另一方面，会计的理论和方法随着企业内部和企业外部对会计信息要求的不同而分化为财务会计(对外报告会计)和管理会计(对内报告会计)，同时介于二者之间的成本会计也被当作一个相对独立的领域提出来。另外，又产生和发展了新的会计领域，如人力资源会计、通货膨胀会计、现值会计、资本成本会计、国际会计等。

1.1.2 我国会计发展史

1. 中国古代会计的发展

在我国，会计发展也经历了一个漫长的过程。

据《周礼》记载，早在西周时期，我国就已经建立起一套完整的会计工作组织系统，并建立了定期会计报表制度、专仓出纳制度、财物稽核制度等。

唐宋时期，"四柱清册法"的创建和运用，为我国会计收付记账法奠定了理论基础。其中，四柱之间的关系可以表示为"旧管+新收=开出+实在"，其含义相当于现代会计中的"期初余额+本期增加=本期减少+期末结存"。

明末清初，我国出现了复式记账法的早期形态——"龙门账"，尽管当时"龙门账"还不成熟，但它标志着我国复式簿记的开始。清朝后期，在"龙门账"的基础上逐渐形成了比较成熟的复式簿记——"四脚账"。

从18世纪中叶起，中国落后于西方国家，自此，文明古国会计占主导地位的时代过去了。

2. 中华人民共和国成立后会计的发展

中华人民共和国成立后，特别是改革开放以后，我国会计行业在吸收西方会计精华的同时，自身也取得了长足的发展。我国于1992年11月制定了第一个企业会计准则，之后又陆续制定了16个具体会计准则。我国在发布和实施会计准则的同时，还在2000年制定了与国际会计准则基本协调的企业会计制度，进而形成了国际上少有的"准则"和"制度"并行的会计规则结构。随着经济全球化的发展，中国的会计走向国际化已成为共识。2006年2月15日发布的新《企业会计准则》完善了我国企业会计准则体系，该准则由1项基本准则、38项具体准则和应用指南构成，标志着我国企业财务会计进入了一个与国际会计惯例趋同的新时期。

1.2 会计是干什么的

1.2.1 会计的代表性理论与定义

1. 会计的代表性理论

从20世纪50年代以来，人们对会计的定义有着不同的认识，曾先后提出过以下几种代表性的主张：一是工具论，即把会计定义为管理经济的一种工具；二是方法论，即把会计定义为反映和监督经济活动过程及其结果的一种方法；三是技术论，即把会计定义为用货币形式对经济业务事项进行记录和报告的一种应用技术；四是艺术论，即把会计定义为用货币形式记录、报告并解释经济业务事项及其结果的一门艺术；五是管理活动论，即把会计定义为经济管理的重要组成部分，是对经济活动进行系统核算和监督的一种管理活动；六是信息系统论，即把会计定义为旨在提高单位的经济效益，加强经济管理而建立的一个以提供财务信息为主的经济信息系统；七是控制系统论，即把会计定义为以认定受托责任为目的，以决策为手段，对一个实体的经济事项进行分类、记录、汇总、传达的控制系统。

以上各种观点中，在我国具有较大影响的是信息系统论和管理活动论，通常被认为是关于会计本质问题的两大基本观点和代表性主张。

1) 信息系统论

信息系统论将会计的本质定义为一个信息系统，这是西方国家较为流行的认识，在国际会计界也比较被认可。例如，美国会计学会、美国注册会计师协会所属的会计原则委员会在20世纪60年代和70年代发布的相关文告中都曾有过类似的定义。20世纪80年代初期，我国学者在接受这一基本观念的基础上，进一步明确地将会计定义为：旨在提高经济效益，加强经济管理，而在每个企业、事业、行政等单位建立的一个以提供财务信息为主的经济信息系统。该观点认为，会计的目标是提供经济决策所需的会计信息，处理的对象是关于价值运动的完整信息，"会计不仅是一个系统，而且是一个信息系统，为了区别于其他类型的信息系统，可称之为会计信息系统"，会计信息系统是企业管理系统中最大和最普及的子系统。

2) 管理活动论

管理活动论是20世纪70年代末、80年代初我国学者最早提出的。该观点认为，会计提供信息只是手段，不是目的，会计的目的是借助这些手段参与经济管理，"会计这一社会现象属于管理范畴，是人的一种管理活动……会计的职能总是通过会计工作者从事的多种形式的管理活动而实现的"，因而会计是经济管理的重要组成部分，是讲求经济效益的一种管理活动。

近年来，随着会计理论研究的不断深化，也有学者认为，以上两种理论的基本观点是一致的，有着共同的内涵，仅是认识问题的方法和角度不同而已：前者是将会计视为一个系统予以论证，强调会计是一个经济信息系统，同时也承认会计是经济管理系统的一个组成部分；后者是将会计视为一项工作予以研究，强调会计的本质是一种经济管理活动，同时也承认会计信息系统的存在及作用。两大观点并不是根本冲突的。从我国目前制定的会计相关规范来看，较大程度地接受了信息系统论的基本思想和主张。

2. 会计的定义

从会计的根本目的和会计工作的实际出发，可以将会计概括描述为：以货币为主要计量单位，采用专门的方法和程序，对特定主体的经济活动进行完整、连续、系统地核算和监督，据以向信息使用者提供有用的会计信息，满足其管理与决策需要的一个经济信息系统，是经济管理的重要组成部分。

会计的这一表述大体涵盖了几个方面的重要特征：以货币为主要计量单位是会计的本质特征之一；特定主体的经济活动是会计核算与监督的对象；完整、连续、系统体现了会计核算的重要特点；核算和监督是会计的基本职能；提供有用的会计信息，满足信息使用者管理与决策需要是会计的目标。会计的本质是一个经济信息系统，从系统的功能与作用看，会计也是经济管理的重要组成部分。

1.2.2 会计的工作流程及具体工作内容

1. 会计工作流程

按照国家规定的会计制度，会计工作流程就是会计人员在会计期间内，运用一定的会计方法，遵循一定的会计步骤对经济数据进行记录、计算、汇总、报告，从编制会计凭证，到登记会计账簿，再到形成会计报表的过程。通常，将这种依次发生、周而复始的以记录为主的会计处理过程称为会计循环。具体来说，会计工作流程是按照以下几个步骤循环进行的，如图1-1所示。

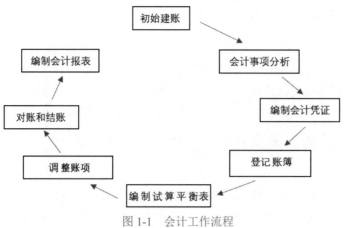

图 1-1　会计工作流程

2. 会计工作的具体内容

(1) 初始建账。建账就是根据企业具体行业要求和将来可能发生的会计业务情况，购置所需要的账簿，然后根据企业日常发生的业务情况和会计处理程序登记账簿。

(2) 会计事项分析。审核原始凭证，根据原始凭证编制记账凭证或日记账并将记账凭证或日记账计入各有关分类账中。

(3) 编制会计凭证。即对企业发生的经济业务进行确认和计量，并根据其结果，运用复式记账法编制会计分录，填写会计凭证。

(4) 登记账簿。登记账簿是指根据审核无误的原始凭证及记账凭证，按照国家统一会计制度规定的会计科目，运用复式记账法将经济业务序时地、分类地登记到账簿中去。登记账簿是会计核算工作的主要环节。

(5) 编制试算平衡表。根据总分类账试算平衡表和明细分类账试算平衡表，检查记账有无错误。

(6) 调整账项。调整账项就是将影响两个或两个以上会计期间的经济业务在会计期末进行调整，以确定权责发生制基础上的本期收入和费用。把本期收入与为获得本期收入而发生的全部成本、费用相配比，使已登记入账的收入和费用恰当地在应确认的会计期间予以确认，以便正确评估各期的经营成果。

(7) 对账和结账。在会计工作中，有时难免会发生各种各样的差错和账实不符的情况。对账的目的是保证账证相符、账账相符、账实相符，从而使期末编制会计报表的数据更真实、准确和完整。结账是指会计期末将各账户余额结清或结转下期，使各账户记录暂告段落的过程。企业的经济活动是连续不断的，经过一个会计期间的经营之后，账户发生了增减变化，为了解期末财务状况，应计算这些账户的期末余额，并结转到下期。

(8) 编制会计报表。会计报表是指在日常会计核算资料的基础上按照规定的格式、内容和方法定期编制的，综合反映企业某一特定日期财务状况和某一特定时期经营成果、现金流量状况的书面文件。

1.3 如何成为一名优秀的会计人员

从现阶段的就业情况来看，掌握会计知识的人才，他们的就业机会相对是比较宽泛的。因为他们可以帮助企业进行财务分析、战略规划、电子商务、产品可行性分析、信息技术以及财务管理，并且可以帮助企业管理者进行科学、合理的决策。所以，会计这一行业的就业前景非常乐观，从业者或即将从事这一行业的人员应该对自己的未来充满信心。

1.3.1 会计从业人员应满足的条件

1. 能力要求

会计人员在完成某项会计活动时，往往需要多种能力的组合。会计人员的业务能力主要由观察能力、记忆能力、思维能力、创新能力和操作能力这5种基本能力构成，这些能力相互联系、相互制约，在业务操作中发挥着一定的作用。单纯追求某一能力，而忽视其他能力，会导致业务能力的失衡。

(1) 观察能力。这是会计人员收集会计信息、获得对会计对象感性认识的基本能力。敏锐的观察力使会计人员能够利用经济业务表面上微不足道的线索取得显著的会计成果。

(2) 记忆能力。会计专业知识既多且杂，需要会计从业人员有较好的记忆力。会计人员在处理会计业务时所应用的方法大都来自所掌握的会计知识，一个优秀的会计人员能迅速找到自己所需要的业务处理方式。随着经济发展的速度不断加快，会计政策不断变更，这更要求会计人员具有良好的记忆能力。

(3) 思维能力。在整个会计工作过程中，思维能力起着指导和调节的作用，对会计工作质量控制有着重要的影响。思维能力要求会计人员具有丰富的知识和经验，一个人在某方面的知识越丰富，技能技巧越熟练，思路就越灵活，判断就越准确。此外，有丰富经验的会计人员对会计事实的判断力强，得出的会计结论更贴近事实。

(4) 创新能力。创新能力是对财务人员提出的较高要求，它要求财务人员能在企业现行条件下，通过企业或集团的财务报表发现企业新的盈利点，为企业创造更大的利润。此外，创新能力也体现在财务人员能够不断创新企业财务制度、政策，以及财务人员培养等方面。

(5) 操作能力。企业要求会计人员必须具备一定的操作能力，一是要求财务人员能够结合最新的财务政策、税收政策、减免税政策，通过新经济动态，确定企业的未来走向；二是要对会计法和税法有系统的认识，在企业的实际运行中给出合理的建议，增加企业的盈利能力；三是对企业管理有一定认识，结合企业规划合理地做出财务预测、财务决策。

2. 素质要求

会计人才区别于一般人才的地方不仅是会记账、算账、报账，更要参与决策和管理，掌握宏观经济、企业管理、法律、行政等学科的知识。同时，必须具备良好的自律能力、职业道德和心理素质。

1.3.2 会计人员的职业道德

会计职业道德，是指会计人员在其特定的会计工作中各种行为规范的总和，即会计人员在履行职能活动中应当具备的道德品质。根据《会计基础工作规范》的要求，我国会计人员的职业道德规范主要包括如下内容。

1. 爱岗敬业

会计人员应当热爱本职工作，只有热爱自己的工作，才能有动力钻研业务，不断提高自己的专业知识和业务水平，为做好本职工作尽心尽力，尽职尽责。会计岗位的特殊性决定了会计人员必须有高度的责任感和纪律性，严格遵守财经法规和核算规程，树立良好的职业品质和职业道德。

2. 客观公正

会计人员在办理会计事项时，要坚持实事求是、客观公正的原则。这是会计人员遵守职业道德最重要的评价标准。开展会计工作时要端正态度，依法办事，做到如实反映、可靠记录、准确计量、不做假账；履行会计职能时要公平公正、保持应有的独立性。

3. 依法办事

会计人员要熟悉国家法律、法规、会计准则和会计制度，并严格按照各项法律法规的要求进行会计核算和监督。保证所提供的会计信息合法、真实、准确、及时、完整。

4. 保守秘密

会计人员应当保守本单位的商业秘密。会计部门是一个综合的管理机构，与其他管理部门之间有着密切的联系，会计信息涵盖了一个企业从资金筹集、对外投资、物资采购、产品生产、市场销售到利润分配的每一个环节，所涉及的成本管理、利润构成、投资决策、营销策略乃至员工的薪酬制度等会计信息都属于企业的商业秘密，会计人员不得擅自对外公布和透露。

1.3.3 会计人员的法律责任

会计人员的法律责任，是指会计人员违反会计法律规定的行为应当承担的法律后果。《中华人民共和国会计法》(以下简称《会计法》)规定了两种责任形式：一是行政责任；二是刑事责任。

1. 对于违反《会计法》关于会计核算规定的处罚

发生下列行为之一者属于违法行为：不依法设置会计账簿；私设会计账簿；未按照规定填制、取得原始凭证或者填制、取得的原始凭证不符合规定；以未经审核的会计凭证为依据登记会计账簿；随意变更会计处理方法；向不同的会计资料使用者提供的财务会计报告编制依据不一致；未按照规定使用会计记录文字或者记账本位币；未按照规定保管会计档案，致使其毁损、灭失；未按照规定建立并实施单位内部会计监督，或者拒绝依法实施监督；不如实提供会计资料及有关情况；任用会计人员不符合《会计法》规定。

上述违法行为将由县级以上人民政府财政部门责令限期改正，并视情节轻重进行如下处罚：对单位处以3 000元以上50 000元以下的罚款；对直接负责的主管人员和其他直接责任人员，处以2 000元以上20 000元以下的罚款；属于国家工作人员的，由其所在单位或者有关单位依法给予行政处分；构成犯罪的，依法追究刑事责任。会计人员如有上述行为之一，情节严重的，由县级以上人民政府财政部门吊销其会计从业资格。

2. 对于伪造、变更会计凭证、会计账簿，编制虚假财务会计报告的处罚

伪造、变更会计凭证、会计账簿，编制虚假财务会计报告尚不构成犯罪的，由县级以上人民政府财政部门予以通报并做如下处理：对单位处以5 000元以上100 000元以下的罚款；对直接负责的主管人员和其他直接责任人员，处以3 000元以上50 000元以下的罚款；属于国家工作人员的，由其所在单位或者有关单位依法给予撤职直至开除的行政处分。对会计人员，由县级以上人民政府财政部门吊销其会计从业资格，如上述行为构成犯罪的，依法追究其刑事责任(包括判处有期徒刑、拘役、管制或者剥夺政治权利)。

3. 对隐匿或者故意销毁依法应当保存的会计资料的处罚

隐匿或者故意销毁依法应当保存的会计凭证、会计账簿、财务会计报告，尚不构成犯罪的，由县级以上人民政府财政部门予以通报并作如下处理：对单位处以5 000元以上100 000元以下的罚款；对直接负责的主管人员和其他直接责任人员，处以3 000元以上50 000元以下的罚款；属于国家工作人员的，由其所在单位或者有关单位依法给予撤职直至开除的行政处分。对会计人员，由县级以上人民政府财政部门吊销其会计从业资格，构成犯罪的，依法追究刑事责任。

4. 对单位负责人违反《会计法》有关规定的处罚

授意、指使、强令会计机构、会计人员和其他人员伪造、变更会计凭证、会计账簿，编制虚假财务会计报告或者隐匿、故意销毁依法应当保存的会计凭证、会计账簿、财务会计报告，构成犯罪的，依法追究刑事责任；尚不构成犯罪的，可处以5 000元以上50 000元以下的罚款；属于国家工作人员的，还应当由其所在单位或者有关单位依法给予降级、撤职、开除的行政处分。

1.4 会计部门的岗位

1.4.1 如何设置会计岗位

会计人员的工作岗位一般可分为：会计主管；出纳；资金管理；预算管理；固定资产核算；存货核算；成本核算；工资核算；往来结算；收入利润核算；税务会计；总账报表；稽核；会计电算化管理；档案管理等。

以上岗位可以一人一岗、一人多岗或一岗多人，各单位可以根据本单位的会计业务量和会计人员配备的实际情况具体确定。需要注意的是，为贯彻内部会计控制中的"账、钱、物分管"的原则，出纳人员不得兼管稽核、会计档案保管及收入、费用、债权债务账目的登记工作。对于企业的会计人员，应有计划地进行岗位轮换，以便会计人员能够比较全面地了解和熟悉各项会计工作，提高业务水平。会计人员调动工作或因故离职离岗，要将其经管的会计账目、款项和未了事项向接办人员移交清楚，并由其上级主管人员负责监交。

1.4.2 会计岗位的工作内容

1. 会计主管岗位职责

(1) 按照会计制度及有关规定，结合本单位的具体情况，主持起草本单位具体会计制度及实施办法，科学地组织会计工作，并领导、督促会计人员贯彻执行。

(2) 参与经营决策，主持制定和考核财务预算。

(3) 经常研究工作，总结经验，不断改进和完善会计工作。

(4) 组织本单位会计人员学习业务知识，提高会计人员的素质，考核会计人员的能力，合理调配会计人员的工作。

2. 出纳岗位职责

(1) 严格按照本单位的《货币资金内部会计控制实施办法》的规定，对原始凭证进行复核，办理款项收付。

(2) 办理银行结算，规范使用支票。

(3) 认真登记日记账，保证日清月结，及时查询未达账项。

(4) 保管库存现金和有关印章，登记注销支票。

(5) 审核收入凭证，及时办理销售款项的结算，督促有关部门催收销售货款。

3. 资金管理岗位职责

(1) 反映资金预算的执行及控制状况。

(2) 筹措及调度资金。

(3) 办理借贷款事项及其清偿。

(4) 办理投资业务。

(5) 记录、保管各种有价证券。

(6) 与财务调度有关的其他事项。

4. 预算管理岗位职责

(1) 编制各期资金预算。

(2) 编制及考核生产预算。

(3) 编制及控制成本费用预算。

(4) 编制及分析销售预算。

(5) 编制及执行资本预算。

(6) 处理其他与预算有关的事项。

5. 固定资产核算岗位职责

(1) 会同有关部门拟定固定资产管理与核算实施办法。

(2) 参与核定固定资产需用量，参与编制固定资产更新改造和大修理计划。

(3) 计算提取固定资产折旧、预提修理费用。

(4) 参与固定资产的清查盘点与报废。

(5) 分析固定资产的使用效果。

6. 存货核算岗位职责

(1) 会同有关部门拟定材料物资管理与核算实施办法。

(2) 审查采购计划，控制采购成本，防止盲目采购。

(3) 负责存货明细核算。对已验收入库尚未付款的材料，月终要估价入账。

(4) 配合有关部门制订材料消耗定额，编制材料计划成本目录。

(5) 参与库存盘点，处理清查账务。

(6) 分析储备情况，防止呆滞积压。对于超过正常储备和长期呆滞积压的存货，要分析原因，提出处理意见和建议，督促有关部门处理。

7. 成本核算岗位职责

(1) 核对各项原材料、物品、产成品、在产品入库领用事项及收付金额。

(2) 编制材料领用转账凭证。

(3) 审核委托及受托外单位加工事项。

(4) 计算生产与销售成本及各项费用。

(5) 进行成本、费用的分配及账目之间的调整。

(6) 分析比较销售成本，做好成本日常控制。

(7) 进行内部成本核算及业绩考核。

(8) 编制公司有关成本报表。

(9) 其他与成本核算、分析、控制有关的事项。

8. 工资核算岗位职责

(1) 审核有关工资的原始单据，办理代扣款项(包括计算个人所得税、住房基金、劳保基金、失业保险金等)。

(2) 按照人事部门提供的工资分配表，填制记账凭证。

(3) 协助出纳人员发放工资。工资发放完毕后，要及时将工资和奖金计算明细表附在记账凭证后或单独装订成册，并注明记账凭证编号，妥善保管。

(4) 计提应付福利费和工会经费，并进行账务处理。

9. 往来结算岗位职责

(1) 执行往来结算清算办法，防止坏账损失。对购销业务以外的暂收、暂付、应收、应付、备用金等债权债务及往来款项，要严格清算手续，加强管理，及时清算。

(2) 办理往来款项的结算业务。对购销业务以外的各种应收、暂付款项，要及时催收结算；应付、暂收款项，要抓紧清偿。对确实无法收回的应收账款和无法支付的应付账款，应查明原因，按照规定报经批准后处理。实行备用金制度的公司，要核定备用金定额，及时办理领用和报销手续，加强管理。对预借的差旅费，要督促及时办理报销手续，收回余额，不得拖欠，不准挪用。

(3) 负责往来结算的明细核算。对购销业务以外的各项往来款项，要按照单位和个人分户设置明细账，根据审核后的记账凭证逐笔登记，并经常核对余额。年终要抄列清单，并向领导或有关部门报告。

10. 收入利润核算岗位职责

(1) 负责销售核算，核实销售往来。根据销货发票等有关凭证，正确计算销售收入以及劳务等其他各项收入，按照国家有关规定计算税金。经常核对库存商品的账面余额和实际库存数，核对销货往来明细账，做到账实相符，账账相符。

(2) 计算与分析利润计划的完成情况，督促实现目标。

(3) 建立投资台账，按期计算收益。

(4) 结转收入、成本与费用，严格审查营业外支出，正确核算利润。对公司所得税有影响的项目，应注意调整应纳税所得额。

(5) 按规定计算利润和利润分配，计算应缴所得税。

(6) 结账时的调整业务处理。

11. 税务会计岗位职责

(1) 办理公司税务的缴纳、查对、复核等事项。

(2) 办理有关的免税申请及退税冲账等事项。

(3) 办理税务登记及变更等有关事项。

(4) 编制有关的税务报表及相关分析报告。

(5) 办理其他与税务有关的事项。

12. 总账报表岗位职责

(1) 负责保管总账和明细账，年底按会计档案的要求整理与装订总账及明细账。

(2) 编制会计报表并进行分析，写出综合分析报告。

(3) 负责其他与账务处理有关的事项。

13. 稽核岗位职责

(1) 审查财务收支。根据财务收支计划和财务会计制度逐笔审核各项收支，对计划外或不符合规定的收支提出意见，并向领导汇报，采取措施，进行处理。

(2) 复核各种记账凭证。复核凭证是否合法，内容是否真实，手续是否完备，数字是否正确，记账分录是否符合制度规定。

(3) 对账簿记录进行抽查，看其是否符合要求。并将计算机中的数据与会计凭证进行核对。

(4) 复核各种会计报表是否符合制度规定的编报要求。复核中发现问题和差错，应通知有关人员查明、更正和处理。稽核人员要对审核签署的凭证、账簿和报表负责。

14. 会计电算化管理岗位职责

(1) 负责协调计算机及会计软件系统的运行工作。

(2) 掌握计算机的性能和财务软件的特点，负责财务软件的升级与开发。

(3) 对计算机的文件进行日常整理，对财务数据盘进行备份，妥善保管。

(4) 监督计算机及会计软件系统的运行，防止利用计算机进行舞弊。

(5) 经常进行杀毒、升级工作，保证计算机的正常使用。

15. 档案管理岗位职责

档案管理岗位的职责，是依据《会计档案管理办法》的规定，建立会计档案的立卷、归档、保管、查阅和销毁等管理制度，保证会计档案妥善保管、有序存放、方便查阅、严防毁损、散失和泄密。

1.4.3　会计岗位的设置要求

1. 根据本单位会计业务的需要设置会计工作岗位

各单位会计工作岗位的设置应与本单位业务活动的规模、特点和管理要求相适应。通常，业务活动规模大、业务过程复杂、经济业务量较多、管理较严格的单位，会计机构会相应较大，会计机构内部的分工会相对较细，会计人员和岗位也比较多；相反，业务活动规模小、业务过程简单、经济业务量较少、管理要求不高的单位，会计机构相应较小，会计机构内部的分工会相对较粗，会计人员和岗位也较少，因此，会计岗位可以一人一岗、一人多岗或者一岗多人。一般而言，小型企业大都"一人一岗"和"一人多岗"，而大、中型企业"一岗多人"的情况则比较普遍。

2. 符合内部牵制制度的要求

会计机构内部牵制制度也称为会计责任分离，即传统的"钱账分管"制度。内部牵制制度是指凡涉及款项或者财务的收付、结算以及登记工作，必须由两人或者两人以上分工办理，以相互制约的工作制度。在一个单位中，会计的舞弊行为大多牵涉对现金的贪污、挪用，所以，会计机构内部牵制制度的目的主要是保证货币资产的安全。根据规定，出纳人员不得兼管稽核，会计档案保管，以及收入、支出、费用、债权债务账目的登记工作，这是会计机构内部牵制制度最基本的要求，因为出纳人员是各单位专门从事货币资金收付业务的人员，根据复式记账原则，每发生一笔货币资金收付业务，都要登记收入、费用或者债权、债务等有关账簿，如果这些账簿登记工作都由出纳人员一人承担，将会给贪污舞弊行为以可乘之机。同样，为防止利用抽换单据、涂改记录等手段进行舞弊，稽核、会计档案保管工作也不得由出纳人员担任。

第 2 章　会计工作涉及的内容

本章主要介绍了会计的基础理论知识，包括会计对象、会计要素、会计假设、会计核算方法，以及会计科目和会计账户。通过学习本章的内容，使读者了解会计在实际工作中要运用的理论知识，理解会计人员运用哪些方法对会计对象进行核算和监督，为下面章节的学习打下基础。

2.1　会计对象与会计要素

2.1.1　会计对象

1. 会计对象的含义

会计对象是指会计核算和监督的内容。其范畴为凡是特定主体能够以货币表现的经济活动，都是会计核算和监督的内容，也就是会计的对象。因此，从宏观上来说，会计对象是企业在生产过程中的资金运动；从微观上来说，会计对象是一个单位能够用货币表现的经济活动，而以货币表现的经济活动通常又称为资金运动。

2. 不同行业的会计对象

1) 工业企业的会计对象

工业企业的会计对象是工业企业的资金运动，具体表现为资金的投入、资金的运用和资金的退出过程。

(1) 资金的投入是以筹集到能够满足生产经营所需的资金为前提。企业资金的筹集有两种方式：一种是所有者投入的资金；另一种是向债权人借入的资金。前者属于企业所有者权益，后者属于企业债权人的权益。企业从所有者、债权人那里筹集来的资金按照不同的资金占用形态表现为现金、原材料、厂房和机器设备等，而这些资金占用形态正是生产的前提条件。

(2) 资金的运用是将所筹集的资金合理地分布在工业企业的供应、生产和销售三个阶段，以便生产连续不断地进行，进而使企业资金不断地循环和周转，为企业取得利润，为国家上缴税金。具体过程为：①在供应过程中，企业用货币资金购买各种材料形成生产储备，资金就从货币资金形态转化为储备资金形态；②工业企业的生产过程就是产品的制造过程，产品的制造需要劳动者借助于劳动手段对劳动对象进行加工，从而发生材料耗费、人工耗费、固定资产折旧以及其他费用，这样，资金就从货币资金、固定资金转化为生产资金，即占用在在产品上的资金，在产品加工完毕、验收入库后就形成了产成品资金，而产成品成本就是由前述的直接材料费、直接人工费和其他直接费用(固定资产折旧等)所构成；③在销售过程中，企业将验收入库的合格产品按既定的价格条件对外销售并收回货币资金,这样,资金就又从产成品资金转化为货币资金。企业资金从货币资金开始,顺次经过供应、生产和销售三个阶段,资金形态依次由货币转化为储备资金、生产资金和产成品资金,最后又转化为货币资金的过程称为资金的循环。随着生产经营过程不断进行,资金周而复始的循环称作资金的周转。当然,资金的循环和周转一般都是在扩大规模的基础上进行的。这是因为企业通过销售取得的货币资金在数额上要大于投入(垫支)的货币资金,该资金扣除应上缴的税金和应付利润外,又在补偿资金的基础上加上企业的留存收益,从货币资金开始新的循环和周转。

(3) 资金的退出是指企业将验收入库的合格产品根据既定的销售策略销售出去,收回的款项一部分用来偿还各种债务,一部分用来上缴各种应交税费,还有一部分要按照合同或协议向投资者分配利润,其余部分重新开始企业资金的循环和周转。用来偿还债务的资金、上缴的应交税费和向投资者分配的利润等一旦离开企业,则退出企业资金的循环和周转。

上述资金运动的三个阶段,是一个动静结合、相互联系、相互制约的统一体,没有资金的投入,就不会有资金的循环和周转;没有资金的循环和周转,就不会有资金的退出和新一轮资金的投入;而没有资金的退出和新一轮资金的投入,就不会有企业的长足发展。

工业企业的会计对象(资金运动)如图2-1所示。

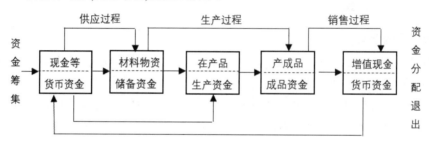

图 2-1　工业企业的会计对象

2) 商品流通企业的会计对象

商品流通企业是指通过购销活动,组织商品流通、满足市场需要并获取收益的经济实体。商品流通企业在组织商品流通过程中主要的经济活动是从事商品购进、商品储存和商品销售。

(1) 商品购进,是指商品流通企业根据市场的需求,为获取既定的利润,通过货币结算取得商品所有权的交易行为。

(2) 商品储存,是指商品流通企业为了满足市场的需求,保证不间断供应而经常保持必要且合理的商品储备。

(3) 商品销售,是指商品流通企业根据既定的价格,采用积极、有效的促销措施,通过货币结算出售商品的交易行为。

商品流通企业资金的循环和周转只经过商品购进与商品销售两个过程。在商品购进过程中,用货币资金购进商品并储备,货币资金就转化为商品资金;在商品销售过程中,出售商品取得销售收入,商品资金又转化为货币资金。当然,商品流通企业资金的循环和周转也要依赖资金投入,也涉及资金的退出,因为与工业企业的资金投入和退出相似,所以在此不再赘述。

商品流通企业的会计对象(资金运动)如图2-2所示。

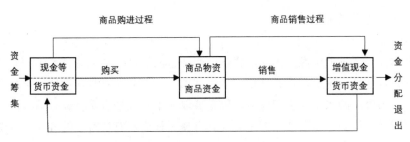

图 2-2　商品流通企业的会计对象

3) 行政事业单位的会计对象

行政事业单位是指国家行政机关，权力机关，司法机关，各党派团体组织、机构，以及科研、教育、文化、医疗等单位。行政事业单位的会计对象的具体内容与企业不同，它的经济活动是在执行国家预算过程中的预算收入和预算支出，因而其会计对象就可以概括为社会再生产过程中的预算资金的收入和支出。

行政事业单位的会计对象(资金运动)如图2-3所示。

预算收入		预算支出
货币资金	→	行政事业费用

图 2-3　行政事业单位的会计对象

4) 国际贸易核算的会计对象

国际贸易核算的会计对象与国内贸易核算的会计对象相比具有范围不同、适用货币不同、汇兑损益不同、适用法律不同等区别。因此，国际贸易会计除具有国内贸易会计的各种要素外，还具有复式记账、确认汇兑损益和出口退(免)税等特点。

国际贸易核算的会计对象如图2-4所示。

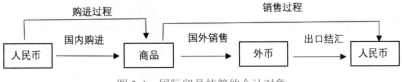

图 2-4　国际贸易核算的会计对象

2.1.2　会计要素

我国的《企业会计准则——基本准则》和《企业会计制度》严格定义了资产、负债、所有者权益、收入、费用和利润六大要素。这六大会计要素又可分为两大类，即反映财务状况的会计要素(又称资产负债表要素)和反映经营成果的会计要素(又称利润表要素)。其中，反映财务状况的会计要素包括资产、负债和所有者权益；反映经营成果的会计要素包括收入、费用和利润。下面将详细阐述各会计要素的具体内容。

1. 资产

资产是指企业过去的交易或事项形成并由企业拥有或控制的，预期会给企业带来经济利益的资源。它包括各种财产、债权和其他权利，是企业生产经营活动持续下去的物质基础。

1) 资产的特征

资产具有以下几个基本特征。

(1) 资产是由过去的交易或事项形成。也就是说，"过去发生"原则在资产的定义中占有举足轻重的地位，这也是传统会计的一个显著特点。至于未来交易或事项及未发生的交易或事项可能产生的结果，则不属于现实的资产，不得作为资产确认。如计划中的商品采购，因经济业务尚未实际进行，则不能确认为资产。

(2) 资产必须为某一特定主体所拥有或控制。这是因为，会计并不计量所有资源，而仅计量在某一会计主体控制之下的资源。因此，会计中所计量的资产应该或者说必须归属于某一特定的主体，即具有排他性。这里，拥有是指企业对某项资产拥有所有权，而控制则是指企业实质上已经掌握了某项资产的未来收益和风险，但是目前并不对其拥有所有权。前者泛指企业的各种财产、债权和其他权利，而后者则指企业只具有使用权而没有所有权的各项经济资源，如企业租入的固定资产。

(3) 与资产有关的经济利益很可能流入企业。即资产单独或与企业的其他要素结合起来，预期能够产生直接或间接的净现金流入，这是资产的本质所在。按照这一特征，判断一个项目是否构成资产，一定要看它是否潜存着未来的经济利益。只有那些潜存着未来经济利益的项目才能构成资产。

2) 资产的分类

资产按流动性进行分类，可以分为流动性资产和非流动性资产，如图2-5所示。

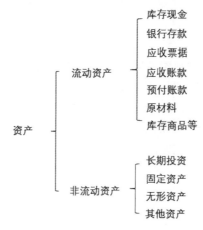

图 2-5　资产的分类

(1) 流动资产，是指可以在1年内或者超过1年的1个营业周期内变现或者耗用的资产，包括库存现金、银行存款、短期投资、应收及预付款项、待摊费用、存货等。

(2) 非流动资产，是指不能在1年或者超过1年的一个营业周期内变现或者耗用的资产，主要包括持有到期投资、长期应收款、长期股权投资、工程物资、投资性房地产、固定资产、在建工程、无形资产、长期待摊费用、可供出售金融资产等。

2. 负债

负债是指由于过去的交易、事项所形成的现时义务，履行该义务预期将会导致企业经济利益的流出。如果把资产理解为企业的权利，那么负债就可以理解为企业所承担的义务。

1) 负债的特征

(1) 负债是企业承担的现时义务。

(2) 负债预期会导致经济利益流出企业。

(3) 负债是由企业过去的交易或者事项形成的。

另外，与该义务有关的经济利益很可能流出企业，并且未来流出的经济利益的金额能够可靠地计量。

2) 负债的分类

按照流动性或偿还时间的长短，负债可分为短期负债和长期负债，如图2-6所示。

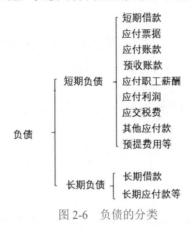

图 2-6　负债的分类

(1) 短期负债，是指将在1年(含1年)或者超过1年的一个营业周期内偿还的债务，包括短期借款、应付票据、应付账款、预收账款、应付职工薪酬、应付利润、应交税费、其他应付款、预提费用等。

(2) 长期负债，是指偿还期在1年或者超过1年的一个营业周期以上的债务，包括长期借款、长期应付款等。

3. 所有者权益

1) 所有者权益的特征

所有者权益是指企业资产扣除负债后，由所有者享有的剩余权益。所有者权益的来源包括所有者投入的资本、直接计入所有者权益的利得和损失、留存收益等，通常由股本(或实收资本)、资本公积(含股本溢价或资本溢价、其他资本公积)、盈余公积和未分配利润构成。

所有者权益就是投资者对企业净资产的所有权，又称为股东权益。所有者权益是所有者对企业剩余资产的索取权。

2) 所有者权益的分类

所有者权益主要由实收资本、资本公积、盈余公积和未分配利润构成，如图2-7所示。

(1) 实收资本(股份制企业称为股本)，是指投资者(或者股东)按照企业章程，或合同、协议的约定，实际投入企业的资本。

(2) 资本公积，是指投资人投入或企业由其他来源取得的，归全体投资人享有，并且金额上超过法定资本部分的资本或资产。它包括资本(股本)溢价、接受捐赠资产、外币资本折算差额等。资本公积可按照规定的程序转增资本金。

图 2-7　所有者权益的分类

(3) 盈余公积，是指企业按照国家规定从净利润中提取的各种公积金，包括法定盈余公积金、公益金等。法定盈余公积金主要用于弥补亏损或按规定转增资本；公益金则用于企业集体福利设施支出。

(4) 未分配利润，是指企业的税后利润按照规定进行分配以后的剩余部分。这部分没有分配的利润留存在企业，可以在以后年度进行分配。

盈余公积和未分配利润都是企业从逐年获得的净利润中形成的企业内部尚未使用或尚未分

配的利润,统称为"留存收益"。

4. 收入

1) 收入的特征

收入是指企业在日常活动中形成的,会导致所有者权益增加的,与所有者投入资本无关的经济利益的总流入。因此,收入是会计活动带来的结果。

2) 收入的分类

(1) 按照企业的经营性质,可以将收入分为销售商品收入、提供劳务收入、让渡资产使用权收入、建造合同收入等。

(2) 按照企业的业务活动在企业中的重要性,可将收入分为主营业务收入、其他业务收入等。

5. 费用

1) 费用的特征

费用是指企业在日常活动中形成的,会导致所有者权益减少的,与向所有者分配利润无关的经济利益的总流出。费用是企业为获得收入而付出的相应"代价"。

2) 费用的分类

费用分为生产费用和期间费用。

(1) 生产费用,是指计入产品、工程、劳务等成本对象的各种费用,包括直接费用和间接费用。其中,直接费用是指生产产品所产生的直接材料、直接人工等费用;间接费用又称"制造费用",是指生产产品时发生的各种间接费用,如生产车间为组织和管理生产而发生的各种费用等。

(2) 期间费用,是指企业行政管理部门为组织和管理生产经营活动而发生的各项费用,包括销售费用(为销售产品和提供劳务而发生的销售费用)、管理费用(为组织和管理生产经营活动而发生的费用)和财务费用(为筹集资金而发生的费用)。

6. 利润

利润是指企业在一定会计期间的经营成果,包括收入减去费用后的余额、直接记录当期利润的利得和损失。如果企业实现了利润,表明企业的所有者权益将增加,业绩得到了提升;反之,如果企业发生了亏损(即利润为负数),表明企业的所有者权益将减少,业绩下滑了。

从数值上看,利润就是收入(包括利得)减去费用(包括损失)之后的净额。其中,收入减去费用后的净额反映的是企业日常活动的经营业绩,直接计入当期利润的利得和损失反映的是企业非日常活动的业绩。

$$利润=收入-费用+利得-损失$$

2.1.3 会计等式

会计等式,也称会计平衡公式,或会计方程式。它是利用数学公式对各会计要素的内在经济关系的概括表达。

1. 资产、负债和所有者权益的关系

资产、负债和所有者权益反映企业某一时点的财务状况,为静态会计要素。资产、负债和所有者权益三个要素之间存在平衡关系。

资产表明企业拥有哪些经济资源以及拥有多少经济资源,权益则表明这些资源是谁提供的

以及谁对资源享有权益。资产与权益相互依存，不能单独存在。即有多少资产，就有多少权益；没有无资产的权益，也没有无权益的资产。

资产和权益在金额上是相等的，这种数量上的平衡关系，可以表示为

$$资产=权益$$

这个等式为会计恒等式，又称会计基本等式，反映了企业资产的归属关系，是会计要素的公式化，反映了资产负债表中资产、负债和所有者权益在经济内容和数额上的等量关系，说明企业在某一时点的财务状况，是设置账户、复式记账和编制资产负债表的理论基础。

2. 收入、费用和利润之间的关系

企业资金运动在动态情况下，随着资金的循环和周转过程中，会取得收入、发生费用，最终获得利润或亏损。三个动态会计要素，也存在着平衡关系，用公式表示为

$$收入-费用=利润$$

这一会计等式，称为财务成果等式，它反映了收入、费用和利润三个会计要素的关系，揭示了企业在某一特定期间的经营成果。利润为正数时，企业盈利；利润为负数时，企业亏损。

3. 综合会计等式

企业运营过程中，无论盈利还是亏损，最终会影响企业所有者权益。如果利润为正数，表明经济利益流入企业，资产会因此增加。用公式表示为

$$资产=负债+所有者权益+利润$$
$$资产=负债+所有者权益+收入-费用$$
$$资产+费用=负债+所有者权益+收入$$

综合会计等式反映了在收入、费用发生后，会计六要素之间的平衡关系，它综合地反映了企业在期初、期末某一时点上的财务状况和企业在某一特定期间内的经营成果，是静态和动态会计等式的结合。

2.2 会计假设

会计的基本假设是会计确认、计量和报告的前提，是对会计核算所处时间、空间环节所做的合理设定。会计的基本假设包括如下四项。

1. 会计主体

会计主体是指会计所核算和监督的特定单位或者组织，是会计确认、计量和报告的空间范围。一般来说，凡拥有独立的资金、自主经营、独立核算收支和盈亏并编制会计报表的企业或单位就构成了一个会计主体。

会计主体与法律主体是有区别的。在实际工作中，会计主体与法律主体并非是对等概念。一般而言，凡是法人可以作为会计主体，但会计主体不一定就是法人。会计主体可以是独立法人，也可以是非法人；可以是一个企业，也可以是企业内部的某一个单位或企业中的一个特定部门；可以是一个单一的企业，也可以是几个企业组成的企业集团。

2. 持续经营

企业会计核算必须以持续经营为前提。持续经营是指在可预见的未来，会计主体会按当前的规模和状态持续经营下去，不会停业，也不会大规模消减业务。也就是在可预见的未来，会

计主体不会破产清算，所持有的资产将正常运营，所负有的债务将正常偿还。

3. 会计分期

会计分期是指将一个企业持续经营的生产经营活动划分为一个个连续的、长短相同的期间，以便分期结算账目和编制财务会计报告。会计期间通常分为年度和中期，如图2-8所示。

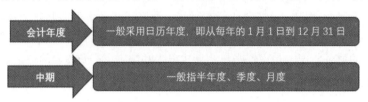

图2-8　会计期间的分类

4. 货币计量

货币计量是指会计主体在财务会计确认、计量和报告时采用货币作为统一的计量单位，反映会计主体的生产经营活动。根据《企业会计准则》的规定，会计核算以人民币为记账本位币。业务收支以人民币以外的货币为主的单位，可以选定一种货币作为记账本位币，但是编报的财务会计报告应当折算为人民币。

2.3　会计信息质量和会计核算方法

2.3.1　会计信息质量的特征

会计作为一项管理活动，其主要目的之一是向企业的利益相关者提供反映经营者受托责任和帮助投资者做决策的会计信息。要达到这个目的，就必须要求会计信息具有一定的质量特征。会计信息质量特征也称会计信息质量要求、会计信息质量标准。根据我国《企业会计准则——基本准则》的规定，会计信息质量特征包括以下8项：可靠性、相关性、可理解性、可比性、实质重于形式、重要性、谨慎性、及时性。这些质量特征要求会计人员在处理会计业务、提供会计信息时，遵循这些对会计信息的质量要求，以便更好地为企业的利益相关者服务。

1. 可靠性

《企业会计准则——基本准则》第十二条规定，企业应该以实际发生的交易或者事项为依据进行会计确认、计量和报告，如实反映符合确认和计量要求的各项会计要素及其他相关信息，保证会计信息真实可靠，内容完整。

可靠性，也称客观性、真实性，是对会计信息质量的一项基本要求。因为会计所提供的会计信息是投资者、债权人、政府及有关部门和社会公众的决策依据，如果会计数据不能客观、真实地反映企业经济活动的实际情况，势必无法满足各有关方面了解企业财务状况和经营成果以进行决策的需要，甚至可能导致错误的决策。可靠性要求会计核算的各个阶段，包括会计确认、计量、记录和报告必须力求真实客观，必须以实际发生的经济活动及表明经济业务发生的合法凭证为依据。

在会计实务中，有些数据只能根据会计人员的经验或对未来的预计予以计算。例如，固定资产的折旧年限、制造费用分配方法的选择等，都会受到一定程度的个人主观意志的影响。不同会计人员对同一经济业务的处理出现不同的计量结果是在所难免的。但是，会计人员应在统一标准的条件下将可能发生的误差降到最低程度，以保证会计核算提供的会计资料真实可靠。

2. 相关性

《企业会计准则——基本准则》第十三条规定，企业提供的会计信息应当与财务会计报告使用者的经济决策需要相关，有助于财务会计报告使用者对企业过去、现在或者未来的情况做出评价或者预测。

相关性，也称有用性，它也是会计信息质量的一项基本要求。信息要成为有用的，就必须与使用者的决策需要相关。当信息通过帮助使用者评估过去、现在或未来的事项，或者通过确证纠正使用者过去的评价，影响使用者的经济决策时，信息就具有相关性，这就要求信息具有预测价值和确证价值(亦称反馈价值)。

信息的预测价值和确证价值是可以统一的。比如，企业拥有资产的数量和结构的信息，对使用者来说，既可用来预测企业利用优势条件和应付不利形势的能力，也可以证明过去对企业资产数量和结构以及计划经营活动的预测与结果的一致性。同时，预测未来的财务状况、经营业绩，以及股利和工资的支付、证券价格的变动等使用者关心的其他事宜，常常以财务状况和过去经营业绩的信息为基础。

3. 可理解性

《企业会计准则——基本准则》第十四条规定，企业提供的会计信息应当清晰明了，便于财务会计报告使用者理解和使用。

可理解性，也称明晰性，是对会计信息质量的一项重要要求。提供会计信息的目的在于使用，要使用就必须了解会计信息的内涵，明确会计信息的内容，如果无法做到这一点，就谈不上对决策有用。信息是否被使用者所理解，取决于信息本身是否易懂，也取决于使用者理解信息的能力。可理解性是决策者与决策有用性的连接点。如信息不能被决策者所理解，那么这种信息毫无用处，因此，可理解性不仅是信息的一种质量标准，也是一个与信息使用者有关的质量标准。会计人员应尽可能传递、表达易被人理解的会计信息，而使用者也应设法提高自身的综合素养，以增强理解会计信息的能力。

4. 可比性

《企业会计准则——基本准则》第十五条规定，企业提供的会计信息应当具有可比性。

为了明确企业财务状况和经营业绩的变化趋势，使用者必须能够比较企业不同时期的财务报表。为了评估不同企业的财务状况、经营业绩和现金流量。使用者还必须能够比较不同企业的财务报表。因此，对整个企业及其不同时点以及对不同企业而言，同类交易或其他事项的计量和报告，都必须采用一致的方法。

可比性也是会计信息质量的一项重要要求，它包括两个方面的含义，即同一企业在不同时期的纵向可比，不同企业在同一时期的横向可比。要做到这两个方面的可比，就必须做到：同一企业不同时期发生的相同或者相似的交易或者事项，应当采用一致的会计政策，不得随意变更。确需变更的，应当在附注中说明。不同企业发生的相同或者相似的交易或者事项，应当采用规定的会计政策，确保会计信息口径一致、相互可比。

5. 实质重于形式

《企业会计准则——基本准则》第十六条规定，企业应当按照交易或者事项的经济实质进行会计确认、计量和报告，不应仅以交易或事项的法律形式为依据。

如果要真实地反映所有交易或其他事项，那就必须根据它们的实质和经济现实，而不是仅仅根据它们的法律形式进行核算和反映。交易或其他事项的实质，并非与它们的外在法律形式相一致。实质重于形式就是要求在对会计要素进行确认和计量时，应重视交易的实质，而不管其采用何种形式。最典型的例子当数对融资租入固定资产的确认。从形式上看，该项固定资产的所有权在出租方，企业只是拥有使用权和控制权，也就是说，该项固定资产并不是企业购入的固定资产。因此，不能将其作为企业的固定资产加以核算，但是，由于融资租入固定资产的租赁期限一般都接近固定资产的可使用期限，而且到期企业可以以非常低的价格购买该项固定资产，因此为了正确地反映企业的资产和负债状况，对于融资租入的固定资产一方面应作为企业的自有固定资产加以核算，另一方面应作为企业的一项长期应付款加以反映。

6. 重要性

《企业会计准则——基本准则》第十七条规定，企业提供的会计信息应当反映与企业财务状况、经营成果和现金流量等有关的所有重要交易或者事项。

重要性是指财务报告在全面反映企业的财务状况和经营成果的同时，应当区别经济业务的重要程度，而采用不同的会计处理程序和方法。具体来说，对于重要的经济业务，应单独核算、分项反映，力求准确，并在财务报告中重点说明；对于不重要的经济业务，在不影响会计信息真实性的情况下，可适当简化会计核算或合并反映。

重要性的意义在于，对会计信息使用者来说，最需要的是对经营决策有重要影响的会计信息，如果会计信息不分主次，反而会影响决策。而且，对不重要的经济业务简化核算或合并反映，可以节省人力、物力和财力，符合成本效益原则。

7. 谨慎性

谨慎性要求企业对交易或者事项进行会计确认、计量和报告时保持应有的谨慎，不应高估资产或者收益，也不能低估负债或者费用。

在市场经济环境下，企业的生产经营活动面临许多风险和不确定性，如应收款项的可收回性、固定资产的使用寿命、无形资产的使用寿命、售出存货可能发生的退货或者返修等。会计信息质量的谨慎性要求，需要企业在面临不确定性因素的情况下做出职业判断时，应当保持应有的谨慎，充分估计到各种风险和损失，既不高估资产或者收益，也不低估负债或者费用。例如，对于企业发生的或有事项，通常不能确认或有资产，只有当相关经济利益基本确定能够流入企业时，才能作为资产予以确认；相反，相关的经济利益很可能流出企业而且构成现时义务时，应当及时确认为预计负债，就体现了会计信息质量的谨慎性要求。

再如，企业在进行所得税会计处理时，只有在确凿证据表明未来期间很可能获得足够的应纳税所得额用来抵扣暂时性差异时，才应当确认相关的递延所得税资产；而对于发生的相关应纳税暂时性差异，则应当及时足额确认递延所得税负债，这也是会计信息谨慎性要求的具体体现。

谨慎性的应用不允许企业设置秘密准备，如果企业故意低估资产或者收入，或者故意高估负债或者费用，则不符合会计信息的可靠性和相关性要求，损害会计信息质量，扭曲企业实际的财务状况和经营成果，从而对使用者的决策产生误导，这是不符合会计准则要求的。

8. 及时性

及时性要求企业对于已经发生的交易或者事项，应当及时进行确认、计量和报告，不得提前或者延后。

会计信息的价值在于帮助企业所有者或其他利益相关方做出经济决策,具有时效性。即使是可靠的、相关的会计信息,如果不及时提供,就失去了时效性,对于使用者的效用就大大降低,甚至不再具有实际意义。在会计确认、计量和报告过程中贯彻及时性,一是要求及时收集会计信息,即在经济交易或者事项发生后,及时收集整理各种原始单据或者凭证;二是要求及时处理会计信息,即按照会计准则的规定,及时对经济交易或者事项进行确认或者计量,并编制财务报告;三是要求及时传递会计信息,即按照国家规定的有关时限,及时地将编制的财务报告传递给财务报告使用者,便于其及时使用和做出决策。

2.3.2 会计方法

会计方法是履行会计职能、完成会计任务、达到会计目的的手段。会计方法包括会计核算的方法以及会计检查与分析的方法。

1. 会计核算方法

会计核算的方法是会计确认、计量、记录和报告所采用的方法,是会计工作的基础和核心,包括设置账户、复式记账、填制和审核会计凭证、登记账簿、成本计算、财产清查和编制财务会计报告。

(1) 设置账户。设置账户是指对会计对象的具体内容进行分类、核算和监督的一种方法。这是因为企业会计对象中的经济活动多种多样,为了连续、系统、完整地反映复杂的经济业务,就必须对会计对象的内容进行科学的分类,进而通过核算提供可靠的会计信息,以满足相关部门和人员的需要。

(2) 复式记账。复式记账是指对每一笔经济业务都以相等的金额在两个或两个以上相互联系的账户进行登记的方法。采用复式记账可以通过账户的对应关系了解经济业务引起资金增减活动的来龙去脉,也便于查找记账中的过失、错误和进行试算平衡。

(3) 填制和审核会计凭证。会计凭证是记录经济业务发生和完成情况、明确经济责任的书面证明,是登记会计账簿的依据。填制和审核会计凭证是会计核算的一种方法,它既是会计工作的起点,也是《会计法》的明确要求,同时还是保证会计信息质量的重要环节。

(4) 登记账簿。账簿是指由一定格式的账页组成的,以经过审核的会计凭证为依据,全面、系统、连续地记录各项经济业务的簿籍。设置和登记账簿是会计核算的一种方法,它既是编制会计报表的基础,也是联结会计凭证和会计报表的中间环节,还是检查、校正会计信息的重要环节。

(5) 成本计算。成本计算是指以某种产品(项目)为成本对象,对生产经营过程中发生的人、财、物的耗费进行归集,以确定该产品(项目)总成本和单位成本的一种方法。通过成本计算可以提供成本构成资料、确定考核标准和指标,进而降低产品成本、提高企业的经济效益。

(6) 财产清查。财产清查是指采用一定的盘存方法,对企业的财产物资进行盘点,对债权和债务进行查询,以确定企事业单位财产物资的实有数和债权、债务真实性的一种方法。通过财产清查可以促使企业发现薄弱环节,堵塞漏洞并加强管理,确保企事业单位财产物资安全和完整。

(7) 编制财务会计报告。编制财务会计报告是根据账簿记录的数据资料,采用一定的表格形式,概括、综合地反映某一特定会计主体在一定时期内经济活动过程和结果的一种方法。编制财务会计报告是对日常核算工作的总结,是在账簿记录基础上对会计核算资料的进一步加工整理。财务会计报告提供的资料是进行会计分析、会计检查的重要依据。

经济业务发生后，取得和填制会计凭证；按会计科目对经济业务进行分类核算，并运用复式记账法在有关会计账簿中进行登记；对生产经营过程中的各种费用进行成本计算；对账簿记录通过财产清查加以核实，保证账实相符；到了期末，根据账簿记录资料和其他资料，进行必要的加工计算，编制财务会计报告。一个会计期间(一般指一个月)的会计核算工作即告结束，然后按照上述程序进入新的会计期间，循环往复。

上述的会计核算方法相互联系、密切配合，构成了一个完整的核算方法体系。

2. 会计检查与分析

会计检查与分析的方法是查找会计工作中的过失、错误和舞弊行为，以确定会计核算工作质量、评价会计核算工作规范程度所采用的方法。会计检查与分析是会计核算的继续和深化，是会计核算的质量保证，包括审阅法、核对法、顺查法、逆查法、详查法和调节法等。

2.4 会计科目及会计账户

1. 会计科目

会计科目是对于会计对象的具体内容进行分类核算的标志或项目，是账户的名称。

设置会计科目就是根据会计对象的具体内容和经济管理的要求，事先规定分类核算的项目或标志的一种专门方法。设置会计科目，需要将会计对象中具体内容相同的归为一类，设立一个会计科目，凡是具备这类信息特征的经济业务，都应该在这个科目下进行核算。设置会计科目时，要为每一个具体的类别规定一个科目名称，并且限定在该科目名称下包括的内容。例如"库存现金""银行存款"科目。会计科目是设置账户、账务处理所遵循的规则和依据，是正确组织会计核算的一个重要条件。

2. 会计科目的分类

1) 按所反映的经济内容分类

(1) 资产类科目。资产类科目是用来核算各类资产的增减变动及结余情况的账户。按其反映的经济内容再进一步细分，又可分为反映流动资产、长期股权投资、固定资产、无形资产、其他资产的科目。其中，反映流动资产的科目主要有"库存现金""银行存款""应收账款""原材料"和"库存商品"等。

(2) 负债类科目。负债类科目是用来核算各类负债的增减变动及结存情况的账户。按其反映的经济内容再进一步细分，又可分为反映流动负债和长期负债的科目。其中流动负债类科目主要有"短期借款""应付账款""应付股利""应付利息"等；长期负债类科目主要有"长期借款""应付债券"等。

(3) 所有者权益类科目。所有者权益类科目是用来核算各类所有者权益的增减变动及结存情况的账户。按其反映的经济内容再进一步细分，主要有"实收资本""资本公积""盈余公积""本年利润"和"利润分配"等科目。

(4) 成本类科目。成本类科目是用来核算各类成本的增减变动及结存情况的账户。其主要包括"生产成本"和"制造费用"科目。

(5) 损益类科目。损益类科目是用来核算各类收入和费用的增减变动及结存情况的账户。按其反映的经济内容进一步细分，又可分为反映收入和费用的科目。损益类科目主要包括"主营业务收入""主营业务成本""其他业务收入""其他业务成本""销售费用""管理费用""财务费用"等。

2) 按提供指标的详细程度不同分类

(1) 总分类科目(一级科目、总账科目)。总分类科目是对会计对象的具体内容进行总括分类，提供总括的核算指标。总分类科目一般由财政部或主管部门设置。

(2) 明细分类科目(二级科目、明细科目)。明细分类科目是对总分类科目所包含的内容做进一步分类，以提供详细具体的核算指标。明细分类科目一般由企业根据自身的实际情况自行设置。

3. 会计账户

会计账户是根据会计科目设置的，具有一定的结构和格式，用来对会计对象的具体内容进行分类核算和监督的一种工具。设置账户的作用在于，能够反映会计要素的增减变动及结余情况。经济业务引起会计要素的变化，不外乎增减两种类型，所以，任何一个账户都可以分为左右两方，这就是账户的基本结构。在账户的左右两方中，到底哪一方记增加额，哪一方记减少额，取决于各账户所记录的经济业务内容和所采用的记账方法。

在实际工作中，会计账户格式的设计一般包括的内容为：账户名称、日期和摘要、凭证号数、增加和减少金额。

4. 会计科目与账户的区别

(1) 会计科目和账户的作用不同

会计科目的作用主要表现为将会计对象的具体内容分为若干个相对独立的项目；会计账户则是在会计科目的基础上，再赋予一定的结构，能指明记账的方向，以核算各会计要素的增减变动和金额。

(2) 会计科目和账户制定或设置的方法不同

会计科目由国家统一制定，是会计制度的组成部分；账户则是由各单位根据会计科目的要求，结合本单位的实际情况开设的。在实际工作中，先有会计科目，后有账户。

5. 常用会计科目

常用的会计科目如表2-1所示。

表 2-1　常用会计科目

科目编号	科目名称	具体内容
一、资产类		
1001	库存现金	企业为了满足经营过程中零星支付需要而保留的现金
1002	银行存款	企业存放在银行和其他金融机构的货币资金
1012	其他货币资金	企业除现金和银行存款以外的其他各种货币资金
1101	交易性金融资产	企业为交易目的所持有的债券投资、股票投资、基金投资等交易性金融资产的公允价值
1121	应收票据	企业因销售商品、提供劳务等而收到的商业汇票，包括银行承兑汇票和商业承兑汇票
1122	应收账款	企业因销售商品、提供劳务等经营活动应收取的款项
1123	预付账款	企业按照合同规定预付的款项
1131	应收股利	企业应收取的现金股利和应收取其他单位分配的利润
1132	应收利息	企业的交易性金融资产、持有至到期投资、可供出售金融资产、发放贷款、存放中央银行款项、拆出资金、买入返售金融资产等应收取的利息
1221	其他应收款	企业除应收票据、应收账款、预付账款等以外的其他各种应收及暂付款项
1231	坏账准备	企业应收款项(含应收账款和其他应收款)的坏账准备

(续表)

科目编号	科目名称	具体内容
1401	材料采购	企业采用计划成本进行材料日常核算而购入材料的采购成本
1402	在途物资	企业采用实际成本(或进价)进行材料、商品等物资的日常核算、货款已付尚未验收入库的在途物资的采购成本
1403	原材料	企业库存的各种材料
1404	材料成本差异	企业采用计划成本进行日常核算的材料计划成本与实际成本的差额
1405	库存商品	企业已完成全部生产过程并已验收入库,合乎标准规格和技术条件,可以按照合同规定的条件送交订货单位,或可以作为商品对外销售的产品以及外购或委托加工完成验收入库用于销售的各种商品
1406	发出商品	企业未满足收入确认条件但已发出商品的实际成本(或进价)或计划成本(或售价)
1407	商品进销差价	企业采用售价进行日常核算的商品售价与进价之间的差额
1408	委托加工物资	企业委托外单位加工的各种材料、商品等物资的实际成本
1411	周转材料	企业周转材料的计划成本或实际成本
1461	融资租赁资产	企业(租赁)为开展融资租赁业务取得资产的成本
1471	存货跌价准备	企业存货的跌价准备
1501	持有至到期投资	到期日固定、回收金额固定或可确定,且企业有明确意图和能力持有至到期的非衍生金融资产
1502	持有至到期投资减值准备	企业持有至到期投资的减值准备
1503	可供出售金融资产	企业持有的可供出售金融资产的公允价值
1511	长期股权投资	企业持有的采用成本法和权益法核算的长期股权投资
1512	长期股权投资减值准备	企业长期股权投资的减值准备
1521	投资性房地产	为赚取租金或资本增值,或两者兼有而持有的房地产(投资性房地产应当能够单独计量和出售)
1531	长期应收款	企业的长期应收款项
1532	未实现融资收益	企业分期计入租赁收入或利息收入的未实现融资收益
1601	固定资产	企业使用期限超过1年的房屋、建筑物、机器、机械、运输工具以及其他与生产、经营有关的设备、器具、工具等
1602	累计折旧	企业在报告期末提取的各年固定资产折旧累计数。该指标按会计"资产负债表"中"累计折旧"项的期末数填列
1603	固定资产减值准备	由于固定资产市价持续下跌,或技术陈旧、损坏、长期闲置等原因导致其可收回金额低于账面价值的,应当将可收回金额低于其账面价值的差额作为固定资产减值准备
1604	在建工程	正在建设尚未竣工投入使用的建设项目
1605	工程物资	企业为在建工程准备的各种物资的成本
1606	固定资产清理	固定资产的报废和出售,以及因各种不可抗力的自然灾害而遭到损坏和损失的固定资产所进行的清理工作
1701	无形资产	企业拥有或者控制的没有实物形态的可辨认非货币性资产
1702	累计摊销	企业对使用寿命有限的无形资产计提的累计摊销
1703	无形资产减值准备	企业无形资产的减值准备
1711	商誉	能在未来期间为企业经营带来超额利润的潜在经济价值,或一家企业预期的获利能力超过可辨认资产正常获利能力(如社会平均投资回报率)的资本化价值
1801	长期待摊费用	企业已经支出,但摊销期限在1年以上(不含1年)的各项费用
1811	递延所得税资产	递延到以后缴纳的税款,递延所得税是时间性差异对所得税的影响
1901	待处理财产损溢	企业在清查财产过程中查明的各种财产盘盈、盘亏和毁损的价值
二、负债类		
2001	短期借款	企业向银行或其他金融机构等借入的期限在1年以下(含1年)的各种借款
2101	交易性金融负债	企业承担的交易性金融负债的公允价值

(续表)

科目编号	科目名称	具体内容
2201	应付票据	企业购买材料、商品和接受劳务等开出、承兑的商业汇票，包括银行承兑汇票和商业承兑汇票
2202	应付账款	企业因购买材料、商品和接受劳务等经营活动应支付的款项
2203	预收账款	企业按照合同规定或交易双方的约定，向购买单位或接受劳务的单位在未发出商品或提供劳务时预收的款项
2211	应付职工薪酬	企业根据有关规定应付给职工的各种薪酬
2221	应交税费	企业按照税法等规定计算应交纳的各种税费
2231	应付利息	企业按照合同约定应支付的利息
2232	应付股利	企业经董事会或股东大会，或类似机构决议确定分配的现金股利或利润
2241	其他应付款	企业除应付票据、应付账款、预收账款、应付职工薪酬、应付利息、应付股利、应交税费、长期应付款等以外的其他各项应付、暂收的款项
2401	递延收益	尚待确认的收入或收益，也可以说是暂时未确认的收益
2501	长期借款	企业向银行或其他金融机构借入的期限在一年以上(不含一年)或超过一年的一个营业周期以上的各项借款
2502	应付债券	企业为筹集(长期)资金而发行债券的本金和利息
2701	长期应付款	企业除长期借款和应付债券以外的其他各种长期应付款项
2702	未确认融资费用	融资租入固定资产所发生的应在租赁期内各个期间进行分摊的未实现的融资费用
2711	专项应付款	企业接受国家拨入的具有专门用途的款项
2801	预计负债	企业根据或有事项等相关准则确认的各项预计负债，包括对外提供担保、未决诉讼、产品质量保证、重组义务，以及固定资产和矿区权益弃置义务等产生的预计负债
2901	递延所得税负债	企业确认的应纳税暂时性差异产生的所得税负债
三、共同类		
3201	套期工具	通常是企业指定的衍生工具，其公允价值或现金流量的预期可以抵销被套期项目的公允价值和现金流量的变动
四、所有者权益类		
4001	实收资本	投资者按照企业章程或合同、协议的约定，实际投入企业的资本。它是企业注册登记的法定资本总额的来源，它表明所有者对企业的基本产权关系
4002	资本公积	企业收到投资者的出资额超出其在注册资本或股本中所占份额的部分
4101	盈余公积	公司按照规定从净利润中提取的各种积累资金
4103	本年利润	用来核算企业当年实现的净利润(或发生的净亏损)的会计科目
4104	利润分配	企业根据国家有关规定和企业章程、投资者的协议等，对企业当年可供分配的利润所进行的分配
4201	库存股	企业收购、转让或注销的本公司股份金额
五、成本类		
5001	生产成本	核算企业进行工业性生产所发生的各项生产费用
5101	制造费用	企业为生产产品和提供劳务而发生的各项间接成本
5201	劳务成本	企业提供劳务作业而发生的成本
5301	研发支出	企业进行研究与开发无形资产过程中发生的各项支出
六、损益类		
6001	主营业务收入	企业确认的销售商品、提供劳务等主营业务的收入
6051	其他业务收入	企业确认的除主营业务活动以外的其他经营活动实现的收入
6061	汇兑损益	由于汇率的浮动所产生的收益或损失
6101	公允价值变动损益	因公允价值的变动而引发的收益或损失
6111	投资收益	对外投资所取得的利润、股利和债券利息等收入减去投资损失后的净收益
6301	营业外收入	与企业生产经营活动没有直接关系的各种收入
6401	主营业务成本	企业生产和销售与主营业务有关的产品或服务所必须投入的直接成本
6402	其他业务成本	企业除主营业务活动以外的其他经营活动所发生的成本

(续表)

科目编号	科目名称	具体内容
6403	税金及附加	企业经营主要业务应负担的消费税、城市维护建设税、房产税、车船使用税、土地使用税、印花税、资源税、土地增值税和教育费附加等
6601	销售费用	企业在销售产品和材料、自制半成品和提供劳务等过程中发生的费用
6602	管理费用	企业行政管理部门为管理和自制生产经营活动而发生的各种费用
6603	财务费用	企业为筹集资金而发生的各种费用
6701	资产减值损失	因资产的账面价值高于其可收回金额而造成的损失。资产减值范围主要是固定资产、无形资产以及除特别规定外的其他资产减值的处理
6711	营业外支出	企业发生的与企业日常生产经营活动无直接关系的各项支出
6801	所得税费用	企业应负担的所得税
6901	以前年度损益调整	企业对以前年度多计或少计的重大盈亏数额所进行的调整

说明：本表依据财会〔2018〕15号《关于修订印发2018年度一般企业财务报表格式的通知》编制，适用于已执行新金融准则或新收入准则的企业。

2.5 复式记账法

1. 复式记账法的概念

复式记账法是指对发生的每一项经济业务，都以相等的金额，在相互关联的两个或两个以上账户中进行记录的记账方法。

例如，用银行存款2 000元购买原材料，按照复式记账法的要求，必须以相等的金额记录在双方账户中。一方面，要在"银行存款"账户中记录银行存款减少了2 000元；另一方面，还要在"原材料"账户中记录原材料增加了2 000元。

2. 复式记账法的特点

对于每一项经济业务，都要在两个或两个以上相互关联的账户中进行记录。因此，通过账户记录不仅可以全面、清晰地反映出经济业务的来龙去脉，而且能通过会计要素的增减变动，全面、系统地反映经济活动的过程和结果。

由于每项经济业务发生后，都以相等的金额在有关账户中进行记录，因而便于核对账户记录，进行试算平衡，保证账户记录的正确性。复式记账法是以会计恒等式为依据建立的一种记账方法，被公认为是一种科学的记账方法，为世界各国所广泛采用。

2.6 借贷记账法

我国《企业会计准则——基本准则》中明确规定我国统一采用借贷记账法。这是因为经过数百年的锤炼，借贷记账法已被世界各国的会计工作者普遍接受，是一种公认的比较成熟、完善、科学的复式记账法。

2.6.1 借贷记账法概述

借贷记账法是指以"借""贷"作为记账符号，以"有借必有贷，借贷必相等"作为记账规则，反映会计要素的增减变动情况的一种复式记账方法。

借贷记账法起源于13世纪的意大利。"借""贷"的含义，最初是从借贷资本家的角度来解释的，用来表示债权和债务的增减变动。借贷资本家对于借进的款项，记在贷主名下，表示自身的债务增加；对于贷出的款项，则记在借主名下，表示自身的债权增加。这样，"借""贷"二字分别表示债权、债务的变化。

随着社会经济的发展，经济活动的内容日益复杂，记录的经济业务不再局限于货币资金的借贷，而是扩展到财产物资的增减变化，即对非货币资金的借贷，也要求用"借""贷"二字记录其增减变动情况，以求账簿记录的统一。这样，"借""贷"二字逐渐失去了原来的字面含义，而演变成纯粹的记账符号，成为会计上的专业术语，用来反映资产的存在形态和权益的增减变化，"借贷记账法"的名称由此而来，目前已成为我国法定的记账方法。

2.6.2 借贷记账法的基本内容

借贷记账法作为复式记账法的一种，它主要包括记账符号、账户结构、记账规则和试算平衡4个方面的基本内容。

1. 借贷记账法的记账符号

记账符号是指用来表示经济业务的增减变动和记账方向而规定使用的符号。借贷记账法以"借""贷"二字作为记账符号，分别作为账户的左方和右方。"借"表示记入账户的借方，"贷"表示记入账户的贷方，"借"和"贷"本身不具有任何内在含义。在借贷记账法下，既不是"借"表示增加，"贷"表示减少，也不是相反的理解方法。至于"借"和"贷"哪一方记增加、哪一方记减少，则取决于账户的性质及结构。一般来说，以"借"表示资产类账户、成本类账户和费用类账户的增加，以及负债类账户、所有者权益类账户和收入类账户的减少；以"贷"表示资产类账户、成本类账户和费用类账户的减少，以及负债类账户、所有者权益类账户和收入类账户的增加。

2. 借贷记账法下的账户结构

在借贷记账法下，账户的基本结构是：左方为借方，右方为贷方。但哪一方登记增加、哪一方登记减少，则要根据账户反映的经济内容决定，余额一般在登记增加的一方。

1) 资产类账户结构

资产类账户的借方登记资产的增加额，贷方登记资产的减少额。余额在借方，表示各项资产的结存额。

资产类账户的本期借方发生额合计是指一定期间(一个月、一个季度或一年)借方登记金额的合计；本期贷方发生额合计是指一定期间(一个月、一个季度或一年)贷方登记金额的合计。

资产类账户的发生额与余额之间的关系用公式表示为

期末借方余额＝期初借方余额＋本期借方发生额合计－本期贷方发生额合计

资产类账户的基本结构如图2-9所示。

资产类账户

借方	贷方
期初余额	
本期增加额	本期减少额
……	……
本期发生额合计	本期发生额合计
期末余额	

图 2-9 资产类账户的基本结构

2) 负债及所有者权益类账户结构

负债及所有者权益类账户，贷方登记增加额，借方登记减少额。余额在贷方，表示负债及所有者权益的实际数额。

负债及所有者权益类账户的发生额与余额之间的关系用公式表示为

期末贷方余额=期初贷方余额+本期贷方发生额合计−本期借方发生额合计

负债及所有者权益类账户的基本结构如图2-10所示。

负债及所有者权益类账户

借方	贷方
	期初余额
本期减少额	本期增加额
……	……
本期发生额合计	本期发生额合计
	期末余额

图 2-10　负债及所有者权益类账户的基本结构

3) 成本、费用类账户结构

成本、费用类账户的结构与资产类账户的结构基本相同，账户的借方登记其增加额，贷方登记其减少额或转销额。由于借方登记的增加额一般都要通过贷方转出，所以，该类账户通常期末没有余额。如果有余额，则一定为借方余额。

成本、费用类账户的基本结构如图2-11所示。

成本、费用类账户

借方	贷方
期初余额	
本期增加额	本期减少额
……	……
本期发生额合计	本期发生额合计
期末余额	

图 2-11　成本、费用类账户的基本结构

4) 收入类账户结构

收入类账户的结构与负债及所有者权益类账户结构基本相同，账户的贷方登记增加额，借方登记减少额或转销额。由于贷方登记的增加额一般都要通过借方转出，所以，该类账户通常期末没有余额。

收入类账户的基本结构如图2-12所示。

收入类账户

借方	贷方
本期减少或转销额	本期增加额
……	……
本期发生额合计	本期发生额合计
	0

图 2-12　收入类账户的基本结构

若将上述各类账户的结构归纳起来，可得到表2-2所示的账户结构表。

表 2-2　借贷记账法下各类账户的基本结构

账户类别	借方	贷方	余额方向
资产类	增加	减少	借方
负债类	减少	增加	贷方
所有者权益类	减少	增加	贷方
成本类	增加	减少(或转销)	借方
费用类	增加	减少(或转销)	一般无余额
收入类	减少(或转销)	增加	一般无余额

3. 借贷记账法的记账规则

借贷记账法的记账规则，概括而言就是"有借必有贷，借贷必相等"。

1) 借贷记账法记账规则原理

借贷记账法的记账规则是根据以下两个方面的原理来确定的：

(1) 根据复式记账的原理，对每一项经济业务都必须以相等的金额在两个或两个以上相互联系的账户中进行登记。

(2) 根据借贷记账法账户结构的原理，对每一项经济业务所涉及的金额的增减都必须以相反的方向进行登记。

因此，借贷记账法要求对每一项经济业务都要按相反的借贷方向、以相等的金额，在两个或两个以上相互联系的账户中进行登记。也就是说，对每一项经济业务，都要在记入一个账户借方的同时，记入一个或几个账户的贷方；或者在记入一个账户贷方的同时，记入另一个或几个账户的借方，而且记入借方的金额必须等于记入贷方的金额。

2) 借贷记账法的登记步骤

在运用借贷记账法的记账规则登记经济业务时，一般应按以下两个步骤进行：

(1) 应分析经济业务中所涉及的账户名称，并判断出账户的性质；

(2) 应根据上述分析，确定该项经济业务是记入相关账户的借方还是贷方，以及各账户应记入的金额。

【例2-1】以升达有限公司20×9年4月份发生的经济业务为例，来说明借贷记账法的记账规则。

① 20×9年4月3日，公司从银行取得短期借款50 000元，存入银行。

这项经济业务的发生，一方面，使公司的资产项目"银行存款"增加了50 000元；另一方面，使公司的负债项目"短期借款"增加了50 000元。因此，这项经济业务涉及"银行存款"和"短期借款"两个账户。根据账户结构的规定，在"银行存款"账户应记入借方，同时，在"短期借款"账户应记入贷方。登记结果如图2-13所示。

图 2-13　借款业务发生的记账规则

② 20×9年4月8日，公司接受A公司投入资本200 000元，存入银行。

这项经济业务的发生，一方面，使公司的资产项目"银行存款"增加了200 000元；另一方面，使公司的所有者权益项目"实收资本"增加了200 000元。因此，这项经济业务涉及"银行存款"和"实收资本"两个账户。根据账户结构的规定，在"银行存款"账户应记入借方，同时，在"实收资本"账户应记入贷方。登记结果如图2-14所示。

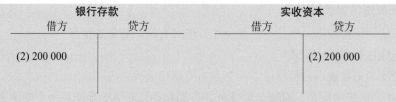

图 2-14　投入资本业务发生的记账规则

③ 20×9年4月11日，公司以银行存款偿还之前欠B公司的应付账款80 000元。

这项经济业务的发生，一方面，使公司的资产项目"银行存款"减少了80 000元；另一方面，使公司的负债项目"应付账款"减少了80 000元。因此，这项经济业务涉及"银行存款"和"应付账款"两个账户。根据账户结构的规定，在"应付账款"账户应记入借方，同时，在"银行存款"账户应记入贷方。登记结果如图2-15所示。

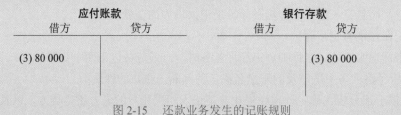

图 2-15　还款业务发生的记账规则

④ 20×9年4月11日，公司从银行提取现金100 000元。

这项经济业务的发生，一方面，使公司的资产项目"库存现金"增加了100 000元；另一方面，使公司的资产项目"银行存款"减少了100 000元。因此，这项经济业务涉及"库存现金"和"银行存款"两个账户。根据账户结构的规定，在"库存现金"账户应记入借方，同时，在"银行存款"账户应记入贷方。登记结果如图2-16所示。

图 2-16　取现业务发生的记账规则

⑤ 20×9年4月20日，公司接到银行通知，已用公司存款支付水电费3 500元。

这项经济业务的发生，一方面，使公司的费用项目"管理费用"增加了3 500元；另一方面，使公司的资产项目"银行存款"减少了3 500元。因此，这项经济业务涉及"管理费用"和"银行存款"两个账户。根据账户结构的规定，在"管理费用"账户应记入借方，同时，在"银行存款"账户应记入贷方。登记结果如图2-17所示。

图 2-17　缴费业务发生的记账规则

⑥ 20×9年4月28日，公司销售产品取得销售收入60 000元，款项尚未收到(暂不考虑缴纳的增值税)。

这项经济业务的发生，一方面，使公司的资产项目"应收账款"增加了60 000元；另一方面，使公司的收入项目"主营业务收入"增加了60 000元。因此，这项经济业务涉及"应收账款"和"主营业务收入"两个账户。根据账户结构的规定，在"应收账款"账户应记入借方，同时，在"主营业务收入"账户应记入贷方。登记结果如图2-18所示。

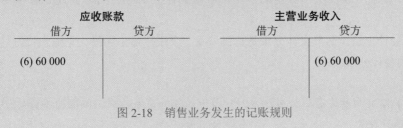

图 2-18　销售业务发生的记账规则

通过上面的例题，我们可以概括出采用借贷记账法可能遇到的情况，无论是资产类与负债及所有者权益类会计要素同增或同减的经济业务，还是在资产类会计要素内部或者负债及所有者权益类会计要素内部一增一减的经济业务，都适用于"有借必有贷，借贷必相等"的记账法则。

借贷记账法的记账规则可用图2-19表示。

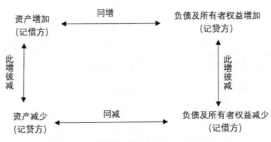

图 2-19　借贷记账法的记账规则

3) 账户的对应关系

在运用借贷记账法时，根据借贷记账法的记账规则对每项经济业务都要在两个或两个以上的账户中进行登记，于是在有关账户之间便形成了应借、应贷的关系，我们把账户之间应借、应贷的相互关系称为账户的对应关系，把存在这种对应关系的账户称为对应账户。例如，企业用银行存款3 000元购买原材料，对这项经济业务要分别在"原材料"账户的借方和"银行存款"账户的贷方进行登记。这样，"原材料"和"银行存款"账户之间就发生了相互对应的关系，两个账户就互为对应账户。

通过账户的对应关系，可以了解经济业务的内容，检查账务处理是否正确，发生的经济业务是否合理、合法。

4) 编制会计分录

为了保证账户对应关系的正确性，登记账户前应先根据经济业务所涉及的账户及其借贷方向和金额编制会计分录，据以登记账户。所谓会计分录，是指标明某项经济业务应借、应贷账户及其金额的记录，简称分录。在实际工作中，会计分录是通过填制记账凭证来完成的。会计分录的书写格式是"借"在上、"贷"在下，每一个会计科目各占一行，"借""贷"前后错位表示。

编制会计分录时，应遵循以下基本步骤：第一，分析这项经济业务涉及的是资产、成本、费用，还是负债、所有者权益、收入；第二，确定涉及哪些账户，是增加还是减少；第三，根据账户的性质和结构，确定记入哪个账户的借方，以及哪个账户的贷方；第四，根据借贷记账法的记账规则，确定应借、应贷账户是否正确，借方、贷方金额是否相等。

根据会计分录所涉及账户数量的多少，可将会计分录分为简单会计分录和复合会计分录两种。

(1) 简单会计分录。简单会计分录是指仅涉及一个账户借方和另一个账户贷方的会计分录，即一借一贷的会计分录。

【例2-2】以前面升达有限公司20×9年4月份的经济业务为例，编制简单会计分录。

① 借：银行存款　　　　　　　　50 000
　　贷：短期借款　　　　　　　　　　50 000

② 借：银行存款　　　　　　　　200 000
　　贷：实收资本　　　　　　　　　　200 000

③ 借：应付账款　　　　　　　　80 000
　　贷：银行存款　　　　　　　　　　80 000

④ 借：库存现金　　　　　　　　100 000
　　贷：银行存款　　　　　　　　　　100 000

⑤ 借：管理费用　　　　　　　　3 500
　　贷：银行存款　　　　　　　　　　3 500

⑥ 借：应收账款　　　　　　　　60 000
　　贷：主营业务收入　　　　　　　　60 000

(2) 复合会计分录。复合会计分录是指涉及三个或三个以上账户的会计分录，即一借多贷、多借一贷和多借多贷的会计分录。一般情况下，不允许编制多借多贷的会计分录，因为它不便于体现账户与账户之间的对应关系。

【例2-3】20×9年4月30日，升达有限公司为生产产品领用原材料，价值10 000元，管理部门领用原材料2 000元，销售部门领用原材料3 000元。

根据以上业务编制如下会计分录。

借：生产成本　　　　　　　　10 000
　　管理费用　　　　　　　　2 000
　　销售费用　　　　　　　　3 000
　　贷：原材料　　　　　　　　　　15 000

上面这个复合会计分录是由三个借方账户和一个贷方账户对应组成的。实际上，复合会计分录是由几笔简单会计分录组成，因而可将其分解为若干笔简单会计分录。本例中的复合会计分录可分解为如下三笔简单的会计分录。

① 借：生产成本   10 000

               贷：原材料   10 000

② 借：管理费用   2 000

               贷：原材料   2 000

③ 借：销售费用   3 000

               贷：原材料   3 000

4. 借贷记账法的试算平衡

企业在日常会计记录中可能会发生错记、重记、漏记的情况，从而影响账户之间的平衡，为了检查本期会计分录过入总分类账户后借、贷双方金额是否相等，有无错记、漏记或重复记账的情况发生，必须进行试算平衡。

所谓试算平衡，是指根据资产与权益之间的恒等关系和借贷记账法的记账规则，在一定时期终了时将所有账户的本期发生额和期末余额进行汇总计算，以检查所有账户记录是否正确的一种方法，包括发生额试算平衡和余额试算平衡两种方法。

从发生额来看，由于对任何经济业务都要根据"有借必有贷，借贷必相等"的记账规则编制会计分录，这样不仅每一笔会计分录的借方和贷方发生额会相等，而且将一定时期内(如一个月)对全部经济业务编制的会计分录记入相关账户后，所有账户的借方发生额合计数与贷方发生额合计数也必然相等。

从余额来看，由于借方余额的账户都是资产类账户，贷方余额的账户都是负债及所有者权益类账户，因此，根据"资产=负债+所有者权益"的恒等关系，所有账户借方余额的合计数必然与所有账户贷方余额的合计数相等。

因此，在借贷记账法下，试算平衡可用下列3个公式表示为

全部账户的本期借方发生额合计=全部账户的本期贷方发生额合计

全部账户的期初借方余额合计=全部账户的期初贷方余额合计

全部账户的期末借方余额合计=全部账户的期末贷方余额合计

在编制试算平衡表时，通常应注意几个方面：第一，必须保证所有账户的余额都已记入试算平衡表，并计算正确。第二，如果试算平衡表中借贷金额不相等，可以肯定账户记录有错误，应认真查找原因，直到实现平衡为止。第三，试算平衡表中即使"期初余额""本期发生额"和"期末余额"都已平衡，也不能说明账户记录绝对正确，因为，有些账户记录错误并不会影响借贷双方的平衡关系。例如：某项经济业务记错了账户，应当记入"库存现金"账户的却误记入"银行存款"账户，借贷仍保持平衡；漏记某项经济业务会使本期借贷双方的发生额等额减少，借贷仍保持平衡；重记某项经济业务会使本期借贷双方的发生额等额增加，借贷仍保持平衡；某项经济业务在账户记录中颠倒了记账方向，借贷仍保持平衡；借方或贷方发生额中，偶尔会发生多记和少记相互抵销的情况，借贷双方仍保持平衡。

第3章 会计核算工作的起点：填审会计凭证

编制会计凭证是会计核算工作的起点，本章主要介绍会计凭证的概念、种类，以及会计凭证的填制和审核方法。通过学习本章的内容，可以掌握会计凭证填制和审核的方法，明确会计凭证记录经济业务的合法性、合理性，以及会计记录的真实性。

3.1 会计凭证概述

企业每天都会发生大量的经济业务，这些经济业务既包括货币资金的收付，又包括财产物资的增减变化。企业为了保证会计资料核算的真实性，对每一笔经济业务都必须由办理该业务的人员填制相应的书面证明，并在上面签章，以示对经济业务的真实性负责，然后由会计人员对该书面证明的合法性、合理性进行审核，而这一书面证明就是会计凭证。会计凭证是企业记录经济业务、明确经济责任并按一定格式编制的据以登记账簿的书面证明。

填制和审核会计凭证是会计核算的基础，是会计核算工作的起点，也是企业对经济活动实施会计监督的重要环节。会计凭证的作用主要体现在以下几个方面：

(1) 会计凭证可以正确、及时地反映经济业务的发生和完成情况，为会计核算提供原始依据；

(2) 会计凭证可以检查经济业务的真实性、合法性和合理性，为会计监督提供重要依据；

(3) 会计凭证可以明确经济责任，为落实岗位责任制提供重要文件；

(4) 会计凭证是登记账簿的依据。

会计凭证多种多样，按其填制程序和用途的不同，可以分为原始凭证和记账凭证两大类。

3.2 原始凭证

3.2.1 原始凭证的概念

原始凭证也称为单据，是指企业在经济业务发生或完成时取得或填制的，用以证明经济业务的发生或完成情况，并作为记账原始依据的会计凭证。它是企业会计核算的重要原始资料。在经济业务发生时，办理该项业务的人员必须取得或填制相应的原始凭证，并及时送交会计部门。

3.2.2 原始凭证的种类

原始凭证按其取得的来源不同，可以分为自制原始凭证和外来原始凭证两大类。

1. 自制原始凭证

自制原始凭证是指企业在经济业务发生或完成时，由本单位内部经办业务的部门或个人自行填制的原始凭证，如收料单、领料单、产品入库单等。自制原始凭证按其填制手续不同，又可分为一次凭证、累计凭证、汇总原始凭证和记账编制凭证四种。

(1) 一次凭证。一次凭证是指只反映一项经济业务，或者同时反映若干项同类性质的经济业务，填制手续是一次完成的会计凭证。如企业购进材料验收入库，由仓库保管员填制的"收料单"；向仓库领用材料时，由各领料部门填制的"领料单"；报账时，报销人员填制的、出纳人员据以付款的"报销凭单"等都是一次凭证。

(2) 累计凭证。累计凭证是指在一定时期内，连续多次记载若干不断重复发生的同类经济业务的会计凭证。所填制的内容仅限于同类经济业务，且是分次登记的，目的是减少原始凭证的数量，简化核算手续。如"限额领料单""材料购入归类明细表"等就是累计凭证。注意，不同性质的会计事项不能登记在一张累计凭证上。

(3) 汇总原始凭证。汇总原始凭证是指在会计核算工作中，为简化记账凭证的编制工作，往往将一定时期内若干记录同类性质经济业务的原始凭证，按照一定的管理要求汇总编制成一张汇总原始凭证，用以集中反映某类经济业务发生的总括情况，如"发料凭证汇总表""收料凭证汇总表""现金收入汇总表""工资发放汇总表"等都是汇总原始凭证。

汇总原始凭证只能将同类性质的经济业务汇总填列在一张汇总凭证中。在一张汇总凭证中，不能将两类或两类以上性质的经济业务汇总填列。汇总原始凭证也属于原始凭证的范畴。汇总原始凭证在大中型企业中使用得非常广泛，因为它可以简化核算手续，提高核算工作效率；能够使核算资料更为系统化，使核算过程更为条理化；能够直接为管理提供某些综合指标。

(4) 记账编制凭证。在企业自制的各种原始凭证中，一般都是以实际发生或完成的经济业务为依据，由经办人员填制并签章。但有些自制原始凭证则是由会计人员根据账簿记录填制的，称为记账编制凭证，比如月末计算产品生产成本时所编制的"制造费用分配表"。

2. 外来原始凭证

外来原始凭证，是指在经济业务发生或完成时从其他单位或个人直接取得的原始凭证。外来原始凭证都是一次凭证，如企业购买材料或商品时从供货单位取得的增值税专用发票，出差人员报账时提供的车船、住宿票，对外支付款项时取得的收据，以及各种银行结算凭证等都是外来原始凭证。

外来原始凭证包含如下特点：来源于其他单位或个人；除具备《会计基础工作规范》规定的基本要素外，从外单位取得的原始凭证必须盖有填制单位的公章；从个人取得的原始凭证必须有填制人员的签名或者盖章。

3.2.3 原始凭证的基本内容

无论哪种原始凭证，一般都具有下列基本内容：

(1) 原始凭证的名称，如发票、收据、入库单、出库单等。原始凭证的名称主要用于明确交易或事项的性质，以便于凭证的管理和业务处理。

(2) 凭证的单位名称，在实际工作中也称为"抬头"。主要用于证明经济业务是否确实是本单位发生的，以便于记账和查账。值得注意的是，单位的名称必须是全称，不得简写，例如"郑州市升达百货有限责任公司"，不得写为"百货公司"。

(3) 原始凭证的填列日期和编号。日期和编号主要用于记录交易或事项发生、完成的时间，明确交易或事项所属的期间。

(4) 经济业务的主要内容。完整地填写经济业务的内容，写明经济业务的具体情况，便于各方检查其真实性、合理性和合法性。

(5) 数量、单价和金额。这是经济业务发生或完成的量化证明，是保证会计资料真实性的基础。特别是大、小写金额必须按规定完整填写，防止出现舞弊行为。

(6) 填制凭证的单位名称或者填制人姓名。填制凭证的单位或个人是经济业务发生的证明人，有利于了解经济业务的来龙去脉。

(7) 经办人员的签名或者盖章。凭证上的签名、盖章人，是经济业务的直接经办人，签名、盖章可以明确经济责任。

3.2.4　原始凭证的填制要求

编制原始凭证，就是将经济业务完成的实际情况，在一定的凭证格式里，按照要求填制。

1. 原始凭证填制的基本要求

(1) 真实可靠。如实填列经济业务的内容，不弄虚作假，不涂改、挖补；凭证上的日期、经济业务的内容、所有数据必须真实可靠；经办人员和有关部门的负责人都要在凭证上签名、盖章，对凭证的真实性、正确性负责。

(2) 内容完整。应该填写的项目要逐项填写，不可缺漏，应注意年、月、日要按填制原始凭证的实际日期填写；名称要齐全，不能简化；品名或用途要填写明确，不能含糊不清；有关人员签章要齐全。

(3) 书写清楚。字迹端正，文字工整，易于辨认；不使用未经国务院颁布的简化字；不串格或串行。

(4) 填制及时。当一项经济业务发生或完成时，要立即填制原始凭证，做到不积压、不误时、不事后补制。

2. 原始凭证填制的附加要求

(1) 从外单位取得的原始凭证，必须盖有填制单位的公章；从个人处取得的原始凭证，必须有填制人员的签名或者盖章；自制原始凭证必须有经办部门负责人或其指定人员的签名或者盖章；对外开出原始凭证，必须加盖本单位的公章。

(2) 购买实物的原始凭证，必须有验收证明，这有利于明确经济责任，保证账实相符，以防止盲目采购，避免物资短缺和流失。

(3) 发生销货退回及退还货款时，必须填制退货发票，附有退货验收证明和对方单位的收款收据。在实际工作中，有的单位发生销货退回时，对收到的退货没有验收证明，造成退货流失；办理退款时，仅以所开出的红字发票的副本作为本单位退款的原始凭证，既不经过对方单位盖章收讫，也不附对方单位的收款收据。这种做法漏洞很大，容易发生舞弊行为，应予以纠正。

(4) 一式几联的原始凭证，必须注明各联的用途，并且只能以一联作为报销凭证；一式几联的发票和收据，必须用双面复写纸套写，或本身具备复写功能，并连续编号，作废时应加盖"作废"戳记，连同存根一起保存。

(5) 经上级有关部门批准的经济业务，应当将批准文件作为原始凭证附件。如果批准文件需要单独归档的，应当在凭证上注明批准机关名称、日期和文件字号。

(6) 职工公出借款的凭据，必须附在记账凭证之后。在收回借款时，应当另开收据或者退还借款收据副本，不得退还原借款收据。

(7) 原始凭证记载的各项内容均不得涂改。原始凭证有错误的，应当由出具单位重开或者更正，更正处应当加盖出具单位印章；原始凭证金额有错误的，应当由出具单位重开，不得在原始凭证上更正。

(8) 阿拉伯数字要逐个填写，不得连笔写。金额前应当书写货币币种符号或者货币名称简写和币种符号。币种符号与金额之间不得留有空白。凡阿拉伯数字前写有币种符号的，数字后面不再写货币单位。

(9) 所有以元为单位(其他货币种类为货币基本单位，下同)的阿拉伯金额数字，除表示单价等情况外，一律填写到角分；无角分的，角位和分位可写"00"，或者符号"——"；有角无分的，分位应当写"0"，不得用符号"——"代替。

(10) 汉字大写数字金额如零、壹、贰、叁、肆、伍、陆、柒、捌、玖、拾、佰、仟、万、亿等，一律用正楷或者行书体书写，不得用〇、一、二、三、四、五、六、七、八、九、十等简化字代替，不得任意自造简化字。大写金额数字到元或者角为止的，在"元"或者"角"字之后应当写"整"字或者"正"字；大写金额数字有分的，分字后面不写"整"或者"正"字。

(11) 大写金额数字前未印有货币名称的，应当加填货币名称，货币名称与金额数字之间不得留有空白。

(12) 阿拉伯金额数字中间有"0"时，汉字大写金额要写"零"字；阿拉伯数字金额中间连续有几个"0"时，汉字大写金额中可以只写一个"零"字；阿拉伯金额数字元位是"0"，或者数字中间连续有几个"0"，元位也是"0"时，汉字大写金额可以只写一个"零"字，也可以不写"零"字。

3.2.5　原始凭证的审核内容

原始凭证是证明经济业务发生或者完成的第一手资料，其取得和填制是会计核算工作的起点，只有经过审核无误的原始凭证才能作为填制记账凭证的依据。因此，为了保证会计核算工作的正确进行，必须对原始凭证进行严格的审核。一般而言，对原始凭证的审核，主要从以下三个方面进行。

1. 真实性审核

真实性审核主要是审核原始凭证所反映的内容是否符合所发生的实际情况，数字、文字有无伪造、涂改，是否重复使用，各联之间数字是否不符等情况。特别要注意以下几点：

(1) 内容记载是否清晰，有无掩盖事情真相的现象。

(2) 凭证抬头是不是本单位。

(3) 数量、单价与金额是否相符。

(4) 认真核对笔迹，有无模仿领导笔迹、签字冒领等现象。

(5) 有无涂改，有无添加内容和金额。

(6) 有无移花接木的凭证。

2. 完整性审核

审核商品规格、计量单位、数量、单价、金额和填制日期的填写是否清晰，计算是否正确。对要求统一使用的发票，应检查是否存在伪造、挪用或用作废的发票代替等现象，凭证中应有的印章、签名是否齐全，审批手续是否完整，审批程序是否健全等。特别应注意以下几点：

(1) 外来的发票、收据是否用复写纸套写，是否是报销联。

(2) 购买商品、实物的各种原始凭证，必须附有保管人的验收单或其他领用者的签名才能受理。

(3) 对外支付款项的凭证应附有收款人的收款手续，方能转账注销。

(4) 自制的原始凭证附有原始单据的，要审核金额是否相符，无原始单据的是否有部门负责人批准签章。

3. 合法性审核

原始凭证的合法性审核，就是审查原始凭证所反映的经济业务是否符合国家的有关方针政策、法令、制度和计划，有无违反财经纪律，不按制度、手续、计划办理的事项；有无扩大成本、费用开支范围的情况，以及是否严格执行经济合同的有关规定，有无不讲经济效果、铺张浪费，甚至虚报冒领、贪污舞弊等不法行为。

3.2.6 原始凭证审核结果的处理

原始凭证的审核是一项政策性很强，也是十分细致和严肃的工作。会计机构和会计人员必须认真执行《中华人民共和国会计法》所赋予的职责、权限，坚守制度、坚持原则，按照国家统一会计制度的规定对原始凭证进行审核。

会计机构和会计人员审核原始凭证时，对于不真实、不合法的原始凭证有权不予接受，并向单位负责人报告；对记载不准确、不完整，手续不完备，数字有差错的原始凭证，应当予以退回，并要求按照国家统一会计制度的规定更正、补充。

原始凭证只有经过审核无误后，才能作为登记账簿和编制记账凭证的依据。

3.3 记账凭证

3.3.1 记账凭证的含义

记账凭证由会计人员根据审核无误的原始凭证填制，它是将经济业务的内容进行归类，并据以确定会计分录的会计凭证。记账凭证是登记账簿的直接依据。

在实际工作中，由于外来原始凭证和自制原始凭证的来源不同，格式和大小也不统一，并且没有标明借贷方向和会计科目，如果直接据此登记账簿，容易发生错误。为了便于登记账簿，一般要先根据原始凭证填制记账凭证，即登记经济业务的会计科目、借贷方向、金额等，再据以登记会计账簿，同时，将相应的原始凭证作为记账凭证的附件。

3.3.2 记账凭证的种类

1. 按照所适用的经济业务进行分类

记账凭证按照其所适用的经济业务，可以分为专用记账凭证和通用记账凭证两类。

1) 专用记账凭证

专用记账凭证是指用来专门记录某一类经济业务的记账凭证。专用凭证按其所记录的经济业务是否与库存现金、银行存款的收付有关，又分为收款凭证、付款凭证和转账凭证三种。

(1) 收款凭证。收款凭证是用来记录库存现金和银行存款收款业务的会计凭证，如图3-1所示。收款凭证根据库存现金和银行存款收款业务的原始凭证填制，是登记现金日记账、银行存款日记账以及有关明细账和总账等账簿的依据，也是出纳人员收讫款项的依据。

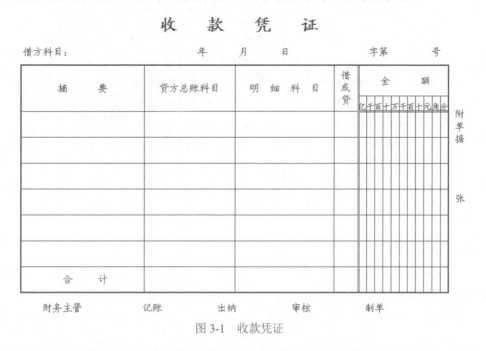

图 3-1　收款凭证

(2) 付款凭证。付款凭证是用来记录库存现金和银行存款付款业务的会计凭证，如图3-2所示。付款凭证根据库存现金和银行存款付款业务的原始凭证填制，是登记现金日记账、银行存款日记账以及有关明细账和总账等账簿的依据，也是出纳人员付讫款项的依据。

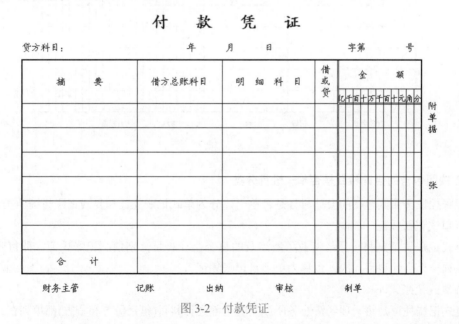

图 3-2　付款凭证

(3) 转账凭证。转账凭证是用来记录不涉及库存现金和银行存款业务的会计凭证，如图3-3所示。转账凭证根据转账业务的原始凭证填制。转账凭证是登记总分类账及有关明细分类账的依据。

图 3-3　转账凭证

2) 通用记账凭证

通用记账凭证是适用于所有经济业务的记账凭证，如图3-4所示。即企业里的经济业务，不论收款业务、付款业务还是转账业务，统一采用一种格式的记账凭证登记。

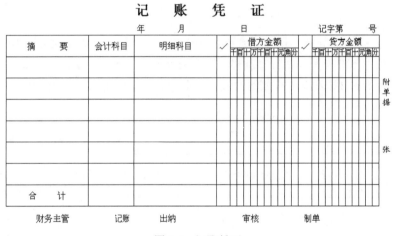

图 3-4　记账凭证

2. 按照包含的会计科目是否单一进行分类

记账凭证按照其包括的会计科目是否单一，分为单式记账凭证和复式记账凭证两类。

1) 单式记账凭证

单式记账凭证是将一项经济业务所涉及的每个会计科目分别填制记账凭证，即每张记账凭证只填列一个会计科目，因此也称为单项目记账凭证。

2) 复式记账凭证

复式记账凭证是将一项经济业务所涉及的全部会计科目(包括借方和贷方)都填列在一张记账凭证中，因此也称为多科目记账凭证。上述各种专用记账凭证和通用记账凭证，都属于复式记账凭证。

3. 按照是否经过汇总进行分类

记账凭证按照是否经过汇总，可以分为非汇总记账凭证和汇总记账凭证。

1) 非汇总记账凭证

非汇总记账凭证，是指没有经过汇总的记账凭证。上述专用记账凭证、通用记账凭证都是非汇总记账凭证。

2) 汇总记账凭证

汇总记账凭证，是根据非汇总记账凭证并且按照一定的方法汇总填制的记账凭证。汇总记账凭证按照汇总方法的不同，可以分为分类汇总记账凭证和全部汇总记账凭证两种。

(1) 分类汇总凭证。分类汇总凭证是根据一定期间的记账凭证按其种类分别汇总填制的。比如汇总收款凭证、汇总付款凭证和汇总转账凭证。

(2) 全部汇总凭证。全部汇总凭证是根据一定期间的记账凭证全部汇总填制的。

3.3.3　记账凭证的基本要素

记账凭证的基本要素包括：

(1) 记账凭证的名称；

(2) 记账凭证的填制日期；

(3) 记账凭证的编号；

(4) 经济业务的内容摘要；

(5) 经济业务所涉及的会计科目(包括总账科目和明细科目)的名称、方向、金额；

(6) 所附原始凭证的张数；

(7) 会计主管、记账、出纳、复核、制单等有关人员的签名或盖章。

以通用记账凭证为例，简单介绍记账凭证的基本要素，如图3-5所示。

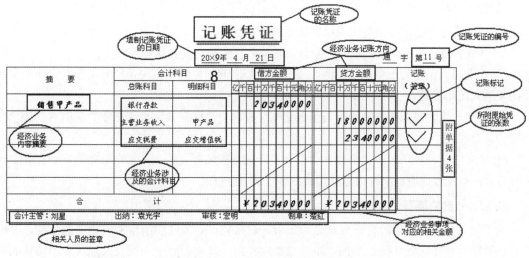

图 3-5　记账凭证的基本要素

3.3.4　记账凭证的填制要求

各种记账凭证都必须及时、准确、完整地填制，其填制的基本要求如下：

1. 日期的填写

收款凭证和付款凭证应当按照货币资金收付的日期填写。转账凭证原则上按照经济业务发生的日期(收到原始凭证的日期)填写，如果某张转账凭证涉及不同日期的经济业务时，可以按照填制记账凭证的日期填写。如果是月末结转的业务，应当按照当月最后一天的日期填写。

2. 记账凭证编号的填写

记账凭证在一个月之内应连续编号，不得重号或者跳号，以便查核。使用通用记账凭证时，可以按照经济业务发生的顺序从"1"开始连续编号，如"通字第1号"。使用收款凭证、付款凭证和转账凭证的企业，可以采用"字号编号法"，按照凭证类别顺序编号。如"收字第×号""付字第×号""转字第×号"等。也可以采用"双重编号法"，按照总字顺序与类别顺序相结合编号，如某付款凭证为"总字第×号，付字第×号"。一笔经济业务，如果需要编制多张凭证，可采用"分数编号法"进行编号，两张记账凭证之间不需要填写"过次页、承前页"字样。如企业某月第一笔业务需要填制两张记账凭证，记账凭证编号分别为"$1\frac{1}{2}$"号、"$1\frac{2}{2}$"号，前面的整数表示业务顺序，分母表示总张数，分子表示第几张。

3. 摘要的填写

摘要的填写一定要真实准确，同时做到简明扼要地描述经济业务，以便登记账簿，查阅凭证。例如：中文系王小刚借去北京购资料款5 000元，摘要为"王小刚借购资料款"。

4. 会计分录和会计科目的填写

转账凭证或者通用记账凭证中，会计科目要按照"先借后贷"的顺序填写。会计科目应填写全称，一级科目填写在"总账科目"栏，不得简写或者只填写会计科目的编号。如果需要填写明细科目，应在"明细科目"栏填写明细科目的名称。

5. 金额的填写

(1) 记账凭证的金额必须与相关原始凭证的金额相符。

(2) 会计科目所对应的发生额与"合计"行的合计金额一定要相符。

(3) 企业以人民币为记账本位币的，要在合计数字前一位填写人民币符号，不是合计数字前不用填写人民币符号。

(4) 如果一笔经济业务需要填写若干张记账凭证，只需要在最后一张记账凭证的"合计"行填写合计金额。

(5) 所有会计项目所对应的金额和"合计"行的金额填写完毕，如果金额栏最后一行数字和合计行之间有空行，应在空行内划对角线或者"S"线注销。

6. 附件张数的填写

为了便于复核所确定的会计分录是否正确，记账凭证必须注明所附原始凭证的张数，并用阿拉伯数字填写在记账凭证右侧的"附件张数"栏内。月末，对于一些收入或者费用结转的业务，记账凭证可以不附原始凭证。如果几张记账凭证同时需要一张原始凭证，应将原始凭证附在主要记账凭证的后面，并在其他记账凭证上注明"原始凭证见××号记账凭证后面"字样。

7. 签名或盖章

相关会计主管、记账、复核、制单人员要在记账凭证上签名或者盖章，收、付款凭证上一定要有出纳人员的签字或盖章，以便明确经济责任。

8. 其他

在采用收款凭证、付款凭证和转账凭证等专用记账凭证时，如果涉及库存现金和银行存款相互划转的业务，应只填制付款凭证，避免重复记账。另外，如果一笔经济业务涉及库存现金(银行存款)的收入或支出，又同时涉及转账业务，应同时填制库存现金(银行存款)收款凭证或者付款凭证和转账凭证。

3.3.5 记账凭证的填制方法

1. 专用记账凭证的填制方法

1) 收款凭证的填制方法

收款凭证是反映货币资金收入业务的记账凭证，收款凭证必须根据审核后的库存现金或银行存款收入业务的原始凭证填制。凡是涉及增加现金或者银行存款账户的金额的，都必须填制收款凭证。收款凭证可以分为库存现金收款凭证和银行存款收款凭证两种。一张填写完整的收款凭证如图3-6所示。

收 款 凭 证

借方科目　银行存款　　　　　　　　　20×9年4月21日　　　　　　　　收字第2号

摘要	贷方科目		√	金 额								
	总账科目	明细科目		百	十	万	千	百	十	元	角	分
销售甲产品	主营业务收入	甲产品			1	8	0	0	0	0	0	0
	应交税费	应交增值税			2	3	4	0	0	0	0	0
合　计				¥	2	0	3	4	0	0	0	0

会计主管：何敏　　　记账：付畅　　　审核：吴婷　　　出纳：谢东　　　制单：肖落

附单据2张

图 3-6　收款凭证的填制

在图3-6中，收款凭证左上角的"借方科目"按收款的性质填写"库存现金"或"银行存款"；日期填写的是编制本凭证的日期；右上角填写编制收款凭证的顺序号，收款凭证的编号一般按"现收×号"和"银收×号"分类，业务量少的单位也可不分"现收"与"银收"，而按收款业务发生的先后顺序统一编号，如"收字×号"；"摘要"填写对所记录的经济业务的简要说明；"贷方科目"填写与收入现金或银行存款相对应的会计科目；"记账"是指该凭证已登记账簿的标记，防止经济业务事项重记或漏记；"金额"是指该项经济业务事项的发生额；凭证右边"附单据××张"是指本记账凭证所附原始凭证的张数；最下边分别由有关人员签章，以明确经济责任。

2) 付款凭证的填制方法

付款凭证是反映货币资金支出业务的记账凭证，付款凭证必须根据审核后的库存现金或银行存款支出业务的原始凭证填制。付款凭证可以分为库存现金付款凭证和银行存款付款凭证两种。一张填制完整的付款凭证如图3-7所示。

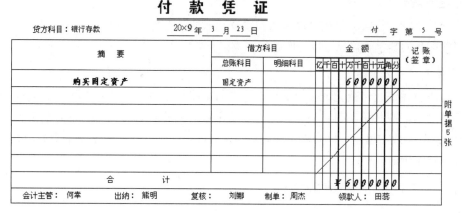

图 3-7 付款凭证的填制

付款凭证的编制方法与收款凭证基本相同，只是左上角由"借方科目"换为"贷方科目"，凭证中间的"贷方科目"换为"借方科目"。对于涉及"现金"和"银行存款"之间的经济业务，为避免重复一般只编制付款凭证，不编制收款凭证。

3) 转账凭证的填制方法

转账凭证是记录与货币资金收付无关的转账业务的凭证，转账凭证根据审核无误的转账业务的原始凭证填制。转账凭证将经济业务事项中所涉及的全部会计科目，按照先借后贷的顺序记入"会计科目"栏中的一级"总账科目"和二级"明细科目"中，并按应借、应贷方向分别记入"借方金额"或"贷方金额"栏。借、贷金额合计数应该相等。其他项目的填列与收付款凭证相同。一张填写完整的转账凭证，如图3-8所示。

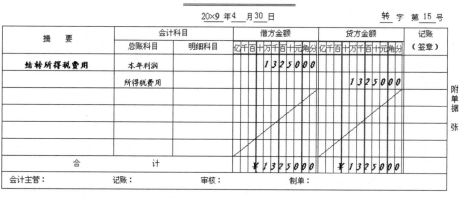

图 3-8 转账凭证的填制

2. 通用记账凭证的填制方法

通用记账凭证是用来记录各种经济业务的凭证。采用通用记账凭证的企业单位，不再根据经济业务的内容分别填制收款凭证、付款凭证和转账凭证等专用凭证。在借贷记账法下，将经济业务所涉及的会计科目全部填列在凭证内，借方在先，贷方在后，将各会计科目所记应借、应贷金额填列在"借方金额"或"贷方金额"栏内。借、贷方金额合计数应该相等。制单人在填制凭证完毕后应盖章，并在凭证右侧填写所附原始凭证的张数。一张填写完整的通用记账凭证，如图3-9所示。

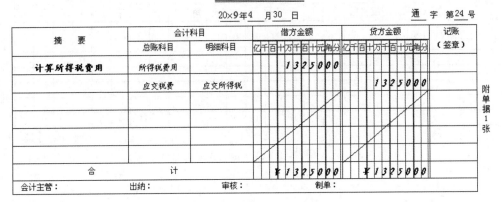

图 3-9　通用记账凭证的填制

在企业会计工作中，记账凭证应根据企业规模、货币资金收付业务量的大小等进行选择。一般来说，企业规模大、货币资金收付业务频繁，为了加强货币资金的管理，需要单独反映货币资金收付情况，便于提供货币收付指标，则应采用专用记账凭证。若企业规模小，业务量较少，则可以采用通用记账凭证。

3.3.6　记账凭证的审核和更正

1. 记账凭证的审核

为了保证记账凭证的正确性，提高账簿登记的质量，必须建立记账凭证审核的责任制度，配备业务熟练、工作负责的会计人员做好记账凭证审核工作。没有经审核的记账凭证，不能登记入账。记账凭证的审核主要包括如下几项内容。

(1) 记账凭证是否附有合法的原始凭证，其张数、金额、内容与记账凭证是否相符。

(2) 记账凭证所确定的会计科目和金额是否正确。

(3) 记账凭证应填的各项内容是否填写齐全，有关人员是否签名盖章。

2. 记账凭证的更正

如果在审核记账凭证时发现错误，应当重新填制。

已经登记入账的记账凭证，在当年内发现填写错误时，可以用红字填写一张与原内容相同的记账凭证，填写完整的红字记账凭证如图3-10所示。在"摘要"栏内注明"注销×年×月×号凭证"字样，同时再用蓝字重新填制一张正确的记账凭证，注明"更正×年×月×号凭证"字样。如果会计科目没有错误，只是金额有误，也可以将正确数字与错误数字之间的差额另编一张调整的记账凭证，调增金额用蓝字，调减金额用红字。

发现以前年度记账凭证有误的，应当用蓝字填制一张更正的记账凭证。

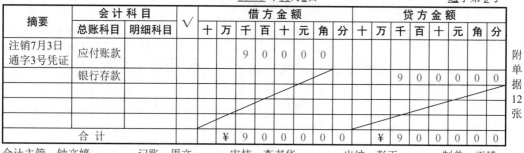

记 账 凭 证

20×9 年10月2日　　　　通字第 5号

摘要	会计科目		√	借方金额								贷方金额							
	总账科目	明细科目		十	万	千	百	十	元	角	分	十	万	千	百	十	元	角	分
注销7月3日通字3号凭证	应付账款					9	0	0	0	0									
	银行存款													9	0	0	0	0	0
合 计					¥	9	0	0	0	0	0		¥	9	0	0	0	0	0

附单据12张

会计主管：钟文婷　　记账：周文　　审核：李书华　　出纳：彭玉　　制单：王琦

图 3-10　红字记账凭证

第4章 登记账簿的前提：建账

设置账簿是会计账簿登记的前提，本章主要介绍账簿的定义、种类、建账的原则以及不同企业类型的账务体系。通过本章的学习，了解会计账簿的定义，理解账簿的类型和工业、商业、服务业的账务体系，掌握具体建账的方法。

4.1 会计账簿概述

4.1.1 会计账簿的意义

会计账簿，简称账簿，是由具有一定格式、相互联系的账页所组成，用来序时、分类地全面记录一个企业、单位经济业务事项的会计簿籍。设置和登记会计账簿，是重要的会计核算基础工作，是连接会计凭证和会计报表的中间环节，做好这项工作，对于加强经济管理具有十分重要的意义。会计账簿的意义可以概括如下：

(1) 通过账簿的设置和登记，记载、储存会计信息。将会计凭证所记录的经济业务记入有关账簿，可以全面反映会计主体在一定时期内所发生的各项资金运动，储存所需要的各项会计信息。

(2) 通过账簿的设置、登记、分类、汇总会计信息。账簿由不同的相互关联的账户所构成，通过账簿记录，一方面可以分门别类地反映各项会计信息，提供一定时期内经济活动的详细情况；另一方面可以通过发生额、余额计算，提供各方面所需要的总括会计信息，反映财务状况及经营成果。

(3) 通过账簿的设置和登记，检查、校正会计信息。账簿记录是会计凭证信息的进一步整理。

(4) 通过账簿的设置和登记，编表、输出会计信息。为了反映一定时期的财务状况及经营成果，应定期进行结账工作，进行有关账簿之间的核对，计算出本期发生额和余额，据以编制会计报表，向有关各方提供所需要的会计信息。

4.1.2 会计账簿的种类

1. 账簿按用途分类

账簿按其用途分为序时账簿、分类账簿和备查账簿三类。

1) 序时账簿

序时账簿，又称日记账，是按照经济业务发生或完成时间的先后顺序逐日逐笔进行登记的账簿。序时账簿按其记录内容的不同，又分为普通日记账和特种日记账两种。

(1) 普通日记账，又称通用日记账。它是将企业每天发生的所有经济业务，不论其性质如何，按其先后顺序，编成会计分录记入账簿。设置通用日记账的企业一般不再设置专用日记账，以免重复设账、记账。

(2) 特种日记账，又称专用日记账。它是按经济业务性质单独设置的账簿，它只把特定项目按经济业务顺序记入账簿，反映其详细情况，如库存现金日记账和银行存款日记账。特种日记账的设置，应根据业务特点和管理需要而定，特别是那些发生烦琐、需严加控制的项目，应予以设置。一般情况下，企业采用的特种日记账主要有库存现金日记账和银行存款日记账。

2) 分类账簿

分类账簿是对全部经济业务事项按照分类账户进行登记的账簿。分类账簿按其提供核算指标详细程度的不同，又分为总分类账和明细分类账。

(1) 总分类账，简称总账，是根据总分类科目开设账户，用来记录一定时期内全部经济业务，提供总括核算资料的分类账簿。

(2) 明细分类账，简称明细账，是根据总账科目所属明细分类科目开设的，用来登记某一类经济业务明细项目，提供明细核算资料的分类账簿。

3) 备查账簿

备查账簿，又称辅助账簿，是对某些在序时账簿和分类账簿等主要账簿中都不予登记或登记不够详细的经济业务事项进行补充登记时使用的账簿。它可以对某些经济业务的内容提供必要的参考资料。备查账簿的设置应视实际需要而定，并非一定要设置，而且没有固定格式。如设置租入固定资产登记簿、受托加工材料登记簿等。

2. 账簿按外表形式分类

账簿按外表形式分类，可以分为订本式账簿、活页式账簿和卡片式账簿三种。

1) 订本式账簿

订本式账簿，简称订本账，是在账簿尚未使用前就将账页按顺序编号并固定装订在一起的账簿。这种账簿，一般适用于重要的和具有统驭性的总分类账、现金日记账和银行存款日记账。

订本账具有避免账页散失、防止账页被抽换等优点。订本账也存在缺点，比如同一账簿在同一时间只能由一人登记，这样不便于会计人员分工协作记账，也不便于计算机打印记账。

2) 活页式账簿

活页式账簿，简称活页账，是将一定数量的账页置于活页夹内，可根据记账内容的变化而随时增加或减少部分账页的账簿。活页账一般适用于明细分类账。

活页账可以根据实际需要增添账页，不会浪费账页，使用灵活，并且便于分工记账。但是活页账的账页容易散失和被抽换，所以在使用时应注意顺序编号并装订成册，同时妥善保管。

3) 卡片式账簿

卡片式账簿，简称卡片账，是将一定数量的卡片式账页存放于专设的卡片箱中，账页可以根据需要随时增添的账簿。

卡片账的特点与活页账基本相同。在卡片账使用时，为了防止散失和抽换，应顺序编号，并由有关人员在卡片上签章，同时卡片箱由专人保管。卡片账一般适用于低值易耗品、固定资产等的明细核算。在我国一般只对固定资产明细账采用卡片账形式。

3. 账簿按格式分类

会计账簿按格式分类，可以分为三栏式账簿、多栏式账簿、数量金额式账簿和平行登记式账簿。

1) 三栏式账簿

三栏式账簿，是指设有借方、贷方和余额三个基本栏目的账簿，如日记账、总分类账均属于三栏式账簿。

2) 多栏式账簿

多栏式账簿，是企业根据经济业务的特点及经营管理上的需要在账页上设置若干栏，用于登记明细项目多、借贷方向单一的经济业务，如管理费用、销售费用等科目的明细账的登记均使用多栏式账簿。

3) 数量金额式账簿

数量金额式账簿，其借方、贷方和金额三个栏目内都分设数量、单价和金额三小栏，借以反映财产物资的实物数量和价值量，如原材料、库存商品、产成品等明细账通常采用数量金额式账簿。

4.1.3 会计账簿的设置原则

任何企业都应当按照会计核算的基本要求和会计规范的有关规定，结合本企业的经济业务特点和经营管理的需要，设置必要的账簿，并且认真做好记账工作。在进行账簿设置的时候，一般应当遵循以下原则：

(1) 要确保全面、连续、系统地核算和监督所发生的各项经济业务，为企业经营管理和编制会计报表提供完整、系统的会计信息和资料。

(2) 在保证满足核算和监督经济业务的前提下，尽量考虑人力、物力的节约，注意防止重复记账。

在格式设计上，要从所要核算的经济业务的内容和需要提供的核算指标出发，力求简明实用，避免烦琐复杂，以提高会计工作效率。

4.1.4 会计账簿的基本内容

各种账簿记录的经济业务内容不同，提供核算资料的详细程度不一样，格式也可以多种多样，但就各种主要账簿而言，其基本内容是一致的。账簿的基本内容包括：

1. 封面

封面主要标明账簿的名称，如总分类账簿、现金日记账、银行存款日记账等，同时，也要标明记账单位名称。

2. 扉页

扉页标明会计账簿的使用信息，如账簿的启用日期、截止日期、页数、册数、科目索引、账簿启用和经管人员一览表等。

3. 账页

账页是用来记录经济业务事项的载体，其格式因反映经济业务内容的不同而有所不同，但其内容应当包括：①账户的名称，一级科目、二级或明细科目；②日期栏；③记账凭证的种类和号数栏；④摘要栏，所记录经济业务的简要说明；⑤金额栏，记录经济业务的增减变动和余额；⑥总页次和分户页次栏。

4.2 建账的基本内容

4.2.1 建账的必要性

所谓建账，是指企业依据本企业所在行业的要求和自身将来可能发生的会计业务情况，确定账簿种类、格式、内容及登记方法等，并据此购置所需要的账簿，根据企业日常发生的业务情况和会计处理程序开设会计科目和账户，登记账簿的过程。

依法建账问题，曾一度在我国会计实际工作中比较薄弱，如一些单位账外设账、私设"小金库"、造假账等，严重损害了国家和社会公众利益，干扰了社会经济秩序，是法律所不允许的。因此，《会计法》对依法建账的基本要求做出规定，说明了依法建账的重要性。设置并有效利用会计账簿，才能进行会计资料的收集、整理、加工、存储和提供会计信息，才能连续、系统、全面、综合地反映单位的财务状况和经营成果，才能通过会计账簿所提供的信息来揭示经济活动中存在的问题，寻找改善经营管理的对策。

4.2.2 建账的基本原则

建账就是根据《会计法》和国家统一会计制度的规定，以及企业所处行业的要求和将来可能发生的会计业务情况，确定账簿种类、格式、内容及登记方法。建账必须遵循以下基本原则。

1. 依法原则

各单位必须按照《会计法》和国家统一会计制度的规定设置会计账簿，包括总账、明细账、日记账和其他辅助性账簿，不允许不建账，也不允许在法定的会计账簿之外再建账。

2. 全面系统原则

设置的账簿要能全面、系统地反映企业的经济活动，为企业经营管理提供所需的会计核算资料，同时要符合各单位生产经营规模和经济业务的特点，使设置的账簿能够反映企业经济活动的全貌。

3. 组织控制原则

设置的账簿要有利于账簿的组织、建账人员的分工，有利于加强岗位责任制和内部控制制度，有利于财产物资的管理，便于账实核对，以保证企业各项财产物资的安全完整和有效使用。

4. 科学合理原则

账簿应根据不同的作用和特点进行设置，账簿格式的设计及选择应力求简明、实用，使账簿结构做到严密、科学，有关账簿之间要有统驭或平行制约的关系，以保证账簿资料的真实、正确和完整，提高会计信息处理和利用的效率。

4.3 不同账目的建账原则

4.3.1 总账建账原则

总账是根据一级会计科目(亦称总账科目)开设的账簿，用来分类登记企业的全部经济业务，提供资产、负债、所有者权益、费用、收入和利润等总括的核算资料。总账的建账原则主要有如下3项。

1. 总账科目名称应与国家统一会计制度规定的会计科目名称一致

总账具有分类汇总记录的特点，为确保账簿记录的正确性、完整性，提供会计要素的完整指标，企业应根据自身行业特点和经济业务的内容建立总账，其总账科目名称应与国家统一会计制度规定的会计科目名称一致。

2. 依据企业账务处理程序的需要选择总账格式

根据财政部颁布的《会计基础工作规范》的规定，总账的账页格式一般采用"借方""贷方""余额"三栏式，根据实际需要，也可以在"借方""贷方"两栏内增设"对方科目"栏。总账的账页格式，也可以采用多栏式格式，如把序时记录和总分类记录结合在一起的联合账簿，即日记总账。

3. 总账的外表形式一般应采用订本式账簿

为保护总账记录的安全、完整，总账一般应采用订本式。实行会计电算化的单位，用计算机打印的总账必须连续编号，经审核无误后装订成册，并由记账人员、会计机构负责人、会计主管人员签字或盖章，以防散失。但是，科目汇总表总账可以是活页式的。

4.3.2 明细账建账原则

明细账通常根据总账科目所属的明细科目设置，用来分类登记某一类经济业务，提供有关的明细核算资料。明细账是形成有用的会计信息的基本程序和基本环节，借助于明细账既可以对经济业务信息或数据做进一步的加工整理，进而通过总账形成适合财务报表编制的会计信息，又能为了解信息的形成提供具体情况和有关线索。明细账的建账原则主要包括：

1. 明细科目的名称应根据统一会计制度的规定和企业管理的需要设置

会计制度对有些明细科目的名称做出了明确规定，有些只规定了设置的方法和原则。对于有明确规定的，企业在建账时应按照会计制度的规定设置明细科目的名称；对于没有明确规定的，建账时应按照会计制度规定的方法和原则，以及企业管理的需要设置明细科目。

2. 根据财产物资管理的需要选择明细账的格式

明细账的格式主要有三栏式、数量金额式和多栏式，企业应根据财产物资管理的需要选择明细账的格式。

3. 明细账的外表形式一般采用活页式

明细账采用活页式账簿，主要是为了使用方便，便于账页的重新排列和记账人员的分工。但是活页账的账页容易散失和被随意抽换，因此，使用时应顺序编号并装订成册，注意妥善保管。

4.3.3 日记账建账原则

日记账又称序时账，是按经济业务发生时间的先后顺序逐日逐笔进行登记的账簿。根据财政部《会计基础工作规范》的规定，各单位应设置现金日记账和银行存款日记账，以便逐日核算与监督现金和银行存款的收入、付出和结存情况。现金日记账和银行存款日记账的建账原则如下。

1. 账页的格式一般采用三栏式

现金日记账和银行存款日记账的账页一般采用三栏式，即借方、贷方和余额三栏，并在借贷两栏中设有"对方科目"栏。如果收付款凭证数量较多，为了简化记账手续，同时为了通过现金日记账和银行存款日记账汇总登记总账,也可以采用多栏式账页。采用多栏式账页后如果会计科目较多,造成篇幅过大,还可以分设现金(银行存款)收入日记账和现金(银行存款)支出日记账。

2. 日记账的外表形式必须采用订本式

现金和银行存款是企业流动性最强的资产,为保证账簿资料的安全、完整,《会计基础工作规范》第五十七条规定,现金日记账和银行存款日记账必须采用订本式账簿,不得用银行对账单或者其他方法代替日记账。

4.3.4 备查账建账原则

备查账是一种辅助账簿,是对某些在日记账和分类账中未能记载的会计事项进行补充登记的账簿。备查账建账的原则包括以下几个。

1. 备查账应根据统一会计制度的规定和企业管理的需要设置

并不是每个企业都要设置备查账簿,而应根据管理的需要来确定,但是对于会计制度规定必须设置备查账簿的科目,如"应收票据""应付票据"等,必须按照会计制度的规定设置备查账簿。

2. 备查账的格式由企业自行确定

备查账没有固定的格式,与其他账簿之间也不存在严密的勾稽关系,其格式可由企业根据内部管理的需要自行确定。

3. 备查账的外表形式一般采用活页式

为使用方便,备查账一般采用活页式账簿,与明细账一样,为保证账簿的安全、完整,使用时应顺序编号并装订成册,注意妥善保管,以防账页丢失。

4.4 不同企业如何建立账务体系

4.4.1 工业企业账务体系

工业企业即我们通常所说的制造业,是指那些专门从事产品的制造、加工、生产的企业。工业企业由于会计核算涉及内容较多,而且成本归集与核算程序复杂、方法多样,所以工业企业建账是最复杂的,也是最有典型意义的。

工业企业账务体系的建立,基本按日记账、明细账、总分类账等项目来进行。

1. 现金日记账和银行存款日记账

会计人员在购买了账簿后,在发生与现金及银行存款有关的经济业务时,就可以做账和登记相应的账簿了。

【例4-1】企业根据收款凭证登记现金日记账、银行存款日记账。现有某投资人转入企业银行存款账户投资款100万元,会计人员便可依据银行转来的银行收款凭证做企业银行存款收款凭证,编号为银字001号。

借:银行存款   1 000 000

 贷:实收资本   1 000 000

根据银字001号收款凭证,便可登记银行存款日记账。

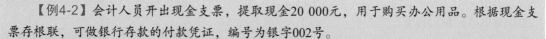

【例4-2】会计人员开出现金支票，提取现金20 000元，用于购买办公用品。根据现金支票存根联，可做银行存款的付款凭证，编号为银字002号。

借：库存现金   20 000

　　贷：银行存款   20 000

根据银字002号付款凭证，便可登记现金日记账和银行存款日记账。

总之，企业所有日常经济活动中与现金及银行存款相关的业务，都按上面实例中的规则，逐日、逐笔登记现金日记账和银行存款日记账。

2. 资产负债类明细分类账

针对不同企业，其明细分类账的设置需要根据企业自身管理需要和外界各部门对企业信息资料的需要来设置。工业企业需要设置的资产负债类明细账主要有短期投资等项目，具体如表4-1所示。

表 4-1 工业企业资产负债类明细分类账一览表

序号	账户名称	备注	二级明细举例
1	短期投资	根据投资种类和对象设置	如A公司、B公司等
2	应收账款	根据客户名称设置	如××客户等
3	其他应收款	根据应收部门、员工姓名、项目名称等来设置	销售部、管理部或××员工等
4	长期股权投资	根据投资对象或根据溢价、折价、相关费用设置	如C公司、D公司等
5	固定资产	根据固定资产的类型设置	如房屋建筑物、机器设备、办公设备等
6	短期借款	根据短期借款的种类或对象设置	如××银行
7	应付账款	根据应付账款的对象设置	如××供应商等
8	预收账款	根据客户名称设置	如××客户等
9	其他应付款	根据应付的内容设置	如养老保险、医疗保险、住房公积金等
10	应付职工薪酬	根据应付的部门或员工姓名设置	如销售部、制造部、管理部、××员工等
11	应交税费	根据税金的种类设置	如应交增值税、应交企业所得税等

在实际的建账过程中，企业可根据自身业务的需要增减明细账的设置，日常活动中，根据原始凭证、汇总原始凭证及记账凭证登记各种明细账。

3. 与生产过程相关的明细分类账

在工业企业建账过程中，还应设置与生产过程相关的明细账。

(1) 材料成本类明细账。在采用材料按实际成本计价的企业，要设置在途物资明细账，以便于核算不同来源的材料的实际成本。

在材料按计划成本计价的企业，要设置材料采购明细账，并采用横线登记法，按材料的各类规格、型号登记材料采购的实际成本和发出材料的计划成本，并根据实际成本和计划成本的差异反映材料成本差异。另外，配合材料按计划成本计价，可以建立"材料成本差异"明细账，它是原材料账户的备抵调整账户。同原材料相同，材料成本差异的设置也是按材料的品种、规格设置，反映各类或各种材料实际成本与计划成本的差异，计算材料成本差异分配率。

(2) 生产成本类明细账。为计算产品成本，需设置基本生产成本明细账，也称产品成本明细分类账或产品成本计算单。根据企业选择的成本计算方法，可以按产品品种、批别、类别、生产步骤设置明细账。

为计算产品成本，还需设置辅助生产成本明细账，用以反映归集的辅助生产费用或辅助生产成本及分配出去的辅助生产成本和转出的完工的辅助生产产品。辅助生产成本明细账的设置应根据辅助生产部门设置。

为计算产品成本，制造费用明细账是所有工业企业都必须设置的，它根据制造费用核算内容，如工资费、折旧费、修理费、低值易耗品摊销费等来设置。

4. 损益类明细账

工业企业的损益类明细账具体如表4-2所示。

表 4-2 工业企业损益类明细分类账一览表

序号	账户名称	备注	二级明细举例
1	主营业务收入	可根据产品的品种、批别、类别来设置	如甲产品、乙产品等
2	主营业务成本	一般应与主营业务收入的分类相对应	如甲产品、乙产品等
3	其他业务收入		
4	其他业务成本		
5	税金及附加		
6	销售费用	按照费用的构成设置	如招标服务费、广告费、差旅费等
7	管理费用	按照费用的构成设置	如办公费、电话费、业务招待费等
8	财务费用	按照费用的构成设置	如汇兑损益、利息支出等
9	营业外收入		
10	营业外支出		
11	投资收益	按照投资的性质与投资的种类来设置	

备注：由于不同企业的经济业务的差异，企业可以根据自身经济业务的特点和管理需要设置科目。例如企业业务较多，可将非主营的常见的其他业务的收入(成本)归入其他业务收入(成本)科目，如果企业业务单一，没有其他业务发生，便可以不设置该账户。

5. 总分类账

工业企业需根据业务量的多少，设置一本或几本总分类账。开立总分类账账本后，根据企业涉及的业务和会计科目设置总账。原则上，只要是企业涉及的会计科目，就要有相应的总账账簿(账页)与之对应。会计人员应估计每一种业务的业务量大小，将每一种业务用口取纸分开，并在口取纸上写明每一种业务的会计科目名称，以便在登记时能够及时找到对应的登记账页。在使用"订本式"总账时，假如总账账页从第一页到第十页用来登记现金业务，会计人员可在目录中注明："现金—1~10"，并且在总账账页的第一页贴上写有"现金"的口取纸进行标示；第十一页到第二十页用来登记银行存款业务，就可在目录中注明"银行存款—11~20"，并且在总账账页的第十一页贴上写有"银行存款"的口取纸。以此类推，总账就建立起来了。

为了登记总账方便，在对总账账页分页使用时，最好按资产、负债、所有者权益、收入、费用的顺序来分页，在口取纸选择上也可将资产、负债、所有者权益、收入、费用按不同颜色区分开，以便查找和登账。

工业企业设置的总账业务通常应包括：库存现金、银行存款、其他货币资金、短期投资、应收票据、应收账款、其他应收款、坏账准备、存货、长期股权投资、固定资产、累计折旧、无形资产、累计摊销、长期待摊费用、短期借款、应付票据、应付账款、预收账款、其他应付款、应付职工薪酬、应交税费、应付股利、应付利息、长期借款、长期债券、长期应付款、实收资本(股本)、资本公积、盈余公积、未分配利润、本年利润、主营业务收入、主营业务成本、税金及附加、销售费用、管理费用、财务费用、其他业务收入、其他业务成本、营业外收入、营业外支出、所得税、以前年度损益调整等。

总账的登记可以根据记账凭证逐笔登记，也可以根据科目汇总表登记，或根据汇总记账凭证进行登记。明细账无论按怎样的分类方法，各个账户明细账的期末余额之和应与其总账的期末余额相等，或者说总账的期末余额应与明细账的期末余额相等。

因工业企业会计核算使用的会计账户较多，所以总账账簿的需要量可能会多一些。同时，因工业企业的存货内容所占比重较大，故还要配合成本计算设置有关成本总账。与存货相关的账户主要有原材料、在途物资、材料采购、委托加工物资、包装物及低值易耗品、库存商品、发出商品等，企业要根据账户设置相应的总账；与成本计算相关的账户主要有待摊费用、生产成本、劳务成本、研发支出等，企业也要根据成本计算账户设置相应的总账。

6. 建账中的其他问题

因工业企业的成本计算比较复杂，所以在企业建账时，为了便于凭证的编制，要设计一些用于计算的表格，如材料费用分配表、领料单、工资费用计算表、折旧费用分配表、废品损失计算表、辅助生产费用分配表、产品成本计算单等相关成本计算表格。

4.4.2 商业企业账务体系

商业企业即商品流通企业，是指企业本身没有生产线，不生产产品，只从事商品买卖的独立核算企业。这样的企业主要有商业、外贸、物资供销、图书发行等企业，如商场、大中小型超市、销售公司等。

因商业企业的经济活动主要是流通领域中的购、销、存活动，所以这类企业的核算主要侧重于采购成本、主营业务成本及商品流通费用的核算。该类企业建账的主要内容如下。

1. 现金日记账和银行存款日记账

商业企业的现金日记账和银行存款日记账的建立方式与工业企业相同。

2. 明细分类账

商业企业的明细分类账相对于工业企业要简单得多，主要分为三大类。

(1) 资产负债类明细账，其涉及的账户和建立方式与工业企业相同。

(2) 商品类明细账，主要用来核算企业买进和卖出的商品的成本和收入，包括商品采购明细账、库存商品明细账。商品采购明细账用来核算购进商品的进价成本及入库商品的实际成本，商品采购明细账一般可按客户名称设置，采用"数量金额式"账簿进行核算。库存商品明细账用来核算商品的收、发、结、存情况，可按商品的种类、名称、规格或存放地点设置，也要求采用"数量金额式"账簿进行核算。

商业企业采用实际成本法计算已销商品成本时，库存商品的发出可按个别计价法(分批实际成本计价)、全月一次加权平均法、移动加权平均法、先进先出法等。如果企业是商品零售企业，还需设置"商品进销差价"明细账，该账户因是"库存商品"的调整账户，所以其明细账的设置口径应与"库存商品"明细账一致。

(3) 损益类明细账，其涉及账户和建立方式也与工业企业同类明细账的设置相同。

3. 总分类账

商品企业的总分类账的设置与工业企业基本相同。由于商品企业大量购进商品直接用于销售，故除了要设置工业企业日常总分类账簿之外，还要设置商品采购、库存商品、商品进销差价这三个商业企业必须使用的总账账簿。如果经常委托他人代销商品或为他人代销商品，还需设置委托代销商品、代销商品款、受托代销商品账簿。

在实际会计工作中，总账账簿的设置可根据企业业务量的大小和业务需要增删。

4. 建账中的其他问题

因商业企业在成本计算上与工业企业、服务企业的差别较大，为便于商业企业的成本计算，需要外购或自制许多成本计算的表格。在建账时，需要准备已销商品进销差价计算表、商品盘存汇总表、毛利率计算表等。

4.4.3　服务企业账务体系

服务业也称第三产业，泛指那些对外提供劳务服务的企业，因其提供的并非是实物产品，而是一种劳务服务，所以称为服务企业。服务企业包括交通运输业、建筑安装业、金融保险业、邮电通信业、文化体育业、娱乐业、旅游服务业、仓储保管业、仓储租赁业、代理业、广告业等。虽然服务业涉及的服务项目很多，但在会计核算上，成本核算比较简单，所以账簿设置也相对较简单。其建账内容如下。

1. 现金日记账和银行存款日记账

服务企业的现金日记账和银行存款日记账的建立同工业与商业企业相同，使用方式与登记方式也完全相同。

2. 明细分类账

服务企业明细分类账的设置也是根据企业管理需要和实用性来设置的，其内容与工业企业和商业企业基本相同，只是成本核算较简单。

3. 总分类账

相比工业企业和商业企业，服务企业涉及的总账业务比较少，但也要设置库存现金、银行存款、短期投资、应收账款、其他应收款、存货、长期投资、固定资产、累计折旧、无形资产、长期待摊费用、短期借款、应付账款、其他应付款、应付职工薪酬、应交税费、其他应交款、应付股利、实收资本(股本)、资本公积、盈余公积、未分配利润、本年利润、主营业务收入、主营业务成本、营业外收入、营业外支出，以前年度损益调整、所得税等账户。

服务企业只要建立上述三类账簿，就完成了建账的基本工作。会计人员只需按规定进行日常会计处理，登记会计账簿就可以了。

第5章 会计核算工作的中间环节：登记账簿

登记账簿是会计基础核算工作的中间环节，本章主要介绍账簿启用和登记的规则，三栏式、多栏式、数量金额式的登记方法，错账更正方法，以及期末对账和结账的方法等。通过学习本章内容，了解账簿的启用和登记规则，理解错账的更正方法，掌握三栏式、多栏式、数量金额式账簿的登记方法，以便为编制会计报表提供编报信息。

5.1 会计账簿的启用和登记规则

1. 会计账簿启用的规则

账簿启用时，应该在账簿扉页上填列"账簿启用和经管人员一览表"，如图5-1所示。应详细填写：单位名称、账簿名称、账簿编号、账簿册数、账簿共计页数、启用日期，并加盖单位公章，经管人员(包括企业负责人、主管会计、复核和记账人员)均应载明姓名并加盖印章。

账簿启用表

单位名称										印花粘贴处
账簿名称										
账簿编号	字第		号第			册共		册		
账簿页数	本账簿共计		页							
启用日期		月		日						
经管人员		接管						监交人		单位公章
姓名	盖章	年	月	日	年	月	日	账本余额	姓名	盖章	

图 5-1 账簿启用和经管人员一览表

记账人员或者会计机构负责人、会计主管人员如果调动工作或因故离职时，应当办理账簿交接手续，在交接记录栏内填写交接日期、交接人员和监交人员的姓名，并由交接双方人员签名或盖章。

启用订本式账簿，应从第一页到最后一页顺序编号，不得跳页、缺号。启用活页式账簿，应按顺序编号，并须定期装订成册；装订后按实际使用的账页顺序编定页数，标明目录、账户名称和页次。

2. 会计账簿登记的规则

(1) 记账依据必须是审核无误的会计凭证。账簿中记录的内容，如日期、凭证编号、经济业务内容摘要、金额等必须与凭证一致。登记完毕后，要在记账凭证上签名或者盖章，并注明已经登账的符号，如打"√"，表示已经记账，以免发生重记或漏记。

(2) 记账时按连续编号的账页逐页逐行填写，不得隔页跳行或在行上行下任意书写。如果发生跳行、隔页，应当将空行、空页划线注销，或者注明"此行空白""此页空白"字样，并由记账人员签名或者盖章。

(3) 登记账簿必须用蓝色或黑色墨水书写，不能用铅笔或圆珠笔书写。

(4) 下列情况，可以用红色墨水记账：①以红字冲销错误记录；②在不设借贷等栏的多栏式账页中，以红字登记减少数；③在三栏式账户的余额栏前，如未印明余额方向的，在余额栏内以红色登记负数余额；④根据国家统一会计制度的规定可以用红字登记的其他会计记录。

(5) 账簿记录的文字、数字应清晰、整洁。摘要文字紧靠左线。数字要写在金额栏内，不得越格错位、参差不齐。文字、数字字体大小适中，紧靠下线书写，上面要留有适当空距，一般应占格宽的1/2，以备按规定的方法改错。记录金额时，如为没有角分的整数，应分别在角分栏内写上"0"，不得省略不写，或以"—"号代替。

(6) 每页账的第一行是承前页，最后一行是过次页。即每一张账页登记完毕结转下页时，应当结出本页合计数及余额，写在本页最后一行和下页第一行有关栏内，并在摘要栏内注明"过次页"和"承前页"字样。

(7) 凡需结出余额的账户，应当定期结出余额。现金日记账和银行存款日记账必须每天结出余额。结出余额后，应在"借或贷"栏内写明"借"或"贷"的字样。没有余额的账户，应在该栏内写"平"字并在余额栏"元"位上用"0"表示。

(8) 账簿记录不得涂改挖补，改错应按规定的方法。发现差错必须根据差错的具体情况采用划线更正、红字更正、补充登记等方法更正。

(9) 账簿中的金额除单价或另有规定外，元以下一般记至角分。

(10) 电算化会计账簿的登记应符合国家统一会计制度的规定。实行会计电算化的单位，总账和明细账应当定期打印。发生收款和付款业务的，在输入收款凭证和付款凭证的当天必须打印出现金日记账和银行存款日记账，并与库存现金核对无误。

5.2 日记账的登记方法

5.2.1 日记账概述

日记账，是按照经济业务发生或完成时间的先后顺序逐日逐笔进行登记的账簿。序时账簿按其记录内容的不同，又分为普通日记账和特种日记账两种。

在实际工作中，常用的日记账是特种日记账，即专用日记账。专用日记账包括库存现金日记账和银行存款日记账。库存现金日记账和银行存款日记账的格式一般有三栏式和多栏式两种。实务中，采用较多的库存现金日记账和银行存款日记账为三栏式。

1. 库存现金日记账

库存现金日记账(见图5-2)通常由出纳人员根据审核后的现金收、付款凭证，逐日逐笔顺序登记。三栏式日记账中的"借方"栏("收入"栏)根据库存现金收款凭证登记，"贷方"栏

(“支出”栏)根据库存现金付款凭证登记。也可在“摘要”栏后增设“对方科目”栏，登记对应账户的名称。对于从银行提取现金的业务，由于只填制银行存款付款凭证，不填制现金收款凭证，因而现金的收入数，应根据银行存款付款凭证登记。每日收付款项逐笔登记完毕后，应分别计算现金收入和支出的合计数及账面的余额情况，并将现金日记账的账面余额与库存现金实存数相核对，做到“日清月结”，如发现不符，应立即查明原因，并相应调整账簿记录。

现金日记账

第　　页

年		凭证		摘要	借方											贷方											√	余额										
月	日	字	号		亿	千	百	十	万	千	百	十	元	角	分	亿	千	百	十	万	千	百	十	元	角	分		亿	千	百	十	万	千	百	十	元	角	分

图 5-2　现金日记账

2. 银行存款日记账

银行存款日记账(见图5-3)也是由出纳人员根据审核后的现金收、付款凭证，逐日逐笔顺序登记。三栏式日记账中的“借方”栏(“收入”栏)根据银行存款收款凭证登记，“贷方”栏(“支出”栏)根据银行存款付款凭证登记，也可在“摘要”栏后增设“对方科目”栏，登记对应账户的名称。每日终了，应计算、记录账目余额。银行存款日记账应定期与开户银行核对，如发现不符，应立即查明原因，并相应调整账簿记录。

银行存款日记账

第　　页

年		凭证		摘要	借方											贷方											√	余额										
月	日	字	号		亿	千	百	十	万	千	百	十	元	角	分	亿	千	百	十	万	千	百	十	元	角	分		亿	千	百	十	万	千	百	十	元	角	分

图 5-3　银行存款日记账

3. 日记账的登记步骤

下面以银行存款日记账为例，详细说明登记日记账的步骤。

1) 期初建账

根据上个会计期间(月、年)银行存款科目的期末余额，填列账簿第一行。例如，分别在时间"年、月、日"一栏填写"2019年1月1日"，"摘要"栏填写"期初余额"，最后一列"余额"栏填写的是银行存款上个会计期间的期末余额，即为本期的期初余额。

2) 经济业务登记方法

以下介绍发生经济业务时的登记方法。

(1) 填写账簿第一列"年、月、日"一栏，按照含有"银行存款"的收款凭证或者付款凭证的日期逐日逐笔来填写。即所要登记的记账凭证上面显示的日期。

(2) 填写账簿第二列"凭证编号"一栏，按照含有"银行存款"的收款凭证或者付款凭证的凭证编号来填写。即所要登记的记账凭证上面显示的凭证编号。

(3) 填写账簿第三列"摘要"一栏，按照含有"银行存款"的收款凭证或者付款凭证的摘要填写。即所要登记的记账凭证上面显示的摘要。

(4) 填写账簿发生额，即"借方贷方"栏。按照含有"银行存款"的收款凭证或者付款凭证中"银行存款"科目的发生额填写。即所要登记的记账凭证中"银行存款"科目的方向和金额。

(5) 填写账簿最后一列，即"余额"栏。企业应于每日业务终了计算填列。

3) 月末结账

月末，企业需要结出"本月合计"数。在"年、月、日"一栏填写某月最后一天的日期，在"摘要"栏中填写"本月合计"，在"借方"栏中填写本月所有借方发生额合计，在"贷方"栏中填写本月所有贷方发生额合计，在余额栏中填写本月余额。即按照"期初余额+本月借方发生额合计-本月贷方发生合计=期末余额"的公式填列。

5.2.2 登记日记账的注意事项

(1) 对于现金与银行存款之间相互划转的业务，如将多余现金存入银行或从银行提取现金，由于只填制付款凭证，不填制收款凭证，因而库存现金(银行存款)日记账的"收入"栏应根据银行存款(库存现金)的付款凭证登记。

(2) 为了加强内部控制，坚持钱账分管，实际工作中，出纳人员除了负责登记日记账外，不得负责其他任何账簿的登记。

(3) 出纳人员记账后，应将各种收、付款凭证交由会计人员登记有关总账和明细账。

(4) 库存现金总账和银行存款总账应与日记账定期核对，达到控制和加强管理的目的。

5.3 明细账的登记

5.3.1 明细分类账概述

明细分类账，简称明细账，是根据总账科目所属明细分类科目开设的，用来登记某一类经济业务的明细项目，提供明细核算资料的分类账簿。它能够为会计报表的编制提供反映某一类经济业务详细情况的资料，并对其所隶属的总账起补充和说明作用。

明细账是按照二级或明细科目设置的账簿，一般采用活页式账簿。各单位应结合自身经济业务的特点和经营管理的要求，在总分类账的基础上设置若干明细分类账，作为总分类账的补充。明细分类账按账页格式不同可以分为三栏式账簿、多栏式账簿、数量金额式账簿和平行登记式账簿。

1. 三栏式账簿

三栏式明细账(见图5-4)的账页设有借方、贷方和余额三个金额栏，不设数量栏。这种格式适用于各种日记账，以及资本、债权、债务明细账的登记；适用于那些只需要进行金额核算而不需要进行数量核算的明细核算，如"应收账款""应付账款"等债权债务结算科目的明细分类核算。

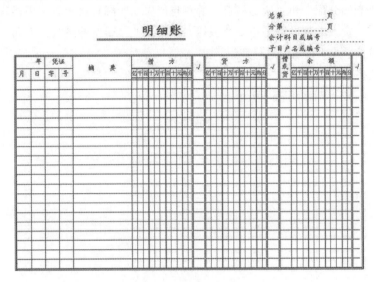

图 5-4　三栏式明细账

账簿的具体登记方法如图5-5所示。

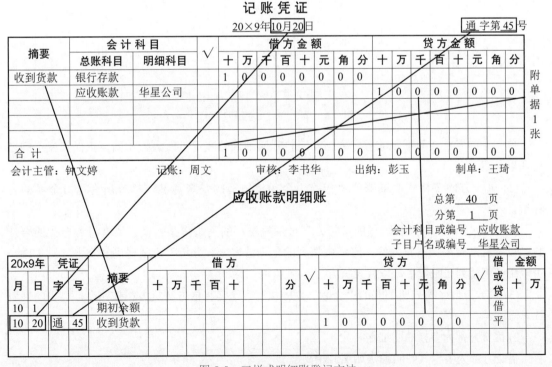

图 5-5　三栏式明细账登记方法

2. 多栏式账簿

多栏式明细账的账页按照明细科目或明细项目分设若干专栏，以在同一账页上集中反映各有关明细科目或某明细科目各明细项目的金额，用于登记明细项目多、借贷方向单一的经济业务。这种格式适用于费用、成本、收入的明细核算，如“制造费用”“管理费用”“财务费用”等科目的明细分类科目，一般采取借方多栏式明细分类账格式。主营业务收入和营业外收入等科目所属明细分类科目一般采取贷方多栏式明细分类账，即贷方划分为若干个金额栏。“本年利润”“利润分配”和“应交税费”等科目所属的明细科目一般采用借贷方都为多栏式的明细账，即借、贷双方都设置若干个金额栏。如果企业“主营业务收入”科目所属明细科目较少，也可采用三栏式明细账页进行登记。

1) 单一方向多栏式明细账

单一方向多栏式明细账如图5-6所示。

管理费用

年		凭单号	摘要	借方	贷方	借或贷	余额		
								差旅费	人工费
月	日			千百十万千百十元角分	千百十万千百十元角分		千百十万千百十元角分	千百十万千百十元角分	千百十万千百十元角分

（ ）方金额分析					
办公费	水电费	折旧	税金	业务招待费	其他
千百十万千百十元角分	千百十万千百十元角分	千百十万千百十元角分	千百十万千百十元角分	千百十万千百十元角分	千百十万千百十元角分

图 5-6　单一方向多栏式明细账

单一方向多栏式明细账的登记方法与三栏式明细账的登记方法大抵相同，下面仅就不同之处加以介绍。

(1) 单一方向多栏式明细账的“借方”金额栏填写的是账簿某一横行所有借方金额的合计数。

(2) 单一方向多栏式明细账的“贷方”金额栏填写的是账簿某一横行所有贷方金额的合计数。以“管理费用”科目为例，账簿中填列的是“借方金额分析”，故遇到“贷方”发生额，可以用红笔填列在账簿中，以代表贷方。

(3) 单一方向多栏式明细账的“余额”栏的填写方法是将借方和贷方栏按照会计科目的性质计算填列。

2) 借贷方都为多栏的明细账

借贷方都为多栏式的明细账如图5-7所示。

应交税费（增值税）明细账

年		凭证		摘要	借方					
月	日	字	号		合计	进项税额	已交税金	转出未交增值税	减免税款	项目一
					亿千百十万千百十元角分	亿千百十万千百十元角分	亿千百十万千百十元角分	亿千百十万千百十元角分	亿千百十万千百十元角分	亿千百十万千百十元角分

贷方							借或贷	余额
合计	销项税额	出口退税	进项税额转出	转出多交增值税	项目二	项目三		
亿千百十万千百十元角分	亿千百十万千百十元角分	亿千百十万千百十元角分	亿千百十万千百十元角分	亿千百十万千百十元角分	亿千百十万千百十元角分	亿千百十万千百十元角分		亿千百十万千百十元角分

图 5-7　借贷方多栏式明细账

借贷方都是多栏的明细账的登记方法与三栏式明细账的登记方法大抵相同，下面仅就不同之处加以介绍。

(1) 账簿正面借方的"合计"栏填写的是借方的合计数。

(2) 账簿背面贷方的"合计"栏填写的是贷方的合计数。

(3) 账簿最后一列"余额"栏填写的是按照一定公式(贷方合计−借方合计)，经过计算后的余额。

3. 数量金额式账簿

数量金额式明细账(见图5-8)的借方、贷方和余额三个栏目内都分设数量、单价和金额三个小栏，借以反映财产物资的实物数量和价值量。这种格式适用于既需要进行金额核算，又需要进行账物数量核算的各种财产物资的明细核算，如"原材料""库存商品""产成品""周转材料"等财产物资科目的明细分类核算。

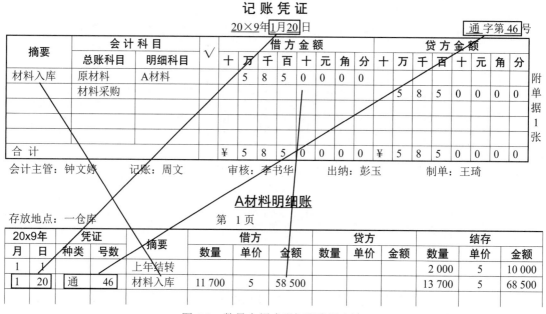

图 5-8　数量金额式明细账

账簿的具体登记方法如图5-9所示。

记 账 凭 证

20×9年1月20日　　　　　　　　　　　　　　　通字第46号

摘要	会计科目		√	借方金额								贷方金额								附单据1张
	总账科目	明细科目		十	万	千	百	十	元	角	分	十	万	千	百	十	元	角	分	
材料入库	原材料	A材料		5	8	5	0	0	0	0										
	材料采购												5	8	5	0	0	0	0	
合 计				¥	5	8	5	0	0	0	0	¥	5	8	5	0	0	0	0	

会计主管：钟文婷　　　记账：周文　　　审核：李书华　　　出纳：彭玉　　　制单：王琦

A材料明细账

存放地点：一仓库　　　　第 1 页

20×9年		凭证		摘要	借方			贷方			结存		
月	日	种类	号数		数量	单价	金额	数量	单价	金额	数量	单价	金额
1	1			上年结转							2 000	5	10 000
1	20	通	46	材料入库	11 700	5	58 500				13 700	5	68 500

图 5-9　数量金额式明细账登记方法

4. 平行登记式账簿

平行登记式账簿(见图5-10)，指在同一张账页的同一行，逐笔逐项登记每笔经济业务的"借方"和与其相应的"贷方"。其适用于材料采购业务的付款和收料，备用金业务的支出和报销收回等情况。

各种明细分类账一般应根据记账凭证或原始凭证、汇总原始凭证逐日逐笔登记。对于多栏式明细账，如果只设借方专栏，则经济业务的增加发生额用蓝色笔登记，经济业务的减少发生额即贷方发生额用红色笔登记在相应专栏，表示冲减增加发生额。

科目：				明细账 规格等级： 计量单位：						品名： 总页： 分页：		
子目：												
年		凭证		摘要	收入			发出			结余		
月	日	字	号		数量	单价	金额	数量	单价	金额	数量	单价	金额

图 5-10　平行登记式账簿

5.3.2　建立明细账的注意事项

明细账是用以对某一经济业务进行分类登记的，通过明细账我们可以对企业的经济业务做更加深入的整理，进而形成总账，为了解会计信息提供相关的线索。

建立明细账时需要注意以下几个方面：

(1) 明细账中的科目名称需要依照会计制度规定和企业现有管理制度进行设立。如果会计制度对某一明细科目的名称有明确的限定，我们在建立明细账时就应该按照现行的制度规定来进行设立；如果没有明确的科目名称，我们可依照会计制度的规定，参考企业现有的管理需求设立科目名称。

(2) 明细账的主要格式有三种，即三栏式、多栏式和数量金额式，我们在建立明细账时就需要根据财产物资管理的需求设立明细账的相应样式。

(3) 为便于使用和对账页的重新排序，明细账大多采用的是活页式账簿形式。由于活页账汇总的账页经常出现散落的情况，所以我们要将明细账及时装订成册。

5.4　总账的登记

5.4.1　总分类账概述

总分类账，简称总账，是根据总分类科目开设账户，用来记录一定时期内全部经济业务，提供总括核算资料的分类账簿。它为编制财务报告提供主要依据，因而各企业都要设置这种账簿。

总分类账一般采用订本式账簿，账页格式一般采用"借方""贷方""余额"三栏式，根据实际需要，也可以在"借方""贷方"两栏内增设"对方科目"栏，用以反映每笔经济业务的对应关系。

总分类账的账页格式，也可以采用多栏式格式，如把序时记录和总分类记录结合在一起的联合账簿，即日记总账。由于它具有总分类账和序时账的作用，所以采用这种账簿，能够避免重复记账，提高工作效率。它适用于经济业务比较简单、会计科目不多的企业。

5.4.2　总分类账的登记依据

总分类账的登记依据和方法，主要取决于所采用的账务处理程序。在记账凭证账务处理程序下，它直接根据各种记账凭证逐日逐笔进行登记。在科目汇总表账务处理程序下，应先把记账凭证按照一定方式(定期)进行汇总，编制成科目汇总表；然后，再根据科目汇总表登记总分类账。在汇总记账凭证账务处理程序下，应于月终根据收款凭证、付款凭证、转账凭证分别编制汇总收款凭证、汇总付款凭证、汇总转账凭证，再根据各种汇总记账凭证于月终一次汇总登记总分类账。

月末，在全部经济业务登记入账后，均应结出各部分总分类账的本期发生额和期末余额。

在这里，我们重点介绍科目汇总表账务处理程序下的总账登记方法。科目汇总表亦称"记账凭证汇总表"，它是定期对全部记账凭证进行汇总，按各个会计科目列示其借方发生额和贷方发生额的一种汇总凭证。依据借贷记账法的基本原理，科目汇总表中各个会计科目的借方发生额合计与贷方发生额合计应该相等，因此，科目汇总表具有试算平衡的作用。科目汇总表是科目汇总表账务处理程序下总分类账登记的依据。

1. 科目汇总表账务处理程序设置的凭证与账簿

科目汇总表账务处理程序下一般需要设置收款凭证、付款凭证和转账凭证等；设置三栏式的现金日记账、银行存款日记账；根据经营管理上的需要可以设置三栏式总分类账；设置三栏式、多栏式和数量金额栏式明细分类账。

2. 科目汇总表账务处理程序的步骤

科目汇总表账务处理程序如图5-11所示。

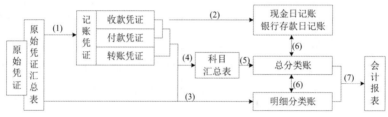

图 5-11　科目汇总表账务处理程序

图中的具体程序如下。

(1) 根据原始凭证或汇总原始凭证编制记账凭证。

(2) 根据收款凭证、付款凭证逐笔登记现金日记账和银行存款日记账。

(3) 根据原始凭证、汇总原始凭证和记账凭证登记各种明细分类账。

(4) 根据各种记账凭证编制科目汇总表。

(5) 根据科目汇总表登记总分类账。

(6) 期末，现金日记账、银行存款日记账和明细分类账的余额同有关总分类账的余额核对相符。

(7) 期末，根据总分类账和明细分类账的记录，编制会计报表。

3. 科目汇总表的编制方法

科目汇总表也叫"记账凭证汇总表"(见图5-12)。它是根据一定时期内的全部记账凭证，按相同的会计科目进行归类编制，并定期汇总(如5天、10天、15天或1个月)，汇总出每一会计科目的借方本期发生额和贷方本期发生额，填写在科目汇总表的相关栏内，以反映全部会计科目在一定期间的借方发生额和贷方发生额。

科 目 汇 总 表

年　月　日至　日　　　　　第　　　号

会计科目	本期发生额			
	借方金额 亿千百十万千百十元角分	账页 号 √	贷方金额 亿千百十万千百十元角分	账页 号 √
库存现金				
银行存款				
应收账款				
其他应收款				
在建物资				
原材料				
库存商品				
应付账款				
应付职工薪酬				
应交税费				
本年利润				
生产成本				
主营业务收入				
主营业务成本				
管理费用				
合计				

图 5-12　科目汇总表

1) 科目汇总表的编制方法

定期(如5天、10天、15天或1个月)将一个期间内的所有记账凭证按相同会计科目归类，汇总每一会计科目的本期借方发生额和本期贷方发生额，分别填入科目汇总表的借方栏和贷方栏内，最终计算出全部总账科目该期的借方发生额合计数和贷方发生额合计数，并经试算平衡即可。

2) 科目汇总表的编制步骤

(1) 按照总分类账账页目录中的账户名称，依次开设"T"形账户。

(2) 定期(如5天、10天、12天或1个月)将该期间内的所有记账凭证过入"T"形账户中。

(3) 根据"T"形账户中的数字计算每个账户的借方、贷方发生额。

(4) 根据"T"形账户记录中每个账户的借方、贷方发生额填列科目汇总表，并加计合计数，检查借方发生额和贷方发生额合计数是否平衡。

科目汇总表可以每汇总一次编制一张，也可以按旬汇总一次，每月编制一张。

在编制科目汇总表时，如果借方发生额合计数和贷方发生额合计数相等，说明记账凭证和科目汇总表编制基本正确，可以根据科目汇总表登记总分类账；如果不等，需要查找原因，待平衡后方可登记总分类账。

5.4.3　总分类账和明细分类账平行登记

1. 总分类账与明细分类账的关系

总分类账户是所属的明细分类账户的汇总，对所属明细分类账户起统驭作用。明细分类账户是有关总分类账户的补充，对有关总分类账户起着详细说明的作用。总分类账户和明细分类账户，登记的原始凭证依据相同，核算内容相同，两者结合起来既总括又详细地反映同一事物。因此，总分类账户和明细分类账户必须平行登记。

2. 平行登记

所谓平行登记就是对每一项经济业务，一方面要在有关的总分类账户中进行总括登记；另一方面还要在其所属的有关明细账户中进行明细登记。

1) 平行登记的要点

(1) 同期登记。即对发生的每一笔经济业务,根据会计凭证一方面在有关的总分类账户中进行总括登记;另一方面要在同一会计期间记入该总分类账户所属的明细分类账户(没有明细分类账户的除外)。

(2) 同向登记。即将经济业务记入某一总分类账户及其所属的明细分类账户时,必须记在相同方向,即总分类账户记借方,其所属明细账户也记借方;相反,总分类账户记贷方,其所属明细账户也记贷方。

(3) 等额登记。即记入总分类账户的金额与记入其所属明细分类账户的金额之和必须相等。

2) 平行登记的数量关系

采用平行登记的方法,必然使得某个总分类账户与其所属明细分类账户之间形成相互核对的数量关系。在实务中,这种核对可以通过以下公式进行检验:

$$某总分类本期发生额=该总账户所属明细账本期发生额合计$$
$$某总账期末余额=该总账所属明细账期末余额合计$$

如图5-13所示,原材料总分类账本期发生额=原材料明细账本期发生额合计,原材料总账期末余额=原材料明细账的期末余额合计。

数量金额式明细账

明细账:原材料—丙材料   第 页

20x9年		凭证		摘要	借方			贷方			结存		
月	日	种类	号数		数量	单价	金额	数量	单价	金额	数量	单价	金额
1	1			期初余额							400	90	36 000

数量金额式明细账

明细账:原材料—甲材料   第 1 页

20x9年		凭证		摘要	借方			贷方			结存		
月	日	种类	号数		数量	单价	金额	数量	单价	金额	数量	单价	金额
1	1			期初余额							800	100	80 000
1	15	通	6	验收入库	100	100	10 000				900	100	90 000
1	16	通	7	领用材料				60	100	6 000	840	100	84 000
				本月合计	100		10 000	60		6 000			
				本年累计	100		10 000	60		6 000			

总 分 类 账

会计科目或编号:原材料

20x9年		凭证		摘要	借方									贷方										余额								
月	日	种类	号数		百	十	万	仟	百	十	元	角	分	百	十	万	仟	百	十	元	角	分		百	十	万	仟	百	十	元	角	分
1	1			上年结转																			借		1	1	6	0	0	0	0	0
1	15	通字6		购入甲材料			1	0	0	0	0	0	0												1	2	6	0	0	0	0	0
1	16	通字7		领用甲材料												6	0	0	0	0	0				1	2	0	0	0	0	0	0

图 5-13 原材料明细账和总账登记法

5.5　对账与结账

5.5.1　对账

1. 对账的基本内容

所谓对账就是核对账目，即对账簿记录得正确与否进行核对的工作。在会计核算中，记账时难免会发生各种错误，造成账证、账账、账实不符。为了保证账簿记录的正确性，必须进行对账工作，以确保各种账簿记录的真实性、正确性及完整性。对账工作主要包括如下三个方面。

1) 账证核对

所谓账证核对，就是将各种账簿记录与记账凭证及其所附的原始凭证进行核对。核对会计账簿记录与原始凭证、记账凭证的时间、凭证字号、内容、金额是否一致，记账方向是否相符。包括将科目汇总表与记账凭证相核对；将明细分类账与记账凭证及所涉及的支票号码及其他结算票据种类等相核对；将总分类账与科目汇总表相核对。账证核对一般在记账过程中和月终时进行。

2) 账账核对

账账核对是将各种账簿之间有关的金额进行核对，做到账账相符。其具体核对内容包括如下几个方面。

(1) 总账各账户期末的借方余额合计数与贷方余额合计数核对。为了进行这一工作，需要编制"总分类账户期末余额试算平衡表"，表中按照总账账户分行填列借方余额和贷方余额，然后汇总借方余额合计数和贷方余额合计数，进行核对。为简便起见，在日常工作当中，一般将"总分类账户期末余额试算平衡表"和"总分类账户本期发生额试算平衡表"合并为"总分类账户本期发生额及余额试算平衡表"，简称"总分类账户试算平衡表"。

在编制"总分类账户试算平衡表"时应注意以下几点：第一，必须保证将全部账户的本期发生额和余额记入该表；第二，如果该表中期初余额、本期发生额、期末余额三大栏各自的借方合计数与贷方合计数不相等，说明账户记录肯定有错，应认真查找原因并予以更正；第三，即使这三大栏各自的借方合计数与贷方合计数相等，也不能说明账户记录肯定正确，因为在记账时，如果发生借方和贷方账户都多记或都少记相同金额，或者将应借或应贷的账户记错，或者将应借、应贷账户的记账方向记反等错误，都不会影响该表中借贷双方的平衡关系。因此，试算平衡只能作为初步检查账户记录是否正确的一种方法。

(2) 总账账户的期末余额与其所属明细账户的期末余额之和核对。对于明细账户比较多的总账账户，可以根据各明细账户余额编制"明细账户余额表"，然后加计余额的合计数，与总账账户余额进行核对。

(3) 总账"库存现金"和"银行存款"账户的期末余额，分别与库存现金日记账和银行存款日记账的期末余额核对。

(4) 会计部门设置的各种财产物资明细账的期末余额，与财产物资的保管部门和使用部门相应的财产物资明细账的期末余额核对。

3) 账实核对

账实核对是将各种财产物资和债权债务的账面余额与实存数额或实际余额进行核对，做到账实相符。其具体内容包括如下几个方面。

(1) 库存现金日记账账面余额与现金实际库存数相核对。

(2) 银行存款日记账账面余额与开户银行账目相核对。

(3) 各种实物资产明细分类账账面余额与实物资产实存数相核对。

(4) 各种应收、应付款明细分类账账面余额与有关债务、债权单位的账目相核对。

2. 财产清查

财产清查是对各项财产、物资进行实地盘点和核对，查明财产物资、货币资金和结算款项的实有数额，确定其账面结存数额和实际结存数额是否一致，以保证账实相符的一种专门方法。其具体的核对方法如下。

(1) 库存现金的账实核对。在结账日，对库存现金进行清查盘点，编制现金盘点表。如果账实相符，证明现金日记账记录正确；如果账实不相符，就检查现金日记账和所有现金相关凭证，查清原因进行处理。对库存现金进行清查时，出纳人员必须在场，不允许白条顶库。

(2) 银行存款的账实核对。银行存款的清查，是采用与开户银行核对账目的方法进行的，即将本单位的银行存款日记账与开户银行转来的对账单逐笔进行核对。但即使双方记账都没有错误，银行存款日记账的余额和银行对账单的余额也往往不一致，究其原因是存在未达账项。因此，企业需要编制银行存款余额调节表，然后与企业银行存款日记账相核对，以此来检验账实是否相符。

(3) 存货的账实核对。存货包括原材料、在产品、产成品等。在月末进行实地盘点，编制盘点盈亏报告表，将盘点结果与明细账进行核对，如有差异应查清原因，及时进行处理。

(4) 债权、债务的账实核对。定期向债权人、债务人发送询证函，以核对账面记录是否相符。如有差异应查明原因，及时进行处理。

3. 错账的更正方法

实际工作当中，记账错误时有发生。有的错误，记账后可能会马上被发现。但大部分错账常常在期末对账时才被发现。造成账簿记录错误的原因很多，主要原因有以下两种：一是记账或过账时发生笔误，以及账户的发生额或余额计算错误；二是记账凭证编制错误，登记时尚未发觉。不管何种原因造成的错账，一经发现，不准涂改、挖补、刮擦或用药水消除字迹，不准重新抄写，而必须用专门的方法进行更正。

1) 划线更正法

在结账日前若发现账簿记录有错误，而记账凭证没有错误，则属于账簿记录中的文字或数字的错误，可用划线更正法予以更正。

划线更正法的具体步骤：首先将错误的文字或数字划一条红色横线，以示注销，但必须使原有字迹仍可辨认；然后在划线上方用蓝字将正确的文字或数字填写在同一行的上方空白位置，并由更正人员在更正处盖章，以示责任。采用划线更正法时应注意，对文字差错可只划错误部分，而对于数字差错必须将错误数额全部划去，不允许只更正错误数额中的个别数字。

2) 红字更正法

红字更正法又称红字冲销法。当记账凭证中应借、应贷的账户记错，或者将应借、应贷账户的记账方向记反，或者将应借、应贷账户的金额记录错误，并且已经登记入账，从而造成账簿记录错误时，应采用此法。这种方法又有两种做法，即红字全额冲销法和红字差额冲销法。

(1) 红字全额冲销法。如果发现账簿记录的错误是由于记账凭证所列应借、应贷会计科目有错误而引起的，应该采用红字全额冲销法更正。具体做法是：先用红字填制一张与原错误记账凭证相同内容的记账凭证，但在"摘要"栏中应写明"冲销×月×日第×号记账凭证"；然后据以登记入账，用来冲销账中原错误记录；最后用蓝字填制一张正确的记账凭证，在"摘要"栏中写明"更正×月×日第×号记账凭证"，并据以登记入账。

> 【例5-1】仓库发出甲种材料一批，价值20 000元，用于基本生产车间A生产产品。原已编制记账凭证并登记入账。编制的原记账凭证如下。
>
> 　　借：制造费用　　　　　　　　　　20 000
> 　　　　贷：原材料——甲材料　　　　　　　20 000
>
> 　　期末经对账发现，原记账凭证有错误，因材料属于生产A产品耗用，而并非基本生产车间一般消耗。因此采用红字更正法进行更正。
>
> 　　首先，用红字金额编制一张与原记账凭证相同的记账凭证，并据以入账。
>
> 　　借：制造费用　　　　　　　　　　20 000
> 　　　　贷：原材料——甲材料　　　　　　　20 000
>
> 　　其次，再用蓝字金额编制一张正确的记账凭证，并登记入账。
>
> 　　借：生产成本——A产品　　　　　　20 000
> 　　　　贷：原材料——甲材料　　　　　　　20 000

(2) 红字差额冲销法。如果发现账簿记录的错误是由于记账凭证所列金额大于应记金额而引起的，而应借、应贷的会计科目没有错误，应该采用红字差额冲销法更正。其更正程序为：用蓝字填制一张应借、应贷会计科目与原错误记账凭证相同的记账凭证，但其金额则用红字填列多记的金额，并在"摘要"栏中写明"冲销×月×日第×号记账凭证多记金额"；然后将这一记账凭证登记入账，即可将原来多记的金额冲销，更正为正确的金额。

> 【例5-2】以现金2 450元存入银行，在填制记账凭证时，误将金额填写为2 540元，并已登记入账。
>
> 　　编制的原记账凭证如下。
>
> 　　借：银行存款　　　　　　　　　　2 540
> 　　　　贷：库存现金　　　　　　　　　　　2 540
>
> 　　更正时，应将多记的金额90元用红字编制一张与原记账凭证内容相同的记账凭证，并登记入账，以冲减多记金额。
>
> 　　借：银行存款　　　　　　　　　　90
> 　　　　贷：库存现金　　　　　　　　　　　90

3) 补充登记法

记账以后，如果发现记账凭证和账簿所记金额小于应记金额，而应借、应贷的会计科目和记账方向均没有错误，则采用补充登记法。更正方法是：将少记的金额用蓝字填制一张与原错误记账凭证所记载的借贷方向、应借应贷会计科目相同的记账凭证，在"摘要"栏内写明"补记×月×日第×号记账凭证少记金额"，并据以入账，以补记少记金额。

【例5-3】收到购买单位偿还前欠货款53 240元，存入银行。在填制记账凭证时，误将金额填为52 340元，并已据以登记入账。

编制的原记账凭证如下。

借：银行存款　　　　　　　　　　　　　　　52 340

　　贷：应收账款　　　　　　　　　　　　　52 340

更正时，应将少记的金额用蓝字填制一张与原错误记账凭证内容完全相同的记账凭证，并用蓝字登记入账，以增加原少记金额。

借：银行存款　　　　　　　　　　　　　　　900

　　贷：应收账款　　　　　　　　　　　　　900

5.5.2　结账

结账是在期末将当期应记的经济业务全部登记入账的基础上，结算、登记各种账簿本期发生额和期末余额的记账工作。

1. 结账的程序

1) 审核凭证

先对本月所有凭证重新进行审核，检查本期内发生的经济业务是否已经全部登记入账，如果发现漏登、错登，要及时补记、更正。

2) 结转转账业务

本期内所有的转账业务，应编制记账凭证记入有关账户，结清转账业务，调整账户记录。其主要包括如下内容。

(1) 按照权责发生制原则计提所有费用，如工资、福利费、利息等。

(2) 摊销低值易耗品、无形资产、计提折旧等。

(3) 暂估材料(对于企业已入库但未收到发票的材料应建立明细账)、结转制造费用、结转产成品成本、结转产品销售成本等。

(4) 财产清查发现的盘盈、盘亏应按规定登记入账。

(5) 期末所有的收入账户和费用账户，均应转入"本年利润"账户。

3) 结转余额

在本期全部经济业务登记入账的基础上，应当结算和登记库存现金日记账、银行存款日记账，以及总分类账和明细分类账各账户的本期发生额和期末余额，年度终了，应将余额结转下年。

2. 结账的方法

1) 月结

(1) 日记账的月结。库存现金日记账和银行存款日记账的月结方法为：应在本月最后一笔记录下面划一条通栏单红线，并在红线下结出本月发生额及期末余额。若余额为0，则在"借或贷"栏内写上"平"，在"余额"栏内写上"0"，在"摘要"栏内注明"×月份发生额及余额"或"本月合计"，然后在该行下面再划一条通栏单红线。

(2) 明细账的月结。明细账的月结主要包含如下4种情况。

第一，若某一明细账的业务量较大，平时可每隔5天结一次余额，本月没有发生额的账户，不必进行月结，不划结账红线。

第二，对需要按月结出本月发生额的账户，如"原材料""应交税费""制造费用""生产成本"及各种损益类明细账等，每月结账时，在最后一笔业务记录下面划一条通栏单红线，结出本月发生额和余额，在"摘要"栏内注明"×月份发生额及余额"或"本月合计"，然后在该行下面再划一条通栏单红线。

第三，对需要结计本年累计发生额的账户，如"主营业务收入""其他业务收入""主营业务成本"等明细账，要按月结出本年累计发生额。每月结账时，在"本月合计"所在行下划一条通栏单红线，然后在下面一行摘要栏注明"本年累计"字样，并结出本年累计发生额及余额，并在"本年累计"行下划一条通栏单红线。12月末的"本年累计"就是全年累计发生额，在"全年累计"发生额下面划通栏双红线。

第四，不需按月结计本月发生额的账户，如各项应收、应付款及各项财产物资明细账等，每次记账后都要随时结出余额，每月最后一笔余额即为月末余额。在月末结出余额后，只需在本月最后一笔记录下面划一条通栏单红线，不需要再结计一次余额。

(3) 总账的月结。总账账户平时只需要结计月末余额，其结账方法与上述明细账所述结账方法相同。业务较多的总账账户，平时也可每隔5天结一次余额，月末结出月末余额，一般月末可不结计"本月合计"，结出月末余额后，只需在本月最后一笔记录下面划一条通栏单红线，不需要再结计一次余额。

2) 季结

季结在每季度的最后1个月进行，方法是在每季度最后1个月月结的下一行，在"摘要"栏内用红字居中书写"本季合计"，同时结出借、贷方发生额及季末余额，然后在"本季合计"行下面再划一条通栏单红线。

3) 年结

办理年结时，应在各账户12月份月结(或第四季度季结)行下面划一条通栏单红线，在红线下填列全年12个月月结发生额(或四个季度的季结发生额)合计及年末余额，在"摘要"栏内注明"本年发生额及余额"或"本年合计"；在此基础上，将账户的年初余额按借、贷相同方向抄列于下一行内，即将年初借方余额抄列在"借方"栏内，将年初贷方余额抄列在"贷方"栏内，并在"摘要"栏内注明"年初余额"；紧接下一行，将账户年末余额按借、贷相反方向抄列在"借方"或"贷方"栏内，即将年末借方余额抄列在"贷方"栏，将年末贷方余额抄列在"借方"栏，同时在该行"摘要"栏内注明"结转下年"；最后，将上述三行年结"借方""贷方"栏的金额分别相加(如无差错，该借、贷方合计金额应相等)填列在下一行，在该行"摘要"栏内注明"合计"，在合计数行下划通栏双红线，表示封账。更换新的账簿时，将各账户的年末余额以相同方向过入新账中即可，在新账页第一行的"摘要"栏内注明"上年结转"或"年初余额"。

第 2 篇

出纳工作篇

　　出纳工作是会计工作中重要的一环，出纳人员不仅要负责办理现金收付和银行结算业务，同时还要负责现金、票据、有价证券的保管等重要任务。本篇以培养读者出纳岗位的能力为核心，以现金结算和银行结算管理及明细分类核算为个案，系统地介绍出纳人员应当具备的岗位技能与知识、业务步骤和相关手续，以最新版仿真的凭证、账簿资料，展示出纳工作所涉及的单、证、票、账等，增强感性认识。详细介绍了现金管理、银行账户管理、银行票据结算以及其他结算方式等内容。

第 6 章 出纳日常工作

出纳作为会计工作的一个重要岗位，有着专门的工作规则和操作技术，本章对出纳岗位及其具体工作内容，以及出纳人员基本技能等相关知识进行介绍。通过本章的学习，使读者对出纳工作有一个整体的、概括性的认识，了解出纳岗位的设置、出纳人员的职业道德，掌握如何进行货币资金结算、往来核算、工资核算和账务处理等。

6.1 出纳岗位认知

6.1.1 出纳概述

出纳是按照有关规定和制度，办理本单位的现金收付、银行结算及有关账务，保管库存现金、有价证券、财务印章及有关票据等工作的总称。从广义上讲，只要是票据、货币资金和有价证券的收付、保管、核算，都属于出纳的范畴。

出纳工作既包括处理各单位会计部门专设出纳机构的各项票据、货币资金、有价证券收付业务，整理和保管票据，核算货币资金和有价证券等各项工作，也包括各单位业务部门的货币资金收付、保管等方面的工作。狭义的出纳则仅指各单位会计部门专设出纳岗位或人员的各项工作。

6.1.2 出纳机构设置

《会计法》规定，各单位根据会计任务的需要设置会计机构，或者在有关机构中设置会计人员并指定会计主管人员。不具备条件的，可以委托经批准设立的会计咨询、服务机构代理记账。由此可见，会计法对各单位会计、出纳机构与人员的设置没有做出硬性规定，而是要求各单位根据需要来设定。

各单位都应结合自身经济活动的特点、规模和业务量的大小及会计人员的力量等设置出纳机构、配备出纳人员。

出纳机构，一般设置在会计机构内部，如在各单位财会科、财会处、财务管理部等内部设置专门处理出纳业务的出纳组、出纳室。规模小、人员少、业务简单的单位，可以只指定一名专职或兼职出纳人员负责出纳岗位工作。由于出纳工作的特殊性，一般会设立专门的办公场所，在名称上也被称作出纳室(或出纳组)。

6.1.3 出纳岗位设置

一般来说，实行独立核算的企业单位，在银行开户的行政事业单位，有经常性现金收入和支出业务的企业、行政事业单位，都应配备专职或兼职出纳人员，担任本单位的出纳工作。一般可采用一人一岗、一人多岗、一岗多人等几种形式。

(1) 一人一岗。规模不大的单位，出纳工作量不大，可设专职出纳员一名。

(2) 一人多岗。规模较小的单位，出纳工作量较小，可设兼职出纳员一名。但兼职出纳不得兼管收入、费用、债权债务账目的登记工作及稽核工作和会计档案保管工作。

(3) 一岗多人。规模较大的单位，出纳工作量较大，可设多名出纳，如分设管理收付的出纳和管账的出纳，或分设现金出纳和银行结算出纳等。

6.1.4 出纳人员的职责与权限

从广义上讲，出纳人员既包括会计部门的出纳工作人员，也包括业务部门的各类收款员(收银员)。收款员 (收银员)是出纳(会计)机构的派出人员，他们是各单位出纳队伍中的一员，他们的工作是整个出纳工作的一部分。出纳业务的管理和出纳人员的教育与培训，应从广义角度综合考虑。狭义的出纳人员仅指会计部门的出纳人员。

出纳员是专门从事货币资金收付工作的人员，如果工作出现了差错，就会造成一定的经济损失，甚至是不可挽回的经济损失。因此，明确出纳人员的职责与权限，是做好出纳工作的起码条件。根据《会计法》《会计基础工作规范》等法律法规的规定，出纳员具有如下职责与权限。

1. 出纳人员的职责

从事会计工作的人员，必须取得会计从业资格证书。出纳人员要随时学习、了解、掌握财经法规和制度；作为专职出纳人员，不但要具备处理一般会计事项的财会专业基本知识，还要具备较高的处理出纳事项的专业知识水平和较强的数字运算能力，不断提高业务技能；出纳人员要有严谨细致的工作作风；要增强资产安全意识，把保护公司财产物资的安全作为自己的首要任务来完成。《会计基础工作规范》中对出纳人员的职责提出了如下要求。

(1) 按照国家有关现金管理和银行结算制度的规定，办理现金收付和银行结算业务。出纳人员应严格遵守现金开支范围，非现金结算范围不得用现金收付；遵守库存限额，超限额的现金按规定及时送存银行；现金管理要严格做到日清日结，账面余额与库存现金每日下班前应核对，发现问题，及时查对；企业银行存款日记账也要与银行对账单及时核对，如有不符，应立即通知银行调整。

(2) 根据会计制度的规定，在办理现金和银行存款收付业务时，要严格核对有关原始凭证，再据以编制收付款凭证，然后根据所编制的收付款凭证按时间先后顺序逐日逐笔地登记现金日记账和银行存款日记账，并结出余额。

(3) 按照国家外汇管理和结、购汇制度的规定及有关批件，办理外汇出纳业务。随着经济的发展，国家间的经济交往日益频繁，外汇出纳也越来越重要。所以出纳人员应熟悉国家外汇管理制度，及时办理结汇、购汇、付汇，避免外汇损失。

(4) 掌握银行存款余额，不准签发空头支票，不准出租、出借银行账户为其他单位办理结算。这是出纳人员必须遵守的一条纪律，也是防止经济犯罪、维护经济秩序的重要方面。出纳人员应严格遵守支票和银行账户的使用和管理，从出纳这个岗位上堵住结算漏洞。

(5) 保管库存现金和各种有价证券(如国库券、债券等)，确保其安全完整。要建立适合本单位情况的现金和有价证券保管责任制，如发生短缺，属于出纳人员责任的要进行赔偿。

(6) 保管有关印章、空白收据和空白支票。印章、空白票据的安全保管十分重要，出纳人员必须高度重视，建立严格的管理办法。通常，单位财务公章和出纳名章要实行分管，交由出纳人员保管的出纳印章要严格规定用途，各种票据要办理领用和注销手续。

2. 出纳人员的权限

(1) 维护财经纪律，执行财会制度，抵制不合法的收支和弄虚作假行为。各单位的会计机构、会计人员对本单位实行会计监督。会计机构、会计人员对不真实、不合法的原始凭证，不予受理；对记载不准确、不完整的原始凭证，予以退回，要求更正、补充。会计机构、会计人员发现账簿记录与实物、款项不符的时候，应当按照有关规定进行处理；无权自行处理的，应立即向本单位领导报告，请求查明原因，做出处理。会计机构、会计人员对违法的收支，应当制止和纠正；制止和纠正无效的，应当向单位领导提出书面意见，要求处理。对严重违反损害国家和社会公众利益的收支，会计机构、会计人员应当向主管单位或者财政、审计、税务机关报告，接到报告的机关应当负责处理。

(2) 参与货币资金计划定额管理的权利。出纳人员每天都和货币资金打交道，在平日的工作中必须严格遵守《现金管理暂行条例及实施细则》和《支付结算办法》。而在执行这些法规规定时，实际上就是赋予了出纳人员对货币资金管理的职权。

(3) 管好用好货币资金的权利。出纳人员掌握着单位货币资金的来龙去脉及周转速度的快慢。因此，出纳人员应及时提供货币资金的使用和周转信息，为单位提出合理安排利用资金的意见与建议，这也是出纳人员义不容辞的责任。

6.1.5 出纳人员的职业道德

出纳人员大部分时间都是与钱打交道，因此在进行出纳人员选择时，道德是考量的重要标准之一，作为出纳人员，需要遵循以下职业道德。

(1) 敬业爱岗。出纳人员应当热爱本职工作，努力钻研业务，使自己的知识和技能适应所从事工作的要求。

(2) 熟悉法规。出纳人员应当熟悉财经法律、法规、规章和国家统一会计制度，并结合工作进行广泛宣传。

(3) 依法办事。出纳人员应当按照会计法律、法规和国家统一会计制度规定的程序和要求展开工作，保证提供的会计信息合法、真实、准确、及时、完整。

(4) 客观公正。出纳人员在办理业务时，应当实事求是，客观公正。

(5) 搞好服务。出纳人员应当尽其所能，为改善单位的内部管理、提高经济效益服务。

(6) 保守秘密。出纳人员应当保守本单位的商业秘密，除法律规定和单位领导同意外，不能私自向外提供或泄露单位的财务信息。

(7) 清正廉洁。清正廉洁是出纳人员的立业之本，是出纳人员职业道德的首要方面。

(8) 坚持原则。出纳人员肩负着处理各种利益关系的重任，只有坚持原则，才能正确处理国家、集体与个人的利益关系。

6.2 出纳工作介绍

出纳工作，主要涉及现金收付、银行存款收付、有价证券的保管，以及出纳账务处理等业务，是会计工作的基础。具体包括：货币资金核算、往来结算、工资核算等。有些企业的出纳人员还承担办理银行账户的开立、变更和撤销业务，协助相关人员办理营业执照、企业代码证和贷款卡年检工作等职责。

6.2.1　出纳工作的职能

出纳工作，是财会工作的一个重要组成部分，总的来讲，其职能可概括为收付、反映、监督、管理4个方面。

1. 出纳的收付职能

出纳最基本的职能是收付职能。企业经营活动总是涉及货物价款的收付、往来款项的收付，同时也涉及各种有价证券以及金融业务往来的办理，这些业务往来的现金、票据和金融证券的收付和办理，以及银行存款收付业务的办理，都必须经过出纳人员之手。

2. 出纳的反映职能

出纳要利用国家统一的货币计量单位，通过自己持有的现金与银行存款日记账、有价证券的各种明细分类账，对自己所在单位的货币资金和有价证券进行认真而详细的记录与核算，从而为经济管理和投资决策提供所需的全面而系统的经济信息。

3. 出纳的监督职能

出纳除了要对本单位的货币资金和有价证券进行详细的记录与核算，为经济管理和投资决策提供所需的全面而系统的经济信息，还要对企业的各种经济业务，特别是货币资金收付业务的合法性、合理性和有效性进行全过程的监督。

4. 出纳的管理职能

出纳对单位的货币资金与有价证券进行保管，对银行存款和各种票据进行管理，为企业投资决策提供金融信息。甚至有些企业的出纳人员还可以直接参与企业的方案评估、投资效益预测分析等。

6.2.2　出纳工作的时间安排

(1) 每天上班，第一时间检查现金、有价证券及其他贵重物品。

(2) 向有关领导及会计主管请示资金安排计划。

(3) 列明当天应处理的事项，分清轻重缓急，根据工作时间合理安排。

(4) 按顺序办理各项收付款业务，并把当天收到的现金送存银行，不得坐支现金。

(5) 当天下班前，要完成日记账的登记。登记日记账之前，要审核现金收付款凭证及银行存款收付款凭证。登记日记账时，应分清现金日记账还是银行存款日记账，避免登记错误。每日终了结出各日记账余额，以便随时了解单位资金运作情况，合理调度资金。

(6) 当天下班前，出纳人员应进行账实核对，必须保证现金实有数与日记账、总账相符。收到银行对账单的当天，出纳人员要将银行存款日记账与银行对账单进行核实，使银行存款日记账、总账与对账单在进行余额调节后相符。

(7) 因特殊事项或情况，造成工作未完成的，应列明未尽事项，留待翌日优先办理。

(8) 根据单位需要，每天或每周报送一次货币资金收支表。

(9) 收到银行对账单的当天，出纳人员进行核实，使银行存款日记账、总账与银行对账单在进行余额调节后相符。

(10) 每月终了3天内，出纳人员应当对其保管的支票、发票、有价证券等重要结算凭证进行清点，按顺序进行登记核对。

(11) 其他出纳工作的办理。

6.2.3 出纳工作的内容

1. 货币资金核算

1) 办理现金收付，审核审批有据

严格按照国家有关现金管理制度的规定，根据稽核人员审核签章的收付款凭证，进行复核，办理款项收付。对于重大的开支项目，必须经过会计主管人员、总会计师或单位领导审核签章，方可办理。收付款后，要在收付款凭证上签章，并加盖"收讫""付讫"戳记。具体需要注意如下几点。

(1) 现金收付时，要当面点清金额并注意票面的真伪。

(2) 现金一经付清，应在原单据上加盖现金付讫章。

(3) 把每日收到的现金送到银行，不得坐支。

(4) 每日做好日常的现金盘存工作，做到账实相符。

(5) 一般不办理大面额的现金支付业务，支付用转账或汇兑手续。特殊情况需审批。

(6) 员工外出借款无论金额多少，都须总经理签字、批准，并用借支单借款。

2) 办理银行结算，规范使用支票

不准将公司的银行账户出租、出借给任何单位或个人办理结算。严格控制签发空白支票，如因特殊情况确需签发不填写金额的转账支票时，必须在支票上写明收款单位名称、款项用途、签发日期、规定限额和报销期限，并由领用支票人在专设登记簿上签章。逾期未用的空白支票应交给签发人。对于填写错误的支票，必须加盖"作废"戳记，与存根联一并保存。支票遗失时要立即向银行办理挂失手续。

3) 认真登日记账，保证日清月结

根据已经办理完毕的收付款凭证，逐笔顺序登记现金和银行存款日记账，并结出余额。要随时掌握银行存款余额，现金的账面余额要及时与银行对账单核对。月末要编制银行存款余额调节表，使账面余额与对账单上余额调节相符。对于未达账款，要及时查询。

4) 保管库存现金和有价证券

对于现金和各种有价证券，要确保其安全和完整无缺。库存现金不得超过银行核定的限额，超过部分要及时存入银行。不得以"白条"抵充现金，更不得任意挪用现金。如果发现库存现金有短缺或盈余，应查明原因，根据情况分别处理，不得私下取走或补足。如要保守保险柜密码，保管好钥匙，不得转交他人。

5) 保管印章及票据

出纳人员所管理的印章必须妥善保管，严格按照规定用途使用。一般出纳人员保管的印章有法人章、发票专用章、收讫和付讫章。但签发支票的各种印章，不得全部交由出纳一人保管。对于空白收据和空白支票必须严格管理，专设登记簿登记，认真办理领用注销手续。

6) 复核收入凭证，办理销售结算

认真审查销售业务的有关凭证，严格按照销售合同和银行结算制度及时办理销售款项的结算，催收销售货款。发生销售纠纷无法收到货款时，要通知有关部门及时处理。

7) 原始凭证审核

原始凭证审核的内容主要包括真实性审核、完整性审核、合法性审核和合理性审核4个方面。

(1) 真实性审核。所谓真实，是指原始凭证上反映的应当是经济业务的本来面目，不得掩盖、歪曲和颠倒真实情况。审核真实性时应注意：经济业务双方当事单位和当事人必须是真实的；经济业务发生的时间、地点、填制凭证的日期必须是真实的；经济业务的内容必须是真实的；经济业务的"量"必须是真实的；单价、金额必须是真实的。

(2) 完整性审核。所谓完整，是指原始凭证应具备的要素要完整、手续要齐全。审核时要检查原始凭证必备的要素是否都填写了。要素不完整的原始凭证，原则上应当退回重填。特殊情况下需有旁证并经领导批准才能报账。

审核原始凭证的手续是否齐全，包括双方经办人是否签字或盖章，需要旁证的原始凭证，旁证不齐也应视为手续不齐全。不需入库的物品，发货票上还应有使用证明人的签名；需要另外登记的原始凭证，需经登记以后再到会计部门报账；需经领导签名批准的原始凭证，要有领导亲笔签名，手续不齐全的原始凭证应退回，补办手续后再予以受理。

(3) 合法性审核。所谓合法，是指原始凭证所记录的经济业务应符合国家法律法规的规定，应履行规定的凭证传递和审核程序。

一般来说，凡私人购置和私人使用的物品，都不能用公款报销；凡个人非因公外出发生的各种费用都不能用公款报销。在实际工作中，违法的原始凭证主要有两种情况，审核时要加以注意：明显的假发票、假车票，原始凭证印制粗糙；有些发票虽然合法，但发票上没有税务局监制的印章，这也是违法的，不允许报销。

(4) 合理性审核。所谓合理，是指原始凭证所记录的经济业务应符合生产经营活动的需要，符合有关的计划和预算等。例如，职工因公出差乘坐火车轮船、到旅馆住宿，对等级、金额都有限定，超过部分应自理；报销的是当月的差旅费，提供的车票却是半年前的，这就是不合理的，不予报销。

2. 往来结算

1) 办理往来结算，建立清算制度

(1) 现金结算业务。企业与内部核算单位和职工之间的款项结算；企业与外部单位只能以现金方式进行的结算；企业与个人之间的款项结算；低于结算起点的小额款项结算；根据规定可以用于其他方面的现金结算。

(2) 对购销业务以外的各种应收、暂付款项，要及时催收结算；应付、暂收款项，要抓紧清偿。对确实无法收回的应收账款和无法支付的应付账款，应查明原因，按照规定报经批准后处理。实行备用金制度的企业，要核定备用金定额，及时办理领用和报销手续，加强管理。对预借的差旅费，要督促及时办理报销手续，收回余额，不得拖欠，不准挪用。对购销业务以外的暂收、暂付、应收、应付、备用金等债权债务及往来款项，要建立清算手续制度，加强管理，及时清算。

2) 核算其他往来款项，防止坏账损失

对购销业务以外的各项往来款项，要按照单位和个人分户设置明细账，根据审核后的记账凭证逐笔登记，并经常核对余额。年终要抄列清单，并向领导或有关部门报告。

3. 工资核算

根据实有职工人数、工资等级和工资标准，审核工资奖金计算表，办理代扣款项(包括计算个人所得税、住房基金、劳保基金、失业保险金等)，计算实发工资。按照车间和部门归类，编制工资、奖金汇总表，填制记账凭证，经审核后，会同有关人员提取现金，组织发放。发放的工资和奖金，必须由领款人签名或盖章。发放完毕后，要及时将工资和奖金计算表附在记账凭证后或单独装订成册，并注明记账凭证编号，妥善保管。

6.2.4 出纳账务处理

账务处理程序，也称会计核算组织程序，是指会计数据的记录、归类、汇总、呈报的步骤和方法；或者说是从原始凭证的整理、汇总，记账凭证的填制、汇总，日记账、明细分类账、总分类账的登记，到会计报表编制的步骤和方法。

企业、事业、机关等单位的会计常用的账务处理程序主要有：记账凭证账务处理程序；汇总记账凭证账务处理程序；科目汇总表账务处理程序。出纳账务处理程序如图6-1所示。

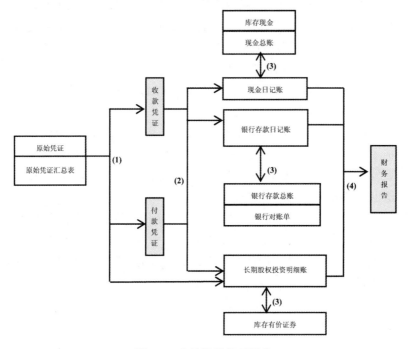

图 6-1 出纳账务处理程序

每个步骤的具体内容如下。

(1) 根据原始凭证或原始凭证汇总表填制收款凭证、付款凭证。

(2) 根据收款凭证、付款凭证详细登记现金日记账、银行存款日记账、债券投资明细账、股票投资明细账。

(3) 现金日记账的余额与库存现金每天进行核对，与现金总分类账定期进行核对；银行存款日记账的余额与银行存款总分类账定期进行核对，银行存款日记账的全部记录与开户银行出具的银行存款对账单进行核对(一单一对，逐笔勾对)；债券投资明细账、股票投资明细账与库存有价证券进行核对。

(4) 根据日记账和明细账的记录、计算情况，按照管理者的要求定期或不定期地报告出纳核算信息。

6.3 出纳人员基本技能

6.3.1 人民币真假识别技能

1. 假人民币的类型与特征

(1) 假人民币通常分为伪造人民币和变造人民币两种。

(2) 假人民币的特征：①假币印制版面墨色深浅不一，有的版面颜色偏深，有的偏淡，有的版面偏于一种颜色，这是假币最容易辨别的特征；②假币容易图像失真，会出现花纹不清等现象；③假币制作的纸张，一般用普通的纸张，而印钞纸是特殊处理过的纸张，假币的手感比较平滑，厚薄也不均匀，币面无凹凸感；④假币一般无水印或水印模糊。

2. 识别假币的基本方法

下面以100元人民币为例，来说明人民币的防伪特征，如图6-2所示。

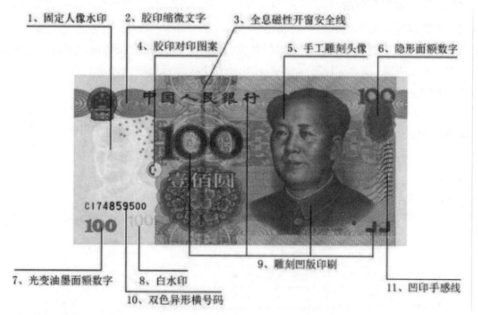

图 6-2　人民币防伪特征

区别人民币的真伪可以从以下几个方面去判定。

1) 一看

(1) 看水印，就是把人民币迎光照看，10元以上的人民币可在水印窗处看到头像或花卉水印。

(2) 看安全线，第五套人民币纸币在各券别票面正面中间偏左，均有一条安全线。

(3) 看光变油墨，第五套人民币100元券和50元券正面左下方的面额数字采用光变墨印刷。

(4) 看钞面图案色彩是否鲜明、线条是否清晰、图案线是否对接完好，无留白或空隙。

2) 二摸

由于5元以上面额人民币采取了凹版印刷，线条形成凸出纸面的油墨道，特别是在盲文点"中国人民银行"字样、第五套人民币人像部位等。用手指抚摩这些地方，有明显的凹凸感。较新的钞票用指甲划过，有明显的阻力。假币通常使用胶版印刷，平滑、无凹凸手感。

3) 三听

听即通过抖动钞票使其发出声响，根据声音来分辨人民币真假。人民币的纸张，具有挺括、耐折、不易撕裂的特点，手持钞票用力抖动、手指轻弹或两手一张一弛轻轻对称拉动能听到清脆响亮的声音。假币纸张发软、偏薄，声音发闷，不耐揉折。

4) 四测

借助一些简单的工具和专用的仪器来分辨人民币真伪，具体包括：

(1) 借助放大镜可以观察票面线条清晰度、四印缩微文字等；

(2) 用紫外线灯光照射票面，可以观察钞票纸张和油墨的荧光反映；

(3) 用磁性检测仪可以检测黑色横号码的磁性。

6.3.2 出纳账的设置与核算技能

出纳账是以会计凭证为依据，全面、连续地反映货币资金收付业务的账簿，主要包括现金日记账和银行存款日记账，以及有关的备查账簿。

1. 出纳账簿的设置与启用

1) 出纳账簿设置的基本要求

每个单位都必须设置现金日记账和银行存款日记账，现金日记账和银行存款日记账必须采用三栏式的订本式账簿。不得用银行对账单或其他方法代替日记账。

2) 备查账簿的设置

备查账簿可根据每个单位的具体情况设置。

3) 出纳账簿的启用和交接要办理会计手续

(1) 在启用会计账簿时，应当在账簿封面上写明单位名称和账簿名称。在账簿扉页上附的启用表如图6-3所示，内容包括启用日期、账簿页数、记账人员和会计机构负责人、会计主管人员姓名及其签章，并加盖单位公章。

账簿启用表

单位名称	北京市中环电器公司					单位公章	
账簿名称	银行存款日记账　　第1册						
账簿编号	06-02						
账簿页数	200页						
启用日期	20　年1月1日						
经管人员	会计主管		稽核		记账		
	姓名	盖章	姓名	盖章	姓名	盖章	
	孙立	孙立	孙立	孙立	刘浩	刘浩	
交接记录	经营人员		接管		交出		
	职务	姓名	年	月	日	盖章	年 月 日 盖章

图 6-3　账簿启用表

(2) 出纳人员因工作变动需交接时，新老出纳人员必须办理交接手续。交接时，在有关出纳账簿扉页上注明交接日期、接办人员或者监交人员姓名，并由交换双方人员签名或盖章。必要时，在会计主管人员或有关责任人主持下进行交接，点清库存现金及各种有价证券，交出空白发票或收据、支票、印鉴和账簿等，复写一式多份的"会计交接手续说明和财产物资清单"并由交换双方和监交人一起在上面签章。

2. 现金日记账和银行存款日记账登账的基本要求与规则

1) 启用日记账的基本要求

启用订本式现金日记账和银行存款日记账后，应当从第一页到最后一页顺序编写页数，不得跳页、缺页。以后的登记中也不得出现此类问题，即使是作废的账页也应保留。

2) 日记账登账的要求与规则

(1) 出纳账必须根据审核无误的会计凭证进行登记。出纳人员对于认为有问题的会计凭证，应提供给会计主管进一步审核，由会计主管按照规定做出处理决定，出纳人员不能擅自更改会计凭证，更无权随意处置原始凭证。对于有问题而又未明确解决的会计凭证或经济业务，出纳人员应拒绝入账。

(2) 登记出纳账应按第一页到最后一页的顺序进行，不得跳行隔页、缺号。如果发生了跳行隔页，不能因此而撕毁账页，也不得任意涂改。而应在空白行或空白页的摘要栏内，划红色对角线予以注销，或者注明“此行空白”“此页空白”字样，并由出纳人员签章。订本式日记账严禁撕毁账页。

(3) 出纳日记账应该每天逐笔登记，每日结出余额。现金日记账余额每天还要与库存现金进行核对。

(4) 登记出纳日记账时，应当将所依据的会计凭证日期、编号、业务内容摘要、金额和其他有关资料逐项记入账内，做到数字准确、摘要清楚、登记及时、字迹工整。

(5) 日记账中书写的文字和数字上面要留有适当空格，不要写满格，一般应占格距的二分之一至三分之一。

(6) 登记日记账要用蓝黑墨水或碳素墨水书写，不得使用圆珠笔、铅笔书写。红色墨水只能在结账划线、划线更正错误和红字冲账时使用。

(7) 每一账页登记完毕结转下页时，应当结出本页合计数及余额，写在本页最后一行和下页第二行有关栏内，并在摘要栏内注明“过次页”和“承前页”字样；也可以将本页合计数及金额只写在下一页第一行有关栏内，并在摘要栏内注明“承前页”字样。

(8) 在登账过程中发生账簿记录错误，不得刮、擦、挖、补，更不允许采用褪色药水或修正液进行更正，也不得更换账页重抄。应根据错误的具体情况，采用正确的方法予以更正。

按照以上日记账登账要求，登记好的现金日记账如图6-4所示，登记好的银行存款日记账如图6-5所示。

现 金 日 记 账

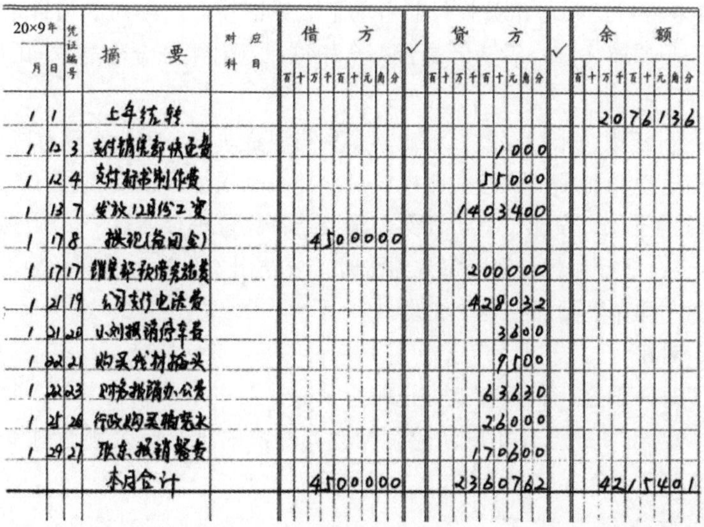

20×9年 月	日	凭证编号	摘要	对应科目	借方	✓	贷方	✓	余额
1	1		上年结转						2076136
1	12	3	支付销售部快递费				1000		
1	12	4	支付样书制作费				55000		
1	13	7	发放12月份工资				1403400		
1	17	8	提现(备用金)		4500000				
1	17	17	销售部预借差旅费				200000		
1	21	19	公司支付电话费				428032		
1	21	20	小刘报销停车费				3600		
1	22	21	购买线材插头				9500		
1	22	23	财务报销办公费				63630		
1	25	26	行政购买桶装水				26000		
1	29	27	张东报销餐费				170600		
			本月合计		4500000		2360762		4215401

图 6-4　现金日记账

银 行 存 款 日 记 账

20×9年 月	日	凭证编号	结算方式 类	号码	摘要	借方	✓	贷方	✓	余额
1	1				上年结转					25134289
1	12	1			收到入资款	20100000				
1	13	2			收银行利息	181658				
1	17	8	现支	8631	提现			4500000		
1	18	11			付养老险			287850		
1	18	11			付医疗险			115800		
1	18	12			缴企业所得税			331059		
1	18	13			上缴增值税			478271		
1	18	14			缴城建附加			49127		
1	24	16	转支	0720	预付货款			3379454		
1	27	18			付电汇手续费			3540		
1	29	22			收大庆货款	8453000				
1	31	25			预收货款	1665342				
					本月合计	30400000		9145111		46389178

图 6-5 银行存款日记账

3. 结账、对账

1) 每日结账、对账

(1) 结账。在每日业务终了时，应结出现金日记账及银行存款日记账的本日余额。在分设“收入日记账”和“支出日记账”的情况下，在每日终了按规定登记入账后，应结出当日收入合计数和当日支出合计数，然后将支出日记账中当日支出合计数记入收入日记账中的当日支出合计栏内，在此基础上再结出当日账面余额。

(2) 对账。每天下班前，盘点库存现金的实有数，与现金日记账的当日余额核对看是否相符，如果不符应查找原因并及时做出处理。

2) 月末结账、对账

(1) 对账。月末将日记账与相关收付业务的记账凭证核对，核对的项目主要包括：核对凭证；复查记账凭证与原始凭证，看两者是否完全相符；查对账证金额与方向的一致性，如发现错误应立即更正。

① 月末将现金日记账、银行存款日记账的余额与现金总账、银行存款总账余额核对。

② 月末将银行存款日记账与银行对账单核对，并编制银行存款余额调节表。

③ 月末对保管的支票、发票、有价证券、重要结算凭证进行清点，按顺序进行登记核对。

(2) 结账。现金、银行存款日记账每月结账时，要结出本月发生额和余额，在摘要栏内注明“本月合计”字样，并在下面通栏划单红线。

3) 年末结账、对账

如果年度终了时，现金、银行存款日记账有余额，要将余额结转下年，并在摘要栏内注明“结转下年”字样；在下一会计年度新建有关会计账户的第一行余额栏内填写上年结转的余额，并在摘要栏注明“上年结转”字样。

4) 编制出纳报表

(1) 在对账、结账后，根据现金日记账、银行存款日记账、其他货币资金明细账、有价证券明细账等核算资料，编制"出纳报告表"。

(2) 将"出纳报告表"中的数字同据以编制出纳报告表的账簿中的有关数字进行核对。

(3) 将"出纳报告表"送主管处审批。

6.3.3 出纳档案的保管技能

1. 票据及印章的保管

企业的支票等票据都是由出纳人员保管，同时企业的财务章也是由出纳保管。出纳人员在保管票据时通常会建立票据领用登记簿，每一次领用都需要登记。

【例6-1】20×9年5月9日，北京市中环电器公司营业部张明飞申请30 000元现金支票一张，用于支付供货商武汉光明贸易公司打印机购货款。支票号码XII324580，财务部长徐文龙核准签发，填写好的"支票领用登记簿"如表6-1所示。

表6-1 支票领用登记簿

日期	支票类型	支票号码	收款单位	金额	领用人	核准人
20×9-5-9	现金	XII324580	武汉光明贸易公司	30 000	张明飞	徐文龙

财务印章的使用每次也都要进行登记，登记使用时间、用途、使用人、使用份数等。图6-6为公司的财务专用章示例。

2. 整理和保管有关凭证

出纳人员应做好原始凭证的整理及业务处理阶段的全部出纳会计凭证的保管工作。

图6-6 财务专用章

会计凭证是重要的会计档案和经济资料，每个企业都要建立保管制度，对其进行妥善保管。月末，应将会计凭证外加封面、封底装订成册，并在装订线上加贴封签。会计凭证不得跨月装订。凭证少的，可以一个月装订一本；一个月内凭证数量较多的，可装订成若干册。并在凭证封面上注明本月总计册数和本册数。采用科目汇总表会计核算形式的企业，原则上以一张科目汇总表及所附的记账凭证、原始凭证装订成一册，凭证少的，也可将若干张科目汇总表及相关记账凭证、原始凭证合并装订成一册。序号每月一编。装订好的会计凭证厚度通常在2~3cm之间。

出纳记账所依据的原始凭证及记账凭证，在记账后要传递给记账会计，在年终归档前由记账会计进行整理和保存。对超过规定期限(一般是15年)的会计凭证，要严格依照有关程序销毁；需永久保留的有关会计凭证，不能销毁。

3. 整理和保管出纳账簿

企业更换新账后，应将旧账归入会计档案。移交归档前应对旧账进行整理，整理时应注意检查现金日记账的编号、扉页内容等项目，发现填写不全的，应根据有关要求填写齐全。

第 7 章 现金管理

　　现金管理是出纳工作的重要组成部分，现金管理是否到位会直接影响一个企业的运营。本章详细介绍现金管理的基本概念、有价证券管理、现金收入管理、现金支出管理和现金日报表。通过本章的学习，使读者了解现金及现金管理的相关知识，理解现金收入和现金支出的管理要求和处理程序，掌握现金收入和现金支出的核算，以及编制现金日报表。

7.1　现金管理概述

7.1.1　现金及现金管理原则

　　会计范畴中的现金又称库存现金，是指在财务部门存放并有专门人员保管的现钞，通常是由出纳人员进行保管，包括库存的人民币和各种外币。现金是企业流动性最强的一种货币资金，它可以随时用以购买原材料等各种物资，支付企业日常各种开支，并且可以偿还企业各种负债等。

　　在这里，需要特别指出的是"现金"一词，依国际惯例解释，是指随时可作为流通与支付手段的票证，不论是法定货币或信用票据，只要具有购买或支付能力，均可视为现金。所以，现金从理论上讲有广义与狭义之分。狭义现金是指企业所拥有的硬币、纸币，即由企业出纳员保管作为零星业务开支之用的库存现款。广义现金则应包括库存现款和视同现金的各种银行存款、其他货币资金等。我国所采用的是狭义的现金概念，也是会计范畴的概念。

　　现金管理就是对现金的收、付、存等各环节进行的管理。依据《中华人民共和国现金管理暂行条例》，现金管理的基本原则是：

　　第一，开户单位库存现金一律实行限额管理。

　　第二，不准擅自坐支现金。坐支，是指企业、事业单位等将本单位的现金收入直接用于现金支出，未经过财务处理。坐支现金容易打乱现金收支渠道，不利于开户银行对企业的现金进行有效地监督和管理。

　　第三，企业收入的现金不准作为储蓄存款存储。

　　第四，收入现金应及时送存银行，企业的现金收入应于当天送存开户银行，确有困难的，应由开户银行确定送存时间。

　　第五，严格按照国家规定的开支范围使用现金，结算金额超过起点的，不得使用现金。

　　第六，不准编造用途套取现金。企业在国家规定的现金使用范围和限额内需要现金，应从开户银行提取，提取时应写明用途，不得编造用途套取现金。

　　第七，企业之间不得相互借用现金。

7.1.2 现金的使用范围

根据《中华人民共和国现金管理暂行条例》，现金的使用主要包括以下内容：

(1) 职工工资、津贴；

(2) 个人劳务报酬；

(3) 根据国家规定颁发给个人的科学技术、文化艺术、体育等各种奖金；

(4) 各种劳保、福利费用以及国家规定的对个人的其他支出；

(5) 向个人收购农副产品和其他物资的价款；

(6) 出差人员必须随身携带的差旅费；

(7) 结算起点以下的零星支出；

(8) 中国人民银行确定需要支付现金的其他支出。

钱款结算起点定为1 000元。结算起点的调整，由中国人民银行确定，报国务院备案。

7.1.3 现金库存限额管理

库存现金限额，是指为保证各单位日常零星支付按规定允许留存的库存现金的最高数额。

$$库存限额 = \frac{一定时期现金支出总量 - 同期非日常零星现金支出总量}{总量统计期的天数} \times 限额天数$$

一般情况下，根据企业的实际需要，原则上开户银行以开户单位3~5天的日常零星开支所需核定库存现金限额。边远地区和交通不发达地区的开户单位的库存现金限额可以适当放宽，但最多不得超过15天的日常零星开支。

库存现金限额申请书如图7-1所示。

库存现金限额申请书

申请单位： 开户银行：			单位：元 账号：	
每日必须保留 现金支出项目	保留现金理由	申请金额	批准金额	备注
职工薪酬				
材料采购				
其他支出				
合计				
申请单位	单位主管部门意见	银行审查意见		
盖章 年 月 日	盖章 年 月 日	盖章 年 月 日		

图 7-1 库存现金限额申请书样式

7.1.4 库存现金收支和交接的规定

开户单位收入现金应于当日送存开户银行，因特殊原因不能当日送存的，与开户银行重新确定送存时间，及时送存。

开户单位支付现金，可以从本单位库存现金中支付或者从开户银行提取，不得从本单位的现金收入中直接支付(即坐支)。企业、事业单位等团体因业务或者其他需求，确实需要坐支现金的，应根据有关规定向其所在开户银行提出申请，并提交申请坐支的原因、用途和每月预计坐支的金额(不超过库存现金限额)，然后由开户银行根据有关规定进行审查，核定开户单位的坐支范围和坐支限额。按照有关规定，允许坐支的单位主要包括：①基层供销社、粮店、食品店、委托商店等销售兼营收购的单位，向个人收购支付的款项；②邮局以汇兑收入款支付个人汇款；③医院以收入款项退还病人的住院押金、伙食费及支付输血费等；④饮食店等服务行业的营业找零款项等；⑤其他有特殊情况而需要坐支的单位。单位应严格按照开户银行核定的坐支范围和坐支限额坐支现金，不得超过该范围和限额。坐支单位必须在现金账上如实反映坐支金额，并按月向开户银行报送坐支金额和使用情况。

《会计基础工作规范》对现金的账实核对和移交点收进行了如下规定：第一，现金日记账账面余额与现金实际库存数核对相符；第二，出纳人员交接时，要根据会计账簿有关记录对现金进行点交。库存现金必须与会计账簿记录保持一致。不一致时，移交人员必须限期查清。

7.1.5 现金管理的相关制度

单位内部的现金管理制度一般包括：钱账分管制度、库存现金开支审批制度、日清月结制度、保险柜的配备使用制度、现金保管制度。

1. 钱账分管制度

钱账分管，即管钱的不管账，管账的不管钱。会计法有严格的规定，会计和出纳不得由一人担任，各单位应配备专职的出纳人员，负责办理现金收付和结算业务，登记库存现金和银行存款日记账，保管库存现金和各种有价证券，保管好有关印章、空白收据和空白支票。出纳人员不得兼管稽核，会计档案保管和收入、费用、债权、债务账目的登记工作。

为了防止出纳人员的舞弊行为，在实际工作中还可以实行财务部门会计人员的轮岗制度。

2. 库存现金开支审批制度

(1) 明确本单位库存现金开支范围。各单位应按规定确定本单位的现金开支范围，如支付职工工资、支付职工差旅费、支付职工因公借款、支付零星采购材料款和运杂费等。

(2) 明确各种报销凭证，规定各种库存现金支付业务的报销手续和办法。各单位应按其业务内容外购、定制或自制各种报销凭证，如支出凭单、费用报销单、差旅费报销单、粘贴凭单、入库单、出库单、借款单、工资表等，并规定各种报销凭证的使用方法，以及各种凭证的传递手续，确定各种现金支出业务的报销办法。

(3) 确定各种现金支出的审批权限。各单位应根据经营规模、内部职责分工等，确定不同额度和不同的现金支出审批权限。出纳人员依据按规定权限审核批准并签章的单据办理现金付款业务，未经过审核批准并签章的或者有关人员超越规定权限审批的，出纳人员不得付款。

3. 库存现金日清月结制度

日清月结就是出纳人员办理现金出纳业务，必须做到按日清理，按月结账。

1) 按日清理

按日清理，是指出纳人员应对当日的经济业务进行清理，全部登入日记账，结出库存现金账面余额，并与库存现金实物实地盘点数核对相符。按日清理的具体内容如下。

(1) 清理各种现金收付款凭证。检查各种收付款凭证所填写的内容与所附原始凭证反映的内容是否一致。同时，还要检查每张单证是否已经盖齐"收讫""付讫"的戳记。

(2) 登记和清理日记账。将当日发生的所有现金收付业务全部登记入账，在此基础上，看看账证是否相符，即现金日记账所登记的内容、金额与收付款凭证的内容、金额、日期等是否一致。清理完毕后，结出现金日记账的当日库存现金账面余额。

(3) 现金盘点。出纳人员应按券别分别清点其数量，然后加总，得出当日现金的实存数。将盘点得出的实存数和账面余额进行核对，看账实是否相符。如发现有长款或短款，应进一步查明原因，及时进行处理。所谓长款，指现金实存数大于账存数；所谓短款，是指实存数小于账存数。对于长款，如果经查明属于记账错误、丢失单据等，应及时更正错账或补办手续；如属少付他人的则应及时退还原主；如果确实无法退还，应经过一定审批手续后作为单位的营业外收入。对于短款，如查明属于记账错误应及时更正错账；如果属于出纳人员工作疏忽或业务水平问题，一般应由过失人赔偿。

2) 按月结账

按月结账，是指出纳人员必须对库存现金日记账按月结账。即在月末结出本期现金日记账的发生额和期末余额，并与库存现金的实存数、现金收付款凭证及现金总账进行核对。

4. 库存现金保管制度

1) 现金的保管

(1) 超过库存限额以外的现金应在下班前送存银行。

(2) 为加强对现金的管理，除工作时间需要的小量备用金可放在出纳人员的抽屉内外，其余则应放入出纳专用的保险柜内，不得随意存放。

(3) 限额内的库存现金当日核对清楚后，一律放在保险柜内，不得放在办公桌内过夜。

(4) 单位的库存现金不准以个人名义存入银行，以防止有关人员利用公款私存取得利息收入，也防止单位利用公款私存形成账外小金库。

(5) 库存现金的纸币和铸币，应实行分类保管。出纳人员应对库存票币分别按照纸币的票面金额和铸币的币面金额，以及整数(大数)和零数(小数)分类保管。纸币一定要打开铺平存放，并按照纸币的票面金额分别捆扎。其中某种票面金额的纸币够一百张，则以每一百张为一把捆扎好，以整数计算；不成把的纸币(零数)，也要按照票面金额单独捆扎，在每次点数完毕后在其上面附一张写好金额数字的纸条，并存放整齐。铸币也要按照币面金额分别捆扎或存放，并放在保险柜内保管。

2) 保险柜的使用方法

为了保护财产的安全和完整，各单位应配备专用保险柜，专门用于库存现金、各种有价证券、银行票据、印章及其他出纳票据等的保管，并加强对保险柜的使用管理。一般来说，保险柜的使用应注意如下几点。

(1) 保险柜的管理权限。保险柜一般由财务经理授权，由出纳人员负责管理使用。

(2) 保险柜钥匙的配备。保险柜钥匙由出纳人员保管，不得将保险柜钥匙交由他人代为保管。

(3) 保险柜密码。出纳人员应对自己保管使用的保险柜密码严格保密，不得向他人泄露，以防为他人利用。出纳人员调离岗位，新出纳人员应更换使用新的密码。

(4) 财物的保管。对于空白支票(包括现金支票和转账支票)、收据、印章等，出纳人员应在每次使用完毕后将其及时放入保险柜内。保险柜内存放的现金应设置和登记现金日记账；其他有价证券、存折、票据等应按种类造册登记；贵重物品应按种类设置备查簿，登记其质量、重量、金额等。所有财物应与账簿等记录核对相符。按规定，保险柜内不得存放私人财物。

(5) 保险柜的维护。保险柜应放置在隐蔽、干燥之处，注意通风、防湿、防潮、防虫和防鼠。保险柜外要经常擦抹干净；保险柜内财物应保持整洁卫生、存放整齐。一旦保险柜发生故障，应到公安机关指定的维修点进行修理，以防泄密或失盗。

(6) 保险柜被盗的处理。出纳人员发现保险柜被盗后应保护好现场，迅速报告上级领导及公安机关(或保卫部门)，待公安机关勘查现场时才能清理财物被盗情况。

7.2　现金收入管理

7.2.1　现金收入管理要求

现金收入是企业在其生产经营和非生产经营活动中取得的现金，主要来源为从银行提取的现金和日常业务收入取得的现金。现金收入按其性质可以分为4类：第一，业务收入，如企业的营业收入，事业单位的业务收入，机关、团体等的拨款收入等。第二，非业务收入，如企业单位的投资收入、营业外收入，事业单位的其他收入等。第三，预收现金款项，如企事业单位按照合同规定预收的定金等。第四，其他现金收入款项。

1. 现金收入的基本规定

根据《现金管理暂行条例》，各企业单位在进行现金收入时需符合以下规定：

(1) 现金收入必须合法合理。各单位对现金收入的办理必须合法合理，从银行提取现金，必须遵照公司和银行的取款程序和取款金额上限。在日常业务中，收入现金必须符合国家规定的现金收入范围。在出售商品过程中，当金额超过结算起点时，不得拒收银行结算票据而收取现金，或按一定比例搭配收取现金。

(2) 现金收入手续必须严格。收入现金时必须坚持先收款，在当面清点现金无误后，再开给交款人收款收据，或在对方的付款凭据上盖"收讫"章，不能先开收据或先盖章后收款。

(3) 现金收入要坚持一笔一清。现金收入时，要清点完一笔再清点另一笔，几笔收款不能一起办理，以免互相混淆或调换；一笔款项未办理妥当，出纳人员不得离开座位；收款过程应在同一时间内完成，不能收款后，过一段时间再来开收据；对已完成收款的收据，应加盖"现金收讫"字样。

(4) 现金收入要及时送存银行。根据《现金管理暂行条例》的规定，开户单位现金收入应当于当日送存开户银行，当日送存确有困难的，由开户银行确定送存时间。因此，各单位在收入现金后，都应及时送存银行，不准擅自从现金收入中坐支现金。

2. 现金收款凭据的审核

出纳人员在办理每笔现金收入前，必须先复核现金收款凭据，复核的主要内容包括：

(1) 检查现金收款凭据的填写日期是否准确，填写日期一般应为编制收款凭据的当天，不得推后。

(2) 检查现金收款凭证的编码是否准确。

(3) 检查现金收款凭据记录的内容是否真实、合法、准确。

(4) 核对凭证金额与原始凭证金额是否一致。

(5) 使用的会计科目是否正确。

(6) 如果收款凭据后附清单，应检查清单的内容、金额是否与凭据相符。

7.2.2 现金收入处理程序

1. 日常业务的现金收入

1) 日常业务的现金收入来源

(1) 出售给其他企业单位的产品、材料及其他物资，或提供劳务、业务咨询、信息等方面的服务，且不能通过转账办理结算手续的收入。

(2) 向个人出售商品时取得的现金收入。

(3) 职工借用备用金，报销后退回的余款。

(4) 其他应收取的利用现金结算的款项。

2) 日常现金收入的处理流程

日常现金收入的处理流程是指办理现金收入时，从复核现金收入的来源到登记现金日记账的处理步骤和规则。办理日常现金收入业务的程序如下。

(1) 复核现金收款凭据是否齐备。

(2) 当面清点现金。

(3) 开立收据，应加盖"现金收讫"印章和出纳人员名章。

(4) 编制记账凭证，登记现金日记账。

2. 从银行提取现金

1) 现金的提取

单位必须持有一定的库存现金才能开展支付现金业务。当需要支付现金而库存现金小于定额时需要补足现金，这时按规定可以从银行提取现金。

2) 提取现金的流程

提取现金时，首先要签发现金支票，然后持现金支票到开户银行提取所需要的现金。现金支票是由存款人签发，委托开户银行向收款人支付一定数额现金的票据。

以中国工商银行现金支票的样式为例，如图7-2所示。

图 7-2 现金支票

用现金支票提取现金的流程为：签发现金支票；向银行提交取款凭证，领取现金；将现金带回公司并存入保险柜；编制记账凭证。

签发现金支票时的注意事项：签发现金支票应认真填写支票的有关内容，书写要认真，如有错误应作废重填；收款人名称处填写开户单位的名称，并与预留银行印鉴相一致；款项用途要如实填写，一般写备用金。

此外，到银行取款时应按照支票上的金额当面清点，无误后才能离开柜台。

7.3 现金支出管理

7.3.1 现金支出管理要求

1. 现金支付的基本规定

出纳人员必须以严肃谨慎的态度处理现金支付业务，因为一旦发生失误，将会造成不可弥补的经济损失。现金支付的主要内容包括如下几个方面。

(1) 必须以谨慎严肃的态度来处理支付业务，宁可慢一些，也不能疏忽大意。

(2) 必须以手续完备、审核无误的付款凭据为最终付款依据。

(3) 现金支付时，应当面点清，经双方确认无误。

2. 现金付款凭据的审核

现金付款凭据是出纳人员办理现金支付业务的依据，出纳人员应对其进行认真、细致的复核。现金付款凭据的复核方法及基本要求与现金收款凭据基本相同，需要注意的是：

(1) 发生销货退回时，如数量较少，且退款金额在转账起点以下，需用现金退款，支付现金时必须取得对方的收款收据，不得以退货发货票代替收据。

(2) 从外单位取得的付款凭据如遗失，应取得原签发单位盖有相关印章的证明，并注明原始凭证的名称、金额、经济内容等，经单位负责人批准，方可代替作为付款凭据。

7.3.2 现金支出处理程序

一般来说，出纳人员经手的现金支出主要有3种情况，即主动支付现金业务、被动支付现金业务及送存银行业务，下面分别进行介绍。

1. 主动支付现金业务

主动支付现金，是指由出纳人员主动将企业应该支付的款项交给收款单位或个人。比如发放工资、奖金、津贴以及各种福利等现金支出。主动支付现金的步骤为：

(1) 编制付款单，计算付款金额；

(2) 根据付款金额清点现金；

(3) 发放现金，请收款人(代收款人)当面清点并签字或者盖章，并在付款凭据上加盖"现金付讫"章；

(4) 编制记账凭证，登记现金日记账。

2. 被动支付现金业务

被动支付现金，是指收款单位或个人持有关凭据到出纳部门领取现金。比如报销差旅费、员工借款、支付结算起点以下的货款等。被动支付现金的步骤为：

(1) 受理并审核原始凭证；

(2) 支付现金并复点，并要求收款人当面清点；

(3) 在审核无误的凭证上加盖"现金付讫"印章；

(4) 编制记账凭证，登记现金日记账。

3. 送存银行业务

按照现金管理办法的规定，出纳人员当天收入的现金或超过库存限额的现金应该及时于当日送存开户银行。当日送存银行确有困难的，由开户银行确定送存时间。这样做的好处是，一方面，可以防止现金丢失，提高现金保管的安全性；另一方面，将现金存入银行，也可以及时计算利息收入，提高企业资金的利用率。

1) 现金送存银行流程

将现金送存银行的具体流程如下：

(1) 整理清点票据。清点需交存的现金，按照币别、币种分开，合计出需存款金额。

(2) 填写现金缴款单。填写现金缴款单(见图7-3)，各种币别的金额合计数应与存款金额一致。

现 金 缴 款 单

客户填写	客户名称		账号	
	开户行		币种	
	来源/用途		金额	
	备注			
银行填写				

第一联：银行留存　　　　　　　　　　　　　　　　　　　　　　日期：　年　月　日

图 7-3　现金缴款单

(3) 提交单票。向银行提交现金缴款单和整理清点好的票币。

(4) 退回缴款单。开户银行受理，复核无误后，在现金缴款单上加盖"现金收讫"章或其他银行印鉴，退回缴款人一联缴款单，表示款项收妥。

(5) 编制记账凭证。根据现金缴款单编制记账凭证，登记现金日记账。

2) 现金送存银行注意事项

出纳人员在送存现金时，应注意以下事项：

(1) 现金的整理。出纳人员在将现金送存银行之前，为了便于银行柜台清查现金，提高工作效率，应对送存的现金进行分类整理。

① 纸币应按照票面金额(即券别)分类整理，纸币可分为主币和辅币。主币包括100元、50元、20元、10元、5元和1元，辅币包括5角、1角、5分、2分、1分。出纳人员应将各种纸币打开铺平，然后按币别每100张为一把，用纸条或橡皮筋箍好，每10把扎成一捆。不满100张的，从大到小整齐叠放。

② 铸币包括1元、5角、1角、5分、2分、1分(分币也可暂不送银行，作流通用)。铸币也应按币别整理，同一币别每100枚为一卷，用纸包卷好，每10卷为一捆。不满100枚的硬币，也可不送，用纸包好另行存放。

③ 残缺破损的纸币和已经穿孔、裂口、破缺、变形以及正面的国徽、背面的数字模糊不清的铸币，应单独剔出，另行包装，整理方法同上。

(2) 存款过程中应注意的事项如下。

① 交款人最好是现金整理人，这样可以避免发生差错时难以明确责任。

② 凡经整理好准备送存银行的现金，在填好现金缴款单后，一般不宜再调换票面，如确需调换的，应重新复点，同时重新填写现金缴款单。

③ 送存途中必须注意安全。当送存金额为较大的款项时，最好使用专车，并派人护送。

④ 临柜交款时，交款人必须与银行柜台收款员当面交接清点，做到一次交清，不得边清点边交款。

⑤ 交款人交款时，如遇到办理业务人员较多需等候，则等候过程中应做到钞票不离手，以防发生意外。

7.3.3 现金短缺或溢余的处理

对于出纳工作中出现长款或短款的现象，通常采取的处理原则包括以下几个方面：

(1) 属于技术性的差款和一般责任事故的差款，经过查找确实无法核对时，可按规定的审批手续处理，即长款归公，短款报损，不得以长款补短款。

(2) 属于当事者工作不负责任、玩忽职守、违章操作等原因造成的短款，应追究其经济责任，视情节轻重和损失程度大小，赔偿全部或部分损失，情节严重的要给予行政处分。

(3) 属于责任人监守自盗、侵吞公款或挪用公款的，应以贪污论处，直至追究其刑事责任。根据财务制度规定，对于发生的长款或短款，必须查明原因，方可处理。在原因查明前，先计入"待处理财产损溢"账户，待查明原因、经批准后再进行结转，记入相应账户。

7.4 现金日报表

现金日报表不属于企业对外报送的财务报表中的必备报表，但是对企业的管理者来说，它是了解企业现金收支所必需的内部报表。出纳人员可以根据企业的实际情况，用Excel表格工具制作反映现金收入、现金支出和现金结存等基本情况的表格。现金日报表的格式可以参考表7-1。

表 7-1 现金日报表

日期:＿＿＿＿＿＿

凭证号码	摘要	收入金额	付出金额	结存金额
合计				

第 8 章 银行账户管理

银行账户管理是出纳工作中必不可少的一部分，本章详细介绍了银行账户的基本概述、银行账户的开立、变更和撤销、银行存款管理等相关知识，通过本章的学习，使读者理解银行账户的概念和分类、掌握银行账户的开立、变更和撤销，并对银行存款的管理有一定了解。

8.1 银行账户概述

8.1.1 银行账户的概念

银行账户是一家金融机构和一名银行客户之间的财政账户。同时，银行账户又是客户在银行开立的存款账户、贷款账户、往来账户的总称。在我国，凡国家机关、团体、部队、学校及企事业单位，均须在银行开立账户。

8.1.2 银行账户的分类

1. 个人银行结算账户和单位银行结算账户

银行结算账户按存款人的不同，分为个人银行结算账户和单位银行结算账户。

1) 个人银行结算账户

个人银行结算账户，是自然人以身份证或相应的证件，因投资、消费、结算等而开立的可办理支付结算业务的银行结算账户。

2) 单位银行结算账户

单位银行结算账户按用途分为基本存款账户、一般存款账户、临时存款账户、专用存款账户。银行结算账户的具体分类如图8-1所示。

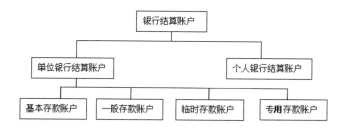

图 8-1　银行结算账户

(1) 基本存款账户。基本存款账户是指存款单位因办理日常转账结算和现金收付需要开立的银行结算账户。基本存款账户是单位的主办账户，单位的现金支取只能通过基本存款账户办理。开户单位只能选择一家银行的一个营业机构开立一个基本存款账户，不得同时开立多个基本存款账户。其他账户需要在基本存款账户登记的基础上登记开户。

(2) 一般存款账户。一般存款账户是指存款人因借款或其他结算需要，在基本存款账户开户银行以外的银行营业机构开立的银行结算账户。其使用范围包括办理存款人借款转存、借款归还和其他结算的资金收付。该账户可以办理现金缴存，但不得办理现金支取。

(3) 临时存款账户。临时存款账户是指存款人因临时需要并在规定期限内使用而开立的银行结算账户。临时存款账户用于办理临时机构以及存款人临时经营活动发生的资金收付。存款人有设立临时机构、异地临时经营活动、注册验资情况的，可以申请开立临时存款账户。临时存款账户支取现金应按照国家现金管理的规定办理。注册验资的临时存款账户在验资期间只收不付。临时存款账户的有效期最长不得超过2年。

(4) 专用存款账户。专用存款账户是指存款人按照法律、行政法规和规章，对有特定用途的资金进行专项管理和使用而开立的银行结算账户。专用存款账户主要用于专项资金的办理，例如财政预算外资金，证券交易结算资金，期货交易保证金和信托基金，基本建设资金，更新改造资金，政策性房地产开发资金，金融机构存放同业资金，粮棉油收购资金，社会保障基金，住房基金，党、团、工会经费，收入汇缴资金等。

2. 核准类账户和备案类账户

银行账户按照批准方式的不同，分为核准类账户和备案类账户，通俗地理解就是按照是否需要经过人民银行的核准才能开立银行账户进行的区分。

1) 核准类账户

核准类账户是指经中国人民银行核准后方可开立的银行结算账户。该类账户的开立、变更、撤销需要通过人民银行行政许可后才正式生效。核准类账户主要包括：

(1) 基本存款账户；

(2) 临时存款账户(因注册验资和增资验资开立的除外)；

(3) 预算单位专用存款账户；

(4) 人民银行另有规定的专用存款账户。

企业申请开立核准类账户，报送开户资料后，中国人民银行对开户资料的合规性予以审核，符合开户条件的，予以核准；不符合开户条件的，在开户申请书上签署意见，连同有关证明文件一并退回报送银行或存款人。

2) 备案类账户

申请备案类账户时，不需要通过中国人民银行审核。存款人应向开户银行报送申请书、账户证明文件，由开户银行进行审核，符合条件的可直接为其开立、变更、撤销账户，在完成行内系统处理后，通过人民币银行结算账户管理系统向中国人民银行营业管理部备案即可。备案类账户主要包括：

(1) 一般存款账户；

(2) 非预算单位专用存款账户；

(3) 个人银行结算账户。

8.2 银行账户的开立、变更和撤销

8.2.1 银行账户的开立

存款单位应该在注册地或单位所在地开立银行账户，开立账户的相关内容如下。

1. 开立账户的业务处理流程

不同类型的账户适用不同的办理流程，下面主要以核准类和备案类银行账户为例介绍账户的开立流程。

1) 核准类银行结算账户的开立流程

核准类银行结算账户的开立，主要有以下几个步骤：

(1) 填制开户申请书。开户申请书一式三联，分别由开户单位、开户银行、中国人民银行当地分支行各留存一联。开户申请书如图8-2所示。

开立银行结算账户申请书

单位名称		电 话	
地 址		邮 编	
存款人类别		组织机构代码	
法定代表人(　) 单位负责人(　)	姓 名	证件种类	
		证件号码	
证明文件种类		证明文件编号	
账户性质	基本(　) 一般(　) 专用(　) 临时(　)		
资金性质		有效日期至	年 月 日
以下为存款人上级法人或主管单位信息：			
上级法人或主管单位名称			
基本存款账户开户许可证核准号		组织机构代码	
法定代表人(　) 单位负责人(　)	姓 名		
	证件种类		
	证件号码		
以下样目由开户银行审核后填写：			
开户银行名称		开户银行代码	
账户名称		账号	
基本存款账户开户许可证核准号		开户日期	
本存款人申请开立银行结算账户，并承诺所提供的开户资料真实、有效，如有伪造、欺诈，承担法律责任。 存款人(签章) 年 月 日	开户银行审核意见 经办人(签章) 开户银行(签章) 年 月 日	人民银行审核意见 非核准类账户除外 经办人(签章) 人民银行(签章) 年 月 日	

图 8-2　开户申请书样式

(2) 提供开户所需的资料证明，并送交盖有存款人印章的印鉴卡。企业在银行开户时需要在银行预留印鉴，包括财务章和法人代表(或者是其授权人)名章(俗称"小印")。印鉴要盖在一张卡片纸上，一式两张，一张由开户单位留存，一张由开户银行留存。当企业需要通过银行对外支付结算时，开具的相关票据、单证上必须盖有如上印鉴。银行经过核对，确认该印鉴与预留

印鉴相符的话，即可代企业支付。印鉴卡样式如图8-3所示。

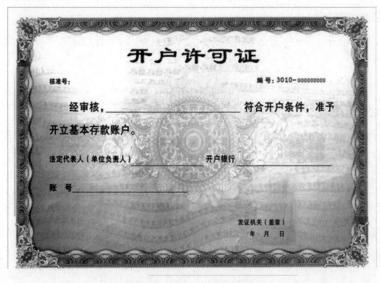

印 鉴 卡

NO:

账　　号		账户类别	
户　　名		联系人	
地　　址		电　话	
申请日期		启用日期	
注意：预留印章用红色印泥清晰盖正，勿压线、交叉、重影、沾污、折叠			

主管：　　　　　　　　　　　　　　　　经办：

(更换印章或销户时，请将此卡交回银行)

图 8-3　印鉴卡样式

(3) 开户银行审核。银行审查后符合开立账户条件的，及时报送人民银行核准。银行会建立存款人预留签章卡片，并对签章式样和有关证明文件的原件或复印件留存归档以备查。

(4) 中国人民银行当地分支机构审核。开户银行同意后，将申请材料送交中国人民银行当地分支机构进行审核。中国人民银行对开户银行报送的开户资料的合规性予以审核，符合开户条件的，予以核准；不符合开户条件的，中国人民银行会在开户申请书上签署意见，连同有关证明文件一并退回开户银行。

(5) 审核无误后，填制开户许可证。开户许可证是记载单位银行结算账户信息的有效证明，实行核准制度的基本存款账户、临时存款账户和预算单位的专用存款账户要分别核发开户许可证。开户许可证一式两本，正本由存款人留存，副本留银行集中保管。基本存款账户开户许可证样式如图8-4所示。

图 8-4　开户许可证样式

(6) 办理开户，发放开户许可证，退回开户证明资料。银行为存款人开立银行结算账户，会同存款人签订银行结算账户管理协议，以明确双方的权利与义务。

2) 备案类银行结算账户的开立流程

相对而言，备案类银行结算账户的开立方法比较简单，主要有如下几个步骤。

(1) 存款人到开户银行领取"开立银行结算账户申请书"(一式三联)。

(2) 存款人将填写完整并加盖单位公章的申请书(一式三联)及开户资料送交开户银行。

(3) 开户银行对申请书和相关资料的真实性、完整性、合规性进行审核。

(4) 开户银行按照有关管理规定，对存款人进行实地入户调查。

(5) 开户银行对存款人调查核实后，开立备案类银行结算账户，并通过人民币银行结算账户管理系统进行备案。

2. 开设账户的具体要求

1) 开设基本存款账户

可以申请开立基本存款账户的存款人有企业法人、非法人企业、机关、事业单位、团级(含)以上军队、武警部队及分散执勤的支(分)队、社会团体、民办非企业组织、异地常设机构、外国驻华机构、个体工商户、居民委员会、村民委员会、社区委员会、单位设立的独立核算的附属机构及其他组织。

开立基本存款账户，不同的存款人应按下列要求向就近商业银行相关网点出具证明文件：

(1) 企业法人，应出具企业法人营业执照正本。

(2) 非法人企业，应出具企业营业执照正本。

(3) 机关和实行预算管理的事业单位，应出具政府人事部门或编制委员会的批文或登记证书和财政部门同意其开户的证明；非预算管理的事业单位，应出具政府人事部门或编制委员会的批文或登记证书。

(4) 军队、武警团级(含)以上单位以及分散执勤的支(分)队，应出具军队军级以上单位财务部门、武警总队财务部门的开户证明。

(5) 社会团体，应出具社会团体登记证书，宗教组织还应出具宗教事务管理部门的批文或证明。

(6) 民办非企业组织，应出具民办非企业登记证书。

(7) 外地常设机构，应出具其驻在地政府主管部门的批文。

(8) 外国驻华机构，应出具国家有关主管部门的批文或证明；外资企业驻华代表处、办事处应出具国家登记机关颁发的登记证。

(9) 个体工商户，应出具个体工商户营业执照正本。

(10) 居民委员会、村民委员会、社区委员会，应出具其主管部门的批文或证明。

(11) 独立核算的附属机构，应出具其主管部门的基本存款账户开户许可证和批文。其他组织，应出具政府主管部门的批文或证明。

(12) 存款人为从事生产、经营活动纳税人的，还应出具税务部门颁发的税务登记证。根据国家有关规定无法取得税务登记证的，可不出具。

2) 开设一般存款账户

开立一般存款账户，实行备案制，无须中国人民银行核准。根据《账户管理办法》的有关规定，存款人申请开立一般存款账户时，应填制开户申请书，提供规定的证明文件。银行应对存款人的开户申请书填写的事项和证明文件的真实性、完整性、合规性进行认真审查，符合一般存款账户条件的，银行应办理开户手续。

存款人申请开立一般存款账户，需要向银行出具其开立基本存款账户规定的证明文件：

(1) 基本存款账户开户许可证。

(2) 存款人因向银行借款需要，应出具借款合同。

(3) 存款人因其他结算需要，应出具有关证明。

(4) 异地借款的存款人，在异地开立一般存款账户的，应出具在异地取得贷款的借款合同。

3) 开设临时存款账户

存款人设立工程指挥部、筹备领导小组、摄制组等临时机构，建筑施工及安装单位等在异地的临时经营活动，以及公司的注册验资等因临时活动需要银行结算服务的存款人，均可开立临时存款账户。存款人为临时机构的，只能在其驻地开立一个临时存款账户，不得开立其他银行结算账户。建筑施工及安装单位企业在异地同时承建多个项目的，可根据建筑施工及安装合同开立不超过项目合同个数的临时存款账户。

开立临时存款账户应按照规定的程序办理并提交有关证明文件。存款人申请开立临时存款账户，应向银行出具下列证明文件：

(1) 临时机构，应出具其驻地主管部门同意设立临时机构的批文。

(2) 异地建筑施工及安装单位，应出具其营业执照正本或其隶属单位的营业执照正本，以及施工及安装地建设主管部门核发的许可证或建筑施工及安全合同。

(3) 异地从事临时经营活动的单位，应出具其营业执照正本以及临时经营地工商行政管理部门的批文。

(4) 注册验资，应出具工商行政管理部门核发的企业名称预先核知书或有关部门的批文。

其中，第(2) (3) 项还应出具其基本存款账户开户登记证。

临时存款账户开户许可证除记载基本存款账户开户许可证规定的事项外，还记载临时存款账户的有效期限。存款人在账户的使用中需要延长期限的，应在有效期限内向开户银行提出延长账户使用期限的申请，并由开户银行报中国人民银行当地分支行核准后办理展期，但临时存款账户的有效期限(包括展期)最长不得超过2年。

4) 开设专用存款账户

专用存款账户分为预算单位专用存款账户和非预算单位专用存款账户。预算单位专用存款账户的开立、变更、撤销要经过中国人民银行行政许可。专用存款账户主要用于下列资金的管理和使用：基本建设资金；更新改造资金；财政预算外资金；粮、棉、油收购资金；证券交易结算资金；期货交易保证金；信托基金；金融机构存放同业资金；政策性房地产开发资金；住房基金；社会保障基金；收入汇缴资金和业务支出资金；党、团、工会设在单位的组织机构经费；其他需要专项管理和使用的资金。

存款人申请开立专用存款账户时，需要向银行提交的资料如表8-1所示。

表 8-1　开立专用存款账户提交资料

开立对象	提供资料(原件和两套复印件)		
基本建设资金 更新改造资金 政策性房地产开发资金 住房基金 社会保障基金	主管部门批文 有关法规、规章 政府部门的批文	开立基本存款账户规定的证明文件 基本存款账户开户许可证 预算单位需要财政部门同意开户的证明 其他资料	法定代表人或负责人和经办人身份证件
财政预算外资金	财政部门的证明		
粮、棉、油收购资金	主管部门批文		
单位银行卡备用金	银行卡章程规定的有关证明和资料		
金融机构存放同业资金	金融业务许可证及证明		
收入汇缴和业务支出资金	基本存款账户存款人有关证明		
党、团、工会设在单位的组织机构经费	该单位或有关部门的批文或证明		
证券交易结算资金	证券公司或证券管理部门的证明		
期货交易保证金	期货公司或期货管理部门的证明		
其他按规定需要专项管理和使用的资金	有关法规、规章或政府部门的有关文件		

8.2.2　银行账户变更

开立了银行结算账户以后，随着业务的进行，可能会发生一些与当初开立账户所记录的企业基本数据不同的情况，这时就要根据情况进行相应的变更。

1. 需要办理变更的情况

(1) 存款人更改名称等。存款人更改名称、身份证种类及号码、地址、邮编、电话等基本信息。

(2) 开户资料发生变更。单位的法定代表人或主要负责人、公司地址，以及其他开户资料发生变更的情况。

2. 银行结算账户变更流程

与开立账户流程一样，下面分别就核准类和备案类银行结算账户进行讲解。

1) 核准类银行结算账户变更流程

核准类银行结算账户变更流程主要有以下步骤：

(1) 存款人到开户银行领取"变更银行结算账户申请书"(一式三联)，申请书的样式如图8-5所示。

变更银行结算账户申请书

账户名称				
开户银行代码			账 号	
账户性质	基本（ ） 专用（ ） 一般（ ） 临时（ ） 个人（ ）			
开户许可证核准号				
变更事项及变更后内容如下：				
账户名称				
地 址				
邮政编码				
电 话				
注册资金金额				
证明文件种类				
证明文件编号				
经营范围				
法定代表人或 单位负责人	姓 名			
	证件种类			
	证件号码			
关联企业	变更后的关联企业信息填列在"关联企业登记表"中			
上级法人或主管单位的基本存款账户核准号				
上级法人或主管单位的名称				
上级法人或主管 单位法定代表人 或单位负责人	姓 名			
	证件种类			
	证件号码			
本存款人申请变更上述银行账户内容，并承诺所提供的资料真实、有效。 存款人（签章） 年 月 日	开户银行审核意见： 经办人（签章） 开户银行（签章） 年 月 日		人民银行审核意见： 经办人（签章） 人民银行（签章） 年 月 日	

填表说明：

(1) 存款人申请变更核准类银行结算账户的存款人名称、法定代表人或单位负责人的，中国人民银行当地分支行应对存款人的变更申请进行审核并签署意见。

(2) 带括号的选项填"√"。

(3) 本申请书一式三联，一联存款人留存，一联开户银行留存，一联中国人民银行当地分支行留存。

图 8-5　变更银行结算账户申请书样式

(2) 存款人将填写完整并加盖单位公章的申请书（一式三联）及两份开户资料送交开户银行。

(3) 开户银行对申请书、相关资料进行审核，录入待核准变更信息，将相关资料报送到人民银行。变更银行结算账户需提供的资料如表 8-2 所示。

表 8-2　变更银行结算账户需提供的资料

变更的账户种类	需提供的证明文件
基本存款账户	• 原基本存款账户开户许可证原件 • 变更银行结算账户申请书 • 开立基本存款账户所需全套资料(变更后的) • 企业法人基本存款账户(非法人企业变更单位名称的应提供工商部门出具的单位名称变更通知)
专用存款账户	• 原专用存款账户开户许可证原件 • 变更银行结算账户申请书 • 开立专用存款账户所需全套资料(变更后的)
临时存款账户	• 原临时存款账户开户许可证原件 • 变更银行结算账户申请书 • 开立临时存款账户所需全套资料(变更后的)
一般存款账户	• 原基本存款账户开户许可证原件 • 变更银行结算账户申请书 • 开立一般存款账户所需全套资料(变更后的)

※注意※

若存款人名称、存款人法定代表人或者负责人姓名发生变动,则还需要重新核发开户许可证。

2) 备案类银行结算账户变更流程

备案类银行结算账户变更流程和开立流程基本相同。

8.2.3　银行账户的撤销

银行账户撤销是指企业对一些不用的银行账户进行销户申请和处理。企业银行账户超过一年不使用的,银行将认为此账户没有存在的必要,会通知企业一个月内办理销户手续,逾期不办理视为自愿销户。或者当存款人因开户资格或其他原因终止银行结算账户使用的行为,也就是平时所说的"销户"或者"清户"。

1. 需要办理账户撤销的情况

当存款人有以下情况之一的,应向开户银行提出撤销银行结算账户的申请:

(1) 被撤并、解散、宣告破产或关闭的;

(2) 注销、被吊销营业执照的;

(3) 因迁址需要变更开户银行的;

(4) 其他原因需要撤销银行结算账户的。

2. 银行结算账户撤销流程

与前面开立、变更的流程一致,这里也以核准类和备案类银行结算账户进行讲解。

1) 核准类银行结算账户撤销流程

核准类银行结算账户撤销流程主要包含以下步骤:

(1) 存款人到开户银行领取"撤销银行结算账户申请书"(一式三联),申请书样式如图 8-6 所示。

撤销银行结算账户申请书

账户名称	
账 号	
开户银行名称	
账户性质	基本存款账户 ( )　　　专用存款账户( ) 一般存款账户( )　　　临时存款账户( ) 个人银行结算账户( )
开户核准号	
销户原因	
本存款人申请撤销上述银行结算账户 法定代表人　　　　单位公章 或负责人签章　　　或个人签章 　　　　　　　年　月　日	开户银行审核意见 经办人　　　　　　　签章 开户银行　　　　　　业务公章 　　　　　　　年　月　日

填表说明:
(1) 带括号的选项填"√"。
(2) 本申请书一式三联,一联存款人留存,一联开户银行留存,一联中国人民银行当地分支行留存。

图 8-6　撤销银行结算账户申请书样式

(2) 存款人将填写完整并加盖单位公章的申请书(一式三联)及两份开户资料送交开户银行。

(3) 开户银行对申请书、相关资料的真实性、完整性、合规性进行审核后,可由开户银行或存款人将相关资料报送到人民银行营业管理部。撤销银行结算账户需提供的资料如表 8-3 所示。

表 8-3　撤销账户所需资料

账户种类	需提供的资料
基本存款账户	开户许可证、销户申请书、撤销银行结算账户申请书、剩余的支票、印鉴卡、法人身份证原件及两份复印件(盖公章);非法人到柜台办理应提供经办人身份证原件及两份复印件(盖公章)、法人授权委托书、工商局出具的企业注销通知书。个别银行需要税务注销通知书原件及复印件
一般存款账户	销户申请书、剩余的支票、印鉴卡、法人身份证原件及一份复印件(盖公章);非法人到柜台办理应提供经办人身份证原件及一份复印件(盖公章)、法人授权委托书。如果是扣税账户,需要提供工商、税务注销通知书原件和复印件(盖公章)
临时存款账户	验资成功:基本账户开户许可证、销户申请书、股东身份证原件及复印件、印鉴卡,股东须本人亲自到柜台办理。验资不成功:销户申请书、原资金转入依据、工商局证明、股东身份证原件及复印件一份
专用存款账户	开户许可证、销户申请书、剩余的支票、印鉴卡、法人身份证原件及两份复印件(盖公章);非法人到柜台办理应提供经办人身份证原件及两份复印件(盖公章)、法人授权委托书

注意事项:
(1) 尚未清偿其开户银行债务的,不得申请撤销银行账户。
(2) 撤销银行账户时必须与开户银行核对银行账户存款余额,交回各种重要空白票据及结算凭证和开户许可证,经银行核对无误后方可办理销户手续。存款人未按规定交回各种重要空白票据及结算凭证的,应出具有关证明,由此造成损失的,由企业自己承担;如果是由于出纳的原因应交未交的,出纳要负赔偿责任。
(3) 若以非"转户"申请撤销基本存款账户,则该存款人必须撤销所有的非基本存款账户,转户申请则不需要撤销任何非基本存款账户。

2) 备案类银行结算账户撤销流程

备案类银行结算账户撤销程序和开立程序基本相同,比较简单,不再详述。

3. 开户银行通知存款人办理销户的情况

如果发生了下列情况，银行会要求单位办理销户手续：

(1) 单位银行结算账户一年内未发生收付行为的。

(2) 开户银行、存款人违反相关规定开立的银行结算账户，经中国人民银行当地分支行认定需要纠正的。

(3) 存款人被国家法定注册登记部门吊销执照 (或登记证) 的。

第 9 章 银行票据结算

本章主要介绍了银行票据的结算方式，通过本章的学习，读者可以对现金支票、转账支票、银行本票、银行汇票、商业汇票有一个系统、直观的认识，了解各种票据的用途，理解和掌握各种支票的使用规定，并且可以准确填写各种类型的票据，以及利用票据进行结算。

9.1 票据基础知识

票据是指出票人依法签发的由自己或指示他人无条件支付一定金额给收款人或持票人的有价证券，即某些可以代替现金流通的有价证券。广义的票据泛指各种有价证券和凭证，如债券、股票、提单、国库券、发票等。狭义的票据仅指以支付金钱为目的的有价证券。我国现行的票据结算方式包括支票、银行本票、银行汇票、商业汇票等。

9.1.1 票据当事人

根据《中华人民共和国票据法》(以下简称《票据法》)的规定，票据当事人是指在票据上签章并承担责任的人和享有票据权利的人，包括出票人、付款人、收款人、背书人、被背书人、承兑人等。

1. 出票人

出票人是依照法定方式开立票据(签字盖章)，并将票据交付给收款人的人。出票人对收款人及持票人承担付款或者承兑的保证责任。

2. 付款人

付款人是受出票人委托付款并记载于汇票或支票上的人，付款人一经承兑后，即成为承兑人，是汇票的主债务人，负责支付款项。付款人名称是汇票或支票的绝对记载事项，汇票和支票上若未记载付款人名称，则该票据无效。支票的付款人可以是个人，也可以是出票人的开户银行和其他金融机构。

3. 收款人

收款人是从出票人处接受票据并有权向付款人请求付款的人。收款人是票据的主债权人，是收取款项的人。收款人有权要求付款人付款，如果被拒绝付款，有权向出票人以及票据上的其他债务人追索票款。

4. 背书人

背书是票据持有人转让票据时，在票据背面签字或者盖章，并将票据交付给受让人的行为。票据的持有人即为背书人。

5. 被背书人

被背书人是指在背书活动过程中，接受背书票据的法人、其他组织或者个人。

6. 承兑人

承兑人是指承诺在汇票到期日向持票人支付汇票金额的法人、其他组织或者个人。

9.1.2 票据行为

票据行为是指能产生票据债权债务关系的法律行为，有出票、背书、承兑、保证、参加承兑、保付6种。票据行为具体又可分为两类：一类是狭义的票据行为，包括出票、背书、保证、承兑、参加承兑、付款；另一类是广义的票据行为，是指以发生、变更、消灭票据关系为目的的法律行为。本章主要介绍狭义的票据行为。

1. 出票

出票是出票人按法定形式做成票据交付给收款人的行为，即出票人填写空白票据，使得票据在法律上有支付意义。出票行为包含两个方面：一是填制票据并在票据上签字；二是将填写并盖好章的票据交付给收款人。需注意的是，交付必须是自愿行为，不是自愿交付的则不承担法律责任。只有填制并交付了票据，才算完成出票行为。

2. 背书

背书是票据持有人在票据背面批注签章，将票据转让给他人的行为。背书包括两个步骤：首先在票据后面背书；然后将已背书的票据交付给被背书人。背书的效力有三种：第一，转移效力，即通过背书将票据的一切权利转让给被背书人；第二，担保效力，即保证票据必然会被付款或承兑；第三，证明效力，即保证出票人及背书人签名的真实性、票据的有效性。

背书人在背书时必须把票据上的全部金额同时转让给同一个被背书人。只转让票据金额的一部分，或将票据金额分别转让给几个被背书人的背书无效。

通过背书方式转让票据的主要目的是要在转让人和受让人之间建立起权利义务关系：背书人是被背书人的债务人，被背书人是背书人的债权人。

票据的转让人一旦在票据上签名，就要承担两项义务：第一，须对包括转让人在内的所有后来取得该票据的人保证该票据必将得到付款；第二，须保证在他以前曾在该票据上签名的一切前手签字的真实性和背书的连续性。

票据的受让人有权取得背书人对票据的一切权利。具体表现为：受让人可以用自己的名义向付款人要求承兑、付款，也可以将票据再经背书转让他人；当票据遭到拒付时，受让人有权向其直接的转让人以及曾在票据上签名的其他转让人直至出票人进行追索。

3. 承兑

承兑就是商业汇票付款人在票据上承诺负担支付票面金额的义务，并将该种意思表示记载在票据上的一种票据行为，即承诺到期将无条件地支付票据金额的行为。承兑是商业汇票所特有的一种制度。在商业汇票结算方式中，付款人一经承兑，就称为承兑人，是商业汇票的主债务人。

4. 参加承兑

参加承兑，一般是在汇票得不到承兑，付款人或承兑人死亡、逃亡或破产等其他原因无法承兑时，由第三方进行承兑的行为。参加承兑方就是第三方。

5. 保证

保证，是指保证付款，是一种绝对的付款承诺。付款人在支票上标注"照付"或者"保付"字样，并经签名后，付款人便有绝对的付款责任，无论发生任何情况，付款人均需付款。

6. 付款

付款即付款义务人按照票面的内容或自己的承诺向权利人支付款项的行为，该行为会导致票据权利的消灭。

9.2 支票结算

9.2.1 支票概述

1. 支票的概念

支票，是指由出票人签发的，委托办理支票存款业务的银行或其他金融机构在见票时无条件支付确定的金额给收款人或者持票人的票据。凡在银行设立账户的单位、个体工商户和个人，经开户银行同意，均可使用支票结算。除现金以外，支票是最常见的结算票据，可以即时兑现。

2. 支票的使用范围

凡是在同一票据交换区域或者同城内，商品的交易、劳务供应、债务清偿和其他款项结算均可使用支票进行结算。同一票据交换区域或者同城票据系统，一般由当地人民银行进行管理和运行，各商业银行机构参与。

3. 支票的分类

1) 记名支票和不记名支票

支票按照是否记名分为记名支票和不记名支票。

(1) 记名支票，又称为抬头支票。即指定收款人的支票。这种支票的票款只能付给票面指定的收款人，转让时须由收款人背书。我国使用的支票均为记名支票。

(2) 不记名支票，又称空白支票。即在支票上不显示收款人名称的支票。这种支票无须背书即可转让，取款时也无须在背面签字盖章。

2) 现金支票、转账支票和普通支票

支票按照使用要求可以分为现金支票、转账支票和普通支票。

(1) 按照《银行支付结算办法》的规定，支票上有"现金"字样的为现金支票。现金支票是开户单位用于向开户银行提取现金的凭证，如图9-1所示。

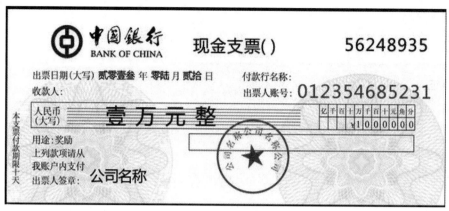

图 9-1　现金支票样式

(2) 支票上有"转账"字样的为转账支票。转账支票是用于单位之间的商品交易、劳务供应或其他款项往来的结算凭证。转账支票只能用于转账结算，不能用于提取现金。转账支票如图9-2所示。

图 9-2　转账支票样式

(3) 支票上未印有"现金"或"转账"字样的为普通支票。普通支票既可以用来支付现金，也可以用来转账，如图9-3所示。普通支票左上角画两条平行线，为划线支票，划线支票只能用于转账，不能用于支取现金。如果普通支票上未划线就可用于支取现金。

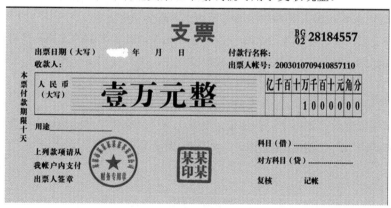

图 9-3　普通支票样式

4. 支票的基本内容

支票的基本内容主要包括：标明"支票"的字样；无条件支付的委托；确定的金额；付款人名称；出票日期；出票人签章。

5. 使用支票的规定

(1) 支票一律记名。所谓记名是指签发支票必须写明收款单位名称或收款人姓名、开票日期、具体用途、确定的金额等信息。但如果指定收款人以背书方式将领款权转让给其指定的收款人，则其指定的收款人有领款权。支票上未记载收款人名称的，经出票人授权，可以补记；出票人可以在支票上记载自己为收款人。支票上的金额可以由出票人授权补记，未补记前的支票不得使用；支票上的大小写金额应一致。

(2) 支票有效期即提示付款期为10天(背书转让的转账支票的有效期也为10天)，从签发支票的当日起，到期日遇节假日顺延。超过提示付款期限的银行不予受理，付款人不予付款。

(3) 签发支票时，应使用碳素墨水或蓝黑墨水等规定墨水填写，未按规定填写，被涂改冒领的，由签发人负责。

(4) 支票上各项内容要填写齐全，内容要真实，字迹要清晰，数字要标准，大小写金额要一致。

(5) 当支票遗失时，可以以书面形式向付款银行申请挂失，通知银行停止支付支票票款。但是如果银行在接到支票持有人通知前已经支付票款而造成持有人损失的，由持有人自行负责。

(6) 出票人签发空头支票、印章与银行预留印鉴不符的支票、使用支付密码但支付密码错误的支票，银行除将支票做退票处理外，还会按票面金额处以5%但不低于1 000元的罚款。

6. 支票的挂失

已签发的现金支票遗失，可以向银行申请挂失；挂失前已经支付的，银行不予受理。已签发的转账支票遗失，可以向银行申请挂失止付，也可以直接向人民法院申请公示或提起诉讼；如果在挂失止付前款项已经支付的，银行不再受理。支票的挂失方法如下：

(1) 向开户银行提交挂失止付通知书。

(2) 经开户行查询支票未支付后，在挂失的第二天起3天内向法院申请催告或诉讼。

(3) 向开户银行提供申请催告或诉讼的证明。

(4) 3天期满的第二天起12天内，开户银行会收到法院的停止支付通告，完成挂失支付程序。

7. 支票的结算程序

1) 现金支票结算程序

现金支票的结算程序如图9-4所示。

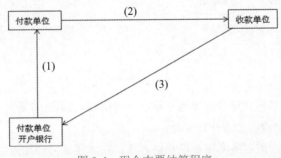

图9-4　现金支票结算程序

每个步骤的具体内容如下。

(1) 领购支票。付款单位到自己所在开户行领购现金支票。

(2) 填制现金支票。开户单位用现金支票付款时，由出纳人员签发现金支票，在收款人处填写收款单位名称，然后在出票人签章处加盖银行预留印鉴，留下存根联记账。

(3) 持现金支票到付款单位开户银行提取现金。

现金支票用于本单位提取现金时，应在现金支票背面加盖本单位预留印鉴。开户单位用现金支票向外单位或个人支付现金时，由付款单位出纳人员签发现金支票并加盖银行预留印鉴和注明收款人后交收款人，收款人持现金支票到付款单位开户银行提取现金。

2) 转账支票结算程序

转账支票的结算程序如图9-5所示。

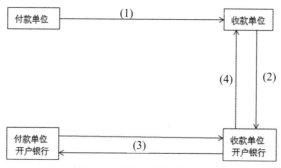

图9-5　转账支票结算程序

每个步骤的具体内容如下。

(1) 付款单位按应支付的款项签发转账支票，填写支票上各类项目并加盖银行印鉴，交给收款单位，留下存根联记账。

填写转账支票时需要特别注意如下问题。

① 出票日期必须使用中文大写，月和日前面需要加零，存根联日期不用大写，如图9-6所示。

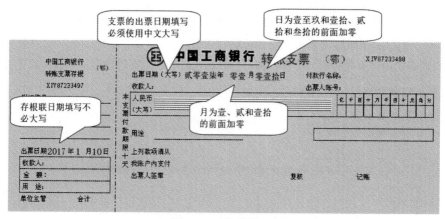

图9-6　日期的填写

② 收款人、付款行名称和账号应填写完整，不得简写，如图9-7所示。支票上大小写金额和收款人若填写错误不得修改，需要作废重填。

③ 在出票人签章处加盖财务专用章以及法人章，在虚线处同样加盖财务专用章，如图9-8所示。然后沿虚线剪开，存根联留本单位记账，支票联提交银行。

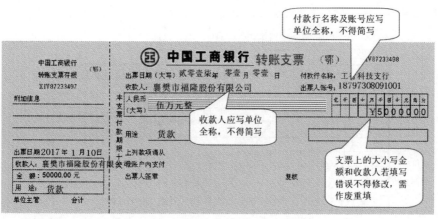

图 9-7　金额、收付款人的填写

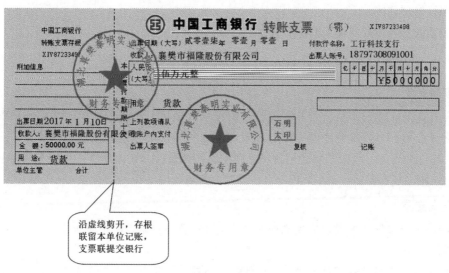

图 9-8　加盖印章

(2) 收款单位审查无误后，填制一式三联进账单，连同支票一并送交本单位开户银行。进账单填写步骤如下：

① 根据转账支票，填写进账时间及出票人和收款人的银行存款账户信息，然后填写大、小写金额及票据种类和票据张数，如图9-9所示。

图 9-9　进账单的填制

② 银行受理后在第一联上加盖业务章，交收款人作为原始凭证入账，如图9-10所示。

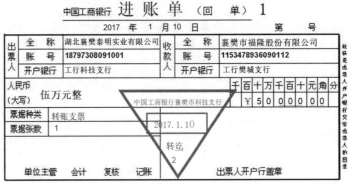

图 9-10　加盖业务章的进账单

(3) 银行办理划拨。

(4) 收款人开户银行向收款单位发出收款通知。

9.2.2　支票日常业务处理

1. 领购支票

支票由各银行统一印制，企业需要时，由出纳人员填写单证领购单，并加盖预留银行印鉴，送交开户银行办理领购手续。银行核对印鉴相符后，在领购单上注明领用日期、领用单位、支票起讫号码等，收取工本费后，将支票交给领购单位。工本费一般由银行直接从领购单位账户中划转，工本费划转完毕，银行会出具有关费用单据。

2. 签发支票

(1) 出纳人员签发支票前，应先检查本单位银行存款账户是否有足够的存款余额，以免签发空头支票。

(2) 出纳人员应按照规范认真填写支票的签发日期、收款人、人民币大小写金额、用途和支票密码等项目。出纳在签发支票时应注意事项具体包括：

① 金额大、小写不准更改。多联式结算凭证要用圆珠笔和双面复写纸复写清晰。单联式结算凭证和票据(如现金支票)则要用黑色墨水填写，金额的大小写不得更改。

② 对于大写金额数字要一律用正楷或行书书写，要注意小写金额不得连笔。

③ 大写金额前面不留空白。中文大写金额数字前应标明"人民币"字样，票据大写金额数字前未印有"人民币"字样的，在填写时应在大写金额前加填"人民币"字样。

④ 金额大写后面加"整"字。中文大写金额数字到"元"为止的，在"元"字后面加"整"字；中文大写金额数字到"角"为止的，在"角"之后可不写"整"字；中文大写金额数字有"分"的，"分"后不写"整"字。

⑤ 金额小写前加"￥"符号。分位和角位为"0"时，一定要写上"0"，而不能留空。

(3) 支票签发后，出纳人员根据支票存根记账。

3. 收取支票

收取支票时，出纳人员应检查的项目包括：

(1) 检查支票上的大、小写金额是否一致；

(2) 检查收款人是否为全称、是否正确；

(3) 检查日期的填写是否符合规定；

(4) 检查签章是否清晰、准确；

(5) 检查支票是否超过了10天的提示付款期限。

4. 支票的验付及退票

1) 支票验付

在进行支票验付的过程中，银行审核的内容包括：

(1) 支票和进账单填写的是否一致，金额是否相符；

(2) 支票上的大、小写金额是否一致；

(3) 支票上的金额是否超过结存余额；

(4) 支票上的记名及背书是否符合规定；

(5) 支票是否在付款期内；

(6) 支票上记载的内容如有更改，有无签发人签字或盖章；

(7) 支票上的签名和印鉴是否与企业预留银行印鉴相符。

在实际工作中，到银行提示付款前出纳人员至少应该对上述内容中的(2)(4)(5)(6)项目进行审核，发现有不符合开具规定的支票，及时退回出票单位重开，以免耽误了款项进账。

2) 支票退票

支票退票，是指银行认为该支票的款项不能进入收款人账户而将支票退回。支票退票主要有两方面的原因：一是存款不足以支付票款；二是票据行为不规范。发生退票，银行会出具"退票理由书"，连同支票一并退给签发人或收款人。出现表9-1所示的情况，均会发生退票。

表 9-1 退票理由列表

项目	退票原因
内容填写	未用墨汁或碳素墨水填写
	金额大小写不全、不清楚
	未填写款项用途或用途填写不明
	未填写收款单位或收款人
	按照国家政策规定不能支付的款项
日期	出票日期已过有效期
	非即期支票
背书签字	背书人签字不清、不全、空白
	日期、账号等涂改处未盖预留银行印鉴证明
涂改	支票大小写金额和收款人名称涂改

5. 支票结算中的其他注意事项

在实际工作中，使用支票结算方式还应注意以下几点：

(1) 要严格控制携带空白支票外出采购。实际工作中可以在支票正面用文字注明所限金额，并在小写金额栏内相应位置用"￥"封头，以限制款项的额度。

(2) 对持支票前来采购的购货人员必须核对其身份，查验有关证件。谨慎起见，可先将受理的支票及时送存银行，待银行款项收妥并存入本单位账户后再行发货。

(3) 由于单位撤销、合并等原因需结清账户时，应将剩余的空白支票填列一式两联的清单，全部交回银行切角注销。

9.3 银行本票结算

9.3.1 银行本票概述

1. 银行本票的含义

银行本票，是指由银行签发并承诺其在见票时无条件支付确定的金额给收款人或者持票人的票据。单位和个人在同一票据交换区域内需要支付各种款项时，均可使用银行本票。本票的样式如图9-11所示。

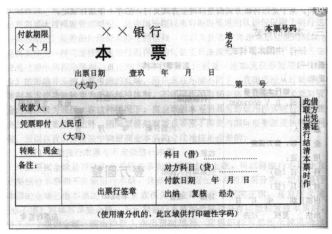

图 9-11　银行本票样式

2. 银行本票的特点

与其他银行结算方式相比，银行本票结算具有如下特点：

(1) 灵活方便。我国现行的银行本票使用方便灵活。单位、个体经济户和个人不管是否在银行开户，他们在同城范围内的所有商品交易、劳务供应以及其他款项的结算都可以使用银行本票。而且银行本票见票即付，结算迅速，因此使用起来很方便。

(2) 信誉度高，支付能力强。银行本票由银行签发，并于指定到期日由签发银行无条件支付，因而信誉度很高，一般不存在收不回款项的风险。

3. 银行本票的基本内容

银行本票的基本内容主要包括：标明"银行本票"的字样；无条件支付的承诺，凭票即付；确定的金额；收款人名称；出票日期。

4. 银行本票的分类

银行本票可用于转账，注明"现金"字样的银行本票可用于支取现金。银行本票的出票人，为经中国人民银行当地分支行批准办理银行本票业务的银行机构。本票可以按照不同的标准进行分类：

1) 记名本票和不记名本票

按收款人的记载方式不同，本票分为记名本票和不记名本票。

(1) 记名本票,也称抬头本票,是指在本票上明确记载收款人的名称或姓名的本票。

(2) 不记名本票指的是在票面上并不记载权利人(受款人)的名称,而只是写明以"来人"为受款人的本票。

2) 定额本票和不定额本票

按金额是否预先选定,本票分为定额本票和不定额本票,单位可以根据需要选择使用。

(1) 不定额本票,金额不固定,通常面额分为500元、1 000元、5 000元和10 000元。不定额银行本票只有一联,由签发银行盖章后交申请人办理转账结算或取款。

(2) 定额本票,金额固定,一式两联,第一联为签发支付结算本票时作为付出传票;第二联由签发银行留存,在结算本票时作为传票附件。

5. 银行本票结算的基本规定

(1) 银行本票一律记名。

(2) 银行本票允许背书转让(填写"现金"字样的银行本票不能背书转让)。

(3) 银行本票的付款期自出票日起最长不超过2个月,逾期的银行本票,兑付银行不予受理,但可以在签发银行办理退款。

(4) 不允许签发定期银行木票等远期本票。

(5) 银行本票见票即付,不予挂失。遗失的不定额银行本票在付款期满后1个月未被冒领的,可以办理退款手续。

(6) 申请人或收款人为单位的,不得申请现金银行本票。用于转账的,在银行本票上划销"现金"字样。

6. 银行本票的结算程序

银行本票处理流程,如图9-12所示。

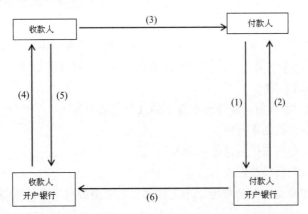

图 9-12 银行本票处理流程

每个步骤的具体内容如下。

(1) 申请办理银行本票,同时交存票款。

(2) 收妥入账,签发银行本票。

(3) 持本票办理结算。

(4) 将到期银行本票送交银行办理结算。

(5) 银行收妥入账。

(6) 银行结算。

7. 使用银行本票需注意事项

(1) 持票人超过付款期限提示付款的，代理付款人不予受理。

(2) 银行本票的代理付款人是代理出票银行审核支付银行本票款项的银行。

(3) 申请人使用银行本票，应向银行填写"银行本票申请书"，填明收款人名称、申请人名称、支付金额、申请日期等事项并签章。申请人和收款人均为个人需要支取现金的，应在"支付金额"栏先填写"现金"字样，后填写支付金额。

(4) 申请人或收款人为单位的，不得申请签发现金银行本票。

(5) 出票银行受理银行本票申请书，收妥款项签发银行本票。用于转账的，在银行本票上划去"现金"字样；申请人和收款人均为个人需要支取现金的，在银行本票上划去"转账"字样。不定额银行本票用压数机压印出票金额。出票银行在银行本票上签章后交给申请人。

(6) 申请人或收款人为单位的，银行不得为其签发现金银行本票。申请人应将银行本票交付给本票上记明的收款人。

9.3.2 银行本票日常业务处理

1. 办理银行本票业务的方法

1) 申请使用银行本票

使用银行本票时，先填写"银行本票申请书"，详细填明收款人名称、金额、日期等内容，并加盖预留银行印鉴；如个体经营户和个人需要支取现金的，还应填明"现金"字样。然后递交本单位开户银行，申请签发银行本票。

2) 银行受理、签发本票

(1) 签发银行受理"银行本票申请书"，审查无误后，办理收款手续。付款单位在银行开立账户的，签发银行直接从其账户划拨款项；付款人用现金办理本票的，签发银行直接收取现金。

(2) 银行收取手续费，签发银行本票。银行用压数机在"人民币大写"栏大写金额后端压印本票小写金额，然后将本票第一联连同"银行本票申请书"存根联一并交给申请人。

3) 收款人审查银行本票

作为收款单位的出纳人员，要注意审查下面几个主要内容：

(1) 检查收款人是否确为本单位；

(2) 检查银行本票是否在提示付款期限内；

(3) 检查必须记载的事项是否齐全；

(4) 检查出票人签章是否符合规定，不定额银行本票是否有压数机压印的出票金额，并与大写出票金额一致；

(5) 检查出票金额、出票日期、收款人名称是否更改，更改的其他记载事项是否由原记载人签章证明；收款人可以将银行本票背书转让给被背书人。

4) 收款人提示付款

(1) 收款人填写一式三联的"进账单"，并在银行本票背面加盖单位预留银行印鉴，将银行本票连同进账单一并送交开户银行。

(2) 开户银行审查无误后办理兑付手续，在第一联进账单回单上加盖"转讫"章并交给收款单位入账。

2. 银行本票的背书转让

在本票结算方式中，持票人可能会发生背书行为。银行本票的持有人转让本票，应在本票背面"背书"栏内背书，加盖本单位预留银行印鉴，注明背书日期，在"被背书人"栏内填写收票单位名称，之后将银行本票直接交给被背书单位，同时向被背书单位交验有关证件，以便被背书单位查验。

3. 使用银行本票的其他注意事项

(1) 银行本票见票即付，流动性极强，银行不予挂失。一旦遗失或被窃、被人冒领款项，后果由银行本票持有人自负。

(2) 如果遗失银行本票，且付款期满一个月确未冒领的，可以到银行办理退款手续。

9.4　银行汇票结算

9.4.1　银行汇票概述

1. 银行汇票的概念

银行汇票，是指汇款人将款项交存当地银行，由银行签发给汇款人，在见票时按照实际结算金额无条件付给收款人或者持票人的票据。汇款人可以持银行汇票异地办理转账结算或支取现金。单位和个人的各种款项结算，均可使用银行汇票。银行汇票使用方便灵活、兑付性强，其使用范围广泛，使用量大，便于异地采购结算，银行汇票已成为使用最广泛的支付工具之一。银行汇票的样式如图9-13所示。

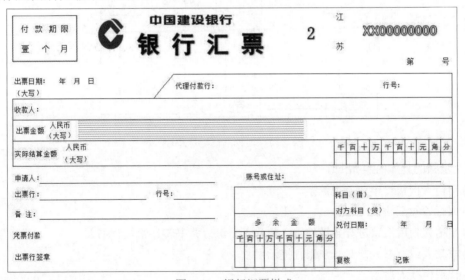

图 9-13　银行汇票样式

2. 银行汇票的基本内容

银行汇票的基本内容与支票基本一致，其不同之处为：标明"银行汇票"的字样；收款人名称，签发银行汇票时必须事先确定收款人，不得修改；出票金额是出票时银行汇票上应该记载的确实金额，与实际结算金额有可能不一致。

3. 银行汇票的特点

(1) 使用较为广泛。银行汇票是目前异地结算中使用较为广泛的一种结算方式。该结算方式不仅适用于在银行开户的单位、个体经济户和个人，而且未在银行开立账户的单位、个体经济户和个人需要在异地进行商品交易、劳务供应和其他经济活动及债权债务的结算也可以使用银行汇票。

(2) 票到钱清。银行见票付款，持票方带着银行汇票，银行验证后即可付款。

(3) 信用度高，付款有保证。银行汇票是银行在收到汇款人款项后签发的支付凭证，因而具有较高的信誉，银行保证支付，收款人持有票据，可以安全及时地到银行支取款项。而且，银行内部有一套严密的处理程序和防范措施，只要汇款人和银行认真按照汇票结算的规定办理，汇款就能保证安全。一旦汇票丢失，如果确属现金汇票，汇款人可以向银行办理挂失，填明收款单位和个人，银行可以协助防止款项被他人冒领。

(4) 使用灵活，适应性强。实行银行汇票结算，持票人可以将汇票背书转让给销货单位，也可以通过银行办理分次支取或转让，另外还可以使用信汇、电汇或重新办理汇票转汇款项，因而有利于购货单位在市场上灵活地采购物资。

银行汇票可以用于转账，填明"现金"字样的银行汇票也可以用于支取现金。申请人或者收款人为单位的，不得在"银行汇票"上填明"现金"字样。

4. 银行汇票结算的程序

银行汇票结算要经过承兑、结算、兑付和结清余额4个步骤，具体结算程序如图9-14所示。

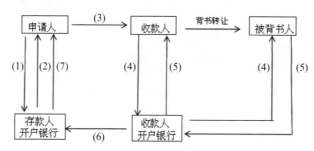

图 9-14　银行汇票结算程序

每个步骤的具体内容如下。

(1) 申请人向银行申请办理汇票。

(2) 银行签发汇票。

(3) 申请人使用汇票进行异地结算；收款人将汇票背书转让给被背书人。

(4) 收款人或背书人向其开户银行提示付款。

(5) 代理付款人付款。

(6) 银行之间清算资金。

(7) 申请人开户银行向汇款人退回多余资金。

9.4.2　银行汇票日常业务处理

1. 办理银行汇票业务的方法

1) 申请银行汇票

使用银行汇票时，向银行提交"银行汇票申请书"，在申请书上写明汇款人名称和账号、收款人名称和账号、兑付地点、汇款金额、汇款用途等内容，并在申请书上加盖汇款人预留银行的印鉴，由银行审查后签发银行汇票。如单位未在银行开立存款账户，可以交存现金办理汇票。汇票申请书样式如图9-15所示。

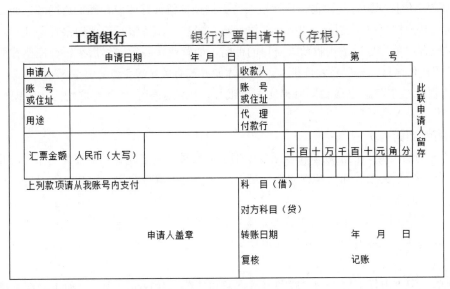

图 9-15 汇票申请书样式

2) 银行出票

银行受理"银行汇票申请书"，查验内容和印鉴无误后，向申请人签发转账或支取现金的银行汇票，即出票。个体经济户和个人需要支取现金的，在汇票"汇款金额"栏先填写"现金"字样，再加盖印章并用压数机压印汇款金额，然后将银行汇票的第二联和第三联解讫通知交汇款人。签发银行即为银行汇票的付款人。

3) 汇款单位使用银行汇票

(1) 直接使用银行汇票。根据业务需要，经申请审批后，汇款单位将银行汇票交与请领人，由其持汇票到兑付地点，与汇票上填明的收款人办理结算。收款人也可以按规定用背书的形式将汇票转让给被背书人。

(2) 转汇。汇款单位持票人到汇入地点办理采购，如果因未采购到所需要的货物准备到其他地方继续采购而需要办理转汇时，持票人可持"银行汇票"联和"解讫通知"联连同本人身份证，到兑付银行请求转汇，并说明转汇指定地点。已注明不得转汇的银行汇票不得转汇。银行经过审查认为可以转汇后即可办理具体的转汇手续。

4) 收款单位收到银行汇票

(1) 审查相应内容。

① 收款人或背书人是否确为本单位，银行汇票和接讫通知是否齐全。

② 银行汇票是否在付款期内，日期、金额等填写是否正确无误。

③ 出票人的印章是否符合规定，是否清晰，压数机压印的金额是否清晰。

④ 必须记载的事项是否齐全。

⑤ 汇款人或背书人的证明或证件是否无误，检查背书人证件上的姓名与其背书是否相符。

(2) 办理收款前的准备工作。

① 收款单位审查无误后，在汇款金额以内，根据实际需要的款项办理结算，并将实际结算金额和多余金额填入银行汇票和解讫通知的有关栏内。

② 收款单位提交银行汇票前，应在汇票背面加盖预留银行印鉴，然后连同解讫通知和三联进账单送交开户银行办理转账。如果未在银行开立账户，在持银行汇票向银行办理收款时，应交验兑付地有关单位足以证实收款人身份的证明，如营业执照等。然后在银行汇票背面盖章或签字，注明证件名称、号码及发证机关，这样才能办理有关结算手续。

③ 将银行汇票和解讫通知同时提交兑付银行，应注意缺少任何一联均无效，银行都不予受理。

5) 银行汇票的退款

(1) 在银行开立账户的汇款单位要求签发银行退款时，应当向签发银行说明原因，并将未使用的"银行汇票"第二联和"解讫通知"第三联，与银行留存的第一联核对无误后，交回汇票签发银行办理退款手续。

(2) 未在银行开立账户的汇款单位要求签发银行退款时，应将未用的"银行汇票"联和"解讫通知"联交回汇票签发银行，同时向银行交验申请退款单位的有关证件，经银行审核后办理退款。

汇款单位因"银行汇票"第二联和"解讫通知"第三联缺少其中一联而不能在兑付银行办理兑付，而向签发银行申请退款时，应将剩余的一联退给汇票签发银行并备函说明短缺其中一联的原因，经签发银行审查同意后办理退款手续。

2. 银行汇票结算的其他注意事项

1) 银行汇票的挂失及有关规定

(1) 遗失注明"现金"字样的银行汇票。失票人应当立即向签发银行或兑付银行请求挂失止付。申请挂失止付，应提交汇票挂失申请书，也可以用汇票委托书代替，并在凭证"备注"栏内写明"汇票挂失"字样。如果在银行受理挂失以前，包括对方银行收到挂失通知以前，汇票金额已被人冒领的，银行不再承担付款责任。

(2) 遗失注明收款单位、个体经营户名称的银行汇票，银行不办理挂失止付。

(3) 遗失填明汇款人指定收款人姓名的银行汇票，无法挂失，如果收到这种汇票，持票人一定要认真保管好，切勿遗失。如果不慎遗失，在付款期满后1个月确实没有发生支付的，可以由汇款人写出书面证明，说明情况，到签发银行办理退款。

(4) 遗失未指定代理付款人的银行汇票，银行不受理挂失止付手续，仅做道义上的协助防范。

2) 可能被银行拒付的银行汇票

(1) 伪造、变造(凭证、印章、压数机)的银行汇票。

(2) 非总行统一印制的全国通用的银行汇票。

(3) 超过付款期的银行汇票。

(4) 缺汇票联或解讫通知联的银行汇票。

(5) 汇票背书不完整、不连续。

(6) 签发日期、收款人、汇款大写金额涂改、更改的汇票。

(7) 已被银行挂失止付的现金银行汇票。

(8) 残损、污染严重无法辨认的汇票。

9.5 商业汇票结算

9.5.1 商业汇票概述

1. 商业汇票的概念

商业汇票，是出票人签发的，由承兑人承兑，在指定日期无条件支付确定的金额给收款人或者持票人的票据。出票人可以是交易中的收款人或付款人，商业汇票须经承兑人承兑，承兑是汇票的付款人承诺在汇票到期日支付汇票金额的票据行为。

在银行开立存款账户的法人与其他组织之间须具有真实的交易关系或债权债务关系，才能使用商业汇票。同城或者异地都可以采用商业汇票的结算方式，可以根据购销合同进行合法商品交易所发生的款项结算，并且结算没有最低起点的限制。

2. 商业汇票的分类

按承兑人不同，商业汇票一般分为商业承兑汇票和银行承兑汇票。

(1) 商业承兑汇票。商业承兑汇票是指由出票人签发的，委托付款人在指定日期无条件支付确定的金额给收款人或者持票人的票据，或者由付款人签发并承兑的票据，商业承兑汇票样式如图9-16所示。商业承兑汇票一式三联：第一联为卡片，由承兑人进行保存；第二联为商业承兑汇票，付款人开户行作为付款凭证的附件；第三联为存根联，由签发单位编制有关凭证。

商业承兑汇票（卡 片）　　1

出票日期（大写）　年　月　日　　汇票号码

<table>
<tr><td rowspan="3">付款人</td><td>全　称</td><td></td><td rowspan="3">收款人</td><td>全　称</td><td colspan="11"></td></tr>
<tr><td>账　号</td><td></td><td>账　号</td><td colspan="11"></td></tr>
<tr><td>开户银行</td><td></td><td>开户银行</td><td colspan="11"></td></tr>
<tr><td rowspan="2" colspan="2">出票金额</td><td rowspan="2" colspan="3">人民币（大写）</td><td>亿</td><td>千</td><td>百</td><td>十</td><td>万</td><td>千</td><td>百</td><td>十</td><td>元</td><td>角</td><td>分</td></tr>
<tr><td></td><td></td><td></td><td></td><td></td><td></td><td></td><td></td><td></td><td></td><td></td></tr>
<tr><td colspan="2">汇票到期日（大写）</td><td></td><td rowspan="2">付款人开户行</td><td>行号</td><td colspan="11"></td></tr>
<tr><td colspan="2">交易合同号码</td><td></td><td>地址</td><td colspan="11"></td></tr>
<tr><td colspan="3">出票人签章</td><td colspan="13">备注：</td></tr>
</table>

此联承兑人留存

图 9-16　商业承兑汇票样式

(2) 银行承兑汇票。银行承兑汇票是指由收款人或承兑申请人(收款人或承兑申请人在银行开有账户)签发，并由承兑申请人向开户银行申请，经银行审查同意承兑的汇票，银行承兑汇票样式如图9-17所示。银行承兑汇票一式三联：第一联为卡片，由承兑银行作为底卡进行保存；第二联由收款人开户行向承兑银行收取票款时作为联行往来账付出传票；第三联为存根联，由签发单位编制有关凭证。

银行承兑汇票　　2

出票日期（大写）　　年　　月　　日　　　　汇票号码

出票人全称		收款人	全　称													
出票人账号			账　号													
付款行全称			开户银行													
出票金额	人民币（大写）			亿	千	百	十	万	千	百	十	元	角	分		
汇票到期日（大写）		付款行	行号													
承兑协议编号			地址													
本汇票请你行承兑，到期无条件付款。 出票人签章	本汇票已做承兑，到期日由本行付款。 承兑行签章 承兑日期　年　月　日 条件：		复核　记账													

此联收款人开户行随托收凭证寄付款行作借方凭证附件

图 9-17　银行承兑汇票样式

3. 商业汇票的基本内容

商业汇票上记载的主要内容包括：载明“商业承兑汇票”或“银行承兑汇票”的字样；无条件支付的委托；确定的金额；付款人或出票人的名称；收款人的名称；出票日期；出票人签章。

4. 商业汇票结算的有关规定

(1) 商业汇票一律记名，允许背书转让；但是如果签发人或者承兑人在汇票上注明“不得转让”，则该汇票不得背书转让。

(2) 商业汇票有一定的承兑期限(最长不能超过6个月)，由交易双方协定，到期付款。

(3) 商业汇票的付款期限(提示付款期可以为到期日前10天)最长不得超过6个月；如果未到期想承兑，可以由收款人向银行申请贴现。

(4) 承兑人有到期无条件支付的责任。

(5) 使用商业汇票的单位必须是在银行开立账户的企业法人。

(6) 签发商业汇票应以合法的商品交易为基础。

5. 商业汇票的结算程序

1) 商业承兑汇票的结算程序

商业承兑汇票结算流程如图9-18所示。

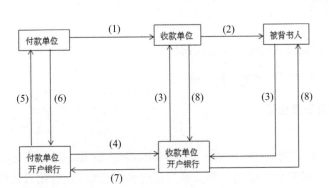

图 9-18 商业承兑汇票结算流程

每个步骤的具体内容如下。

(1) 付款单位向收款单位交付汇票。

(2) 收款单位也可以将票据背书转让给被背书人。

(3) 持票人(收款单位或被背书人)委托收款单位开户银行委托收款。

(4) 收款单位开户银行向付款单位开户行发出委托收款。

(5) 付款单位开户银行向付款单位发出付款通知。

(6) 付款单位通知付款。

(7) 划拨款项。

(8) 收款单位开户银行通知持票人已收到款项。

2) 银行承兑汇票的结算程序

银行承兑汇票结算流程如图9-19所示。

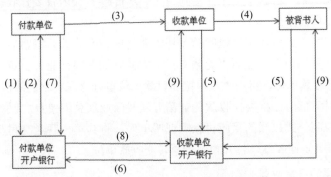

图 9-19 银行承兑汇票结算流程

每个步骤的具体内容如下。

(1) 付款单位出票并向开户银行申请承兑。

(2) 银行进行承兑。

(3) 付款单位将汇票交付给收款单位。

(4) 收款单位也可以将汇票背书转让给被背书人。

(5) 持票人(收款单位或被背书人)委托收款单位开户银行委托收款。

(6) 收款单位开户银行向付款单位开户行发出委托收款。

(7) 付款单位交存票款。

(8) 划拨款项。

(9) 收款单位开户银行通知持票人已收到款项。

9.5.2 商业汇票日常业务处理

1. 商业承兑汇票日常业务

1) 签发汇票

商业承兑汇票可以由付款单位签发,也可以由收款人签发。商业承兑汇票一式三联,第一联为卡片,由承兑人(付款单位)留存;第二联为商业承兑汇票,由收款人开户银行随托收凭证寄付款人开户银行作为借方凭证附件;第三联为存根联,由签发人存查。商业承兑汇票由付款单位承兑。付款单位承兑时只需在商业承兑汇票的第二联正面签署"承兑"字样并加盖预留银行的印鉴后,交给收款单位即可。由收款人签发的商业承兑汇票,应先交付款单位承兑,然后再由收款单位保管。

2) 委托银行收款

收款单位应事先估计从本单位至付款人开户银行的邮程,在汇票到期前,提前委托银行收款。委托银行收款时,应填写一式五联的托收凭证,在托收凭证"名称"栏内注明"商业承兑汇票"字样及汇票号码,在商业承兑汇票第二联背面加盖收款单位公章后,一并送交开户银行。开户银行审查后办理有关收款手续,并将盖章后的托收凭证第一联退回收款单位保存。

3) 到期兑付

商业承兑汇票到期,付款单位存款账户无款支付或不足支付时,付款单位开户银行将按照商业承兑汇票票面金额的5%收取罚金,不足50元的按50元收取,并通知付款单位送回委托收款凭证及所附商业承兑汇票。付款单位应在接到通知的次日起 2 天内将委托收款凭证第五联及商业承兑汇票联退回开户银行。

付款单位开户银行收到付款单位退回的委托收款凭证和商业承兑汇票后,在委托收款凭证第三联和第四联"转账原因"栏注明"无款支付"字样并加盖银行业务公章后,一并退回收款单位开户银行转交给收款单位,再由收款单位和付款单位自行协商票款的清偿问题。

如果付款单位财务部门已将委托收款凭证第五联及商业承兑汇票第二联作了账务处理,因而无法退回,可以填制一式二联的"应付款项证明单",将其第一联送交付款单位开户银行,由其连同其他凭证一并退回收款单位开户银行再转交收款单位。

2. 银行承兑汇票的日常业务

1) 签订交易合同

交易双方经协商签订商品交易合同,并在合同中注明采用银行承兑汇票进行结算。

2) 签发汇票

承兑申请人持银行承兑汇票申请书和购销合同等资料,向其开户银行申请承兑。银行审查后与承兑申请人签订一式三联的承兑协议,并在银行承兑汇票上注明承兑协议编号,加盖银行印章,用压数机压印汇票金额后,将第二联银行承兑汇票和第三联解讫通知交给承兑申请人。承兑协议如图9-20所示。

银行承兑汇票一式三联,第一联为卡片,由承兑银行留存备查;第二联由收款人开户行随托收凭证寄付款行作为借方凭证附件;第三联为存根联,由签发单位编制有关凭证。

```
┌─────────────────────────────────────────────────────────────────┐
│                        银行承兑协议                               │
│                                            编号:                  │
│                                                                   │
│   收款人全称                      付款人全称                      │
│   开户银行                        开户银行                        │
│   账    号                        账    号                        │
│   汇票号码                        汇票金额(大写)                  │
│   签发日期    年 月 日            到期日期    年 月 日            │
│   以上汇票经承兑银行承兑,承兑申请人(下称申请人)愿遵守《支付结算办法》的规定及下列条款: │
│   1. 申请人于汇票到期日将应付票款足额交存承兑银行。               │
│   2. 承兑手续按票面金额千分之(  )计算,在银行承兑时一次付清。  │
│   3. 承兑汇票如发生任何交易纠纷,均由收付双方自行处理。票款于到期前仍按第一条办理不误。 │
│   4. 承兑汇票到期日,承兑银行凭票无条件支付票款。如到期日之前申请人不能足额交付票款时, │
│   承兑银行对不足支付部分的票款转作承兑申请人逾期贷款,并按照有关规定计收罚息。 │
│   5. 承兑汇票款付清后,本协议自动失效。                           │
│   本协议第一、二联分别由承兑银行信贷部门和承兑申请人存执,协议副本由银行会计部门存查。 │
│                                                                   │
│              承兑银行(盖章)                承兑申请人(盖章)   │
│              订立承兑协议日期                    年  月  日       │
└─────────────────────────────────────────────────────────────────┘
```

图 9-20 银行承兑协议

3) 汇票承兑

(1) 付款单位出纳人员在填制完银行承兑汇票后,应将汇票的有关内容与交易合同进行核对,核对无误后填制"银行承兑协议",并在"承兑申请人"处盖单位预留银行印鉴。

(2) 将银行承兑汇票连同交易合同和银行承兑协议的第一联、第二联、第三联及营业执照等资料一并递交开户银行信贷部门申请承兑。

(3) 银行信贷部门按照有关政策规定对承兑申请进行审查,经过审查符合条件的,银行按有关审批权限报经批准,与付款单位签署"银行承兑协议"。

(4) 付款单位持银行信贷部门退回的银行承兑汇票和银行承兑协议第二联、第三联交开户银行会计部门办理有关手续。银行会计部门审核后在银行承兑汇票注明承兑协议编号,并在第二联汇票"承兑银行盖章"处加盖银行汇票专用章,用总行统一订制的压数机在"汇票金额"栏小写金额的下端压印汇票金额,留下银行承兑汇票第一联(卡片)和承兑协议第三联(副本)备查,将其余退回付款单位。

4) 支付手续费和保证金

按照"银行承兑协议"的规定,付款单位办理承兑手续应向承兑银行支付手续费,由开户银行从付款单位存款户中扣收。在实际工作中签发银行承兑汇票时,银行会出具手续费收款凭单。

由于银行承兑汇票的特殊性,一般银行都会要求企业在办理前先在该行存入一定金额的保证金,保证金的比例一般不少于承兑金额的30%。

5) 寄交银行承兑汇票

付款单位向供货方购货,将经过银行承兑后的汇票第二联寄交收款单位。

6) 交存票款

按照银行承兑协议的规定,承兑申请人应于汇票到期前将票款足额交存开户银行(即承兑银行),以便承兑银行于汇票到期日将款项划拨给收款单位或贴现银行。实际工作中,出纳人员应经常检查保管的银行承兑协议和"应付票据备查簿",以便及时将应付票款足额交存银行。

7) 委托银行收款

(1) 收款单位出纳人员在汇票到期日，应填制托收凭证，并在银行承兑汇票背面加盖预留银行的印鉴，然后将汇票和托收凭证一并送交其开户银行，委托开户银行收款。

(2) 开户银行对银行承兑汇票审查无误后，将第一联托收凭证加盖"受理"章，交收款单位作为回单。

(3) 承兑银行按照规定办理银行承兑汇票票款划拨，并向付款单位发出付款通知。

3. 商业汇票贴现业务

1) 申请贴现

汇票持有人向银行申请贴现，应填制一式五联的"贴现凭证"，贴现凭证样式如图9-21所示。贴现凭证第一联(代申请书)交银行作为贴现付出传票；第二联(收入凭证)交银行作为贴现申请单位账户收入传票；第三联(收入凭证)交银行作为贴现利息收入传票；第四联(收账通知)交银行作为给贴现申请单位的收账通知；第五联(到期卡)交会计部门按到期日排列保管，到期作为贴现收入凭证。

贴现凭证

申请日期		年　月　日						编号												
贴现汇票	种类			号码			持票人	名称												
	出票日							账号												
	到期日							开户银行												
汇票承兑人名称				账号					开户银行											
汇票金额	人民币（大写）										千	百	十	万	千	百	十	元	角	分
贴现率（月）	‰	贴现利息	千 百 十 万 千 百 十 元 角 分				实付贴现金额				千	百	十	万	千	百	十	元	角	分
持票人签章：			小贷公司审核	负责人：		经办：			记账：		复核：									

一式三份

图9-21　贴现凭证样式

汇票持有单位(即贴现单位)出纳人员应根据汇票的内容逐项填写贴现凭证的有关内容，如贴现申请人的名称、账号、开户银行，贴现汇票的种类、发票日、到期日和汇票号码，汇票承兑人的名称、账号和开户银行，汇票金额的大、小写等。

2) 办理贴现

(1) 银行审查无误后即按规定计算相关贴现金额，并在贴现凭证上填写贴现率、贴现利息和实付贴现金额。

(2) 按照规定，贴现利息应根据票面到期值、贴现天数(自银行向贴现单位支付贴现票款日起至汇票到期日前一天止的天数)和贴现率计算求得。用公式表示为

$$贴现利息=票面到期值\times贴现天数\times日贴现率$$
$$日贴现率=月贴现率\div30$$
$$贴现单位实得贴现金额=票面到期值-贴现利息$$

贴现金额转入贴现单位账户。

3) 票据到期

汇票到期，贴现银行通过付款单位开户银行向付款单位办理清算，收回票款。

如果是银行承兑汇票，不管付款单位是否无款偿付或不足偿付，贴现银行都能从承兑银行取得票款，不会再与收款单位发生关系。

如果是商业承兑汇票，贴现的汇票到期，付款单位能足额支付票款的，收款单位应于贴现银行收到票款后将应收票据在备查簿中注销。

4. 商业承兑汇票的挂失

1) 遗失商业承兑汇票的处理

商业承兑汇票遗失或未使用，不需向银行办理注销手续。

2) 遗失银行承兑汇票的处理

持票单位遗失银行承兑汇票，应及时向承兑银行办理挂失注销手续，待汇票到期日满1个月再办理如下手续：

(1) 付款单位遗失的，应备函说明遗失原因，并附第四联银行承兑汇票送交银行申请注销，银行受理后，在汇票第四联注明"遗失注销"字样并盖章后即可注销。

(2) 收款单位遗失的，由收款单位与付款单位协商解决，汇票到期满1个月后，付款单位确未支付票款的，付款单位可代收款单位办理遗失手续，其手续与付款单位遗失的手续相同。

第10章 其他结算方式

在经济往来中除了基本的票据结算方式以外，还有其他一些比较常用的结算方式，为企事业单位和个人的商品交易、劳务服务结算提供方便。本章主要介绍委托收款、托收承付、汇兑的相关知识，通过对本章的学习，读者可以了解这些票据的相关内容和结算程序。

10.1 委托收款结算方式

10.1.1 委托收款概述

1. 委托收款的概念

委托收款，是指收款人委托银行向付款人收取款项的结算方式。单位和个人可以凭已承兑的商业汇票、债券、存单等付款人债务证明，使用委托收款结算方式收取款项。委托收款结算不受金额起点的限制。

2. 委托收款的种类和适用范围

委托收款结算方式，既可用于同城，也可用于异地，按其结算款项的划回方式不同分为邮寄和电报两种，收款人可以根据需要自由选择。

(1) 邮寄划回。邮寄划回是由付款人开户行向收款人开户行以邮寄方式转送委托收款凭证、提供收款依据的方式。

(2) 电报划回。电报划回是由付款人开户行向收款人开户行以电报方式转送委托收款凭证、提供收款依据的方式。

10.1.2 委托收款凭证的基本内容

收款人委托银行收款时，应填写托收凭证，托收凭证上必须记载的事项有：表明"委托收款"的字样；确定的金额；付款人名称；收款人名称；托收凭证名称及附寄单证张数；委托日期；收款人签章。

托收凭证一式五联。第一联为受理回单，是收款人开户行给收款人的回单；第二联为贷方凭证，是由收款人开户行作为收入传票；第三联为借方凭证，由付款人开户行作为付出传票；第四联为收账通知或汇款依据，是收款人开户行在款项收妥后给收款人的收款通知；第五联为付款通知，是付款人开户行给付款人按期付款的通知。托收凭证样式如图10-1所示。

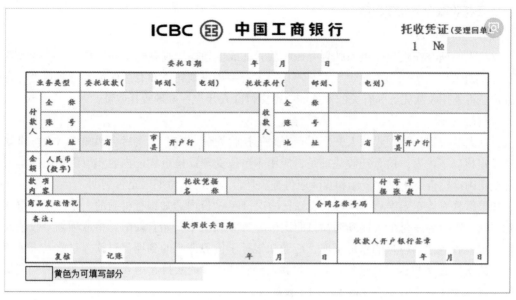

图 10-1 托收凭证样式

10.1.3 委托收款结算的一般程序

1. 委托收款的流程

委托收款的具体流程如图10-2所示。

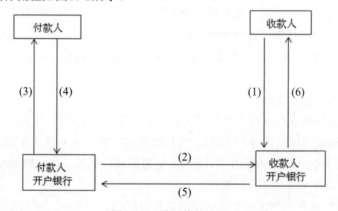

图 10-2 委托收款流程

每个步骤的具体内容如下。

(1) 收款人付出商品或提供劳务，付款人交付商业汇票等债务证明；收款人委托银行办理收款。

(2) 银行接受委托，收款人取得委托回单；收款人开户银行将"托收凭证"传递给付款人开户银行。

(3) 付款人开户银行通知付款。

(4) 付款人同意付款。

(5) 付款人开户银行划拨款项。

(6) 收款人开户银行通知收款人款项已收。

2. 委托收款业务处理程序

1) 办理委托收款

收款人办理委托收款应填写邮划委托收款凭证或电划委托收款凭证并签章。将委托收款凭证和有关的债务证明一起提交收款人开户行。审查委托收款凭证和有关的债务证明是否符合有关规定。将委托收款凭证和有关的债务证明寄交付款人开户行办理委托收款。

2) 付款

付款人开户银行接到收款人开户银行寄来的托收凭证，审查无误后会通知付款人。付款人应认真审核以下内容：检查托收凭证是否应由本单位受理；检查凭证内容和所附单证的填写是否齐全正确；检查委托收款金额和实际应付金额是否一致，承付期限是否到期。

如果付款人检查无误后，从接到通知日的次日起3日内通知银行付款的，银行视同付款人同意付款。银行会在付款人接到通知日的次日起第4日上午开始营业时，将款项划给收款人。付款人提前收到由其付款的债务证明，应通知银行于债务证明的到期日付款。付款人未于接到通知日的次日起3日内通知银行付款、付款人接到通知日的次日起第4日在债务证明到期日之前的，银行于债务证明到期日将款项划给收款人。

银行在办理划款时，付款人存款账户余额不足支付的，由被委托银行向收款人发出未付款项通知书。按照有关规定，债务证明留存付款人开户银行的，应将债务证明连同未付款项通知书邮寄给被委托银行转交收款人。

3) 拒付款注意事项

(1) 付款人审查有关债务证明后，对收款人委托收取的款项需要拒绝付款的，可以办理拒绝付款。以银行为付款人的，应自收到委托收款及债务证明的次日起3日内出具拒绝证明连同有关债务证明、凭证寄给被委托银行，转交收款人。

以单位为付款人的，应在付款人接到通知日的次日起3日内出具拒绝证明，持有债务证明的，应将其送交付款人开户银行。银行将拒绝证明、债务证明和有关凭证一并寄给被委托银行(收款人开户银行)，转交收款人。

(2) 针对无款支付情况的处理。付款单位在付款期满日营业终了之前，银行账户内存款不足以支付款项或无款支付时，银行于次日上午开始营业时填制《无款支付通知书》通知付款单位。付款单位必须于银行发出通知的次日起2日内(遇节假日顺延，邮寄的加邮程)将托收凭证第五联及所附的有关单证全部退还开户银行。

如果付款单位已将有关单证做账务处理或部分付款的，应填制《应付款项证明单》送交开户银行。证明单一式两联，第一联由收款单位作为应收款项的凭据，第二联由付款单位留存作为应付款项的凭据。

付款单位出纳人员应逐项认真填写，并在"单证未退回原因"栏内注明单证未退回的具体原因，如单证已做账务处理或已经部分付款，应在"我单位应付款项"栏填写应付给收款单位的款项金额，并在付款人盖章处加盖预留银行印鉴。如果无款支付则应付金额等于委托收款金额，如已部分付款则应付金额等于委托收款金额减去已付款项金额。

银行审查无误后，将托收凭证连同有关单证或将《应付款项证明单》退回收款单位开户银行转交给收款单位。

10.2 托收承付结算方式

10.2.1 托收承付概述

1. 托收承付的概念

托收承付，也称为异地托收承付，是根据购销合同，由收款人在发货后委托银行向异地购货单位收取款项，购货单位根据合同核对单证或验货后向银行承诺付款，由银行办理款项划拨转账的一种结算方式。

2. 托收承付结算的种类和适用范围

托收承付结算方式只适用于异地订有经济合同的商品交易及相关劳务款项的结算。代销、寄销、赊销商品的款项，不得办理托收承付结算。《支付结算办法》规定，办理托收承付结算必须具备以下条件：

(1) 使用托收承付结算方式的单位，必须是国有企业、供销合作社以及经营管理较好并经开户银行审查同意的城乡集体所有制工业企业。

(2) 办理托收承付结算的款项，必须是商品交易，以及因商品交易而产生的劳务供应的款项。代销、寄销、赊销商品的款项不得办理托收承付结算。

(3) 收付双方使用托收承付结算必须签有符合《合同法》规定的购销合同，并在合同上载明使用托收承付结算方式。

(4) 托收承付结算每笔金额起点为10 000元，新华书店系统每笔金额起点为1 000元。

(5) 收付双方信用较好，都能遵守合同规定。

(6) 要有货物确已发运的证件，包括铁路、航运、公路等承运部门签发的运单、运单副本和邮局包裹回执等。

按照结算凭证传递方式的不同，托收承付结算可以分为邮寄和电报两种，收款人可以自由选择。

10.2.2 托收承付凭证的基本内容

托收承付凭证上必须记载的事项有：表明"托收承付"的字样；确定的金额；付款人名称及账号；收款人名称及账号；付款人开户银行名称；收款人开户银行名称；托收附件单证张数或册数；交易双方合同名称、号码；委托日期；收款人签章。

在使用托收承付结算方式时，出纳人员要及时做好备查登记。

10.2.3 托收承付结算程序

1. 托收承付的流程

出纳人员办理托收承付结算业务的具体流程如图10-3所示。

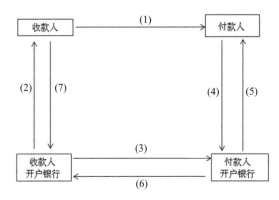

图 10-3　托收承付结算程序

每个步骤的具体内容如下。

(1) 签订业务合同后，收款人发出商品。

(2) 收款人委托银行收款。

(3) 收款人开户行将托收凭证传递给付款人开户行。

(4) 付款人开户行通知付款人承付。

(5) 付款人承诺付款。

(6) 银行间划拨款项。

(7) 通知收款人款项已收妥入账。

2. 托收承付业务处理程序

1) 委托银行办理

收款单位出纳人员进行委托银行办理时，托收凭证的第二联"收款单位盖章"栏加盖本单位预留银行印鉴。然后，将托收凭证连同发运单证或有关证件和交易凭证(如销货发票、代垫运杂费单据等)一并送交开户银行办理托收手续。开户银行另有要求的，还需附送收、付款双方签订的经济合同。如果发运证件经银行验证后需要取回的，应向银行说明。

实行验货付款的，收款单位在办理托收手续时应在托收凭证上加盖"验货付款"戳记。

2) 付款

(1) 实行验单付款的，承付期为3天，从付款单位开户银行发出承付通知的次日算起(遇节假日顺延)，对必须邮寄的距离较远的付款单位另加邮寄时间。付款单位收到银行发出的承付通知后，在承付期内未向银行表示拒付货款，银行视作承付处理，在承付期满的次日将款项划给收款单位。

(2) 实行验货付款的，承付期为10天，从运输部门向付款单位发出提货通知的次日算起。也可以根据实际情况由双方协商确定验货付款期限，并在合同中明确规定，由收款单位在托收凭证上予以注明，这样银行便可按双方约定的付款期限办理付款。付款单位收到提货通知后，应立即通知银行并交验提货通知。付款单位在银行发出承付通知后的10天或收付双方约定的期限(从次日算起)未收到提货通知的，应在第10天或约定期限内将货物尚未到达的情况通知银行。如果未通知，银行视作已经验货，于第10天或约定期满的次日上午开始营业时将款项划给收款单位。

3) 逾期付款

如果付款单位在承付期满日银行营业终了时，银行账户内无足够资金支付托收款项，只能部分支付，银行将填制特种转账借方凭证加盖业务专用章后交给付款单位作为支款通知，同时通知收款单位开户银行由其通知收款单位。其不足部分即为逾期未付款项，银行按逾期付款处理。购货企业在承付期满日银行营业终了时，如无足够资金支付，不足部分即为逾期未付款项，按逾期付款处理。

(1) 逾期滞纳金。付款人开户银行对付款人逾期支付的款项，应当根据逾期付款金额和逾期天数，按每天万分之五计算逾期付款滞纳金，并将其划给收款单位。计算公式为

$$应付滞纳金 = 逾期未付金额 \times 延期天数 \times 扣收比例$$

(2) 重新托收。收款人对被无理拒绝付款的托收款项，在收到退回的结算凭证及其所附单证后，如需委托银行重办托收，应当填写四联的《重办托收理由书》，将其中三联连同购销合同、退回的原托收凭证及交易单证等一并送交银行，开户银行审查后认为确属无理拒绝付款的，可以重办托收。

4) 拒付的情况

依照《支付结算办法》出现下列情况，付款人可以向银行提出全部或者部分拒付：

(1) 没有签订购销合同或未注明异地托收承付结算方式购销合同的款项。

(2) 未经双方事先商议，销货企业提前交货或因逾期交货造成购货企业不再需要该项货物的款项。

(3) 未按合同规定的到货地点发货的款项。

(4) 代销、寄销、赊销商品的款项。

(5) 验单付款，发现所列货物的品种、规格、数量、价格与合同规定不符，或货物已到，经查验货物与合同规定或发货清单不符的款项。

(6) 验货付款，经查验发现货物与合同规定或与发货清单不符的款项。

(7) 货款已经支付或计算有误的款项。

10.3　汇兑

10.3.1　汇兑概述

汇兑，是指汇款人委托银行将款项汇给异地收款人的结算方式。汇兑根据划转款项的方法及凭证传递方式的不同，分为信汇和电汇两种，可由汇款人自行选择。

(1) 信汇是汇款人委托银行以邮寄方式将款项支付给外地收款人指定的汇入行。汇款人需要缴存一定的手续费，费用较低、速度相对较慢，实际工作中较少使用信汇。

(2) 电汇是汇款人将款项交存汇款银行，汇款银行通过电报方式将汇款凭证转发给目的地的分行或代理行(汇入行)，指示汇入行向收款人支付款项的一种汇款方式。速度较快，但是需要支付一定的费用，通常紧急情况下会用。

电汇凭证一式三联，第一联(回单)是汇出行给汇款人的回单；第二联(借方凭证)为汇出行办理转账付款的支款凭证；第三联(汇款依据)汇出行凭此向汇入行发电报。电汇凭证样式如图10-4所示。

中国建设银行 China Construction Bank

电 汇 凭 证

币别：　　　　年 月 日　　　　流水号：

汇款方式	□普通	□加急		
汇款人	全称		收款人 全称	
	账号		账号	
	汇出行名称		汇入行名称	
金额	（大写）		亿 千 百 十 万 千 百 十 元 角 分	
			支付密码	
			附加信息及用途：	
			此汇款支付给收款人。 客户签章	

会计主管　　授权　　复核　　录入

第一联 银行记账凭证

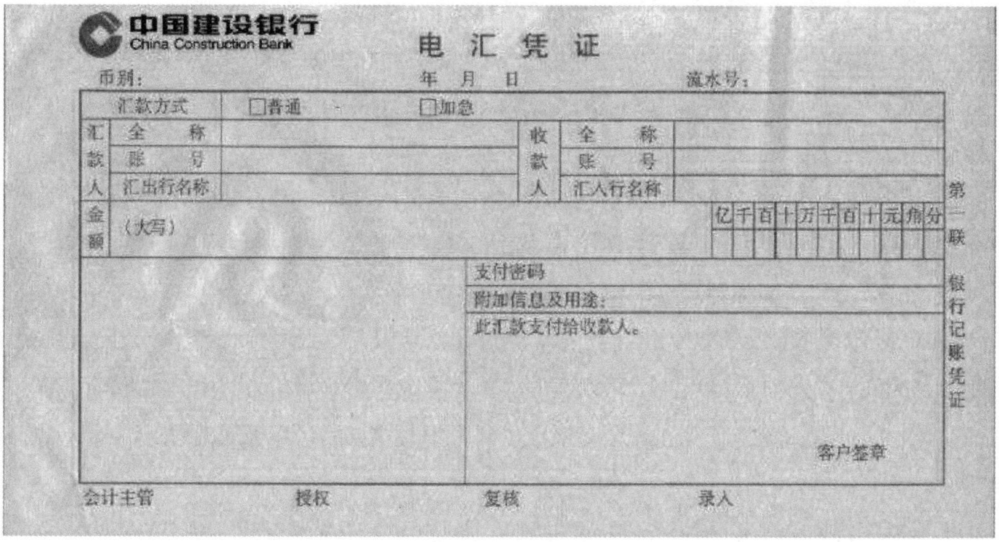

图 10-4　电汇凭证样式

10.3.2　汇兑凭证的基本内容

汇款人委托银行汇款时应填写汇兑凭证，汇兑凭证上必须记载的事项有：表明“信汇”或“电汇”的字样；无条件支付的委托；确定的金额，需要大小写；收款人全称、账号；汇款人全称、账号；汇入行名称；汇出行名称；委托日期；客户签章。

10.3.3　电汇结算程序

1. 电汇结算的流程

电汇结算的流程如图10-5所示。

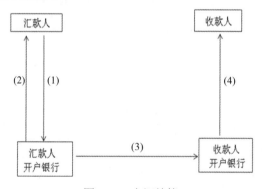

图 10-5　电汇结算

每个步骤的具体内容如下。

(1) 汇款人委托银行办理汇款。

(2) 银行受理并退回回单。

(3) 银行之间款项划拨。

(4) 银行通知收款人汇款已到。

2. 电汇结算业务处理程序

1) 汇款人填写汇兑凭证

汇款人委托银行办理汇兑结算时，应填制一式三联的电汇凭证，并且需要在第二联"借方凭证"上加盖银行预留印鉴。

2) 汇出银行受理汇兑凭证

汇款人将汇兑凭证填好后，在借方凭证联的"汇款人签章"处加盖预留银行印鉴，交开户银行办理划款手续。汇出银行会进行相应的审查，审查内容包括：汇兑凭证填写的各项内容是否齐全、正确；汇款人账户内是否有足够支付的金额；汇款人的印章是否与预留银行印鉴相符。审核无误后银行在回单联盖章并退回汇款人，汇款人将其作为记账的依据。

3) 收款人办理进账或取款

资金到账后，银行会通知收款人。

(1) 在银行开立存款账户的收款人收到汇入银行转来的电汇贷方补充报单第三联(汇入行加盖转讫章代收账通知)后，出纳人员核对凭证上的内容，如汇款单位是否为本单位、汇款金额是否正确、汇款用途是否正确、汇入银行是否加盖了银行章等。

(2) 未在银行开立存款账户的收款人，汇兑的取款通知为"留行待取"的，银行审查无误后，以收款人的姓名开立应解汇款及临时存款账户，该账户只付不收，付完清户，不支付利息。收款人从汇入银行支取款项时，必须交验本人的身份证件，在汇兑凭证上注明证件名称、号码及发证机关，并在"收款人签章"处签章。

(3) 收款人需要转账支付的，应由原收款人向银行填制支款凭证，并由本人交验身份证件办理转账，该账户的款项只能转入单位或个体工商户的存款账户，严禁转入储蓄和信用卡账户。

4) 汇兑的撤销和退汇

(1) 汇兑的撤销。汇款人对汇出银行尚未汇出的款项可以申请撤销。申请撤销时，应向汇出银行出具正式函件，如写明原因的撤销申请及原汇兑回单。汇出行确定未汇出款项后，收回原汇兑回单，办理撤销。

(2) 汇兑的退汇。指汇款人对汇出银行已经汇出的款项申请退回汇款的行为。

① 对已在汇入银行开立存款账户的收款人，由汇款人与收款人自行联系退汇。如果汇款人与收款人不能达成退汇的一致意见，不能办理退汇。

② 对未在汇入银行开立存款账户的收款人，汇款人应向汇出银行出具正式函件，如写明原因的退汇申请以及原信、电汇回单，由汇出银行通知汇入银行，汇入银行核实汇款确未支付并将款项退回汇出银行后，方可办理退汇。

③ 收款人拒绝接受的汇款，汇入银行会立即办理退汇。

④ 汇入银行向收款人发出取款通知后，经过2个月仍无法交付，汇入银行会主动办理退汇。

10.4 企业网络银行结算

10.4.1 网络银行结算的概念

网络银行又称网上银行、在线银行或电子银行，它是各银行在互联网中设立的虚拟柜台。银行利用网络技术，通过互联网向客户提供开户、销户、查询、对账、行内转账、跨行转账、信贷、网上证券、投资理财等传统服务项目，使客户足不出户就能够安全、便捷地管理活期和定期存款、支票、信用卡及个人投资等。

企业通过网上银行，进行款项的收取、划拨等业务称为网络银行结算。

10.4.2 网络银行结算的功能

网络银行结算最基本的业务是付款业务和收款业务。

1. 付款业务

付款业务包括网上汇款、证券登记公司资金清算、电子商务和外汇汇款等，是传统商务模式与现代电子商务模式相结合的产物。

2. 收款业务

收款业务是收费企业通过网络银行以批量方式主动收取签约个人或者其他已授权企业用户各类应缴费用的业务。该业务申办手续简便、收费方式灵活，可进行异地收款，为收费企业提供了及时、快捷、高效的收费渠道，缩短资金周转周期，加快了资金的迅速回笼。

除此以外，网络银行结算业务还包括集团理财、信用证业务、贷款业务、投资理财、基金、国债、协定存款、通知存款等其他业务。

10.4.3 网络银行结算的基本步骤

本节以招商银行的"账户支付"为例，介绍网银结算具体的操作步骤及方法。

1. 网银交易业务

(1) 在电脑上插入网银U盾，进入招商银行网站，填写用户名和密码，点击"确认"按钮进入"账户管理"界面，如图10-6所示。

图 10-6 账户管理界面

(2) 选择"企业网银在线支付"选项，进入图10-7所示的交易界面，选择订单号，输入交易金额，点击"经办"按钮。

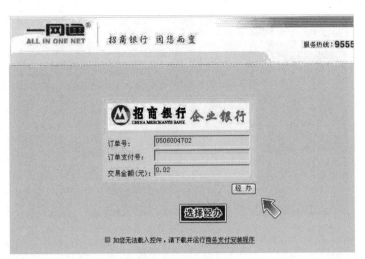

图 10-7 交易界面

(3) 在交易界面选择业务模式和付款账号，并且填写收款方信息，点击"经办"按钮完成支付，如图10-8所示。

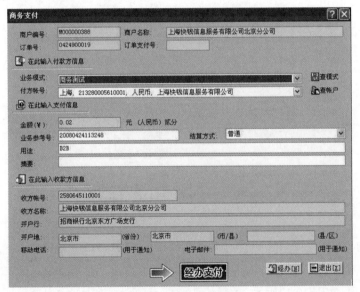

图 10-8 经办付款

(4) 完成后，系统显示"经办支付成功"提示框，如图10-9所示。

图 10-9 经办支付成功提示

2. 订单审批

(1) 返回"招商银行企业银行"主界面，在"商务支付"下拉列表中选择"订单审批"选项，如图10-10所示。

图 10-10　订单审批业务

(2) 核对业务，确认无误后，点击"同意"按钮完成支付，如图10-11所示。

图 10-11　审批通过

3. 订单查询

(1) 返回"招商银行企业银行"主界面，进行订单查询。在"商务支付"下拉列表中选择"订单查询"选项，如图10-12所示。

图 10-12　订单查询

(2) 进入订单查询界面，输入日期和类型，点击查询。在"状态/结果"栏下显示业务状态，如图10-13所示。

图 10-13 订单查询

第 3 篇

账务处理篇

如何用会计专门的语言(会计分录)将企业的经济活动记录下来，是会计核算工作的一个重点，是将会计信息以财务报表的方式输出的保障。本篇主要介绍筹资活动、生产运营活动、产品销售活动、利润分配活动的相关账务处理，以及资产负债表、利润表、现金流量表、所有者权益变动表和财务报表附注的编制等。通过学习使读者掌握企业常见会计业务的处理方法，并熟练编制财务报表。

第11章 筹资活动的账务处理

企业想开展正常的生产经营活动，必须拥有一定的资金作为支撑，而企业经营的资金需通过筹资获得。当前的金融市场较繁荣，企业筹集资金的方式多种多样，但最主要的两种方式是所有者权益筹资（即所有者投入资本金）和负债筹资（即企业向债权人筹资）。这两种筹资方式为企业的生产经营提供了绝大部分资金。

11.1 所有者权益筹资业务

11.1.1 所有者权益筹资简介

所有者权益筹资形成所有者的权益(通常称为权益资本)，包括投资者的投资及其增值，这部分资本的所有者既享有企业的经营收益，也承担企业的经营风险。

所有者投入资本(即权益资本)按照投入资本的物资形态不同可以分为货币投资、实物投资和无形资产投资等。按照投资主体的不同可以分为国家资本金、法人资本金、个人资本金和外商资本金等。

11.1.2 所有者权益筹资业务主要账户设置

1. "银行存款"账户

银行存款是指企业存放在银行的货币资金。按照国家现金管理和结算制度的规定，每个企业都要在银行开立账户，称为结算户存款，用来办理存款、取款和转账结算。企业核算银行存款需设置"银行存款"账户，账户结构如图11-1所示。

银行存款

借方	贷方
银行存款的增加额	银行存款的减少额
期末持有的银行存款余额	

图 11-1　"银行存款"账户结构

"银行存款"账户属于资产类账户，用来核算银行存款增减变动及结余情况。该账户应按开户银行和其他金融机构及存款的种类，分别设置"银行存款日记账"进行明细核算。

2. "实收资本（或股本）"账户

实收资本是指企业收到的投资者按照投资协议实际投入企业的资本金以及按照有关规定由资本公积、盈余公积等转增资本的资金，是企业的原始资本。企业核算实收资本需设置"实收资本"账户，账户结构如图11-2所示。

实收资本

借方	贷方
依法减资的数额	收到投资者投入的资本
	期末所有者投入企业的资本总额

图 11-2 "实收资本"账户结构

"实收资本"账户属于所有者权益类账户,用来核算投资者投入企业的实收资本的增加变动及结余情况。该账户可按投资者的不同设置明细分类账,进行明细核算。

股份有限公司将这部分资本称为"股本",并设置"股本"账户对该部分资本进行核算,"股本"账户的结构、性质及明细账设置与"实收资本"账户相同。

3. "资本公积"账户

资本公积是企业收到投资者投入的超出其在企业注册资本(或股本)中所占份额的投资,以及直接计入所有者权益的利得和损失等。资本公积作为企业所有者权益的重要组成部分,主要用于转增资本。企业核算资本公积需要设置"资本公积"账户,账户结构如图11-3所示。

资本公积

借方	贷方
企业依法减少的资本公积	企业接受投资时其出资额超出其注册资本所占份额的部分或其他资本公积
	期末资本公积的累积数

图 11-3 "资本公积"账户结构

"资本公积"账户属于所有者权益类账户,用来核算资本公积的增减变动及结余情况。该账户下可设置"资本溢价(股本溢价)""其他资本公积"明细账,进行明细核算。

4. "固定资产"账户

固定资产是指企业为生产产品、提供劳务、出租或者经营管理而持有的、使用时间超过12个月的,价值达到一定标准的非货币性资产,包括房屋、建筑物、机器、机械、运输工具,以及其他与生产经营活动有关的设备、器具、工具等。固定资产是企业的劳动手段,也是企业赖以生产经营的主要资产。企业核算固定资产需要设置"固定资产"账户,账户结构如图11-4所示。

固定资产

借方	贷方
固定资产增加的原始价值	减少的固定资产原始价值
期末现有固定资产的原始价值	

图 11-4 "固定资产"账户结构

"固定资产"账户属于资产类账户,用来核算企业固定资产原始价值(原价或历史成本)的增减变动和结存情况。该账户应按固定资产类别和项目设置明细账,进行明细分类核算。

5. "无形资产"账户

无形资产是指企业拥有或者控制的没有实物形态的可辨认非货币性资产。企业常见的无形资产包括专利权、非专利技术、商标权、著作权、特许经营权、土地使用权等。企业核算无形资产需要设置"无形资产"账户,账户结构如图11-5所示。

无形资产

借方	贷方
无形资产价值的增加额	无形资产价值的减少额
期末持有的无形资产的成本	

图 11-5　"无形资产"账户结构

"无形资产"账户属于资产类账户，用来核算企业所拥有或控制的无形资产成本增减变动及结余情况。该账户按无形资产项目设置明细账。

11.1.3　所有者权益筹资业务账务处理

企业接受所有者投入的资本，如果是货币资金的话，应按实际收到的金额，借记"银行存款"等科目，如果收到的是实物资产或无形资产的话，则按投资合同或投资协议约定的价值(投资合同或投资协议约定的价值不公允的除外)，借记"固定资产""无形资产"账户等；按投资者在注册资本或股本中所占份额，贷记"实收资本(或股本)"科目；并将借贷方的差额，计入"资本公积——资本溢价(或股本溢价)"科目的贷方。

【例11-1】20×9年1月1日，A、B两公司共同投资组成升达有限责任公司。按升达有限公司的章程规定，注册资本为80万元，A、B双方各占注册资本的1/2。假定A公司以厂房投资，该厂房原值60万元，已提折旧20万元，投资各方确认的价值为40万元(同公允价值)；B公司以价值20万元的新设备一套和价值20万元的一项甲专利权投资，其价值已被投资各方确认，并已向升达有限公司移交了专利证书等有关凭证(不考虑相关税费)。本业务记账凭证编号为转字第1号，且附原始单据3张。

分析：升达有限公司成立并获得注资，故"固定资产""无形资产"增加，记借方；同时，升达有限公司接受投资者投入的资本增加，即"实收资本"增加，记贷方。账务处理方法如下：

```
借：固定资产——厂房                     400 000
        ——设备                     200 000
    无形资产——甲专利                  200 000
    贷：实收资本——A公司                     400 000
            ——B公司                     400 000
```

根据以上分录编制会计凭证，如图11-6所示。

转 账 凭 证

20×9 年 01 月 01 日　　　　　　　　　　　　　　　　　转 字第 1 号

摘要	会计科目		√	借方金额								贷方金额								
	总账科目	明细科目		十	万	千	百	十	元	角	分	十	万	千	百	十	元	角	分
接受注资	固定资产	厂房		4	0	0	0	0	0	0	0								
		设备		2	0	0	0	0	0	0	0								
	无形资产	甲专利		2	0	0	0	0	0	0	0								
	实收资本	A公司										4	0	0	0	0	0	0	0
	实收资本	B公司										4	0	0	0	0	0	0	0
	合　计			8	0	0	0	0	0	0	0	8	0	0	0	0	0	0	0

附单据 3 张

会计主管：　　　记账：　　　审核：　　　出纳：　　　制单：　　　签章

图 11-6　接受注资的会计凭证

【例11-2】20×9年1月3日，接受C公司投入现金100万元，占注册资本的30%，款项已通过银行转入，升达有限公司的注册资本增加至180万元。本业务记账凭证编号为收字第1号，且附原始单据2张。

分析：升达有限公司接受投资者投入的资金，获得一笔银行存款100万元，故"银行存款"增加，记借方；同时，升达有限公司接受投资者投入的资本增加54(180×30%)万元，即"实收资本"增加，记贷方。借贷方差额形成资本溢价46万元，记入"资本公积——资本溢价"科目贷方。账务处理方法如下：

借：银行存款　　　　　　　　　　　　　　1 000 000
　　贷：实收资本——C公司　　　　　　　　　540 000
　　　　资本公积——资本溢价　　　　　　　　460 000

根据以上分录编制会计凭证，如图11-7所示。

收款凭证

摘要	贷 方 科 目		√	金　额								
	总账科目	明细科目		百	十	万	千	百	十	元	角	分
接受投资	实收资本	C公司			5	4	0	0	0	0	0	0
	资本公积	资本溢价			4	6	0	0	0	0	0	0
合　计				1	0	0	0	0	0	0	0	0

借方科目：银行存款　　　　　　20×9 年01月03日　　　　　　收字第1 号

附单据2张

会计主管：　　　记账：　　　审核：　　　出纳：　　　制单：　　　签章

图 11-7　接受投资的会计凭证

11.2 负债筹资业务

负债筹资形成债权人的权益(通常称为债务资本)，主要包括企业向债权人借入的资金和结算形成的负债资金等，这部分资本的所有者享有按约收回本金和利息的权利。

债权人投入的资本(债务资本)按照偿还时间的长短分为短期借款和长期借款。

11.2.1 负债筹资业务主要账户设置

1. "短期借款"账户

短期借款是指企业为了满足其生产经营对资金的临时性需要而向银行或其他金融机构等借入的偿还期限在1年以内(含1年)的各种借款。短期借款的核算需要设置"短期借款"账户，账户结构如图11-8所示。

短期借款

借方	贷方
偿还的短期借款数额	借入的短期借款金额
	期末尚未偿还的短期借款的本金

图 11-8　"短期借款"账户结构

"短期借款"账户属于负债类账户，用来核算企业向银行或其他金融机构等借入的期限在1

年以下(含1年)的各种借款的增减变动及结余情况。该账户可按借款种类、贷款人和币种设置明细账，进行明细核算。

2. "长期借款"账户

长期借款是指企业向银行或其他金融机构等借入的偿还期限在1年以上(不含1年)的各种借款。长期借款的核算需要设置"长期借款"账户，账户结构如图11-9所示。

长期借款

借方	贷方
偿还的长期借款数额	借入的长期借款金额
	期末尚未偿还的长期借款的金额

图 11-9 "长期借款"账户结构

"长期借款"账户属于负债类账户，用来核算各种长期借款的借入、应计利息、本金的归还和结欠情况。该账户按贷款种类和贷款单位设置明细账，进行明细核算。

3. "财务费用"账户

财务费用是指企业为筹集生产经营所需资金等发生的费用。财务费用包含利息净支出(利息支出减利息收入后的差额)、汇兑净损失(汇兑损失减汇兑收益的差额)、金融机构手续费，以及筹集生产经营资金发生的其他费用等。企业要核算财务费用，需要设置财务费用账户，账户结构如图11-10所示。

财务费用

借方	贷方
实际发生的各项财务费用	冲减或期末转入"本年利润"的金额
	期末无余额

图 11-10 "财务费用"账户结构

"财务费用"账户属于损益类账户，用来核算企业各项财务费用的增减变动及结余情况。该账户按费用项目设置明细账。

4. "应付利息"账户

应付利息是指企业按照合同约定应支付的利息，包括吸收存款、分期付息到期还本的长期借款、分期付息到期还本企业债券等应支付的利息。短期应付利息的核算需要设置"应付利息"账户，账户结构如图11-11所示。

应付利息

借方	贷方
实际支付的利息金额	计提的应付未付利息金额
	期末企业应付未付的利息余额

图 11-11 "应付利息"账户结构

"应付利息"账户属于负债类账户，用来核算企业按照合同约定应支付的利息的增减变动及结余情况。该账户按债权人不同设置明细账，进行明细核算。

11.2.2　负债筹资业务账务处理

1. 短期借款的账务处理

企业借入短期借款时，按开户行的银行存款回执单的金额，借记"银行存款"科目，贷记"短期借款"科目。资产负债表日，应按借款合同约定的利率和本金，计算确定短期借款利息，借记"财务费用"科目，贷记"应付利息"等科目。归还利息时，借记"应付利息"科目，贷记"银行存款"科目。归还本金时与取得借款时写相反分录，按实际归还金额，借记"短期借款"科目，贷记"银行存款"科目。

【例11-3】升达股份有限公司于20×9年1月1日向B银行借入一笔生产经营用短期借款30万元，期限为9个月，年利率为4%。根据与银行签署的借款协议，该项借款的本金到期后一次归还，利息分月预提，每季度最后一天支付。企业取得借款的当天即将该笔借款存入自己在B银行的开户行。本业务记账凭证编号为收字第2号，且附原始单据1张。

分析：升达有限公司从B银行借入资金后，银行存款增加，故借记"银行存款"；同时，A企业增加了一项负债，即"短期借款"增加，故应贷记"短期借款"。账务处理方法如下：

借：银行存款　　　　　　　　　　　300 000

　　贷：短期借款——B银行　　　　　　　300 000

根据以上分录编制会计凭证，如图11-12所示。

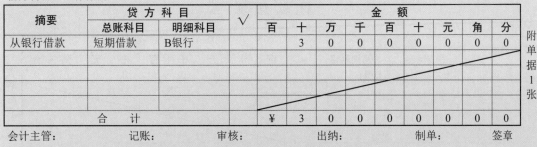

图 11-12　从银行取得短期借款的会计凭证

【例11-4】承接【例11-3】资料，20×9年1月31日，升达有限公司计提应付B银行1月份利息。本业务记账凭证编号为转字第2号，且附原始单据1张。

分析：升达有限公司每月计提的应付利息为300 000×4%÷12＝1 000(元)，计提预付利息时，财务费用增加，应记入"财务费用"的借方；同时，应付利息也增加，故应贷记"应付利息"。账务处理方法如下：

借：财务费用　　　　　　　　　　　1 000

　　贷：应付利息——B银行　　　　　　　1 000

根据以上分录编制会计凭证，如图11-13所示。

转 账 凭 证

20×9 年 01 月 31 日 　　　　　　　　　　　　　　　　转 字第 2 号

摘　要	会　计　科　目		√	借方金额								贷方金额								
	总账科目	明细科目		十	万	千	百	十	元	角	分	十	万	千	百	十	元	角	分
预提利息	财务费用				1	0	0	0	0	0	0								
	应付利息	B银行											1	0	0	0	0	0	0
合　　计				¥	1	0	0	0	0	0	0	¥	1	0	0	0	0	0	0

会计主管：　　　记账：　　　审核：　　　出纳：　　　制单：　　　签章：

附单据1张

图 11-13　预提短期借款利息的会计凭证

【例11-5】承接【例11-3】和【例11-4】的资料，20×9年3月31日，升达有限公司用银行存款支付B银行第1季度的利息。本业务记账凭证编号为付字第1号，附原始单据1张。

分析：升达有限公司第一季度共需偿还3 000(1 000×3)元的利息，用银行存款偿还利息，应付利息这一负债减少，故借记"应付利息"；同时，企业的银行存款也减少了，应贷记"银行存款"。账务处理方法如下：

借：应付利息——B银行 　　　　　　　　3 000
　　贷：银行存款 　　　　　　　　　　　　　　3 000

根据以下分录编制会计凭证，如图11-14所示。

付 款 凭 证

贷方科目：银行存款　　　　　　　　20×9年03月31日　　　　　　　　付字第 1 号

摘要	借 方 科 目		√	金　额								
	总账科目	明细科目		百	十	万	千	百	十	元	角	分
偿还利息	应付利息	B银行					3	0	0	0	0	0
合　　计							¥	3	0	0	0	0	0

会计主管：　　　记账：　　　审核：　　　出纳：　　　制单：　　　签章：

附单据1张

图 11-14　偿还短期借款利息的会计凭证

【例11-6】承接【例11-3】、【例11-4】和【例11-5】的资料，20×9年9月30日，升达有限公司用银行存款归还B银行本金300 000元和第3季度的利息3 000元。本业务记账凭证编号为付字第2号，且附原始单据1张。

分析：升达有限公司用银行存款偿还本金和第3季度利息，短期借款和应付利息减少，故借记"短期借款""应付利息"科目；同时，企业的银行存款也减少了，应贷记 "银行存款"科目。账务处理方法如下：

借：短期借款——B银行 　　　　　　　　300 000
　　应付利息——B银行 　　　　　　　　3 000
　　贷：银行存款 　　　　　　　　　　　　　　303 000

根据以上分录编制会计凭证，如图11-15所示。

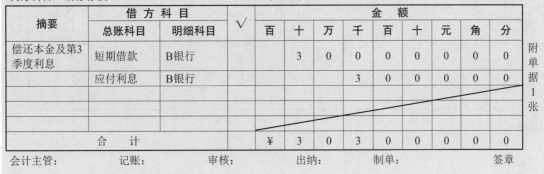

付 款 凭 证

贷方科目：银行存款　　　　　　　　　20×9 年 09 月30日　　　　　　　　　付字第 2 号

摘要	借 方 科 目		√	金 额									
	总账科目	明细科目		百	十	万	千	百	十	元	角	分	
偿还本金及第3季度利息	短期借款	B银行			3	0	0	0	0	0	0	0	附单据1张
	应付利息	B银行					3	0	0	0	0	0	
	合　　　计			¥	3	0	3	0	0	0	0	0	0	

会计主管：　　　记账：　　　审核：　　　出纳：　　　制单：　　　签章

图11-15　偿还短期借款本金和利息的会计凭证

2. 长期借款账务处理

企业取得长期借款时，应按实际收到的金额借记"银行存款"科目，按合同规定的借款本金贷记"长期借款——本金"科目，借贷方如有差额，应将差额记入"长期借款——利息调整"科目的借方或贷方。

资产负债表日，企业应按长期借款的摊余成本乘以实际利率，计算确定借款利息，借记"在建工程""制造费用""研发支出"或"财务费用"等科目，按借款本金乘以票面利息计算确定应付未付利息，并贷记"应付利息"科目(分期付息，到期还本长期借款所用科目)，或"长期借款——应计利息"科目(一次还本付息长期借款所用科目)。按其借贷方差额，贷记"长期借款——利息调整"科目。

企业归还长期借款利息时，应按实际归还金额，借记"应付利息"科目，贷记"银行存款"科目或"长期借款——应计利息"科目。

企业归还长期借款本金时，应按实际归还的本金金额，借记"长期借款——本金"科目，按转销的利息调整金额，贷记"长期借款——利息调整"科目，按实际归还的款项，贷记"银行存款"科目，按借贷方之间的差额，借记"在建工程""财务费用""制造费用"等科目。

【例11-7】20×9年1月1日，升达有限公司从C银行借入2年期借款100万元，年利率12%，分期付息，到期还本，付息日为每年的6月30日和12月31日，升达有限公司已将该笔资金存入其在C银行的账户中，共计100万元，且借入银行存款用来建造厂房，全部符合资本化条件。本业务记账凭证编号为收字第3号，且附原始单据1张。

分析：升达有限公司借入资金，则银行存款增加，应借记"银行存款"；同时，该公司也增加了一笔负债，故应贷记"长期借款"。账务处理方法如下：

借：银行存款　　　　　　　　　　　　　　　1 000 000

　　贷：长期借款——本金(C银行)　　　　　　　　　1 000 000

根据以上分录编制会计凭证，如图11-16所示。

收 款 凭 证

借方科目：银行存款　　　　　　　　20×9 年 01月01日　　　　　　　　收字第 3 号

摘要	贷 方 科 目		√	金 额								
	总账科目	明细科目		百	十	万	千	百	十	元	角	分
从银行借款	长期借款	本金(C银行)		1	0	0	0	0	0	0	0	0
合　　　计				1	0	0	0	0	0	0	0	0

会计主管：　　　记账：　　　审核：　　　出纳：　　　制单：　　　签章

附单据1张

图 11-16　从银行取得长期借款的会计凭证

【例11-8】承接【例11-7】资料，20×9年1月31日，升达有限公司计提应付C银行1月份利息。本业务记账凭证编号为转字第3号，且附原始单据1张。

分析：升达有限公司每月计提的应付利息为 1 000 000×12%÷12＝10 000(元)，计提预付利息时费用增加，因借款费用符合资本化条件，应计入厂房成本，借记"在建工程"科目；同时，应付利息也增加，故应贷记"应付利息"。账务处理方法如下：

借：在建工程——厂房　　　　　　　　　　　10 000

　　贷：应付利息　　　　　　　　　　　　　　　　10 000

根据以上分录编制会计凭证，如图11-17所示。

转 账 凭 证

20×9 年 01月31日　　　　　　　　转字第 3 号

摘　要	会 计 科 目		√	借方金额								贷方金额							
	总账科目	明细科目		十	万	千	百	十	元	角	分	十	万	千	百	十	元	角	分
预提利息	在建工程	厂房			1	0	0	0	0	0	0								
	应付利息	C银行											1	0	0	0	0	0	0
合　　　计				¥	1	0	0	0	0	0	0	¥	1	0	0	0	0	0	0

会计主管：　　　记账：　　　审核：　　　出纳：　　　制单：　　　签章

附单据1张

图 11-17　预提长期借款利息的会计凭证

【例11-9】承接【例11-7】和【例11-8】资料，20×9年6月30日，升达有限公司以存款支付银行上半年短期借款利息60 000元。本业务记账凭证编号为付字第3号，且附原始单据1张。

分析：升达有限公司支付利息费用时，"应付利息"减少，应记入"应付利息"科目的借方；同时，以银行存款支付利息，故银行存款减少，应贷记"银行存款"科目。账务处理方法如下：

借：应付利息——C银行　　　　　　　　　　60 000

　　贷：银行存款　　　　　　　　　　　　　　　　60 000

根据以上分录编制会计凭证，如图11-18所示。

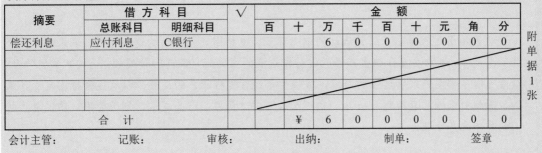

付 款 凭 证

贷方科目：银行存款　　　　　　　　20×9 年 06 月 30 日　　　　　　　　付 字第3 号

摘要	借 方 科 目		√	金 额								
	总账科目	明细科目		百	十	万	千	百	十	元	角	分
偿还利息	应付利息	C银行				6	0	0	0	0	0	0
合 计					¥	6	0	0	0	0	0	0

会计主管：　　　记账：　　　审核：　　　出纳：　　　制单：　　　签章

附单据1张

图 11-18　偿还长期借款利息的会计凭证

【例11-10】承接【例11-7】、【例11-8】和【例11-9】资料，20×1年1月1日，升达有限公司以银行存款归还C银行长期借款本金1 000 000元。本业务记账凭证编号为付字第4号，且附原始单据1张。

分析：升达有限公司归还本金，长期借款减少，应记入"长期借款——本金"的借方；同时，以银行存款支付，故银行存款减少，应贷记"银行存款"科目。账务处理方法如下：

借：长期借款——本金(C银行)　　　　　1 000 000

　　贷：银行存款　　　　　　　　　　　　1 000 000

根据以上分录编制会计凭证，如图11-19所示。

付 款 凭 证

贷方科目：银行存款　　　　　　　　20×1 年 01 月 01 日　　　　　　　　付 字第4号

摘要	借 方 科 目		√	金 额								
	总账科目	明细科目		百	十	万	千	百	十	元	角	分
偿还本金	长期借款	本金(C银行)		1	0	0	0	0	0	0	0	0
合 计				1	0	0	0	0	0	0	0	0

会计主管：　　　记账：　　　审核：　　　出纳：　　　制单：　　　签章

附单据1张

图 11-19　偿还长期借款本金和利息的会计凭证

第12章 生产运营的账务处理

生产运营过程是企业经营活动的中心环节，包括固定资产的购建、原材料的采购以及产品的生产等。本章主要介绍生产经营过程需设置的主要账户及其会计处理，通过本章的学习，读者可以了解生产经营过程的内容，掌握生产经营过程账户的设置，以及经营性固定资产采购、原材料采购、直接材料核算、直接人工、制造费用、产品成本、期间费用、固定资产折旧的具体账务处理。

12.1 生产运营业务概述

生产经营是企业的日常活动。对于制造业来说，企业的经营活动主要是围绕着产品的生产和组织管理生产而发生的。企业的生产运营活动包括固定资产购建活动、材料的采购活动、产品的生产活动、经营管理活动等。本章主要介绍生产运营活动中的会计核算，包括固定资产的购建业务，材料采购业务，生产过程中领用材料、核算职工薪酬、核算制造费用，核算生产成本和归集期间费用等业务，以及固定资产折旧业务。此外，还简单介绍了企业发出存货常用的几种方法。

12.2 固定资产的购建

12.2.1 固定资产购建业务设置的主要账户

企业固定资产购建业务的核算需设置"固定资产""在建工程""工程物资"等账户。由于"固定资产"账户已在第11章筹资活动中进行过详细介绍，这里不再赘述。本节将对"在建工程""工程物资"账户进行讲解。

1. "在建工程"账户

在建工程是指企业固定资产的新建、改建、扩建、安装，以及技术改造、设备更新和大修理工程等尚未完工的工程。核算企业在建工程的成本需要设置"在建工程"账户，账户结构如图12-1所示。

在建工程

借方	贷方
各项在建工程的实际支出	达到预定可使用状态时转出的成本
期末在建工程的实际成本	

图 12-1 "在建工程"账户结构

"在建工程"账户属于资产类账户，用以核算企业在工程建设中发生的各项支出的增减变动及结余情况。该账户可按"建筑工程""安装工程""在安装设备""待摊支出"，以及单项工程等设置明细账，进行明细核算。

2. "工程物资"账户

工程物资是指企业为基建工程、更新改造工程和大修理工程而储备的各种物资，包括为各种工程而储备的材料(水泥、沙子)、专用高价周转件(如飞机引擎)等。企业工程物资的核算需设置"工程物资"账户，账户结构如图12-2所示。

工程物资

借方	贷方
取得的各项工程物资的实际成本	工程领用、盘亏、毁损、报废、转作存货的工程物资实际成本
期末持有的工程物资的实际成本	

图 12-2 "工程物资"账户结构

"工程物资"属于资产类账户，用以核算企业各种工程物资成本的增减变化及结余情况。该账户可以按物资的类别或名称设置明细账，进行明细核算。

12.2.2 固定资产购入的账务处理

企业购入固定资产时，应该按取得时的实际成本，即原价(原值、历史成本)入账。固定资产的原价是指购入固定资产到达预定可使用状态前所发生的一切合理必要支出。包括买价、相关税费、运费、包装费和安装费等。其中，相关税费不包含可抵扣的增值额。

在企业购入的机器设备中，有的不需要安装即可投入使用，有的则需要安装、调试后才能投入生产，二者的账务处理会有所不同。

1. 购入不需要安装的动产

企业购入不需要安装即可使用的机器设备等动产时，应按购入时实际成本(即原始价值)，借记"固定资产"科目；按实际支付的金额，贷记"银行存款"科目。

对于一般纳税人，购入机器设备等动产时取得的增值税专用发票上的增值税可以抵扣，应按增值税专用发票上的增值税税额，借记"应交税费——应交增值税(进项税额)"科目。

【例12-1】升达有限公司为一般纳税人，20×9年2月5日购入一台不需要安装的生产设备，取得的增值税专用发票上标明买价200 000元，增值税26 000元，另支付包装费并取得增值税专用发票，注明包装费10 000元，税率6%，增值税税额600元，全部款项已用银行存款支付。本业务记账凭证编号为付字第1号，且附原始单据3张。

分析：升达公司购入了一项不需安装的设备(动产)，该项经济业务的发生，一方面使"固定资产"增加210 000元，应记入"固定资产"账户的借方，使"增值税进项税"增加26 600元，应计入"应交税费——应交增值税(进项税额)"科目的借方；另一方面使"银行存款"减少236 600元，应记入"银行存款"账户的贷方。账务处理方法如下：

借：固定资产　　　　　　　　　　　　　210 000

　　应交税费——应交增值税(进项税额)　　26 600

　　贷：银行存款　　　　　　　　　　　　　236 600

根据以上分录编制会计凭证，如图12-3所示。

付款凭证

贷方科目：银行存款　　　　　　　　20×9年02月05日　　　　　　　　付字第1号

摘要	借方科目		√	金额								
	总账科目	明细科目		百	十	万	千	百	十	元	角	分
购入固定资产	固定资产				2	1	0	0	0	0	0	0
	应交税费	应交增值税(进项税额)				2	6	6	0	0	0	0
合　计				¥	2	3	6	6	0	0	0	0

会计主管：　　　记账：　　　审核：　　　出纳：　　　制单：　　　签章：

附单据3张

图12-3　购入不需要安装固定资产的会计凭证

2. 购入需要安装的动产

企业购入需要安装的固定资产，则应通过"在建工程"账户核算其安装工程成本，将其购进时支付的买价、相关税费、运杂费、包装费以及安装时发生的安装费记入"在建工程"账户的借方。当工程达到预定可使用状态时，再按全部支出(即实际成本)，从"在建工程"账户的贷方转入"固定资产"账户的借方。

【例12-2】20×9年2月6日，升达有限公司购入需要安装的机器设备，取得的增值税专用发票注明买价100 000元，增值税13 000元，另付运费取得增值税专用发票，标明运费金额2 000元，增值税180元，款项以银行存款支付。本业务记账凭证编号为付字第2号，且附原始单据4张。

分析：该项经济业务发生，企业购入需安装的固定资产，应先在"在建工程"账户归集其成本。一方面企业在建工程增加，增加金额为100 000+2 000=102 000元，应记入"在建工程"账户的借方；另一方面企业银行存款减少，应记入"银行存款"的贷方。升达有限公司为增值税一般纳税人，取得增值税专用发票标明的增值税13 180(13 000+180)元可以抵扣，应记"应交税费——应交增值税(进项税额)"科目的借方。账务处理方法如下：

借：在建工程　　　　　　　　　　　　　　　102 000
　　应交税费——应交增值税(进项税额)　　　　13 180
　　贷：银行存款　　　　　　　　　　　　　　　　115 180

根据以上分录编制会计凭证，如图12-4所示。

付款凭证

贷方科目：银行存款　　　　　　　　20×9年02月06日　　　　　　　　付字第2号

摘要	借方科目		√	金额								
	总账科目	明细科目		百	十	万	千	百	十	元	角	分
购入设备	在建工程				1	0	2	0	0	0	0	0
	应交税费	应交增值税(进项税额)				1	3	1	8	0	0	0
合　计				¥	1	1	5	1	8	0	0	0

会计主管：　　　记账：　　　审核：　　　出纳：　　　制单：　　　签章：

附单据4张

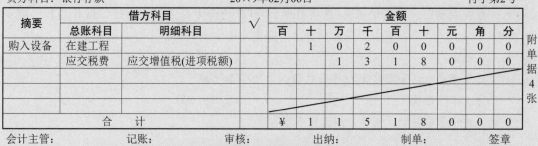

图12-4　购入需安装设备的会计凭证

【例12-3】承接【例12-2】资料，升达有限公司购入设备当天对设备进行安装，用银行存款支付安装费并取得增值税专用发票上标明的安装费4 000元，增值税520元。本业务记账凭证编号为付字第3号，且附原始单据2张。

分析：该项经济业务的发生，使在建工程增加，应记入"在建工程"科目的借方。同时，使银行存款减少，应记入"银行存款"科目的贷方。升达有限公司为增值税一般纳税人，取得增值税专用发票标明的增值税520元可以抵扣，应借记"应交税费——应交增值税(进项税额)"科目。账务处理方法如下：

借：在建工程　　　　　　　　　　　　　　　4 000
　　应交税费——应交增值税(进项税额)　　　520
　　贷：银行存款　　　　　　　　　　　　　　4 520

根据以上分录编制会计凭证，如图12-5所示。

付款凭证

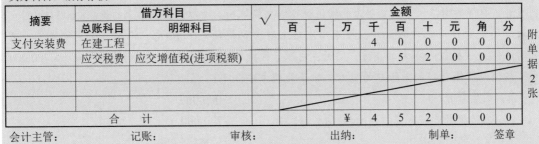

图 12-5　安装设备的会计凭证

【例12-4】承接【例12-2】和【例12-3】资料，20×9年2月6日，设备安装完毕，达到预定可使用状态，升达有限公司当天立即投入使用。本业务记账凭证编号为转字第1号，且附原始单据1张。

分析：固定资产安装完毕，达到预定可使用状态，应按在"在建工程"账户中归集的实际成本，记入"固定资产"账户的借方；结转完工工程成本，应记入"在建工程"账户的贷方。账务处理方法如下：

借：固定资产　　　　　　　　　　　　　　106 000
　　贷：在建工程　　　　　　　　　　　　　106 000

根据以上分录编制会计凭证，如图2-6所示。

转账凭证

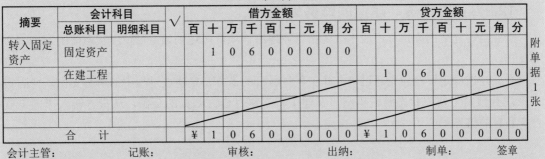

图 12-6　结转完工设备的会计凭证

3. 外购不动产

不动产是指附属在土地上不能随意移动的资产，包括房屋、建筑物等。企业购入不动产时，应按购入时实际成本(即原始价值)，借记"固定资产"科目；按实际支付的金额，贷记"银行存款"科目。

对于一般纳税人，2019年4月1日后取得并按固定资产核算的不动产或者2019年4月1日后取得的不动产在建工程，取得增值税专用发票并通过税务机关认证时，购入不动产取得的增值税专用发票上的增值税可以全额抵扣，应借记"应交税费——应交增值税(进项税额)"。

【例12-5】升达有限公司为一般纳税人，20×9年2月1日，升达有限公司从C公司处购入一栋厂房作为生产车间并交付使用，取得的增值税专用发票上注明的价款为8 000 000元，增值税税额720 000元。款项以银行存款支付(按2019年4月1日的新税制计算)。本业务记账凭证编号为付字第4号，且附原始单据2张。

分析：升达有限公司为一般纳税人，购入一栋厂房，属于不动产，若按2019年4月1日的新税制核算，取得的增值税专用发票上的增值税可以全额抵扣。所以应按发票上的价款8 000 000元，记入"固定资产"账户的借方，按专用发票上增值税税额720 000元，记入"应交税费——应交增值税(进项税额)"科目的借方；同时，用银行存款支付结算款，使"银行存款"减少8 720 000元，应记入"银行存款"账户的贷方。账务处理方法如下：

借：固定资产   8 000 000

    应交税费——应交增值税(进项税额)   720 000

  贷：银行存款   8 720 000

根据以上分录编制会计凭证，如图12-7所示。

付款凭证

贷方科目：银行存款   20×9年02月01日   付字第4号

摘要	借方科目		√	金额								
	总账科目	明细科目		百	十	万	千	百	十	元	角	分
购入固定资产	固定资产			8	0	0	0	0	0	0	0	0
	应交税费	应交增值税(进项税额)			7	2	0	0	0	0	0	0
合　　计				8	7	2	0	0	0	0	0	0

附单据2张

会计主管：   记账：   审核：   出纳：   制单：   签章：

图 12-7   购入固定资产的会计凭证

12.2.3 固定资产建造的账务处理

企业自行建造的固定资产成本，是指企业建造该项资产达到预定可使用状态前所发生的必要支出。

企业建造固定资产应先通过"在建工程"科目的借方归集建造过程中的所有支出，待固定资产达到预定可使用状态时，再将"在建工程"科目借方归集的金额，从贷方转入"固定资产"科目的借方。

企业建造固定资产的方式有两种(自营和出包)，固定资产的建造方式不同，其会计处理也会不一样。

1. 自营工程

自营方式指的是企业自行购入工程材料、自行组织人员施工进行建造。其成本包括直接材料、直接人工、直接机械施工费等。

【例12-6】升达有限公司为增值税一般纳税人，20×9年2月1日董事会做出决议，一致通过采取自营方式建造两间厂房，工期为半年。20×9年3月1日，该公司购入为建造厂房用的各种工程物资(水泥、沙子)，取得增值税专用发票上标明的买价为1 000 000元，增值税税额130 000元。款项以银行存款支付。记账凭证编号为付字第5号，且附原始单据2张。20×9年3月2日，开工建设，并将该批工程物资全部领用。记账凭证编号为转字第2号，且附原始单据1张。20×9年3月31日核算工程人员3月份工资为100 000元。记账凭证编号为转字第3号，且附原始单据1张。20×9年5月31日，用银行存款支付工程安装费，取得增值税专用发票上注明的安装费10 000元，增值税900元。记账凭证编号为付字第6号，且附原始单据2张。20×9年9月1日，工程建造完工，厂房达到了预定可使用状态，投入使用，假设工程总成本900万元。记账凭证编号为转字第4号，且附原始单据1张。

分析：根据题意可知，升达有限公司为一般纳税人，通过自营工程建造厂房(不动产)，应将工程成本在"在建工程"科目归集，待工程达到预定可使用状态时转入"固定资产"科目。账务处理方法如下：

① 20×9年3月1日，购入工程物资

借：工程物资   1 000 000

    应交税费——应交增值税(进项税额)   130 000

  贷：银行存款   1 130 000

根据以上分录编制会计凭证，如图12-8所示。

付款凭证

贷方科目：银行存款   20×9年03月01日   付字第5号

摘要	借方科目		√	金额								
	总账科目	明细科目		百	十	万	千	百	十	元	角	分
购入工程物资	工程物资			1	0	0	0	0	0	0	0	0
	应交税费	应交增值税(进项税额)			1	3	0	0	0	0	0	0
合　计				1	1	3	0	0	0	0	0	0

附单据2张

会计主管：   记账：   审核：   出纳：   制单：   签章

图 12-8 购入工程物资的会计凭证

② 20×9年3月2日，领用工程物资

借：在建工程——厂房   1 000 000

  贷：工程物资   1 000 000

根据以上分录编制会计凭证，如图12-9所示。

转账凭证

20×9年03月02日　　　　转字第2号

摘要	会计科目		√	借方金额									贷方金额									
	总账科目	明细科目		百	十	万	千	百	十	元	角	分	百	十	万	千	百	十	元	角	分	
领用工程物资	在建工程	厂房		1	0	0	0	0	0	0	0	0										附单据1张
	工程物资												1	0	0	0	0	0	0	0	0	
合计				1	0	0	0	0	0	0	0	0	1	0	0	0	0	0	0	0	0	

会计主管：　　记账：　　审核：　　出纳：　　制单：　　签章

图 12-9　领用工程物资会计凭证

③ 20×9年3月31日，核算工程人员工资

借：在建工程——厂房　　100 000

　　贷：应付职工薪酬　　100 000

根据以上分录编制会计凭证，如图12-10所示。

转账凭证

20×9年03月31日　　　　转字第3号

摘要	会计科目		√	借方金额									贷方金额									
	总账科目	明细科目		百	十	万	千	百	十	元	角	分	百	十	万	千	百	十	元	角	分	
核算工程人员工资	在建工程	厂房			1	0	0	0	0	0	0	0										附单据1张
	应付职工薪酬													1	0	0	0	0	0	0	0	
合计				¥	1	0	0	0	0	0	0	0	¥	1	0	0	0	0	0	0	0	

会计主管：　　记账：　　审核：　　出纳：　　制单：　　签章

图 12-10　核算工程人员工资的会计凭证

④ 20×9年5月31日，支付安装费

借：在建工程——厂房　　10 000

　　应交税费——应交增值税(进项税额)　　900

　　贷：银行存款　　10 900

根据以上分录编制会计凭证，如图12-11所示。

付款凭证

贷方科目：银行存款　　20×9年05月31日　　付字第6号

摘要	借方科目		√	金额									
	总账科目	明细科目		百	十	万	千	百	十	元	角	分	
支付工程安装费	在建工程	厂房				1	0	0	0	0	0	0	附单据2张
	应交税费	应交增值税(进项税额)						9	0	0	0	0	
合计					¥	1	0	9	0	0	0	0	

会计主管：　　记账：　　审核：　　出纳：　　制单：　　签章

图 12-11　支付安装费的会计凭证

⑤20×9年9月1日，工程完工达到预定可使用状态

借：固定资产——厂房　　　　　　　　　　　　　　9 000 000

　　贷：在建工程——厂房　　　　　　　　　　　　　　9 000 000

根据以上分录编制会计凭证，如图12-12所示。

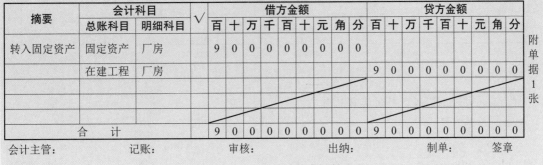

转账凭证

20×9年09月01日　　　　　　　　　　　　　　　　　　　　转字第4号

摘要	会计科目		√	借方金额									贷方金额									附单据1张
	总账科目	明细科目		百	十	万	千	百	十	元	角	分	百	十	万	千	百	十	元	角	分	
转入固定资产	固定资产	厂房		9	0	0	0	0	0	0	0	0										
	在建工程	厂房											9	0	0	0	0	0	0	0	0	
合　计				9	0	0	0	0	0	0	0	0	9	0	0	0	0	0	0	0	0	

会计主管：　　　记账：　　　审核：　　　出纳：　　　制单：　　　签章

图12-12　完工结转的会计凭证

2. 出包工程

出包工程是指企业通过招标等方式将工程项目发包给建造商，由建造商组织施工的建筑工程和安装工程。

【例12-7】升达有限公司为一般纳税人，20×9年3月1日以出包方式建造仓库一座，按规定先预付工程款，并取得增值税专用发票，标明工程款100 000元，增值税9 000元。记账凭证编号为付字第7号，且附原始凭证2张。20×9年12月1日工程完工后，根据工程决算单，补付工程款，取得增值税专用发票标明工程款200 000元，增值税18 000元。记账凭证编号为付字第8号，且附原始单据2张。20×9年12月1日工程验收后交付使用。记账凭证编号为转字第5号，且附原始单据1张。

分析：升达有限公司采用出包方式建造仓库，其工程的具体支出在承包单位核算，升达有限公司设置的"在建工程"科目实际成为其与承包单位的结算科目，其应将与承包单位结算的工程价款作为工程成本，通过"在建工程"科目核算。工程完工达到预定可使用状态时再从"在建工程——仓库"科目的贷方转入"固定资产——仓库"科目的借方。

升达有限公司为一般纳税人，购建不动产，取得增值税专用发票，应在取得发票时，借记"应交税费——应交增值税(进项税额)"。账务处理方法如下：

①20×9年3月1日，预付工程款时

借：在建工程——仓库　　　　　　　　　　　　　　100 000

　　应交税费——应交增值税(进项税额)　　　　　　　　9 000

　　贷：银行存款　　　　　　　　　　　　　　　　　109 000

根据以上分录编制会计凭证，如图12-13所示。

付款凭证

贷方科目：银行存款　　　　　　　　　　20×9年03月01日　　　　　　　　　付字第7号

摘要	借方科目		√	金额								
	总账科目	明细科目		百	十	万	千	百	十	元	角	分
预付工程款	在建工程	仓库			1	0	0	0	0	0	0	0
	应交税费	应交增值税(进项税额)				9	0	0	0	0	0	0
合　　计				¥	1	0	9	0	0	0	0	0

会计主管：　　　　记账：　　　　审核：　　　　出纳：　　　　制单：　　　　签章

附单据2张

图12-13　预付工程款的会计凭证

② 20×9年12月1日，补付工程款时

借：在建工程——仓库　　　　　　　　　　200 000

应交税费——应交增值税(进项税额)　　　18 000

贷：银行存款　　　　　　　　　　　　　218 000

根据以上分录编制会计凭证，如图12-14所示。

付款凭证

贷方科目：银行存款　　　　　　　　　　20×9年12月01日　　　　　　　　　付字第8号

摘要	借方科目		√	金额								
	总账科目	明细科目		百	十	万	千	百	十	元	角	分
补付工程款	在建工程	仓库			2	0	0	0	0	0	0	0
	应交税费	应交增值税(进项税额)			1	8	0	0	0	0	0	0
合　　计				¥	2	1	8	0	0	0	0	0

会计主管：　　　　记账：　　　　审核：　　　　出纳：　　　　制单：　　　　签章

附单据2张

图12-14　补付工程款的会计凭证

③ 20×9年12月1日，工程完工达到预定可使用状态

借：固定资产——仓库　　　　　　　　　　300 000

贷：在建工程——仓库　　　　　　　　　　300 000

根据以上分录编制会计凭证，如图12-15所示。

转账凭证

20×9年12月01日　　　　　　　　　转字第5号

摘要	会计科目		√	借方金额									贷方金额								
	总账科目	明细科目		百	十	万	千	百	十	元	角	分	百	十	万	千	百	十	元	角	分
转入固定资产	固定资产	仓库			3	0	0	0	0	0	0	0									
	在建工程	仓库												3	0	0	0	0	0	0	0
合　　计				¥	3	0	0	0	0	0	0	0	¥	3	0	0	0	0	0	0	0

会计主管：　　　　记账：　　　　审核：　　　　出纳：　　　　制单：　　　　签章

附单据1张

图12-15　完工结转固定资产的会计凭证

12.3 原材料的购入

12.3.1 原材料购入业务主要账户的设置

1. "在途物资"账户

在途物资是指企业采用实际成本进行材料、商品等物资的日常核算,货款已付但尚未验收入库的各种物资。在途物资的核算需要设置"在途物资"账户,账户结构如图12-16所示。

在途物资

借方	贷方
未入库的材料实际采购成本	已验收入库减少的材料实际采购成本
期末尚未入库材料的实际成本	

图 12-16 "在途物资"账户结构

"在途物资"账户属于资产类账户,用于核算企业采用实际成本(或进价)进行材料、商品等物资的日常核算,货款已付但尚未验收入库的在途物资的采购成本增减变化及结余情况的账户。该账户按供应单位和物资品种设置明细账。此外,在材料采购业务核算中,如果库存材料的日常核算采用计划成本计价时,可不设置"在途物资"科目,而设置"材料采购"和"材料成本差异"科目。

2. "材料采购"账户

材料采购是指企业采用计划成本法进行材料日常核算而购入的已付款但尚未验收入库的材料,计划成本法下核算未入库材料成本或进行成本对比计价需要设置"材料采购"账户,账户结构如图12-17所示。

材料采购

借方	贷方
外购材料的实际成本 结转的入库材料的节约差异	验收入库材料的计划成本 结转的入库材料的超支差异
期末未入库材料的实际成本	

图 12-17 "材料采购"账户结构

"材料采购"账户属于资产类账户,用于企业采用计划成本法进行材料日常核算而购入的材料采购成本。该账户按照供应单位和物资品种进行明细核算。

3. "材料成本差异"账户

材料成本差异是指材料的实际成本与计划成本间的差额。材料成本差异的核算需要设置"材料成本差异"账户,账户结构如图12-18所示。

材料成本差异

借方	贷方
取得材料形成的超支差异 发出材料转出的节约差异	取得材料形成的节约差异 发出材料转出的超支差异
期末库存材料负担的超支差异	期末库存材料负担的节约差异

图 12-18 "材料成本差异"账户结构

"材料成本差异"账户属于资产类账户(资产类的备抵附加账户),用于核算企业各种材料的实际成本与计划成本的差异增减变化及结余情况。该账户按材料类别或品种设置明细账,进行明细核算。

4. "原材料"账户

原材料是指生产某种产品的基本原料,包括原料及主要材料、辅助材料、外购半成品(外购件)、修理用备件(备品备件)、包装材料、燃料等。不管计划成本法还是实际成本法下核算的原材料均需设置"原材料"账户,账户结构如图12-19所示。

原材料

借方	贷方
验收入库材料的实际成本(计划成本)	领用材料的实际成本(计划成本)
期末库存材料的实际成本(计划成本)	

图 12-19 "原材料"账户结构

"原材料"账户属于资产类账户,用于核算企业库存原材料的收入、发出、结存情况。该账户应按原材料的保管地点、类别、品种和规格分别设置明细分类账。

5. "应付账款"账户

应付账款通常是指企业因购买材料、商品或接受劳务供应等而发生的债务,此负债是由于买卖双方在购销活动中取得物资与支付贷款在时间上不一致而产生的负债。该负债的核算需设置"应付账款"账户,账户结构如图12-20所示。

应付账款

借方	贷方
已偿还应付账款的减少金额 债务重置的减少金额 债务豁免的减少金额	应付未付的应付账款金额
	期末尚未支付的应付账款余额

图 12-20 "应付账款"账户结构

"应付账款"账户属于负债类账户,用来核算企业因购买材料、商品和接受劳务供应而应支付给供应单位的款项。该账户按供应单位设置明细账进行明细核算。

6. "应付票据"账户

应付票据是指企业在购买商品、材料和接受劳务供应等经营活动过程中开出的尚未到期承兑的商业汇票,包括银行承兑汇票和商业承兑汇票。应付票据的核算需要设置"应付票据"账户,账户结构如图12-21所示。

应付票据

借方	贷方
应付票据到期兑付的减少数	已开出尚未到期兑付的应付票据款
	期末尚未到期兑付的应付票据款

图 12-21 "应付票据"账户结构

"应付票据"账户属于负债类账户,用来核算企业应付票据的增减变动及结余情况。企业应设置应付票据备查账来登记每一张应付票据的详细资料,包括签发日期、金额、收款人、付款日期等。该账户按债权人不同设置明细账。

7. "应交税费" 账户

应交税费是指企业按照现行税法规定,针对在一定时期内取得的营业收入和实现的利润或发生特定经营行为等事项,采用一定的计税方法计提的各种应缴纳税费,包括增值税、消费税、资源税、所得税、城市维护建设税、教育费附加、土地增值税、房产税、土地使用税、车船税等。应交税费的核算需要设置"应交税费"科目,账户结构如图12-22所示。

应交税费

借方	贷方
实际缴纳的各种税费	应缴纳的各种税费
	期末企业应交而尚未缴纳的税费

图 12-22 "应交税费"账户结构

"应交税费"账户属于负债类账户,用来核算企业按照税法等规定计算应交而尚未交纳的各种税费的增减变动及结余情况。该账户按税种设置明细账。

8. "预付账款" 账户

预付账款是指企业按照购货合同的规定,预先支付给供应单位的款项。企业预付账款的核算可设置"预付账款"账户,账户结构如图12-23所示。

预付账款

借方	贷方
预付及补付的款项金额	预付账款的实际结算额或退回多金额
期末尚未结算的预付款项	期末尚未补付的款项

图 12-23 "预付账款"账户结构

"预付账款"账户属于资产类账户,用来核算企业按照合同规定事先预付的各种款项的增减变动及结余情况。该账户按供应单位设置明细账。若企业预付款项业务不多,也可以不设置"预付账款"账户,将预付的款项直接记入"应付账款"账户的借方。

12.3.2 原材料采购的账务处理

材料的日常收发结存可以采用实际成本核算,也可以采用计划成本核算。

1. 实际成本法核算的账务处理

实际成本法下,一般通过"原材料"和"在途物资"等科目进行核算。企业外购材料时,按材料是否验收入库分为如下两种情况。

1) 材料已验收入库

(1) 对于增值税一般纳税人,如果货款已经支付或已开出商业汇票,发票账单已到,材料已验收入库,按相关发票账单上的采购成本,借记"原材料"科目;按增值税专用发票上注明的可抵扣的进项税额,应借记"应交税费——应交增值税(进项税额)"科目;按实际结算的金额,贷记"银行存款""预付账款""应付票据"等科目。

【例12-8】升达有限公司为一般纳税人，20×9年2月5日，公司以银行存款向甲公司订购一批材料，按合同约定预付货款20 000元。本业务记账凭证编号为付字第9号，且附原始单据1张。

分析：升达有限公司按照合同约定用银行存款预付货款时，一方面预付账款增加，记入"预付账款"账户的借方；另一方面，银行存款减少，记入"银行存款"账户的贷方。账务处理方法如下：

借：预付账款　　　　　　　　　　　　　　20 000
　　贷：银行存款　　　　　　　　　　　　　　20 000

根据以上分录编制记账凭证，如图12-24所示。

付款凭证

贷方科目：银行存款　　　　　　　　　20×9年02月05日　　　　　　　　　付字第9号

摘要	借方科目		√	金额									附单据1张
	总账科目	明细科目		百	十	万	千	百	十	元	角	分	
预定付款	预付账款					2	0	0	0	0	0	0	
合　计					￥	2	0	0	0	0	0	0	

会计主管：　　　　记账：　　　　审核：　　　　出纳：　　　　制单：　　　　签章

图12-24　预付款项的会计凭证

【例12-9】承接【例12-8】资料，20×9年3月5日，升达有限公司收到甲公司发出的材料和其开出的增值税专用发票，发票上记载货款为25 000元，增值税3 250元，材料已验收入库。该公司采用实际成本法核算原材料。本业务记账凭证编号为转字第6号，且附原始单据2张。

分析：升达有限公司对原材料采用实际成本法入账，且本次购进的材料已验收入库，发票账单也已收到了，所以其应按材料的实际成本，借记"原材料"科目；由于本次采购采用预付款方式结算，所以升达有限公司还应按需结算的总款项，贷记"预付账款"账户；同时升达有限公司为一般纳税人，其应按收到的增值税专用发票中的增值税税额，借记"应交税费——应交增值税(进项税额)"账户。账务处理方法如下：

借：原材料　　　　　　　　　　　　　　　25 000
　　应交税费——应交增值税(进项税额)　　 3 250
　　贷：预付账款　　　　　　　　　　　　　28 250

根据以上分录编制记账凭证，如图12-25所示。

转账凭证

20×9年03月05日　　　　　　　　　转字第6号

摘要	会计科目		√	借方金额								贷方金额									附单据2张
	总账科目	明细科目		十	万	千	百	十	元	角	分	十	万	千	百	十	元	角	分	
材料验收入库	原材料				2	5	0	0	0	0	0									
	应交税费	应交增值税(进项税额)				3	2	5	0	0	0									
	预付账款												2	8	2	5	0	0	0	
合　计				￥	2	8	2	5	0	0	0	￥	2	8	2	5	0	0	0	

会计主管：　　　　记账：　　　　审核：　　　　出纳：　　　　制单：　　　　签章

图12-25　材料验收入库的会计凭证

【例12-10】承接【例12-8】和【例12-9】资料，20×9年3月5日，升达有限公司以银行存款补付剩余货款8 250元。本业务记账凭证编号为付字第10号，且附原始单据1张。

分析：升达有限公司补付货款时，预付账款增加，应按补付的金额，借记"预付账款"科目，同时银行款减少，应贷记"银行存款"科目。账务处理方法如下：

借：预付账款 8 250

　　贷：银行存款 8 250

根据以上资料编制会计凭证，如图12-26所示。

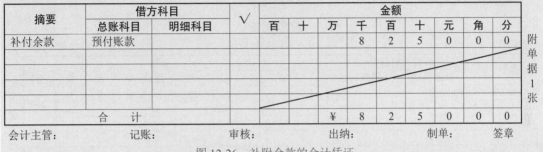

付款凭证

贷方科目：银行存款　　　　　　20×9年03月05日　　　　　　　付字第10号

摘要	借方科目		√	金额									附单据1张
	总账科目	明细科目		百	十	万	千	百	十	元	角	分	
补付余款	预付账款						8	2	5	0	0	0	
合　计							¥	8	2	5	0	0	0

会计主管：　　　记账：　　　审核：　　　出纳：　　　制单：　　　签章

图12-26　补附余款的会计凭证

需要注意的是，如果该公司预付款项的金额大于最终应支付的金额，退回余款时则需做相反会计分录。

【例12-11】承接【例12-8】中的资料，20×9年3月5日，假设升达有限公司收到甲公司发来的原材料及增值税专用发票，发票上标明的价款为10 000元，增值税1 300元，原材料已验收入库，升达有限公司原材料采用实际成本法进行核算。本业务记账凭证编号为转字第7号，且附原始单据2张。

分析：原理同【例12-9】，升达有限公司应按材料的实际成本，借记"原材料"账户；按需结算的总款项，贷记"预付账款"账户；同时按收到的增值税专用发票中的增值税税额，借记"应交税费——应交增值税(进项税额)"账户。账务处理方法如下：

借：原材料 10 000

　　应交税费——应交增值税(进项税额) 1 300

　　贷：预付账款 11 300

根据以上资料编制会计凭证，如图12-27所示。

转账凭证

20×9年03月05日　　　　　　　转字第7号

摘要	会计科目		√	借方金额								贷方金额								附单据2张
	总账科目	明细科目		十	万	千	百	十	元	角	分	十	万	千	百	十	元	角	分	
材料验收入库	原材料			1	0	0	0	0	0	0										
	应交税费	应交增值税(进项税额)			1	3	0	0	0	0										
	预付账款											1	1	3	0	0	0	0	0	
合　计				¥	1	1	3	0	0	0	0	¥	1	1	3	0	0	0	0	0

会计主管：　　　记账：　　　审核：　　　出纳：　　　制单：　　　签章

图12-27　材料验收入库的会计凭证

【例12-12】承接【例12-8】和【例12-11】中的资料，20×9年3月5日，升达有限公司收到甲公司退回的余款8 700元。本业务记账凭证编号为收字第1号，且附原始单据1张。

分析：由【例12-8】和【例12-11】中的资料可知，升达有限公司预付货款20 000元，实际结算的货款只有11 300元，说明预付的货款多8 700元，应退回。升达有限公司收到退回的预付货款时，银行存款增加，应借记"银行存款"科目；同时，预付账款减少，应贷记"预付账款"科目。账务处理方法如下：

借：银行存款　　　　　　　　　　　　　　　8 700

　　贷：预付账款　　　　　　　　　　　　　　8 700

根据以上分录编制会计凭证，如图12-28所示。

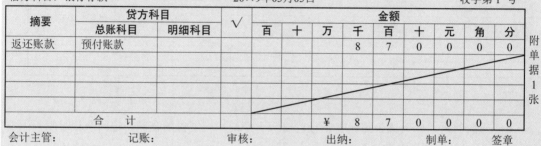

图 12-28　退还余额的会计凭证

(2) 对于增值税一般纳税人，如果货款尚未支付，发票账单尚未收到，但材料已经验收入库，收到原材料时，暂不记账。但月末仍未收到相关发票凭证，按照暂估价入账，即借记"原材料"科目，贷记"应付账款——暂估应付账款"科目，下月初红字冲销或蓝字(黑字)做相反分录予以冲回。如收到相关发票，则按照正常程序编制会计分录即可，借记"原材料""应交税费——应交增值税(进项税额)"科目，贷记"银行存款""应付票据"等科目。

【例12-13】20×9年2月10日，升达有限公司外购一批原材料，材料已验收入库，由于未进行相关货款的计算，所以一直到月末都未收到相关结算单据，该材料的暂估价值为25 000元。假设该公司采用实际成本法核算原材料。本业务记账凭证编号为转字第8号，且附原始单据1张。

分析：20×9年2月10日，升达有限公司收到一批原材料，因货款未支付，发票账单未收到，所以不知道其实际成本，暂不做账务处理。20×9年2月28日，升达有限公司仍未收到相关结算单据，应将2月10日收到的材料按暂估价值25 000元记账，原材料增加，借记"原材料"科目，贷记"应付账款——暂估应付账款"科目。20×9年3月1日，用红笔编制相同记账凭证或蓝字编制相反的记账凭证，将2月28日的账务处理冲回。账务处理方法如下：

借：原材料　　　　　　　　　　　　　　　　25 000

　　贷：应付账款——暂估应付账款　　　　　　25 000

根据以上分录编制会计凭证，如图12-29所示。

转账凭证

20×9年02月28日　　　　　　　　　　　转字第8号

摘要	会计科目		√	借方金额									贷方金额								
	总账科目	明细科目		百	十	万	千	百	十	元	角	分	百	十	万	千	百	十	元	角	分
暂估入账	原材料					2	5	0	0	0	0	0									
	应付账款														2	5	0	0	0	0	0
	合计			¥	2	5	0	0	0	0	0		¥	2	5	0	0	0	0	0	

附单据1张

会计主管：　　记账：　　审核：　　出纳：　　制单：签章

图12-29 暂估入账的会计凭证

3月1日冲回的账务处理可以参考【例12-18】中4月1日的账务处理，这里不再赘述。

2) 材料尚未验收入库

对于增值税一般纳税人，如果货款已经支付，发票账单已收到，但材料尚未验收入库。收到发票账单时，首先按相关发票账单上的采购成本，借记"在途物资"科目；按增值税专用发票上注明的可抵扣的进项税额，借记"应交税费——应交增值税(进项税额)"科目，按实际支付金额，贷记"银行存款"等科目；待验收入库时，再根据收料单借记"原材料"科目，贷记"在途物资"科目。

【例12-14】升达有限公司为一般纳税人，20×9年2月12日外购一批原材料，取得增值税专用发票，发票上记载货款为25 000元，增值税3 250元，全部货款已用银行存款支付，但材料尚未验收入库。该公司采用实际成本法核算原材料。记账凭证编号为付字第11号，且附原始单据2张。

分析：升达有限公司采用实际成本法核算原材料成本，2月12日采购的材料，货款已支付，材料尚未运达企业。支付货款，银行存款减少，材料尚未运达企业，在途物资增加。所以其应在收到发票账单时，按材料的实际成本25 000元，借记"在途物资"科目；按实际支付的金额，贷记"银行存款"科目。升达有限公司为增值税一般纳税人，收到增值税专用发票，发票上的增值税为3 250元，可以抵扣，应借记"应交税费——应交增值税(进项税额)"科目。账务处理方法如下：

借：在途物资　　　　　　　　　　　　　　25 000
　　应交税费——应交增值税(进项税额)　　3 250
　　贷：银行存款　　　　　　　　　　　　　　28 250

根据以上分录编制会计凭证，如图12-30所示。

付款凭证

贷方科目：银行存款　　　　　　20×9年02月12日　　　　　　付字第11号

摘要	借方科目		√	金额								
	总账科目	明细科目		百	十	万	千	百	十	元	角	分
购入材料	在途物资					2	5	0	0	0	0	0
	应交税费	应交增值税(进项税额)					3	2	5	0	0	0
	合　计			¥	2	8	2	5	0	0	0	0

附单据2张

会计主管：　　记账：　　审核：　　出纳：　　制单：　　签章

图12-30 已付款未收到材料的会计凭证

【例12-15】承接【例12-14】资料，20×9年2月15日，升达有限公司收到2月12日采购的材料，并验收入库。记账凭证编号为转字第9号，且附原始单据1张。

分析：由【例12-14】可知，升达有限公司采用实际成本法核算材料成本，材料验收入库，原材料增加，在途物资减少，应按入库材料的实际成本25 000元，借记"原材料"科目，贷记"在途物资"科目。账务处理方法如下：

借：原材料　　　　　　　　　　25 000

　　贷：在途物资　　　　　　　　　　25 000

根据以上分录编制会计凭证，如图12-31所示。

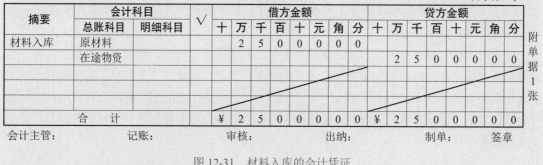

转账凭证
20×9年02月15日　　　　　　　　　　　　　　　　　转字第9号

摘要	会计科目		√	借方金额								贷方金额								附单据1张
	总账科目	明细科目		十	万	千	百	十	元	角	分	十	万	千	百	十	元	角	分	
材料入库	原材料				2	5	0	0	0	0	0									
	在途物资												2	5	0	0	0	0	0	
合　计				¥	2	5	0	0	0	0	0	¥	2	5	0	0	0	0	0	

会计主管：　　　记账：　　　审核：　　　出纳：　　　制单：　　　签章：

图12-31　材料入库的会计凭证

2. 计划成本法核算的账务处理

计划成本法下，原材料的核算一般通过"材料采购""原材料""材料成本差异"等科目进行核算。

1) 购进材料

企业外购材料时，按是否收到发票账单和材料是否入库分为如下3种情况。

(1) 货款已经支付或已开出商业汇票，发票账单已收到，材料已经验收入库。

首先，按照发票账单上材料的实际成本，借记"材料采购"科目，一般纳税人按照收到的增值税专用发票上的增值税额，借记"应交税费——应交增值税(进项税额)"科目，按实际支付的金额，贷记"银行存款"科目。其次，按照入库单上的材料计划成本，借记"原材料"科目，贷记"材料采购"科目。最后，将计划成本与实际成本之间的差额，转入"材料成本差异"科目。若为节约差(实际成本小于计划成本)，借记"材料采购"科目，贷记"材料成本差异"科目；若为超支差(实际成本大于计划成本)，写相反分录。

【例12-16】升达有限公司为增值税一般纳税人，20×9年2月12日外购一批原材料，增值税专用发票账单已经收到，标明货款10 000元，增值税税额1 300元，计划成本为12 000元，材料已验收入库，款项已用银行存款支付。该公司采用计划成本法核算原材料。记账凭证编号为付字第12号(附原始单据2张)、转字第10号(附原始单据1张)、转字第11号(附原始单据1张)。

分析：由题意可知，升达有限公司20×9年2月12日购进材料的当天，货款已付，发票账单和材料均已收到，原材料增加，银行存款减少，且升达有限公司原材料核算采用计划成本法，所以应使用"材料采购"科目进行对比计价。账务处理方法如下：

① 按材料的实际成本10 000元，借记"材料采购"科目，按实际支付的货款金额11 300元，贷记"银行存款"科目，同时升达有限公司为增值税一般纳税人，收到增值税专用发票，发票上的增值税1 300元可以抵扣，应借记"应交税费——应交增值税(进项税额)"科目。账务处理方法如下：

借：材料采购   10 000

应交税费——应交增值税(进项税额)   1 300

贷：银行存款   11 300

根据以上分录编制会计凭证，如图12-32所示。

付款凭证

| 贷方科目：银行存款 | | | 20×9年02月12日 | | | | | | | 付字第12号 | | | |

摘要	借方科目		√	金额									附单据2张
	总账科目	明细科目		百	十	万	千	百	十	元	角	分	
购入材料	材料采购					1	0	0	0	0	0	0	
	应交税费	应交增值税(进项税额)					1	3	0	0	0	0	
合　计				¥	1	1	3	0	0	0	0	0	

会计主管：   记账：   审核：   出纳：   制单：   签章

图12-32　已付款未收到材料的会计凭证

② 按材料的计划成本12 000元，借记"原材料"科目，贷记"材料采购"科目。

借：原材料   12 000

贷：材料采购   12 000

根据以上分录编制会计凭证，如图12-33所示。

转账凭证

| | | | | 20×9年02月12日 | | | | | | | | | 转字第10号 | | | | | | | |

摘要	会计科目		√	借方金额								贷方金额								附单据1张
	总账科目	明细科目		十	万	千	百	十	元	角	分	十	万	千	百	十	元	角	分	
材料入库	原材料			1	2	0	0	0	0	0	0									
	材料采购											1	2	0	0	0	0	0	0	
合　计				¥	1	2	0	0	0	0	0	¥	1	2	0	0	0	0	0	

会计主管：   记账：   审核：   出纳：   制单：   签章

图12-33　按计划成本入库的会计凭证

③ 将材料的实际成本10 000元与计划成本12 000元的节约差额2 000元，转入"材料成本差异"科目的贷方，应借记"材料采购"科目，贷记"材料成本差异"科目。

借：材料采购   2 000

贷：材料成本差异   2 000

根据以上分录编制会计凭证，如图12-34所示。

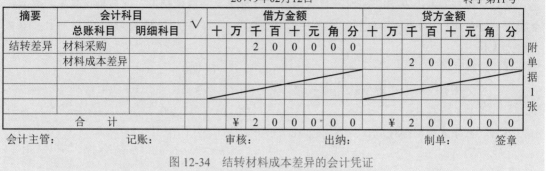

转账凭证

20×9年02月12日　　　　　　　　　　　　　　　　转字第11号

摘要	会计科目		√	借方金额								贷方金额								附单据1张
	总账科目	明细科目		十	万	千	百	十	元	角	分	十	万	千	百	十	元	角	分	
结转差异	材料采购					2	0	0	0	0	0									
	材料成本差异													2	0	0	0	0	0	
合　计				¥	2	0	0	0	0	0		¥	2	0	0	0	0	0		

会计主管：　　记账：　　审核：　　出纳：　　制单：　　签章

图12-34　结转材料成本差异的会计凭证

(2) 货款已支付或开出商业汇票，发票账单已收到，材料尚未验收入库。

如果相关发票凭证已到，但材料尚未验收入库，按发票账单上材料的实际成本，借记"材料采购"科目，按实际结算金额贷记"银行存款""应付账款"等科目；待验收入库时再做后续分录。对于可以抵扣的增值税进项税额，增值税一般纳税人企业应根据收到的增值税专用发票上注明的增值税额，借记"应交税费——应交增值税(进项税额)"科目。

【例12-17】升达有限公司为增值税一般纳税人，20×9年2月14日外购一批原材料，增值税专用发票账单已经收到，标明货款20 000元，增值税税额2 600元，计划成本为15 000元，材料未验收入库，款项已用银行存款支付。升达有限公司用计划成本法核算原材料。本业务记账凭证编号为付字第13号，且附原始单据2张。

分析：升达有限公司2月14日采购的材料，已用银行存款支付了货款，发票账单也已收到，但材料尚未验收入库，且其采用计划成本法核算原材料，所以材料采购增加，银行存款减少，应按存货的实际成本20 000元，借记"材料采购"科目，按其实际支付的款项22 600元，贷记"银行存款"科目。同时升达有限公司为增值税一般纳税人，收到增值税专用发票，发票上的增值税为2 600元，可以抵扣，应借记"应交税费——应交增值税(进项税额)"科目。账务处理方法如下：

借：材料采购　　　　　　　　　　　　　　　　20 000
　　应交税费——应交增值税(进项税额)　　　　　2 600
　　贷：银行存款　　　　　　　　　　　　　　　　　22 600

根据以上分录编制会计凭证，如图12-35所示。

付款凭证

贷方科目：银行存款　　　　　20×9年02月14日　　　　　　　　　付字第13号

摘要	借方科目		√	金额									附单据2张
	总账科目	明细科目		百	十	万	千	百	十	元	角	分	
购入材料	材料采购					2	0	0	0	0	0	0	
	应交税费	应交增值税(进项税额)					2	6	0	0	0	0	
合　计					¥	2	2	6	0	0	0	0	

会计主管：　　记账：　　审核：　　出纳：　　制单：　　签章

图12-35　购入材料的会计凭证

(3) 货款未支付，发票账单未到，但材料已验收入库。

材料验收入库时，不做任何账务处理，待收到发票凭证时，再做账务处理。若月末仍未收到相关发票凭证，按照计划成本暂估入账，即借记"原材料"科目，贷记"应付账款——暂估应付账款"等科目。下月初红字冲回或蓝字(黑字)作相反分录冲回，收到账单后再按照第一种情况编制会计分录。

【例12-18】20×9年3月15日，升达有限公司外购一批原材料，材料已验收入库，但月末仍未收到相关发票凭证，该材料的计划成本为800 000元。该公司采用计划成本法核算原材料。本业务记账凭证编号为转字第12号，且附原始单据1张。

分析：20×9年3月15日，升达有限公司收到一批原材料，因货款未支付，发票账单未收到，所以不知道其实际成本，暂不做账务处理。20×9年3月31日，将3月15日收到的材料按计划成本800 000元暂估记账，原材料增加，借记"原材料"科目，贷记"应付账款——暂估应付账款"科目。20×9年4月1日，用红笔编制相同记账凭证或蓝字编制相反的记账凭证，将3月31日的账务处理冲回。账务处理方法如下：

① 20×9年3月31日，暂估记账

借：原材料   800 000

   贷：应付账款——暂估应付账款   800 000

根据以上分录编制会计凭证，如图12-36所示。

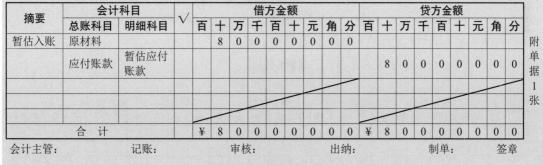

转账凭证

20×9年03月31日   转字第12号

摘要	会计科目		√	借方金额									贷方金额								
	总账科目	明细科目		百	十	万	千	百	十	元	角	分	百	十	万	千	百	十	元	角	分
暂估入账	原材料				8	0	0	0	0	0	0	0									
	应付账款	暂估应付账款												8	0	0	0	0	0	0	0
合 计				¥	8	0	0	0	0	0	0	0	¥	8	0	0	0	0	0	0	0

会计主管：   记账：   审核：   出纳：   制单：   签章：

图12-36 暂估入账的凭证

② 20×9年4月1日，黑字编写相反记账凭证，将3月31日暂估的账务处理冲回。本业务记账编号为转字第13号，且附原始单据0张。

借：应付账款——暂估应付账款   800 000

   贷：原材料   800 000

根据以上分录编制会计凭证，如图12-37所示。

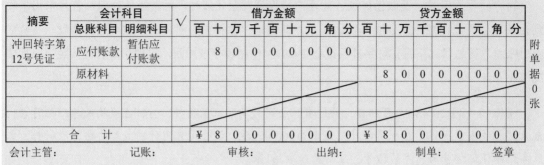

图 12-37　冲回暂估入账的会计凭证

2) 生产产品领用材料

生产产品领用材料时，根据领料单，按照材料的计划成本，借记"生产成本"科目，贷记"原材料"科目。

【例12-19】升达有限公司20×9年3月1日，生产产品领用原材料，计划成本为12 000元，升达有限公司原材料的核算采用计划成本法。本业务记账凭证编号为转字第14号，且附原始单据1张。

分析：升达有限公司原材料的核算采用计划成本法，20×9年3月1日生产产品领用材料时，产品成本增加，原材料被耗用，原材料减少，应按材料的计划成本12 000元，借记"生产成本"科目，贷记"原材料"科目。账务处理方法如下：

借：生产成本　　　　　　　　　　　　　　12 000

　　贷：原材料　　　　　　　　　　　　　　　　12 000

根据以上分录编制会计凭证，如图12-38所示。

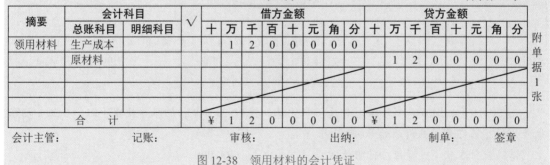

图 12-38　领用材料的会计凭证

3) 结转材料成本差异

月末，结转生产产品领用材料负担的节约差异时，按其负担差异，借记"材料成本差异"科目，贷记"生产成本"科目。结转生产产品领用材料负担的超支差异时，做相反分录。

【例12-20】承接【例12-19】资料，20×9年3月31日，升达有限公司结转材料成本差异，计算得出其负担的材料成本差异为节约成本差异2 000元。本业务记账凭证编号为转字第15号，且附原始单据1张。

分析：20×9年3月31日，结转生产产品领用材料负担的材料成本差异时，因为是节约差异，所以应调减产品成本，产品成本减少，应记入"生产成本"贷方。被耗用材料负担的节约差异，应从材料成本差异科目的借方转走，即借记"材料成本差异"科目。账务处理方法如下：

借：材料成本差异　　　　　　　　　　　　 2 000
　　贷：生产成本　　　　　　　　　　　　　 2 000

根据以上分录编制会计凭证，如图12-39所示。

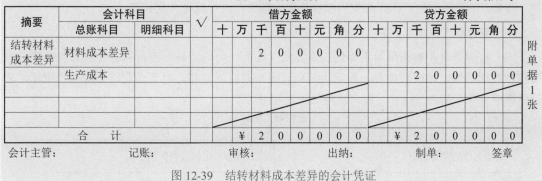

转账凭证

20×9年03月31日　　　　　　　　　　　　　　　　　　转字第15号

摘要	会计科目		√	借方金额								贷方金额								
	总账科目	明细科目		十	万	千	百	十	元	角	分	十	万	千	百	十	元	角	分	
结转材料成本差异	材料成本差异				2	0	0	0	0	0										附单据1张
	生产成本												2	0	0	0	0	0		
合　　计				¥	2	0	0	0	0	0		¥	2	0	0	0	0	0		

会计主管：　　　记账：　　　　审核：　　　　出纳：　　　　制单：　　　签章：

图 12-39　结转材料成本差异的会计凭证

12.4　生产过程中的核算

12.4.1　生产活动主要账户的设置

1. "生产成本"账户

生产成本是指生产活动的成本，即企业为生产产品而发生的成本。企业要想核算产品的成本，需要设置"生产成本"账户，账户结构如图12-40所示。

生产成本

借方	贷方
产品生产成本的各项费用	结转完工入库产品应结转的生产成本
期末在产品的实际成本	

图 12-40　"生产成本"账户结构

"生产成本"账户属于成本类账户，用来归集和分配产品生产过程中发生的各项生产费用，以正确计算产品成本。为了具体核算每一种产品的生产费用，还应按产品的种类设置生产成本明细账，进行明细分类核算。

2. "制造费用"账户

制造费用是指企业为生产产品和提供劳务而发生的各项间接费用，包括企业生产部门(如生产车间)发生的水电费、固定资产折旧、无形资产摊销、管理人员的职工薪酬、劳动保护费、国家规定的有关环保费用、季节性和修理期间的停工损失等。制造费用的归集与分配需要在"制造费用"账户进行，账户结构如图12-41所示。

制造费用

借方	贷方
实际发生的各项制造费用	期末按照一定标准分配转入"生产成本"账户借方的应计入产品成本的制造费用
期末无余额	

图 12-41　"制造费用"账户结构

"制造费用"账户属于成本类账户，用来归集和分配企业制造部门为生产产品和提供劳务而发生的各项间接费用。包括生产车间发生的管理人员工资及其他非生产人员工资等职工薪酬、车间发生的机物料消耗、车间固定资产折旧、车间水电费、车间办公费、季节性停工损失等。该账户应按不同生产车间和费用项目设置明细账，进行明细分类核算。

3. "应付职工薪酬"账户

职工薪酬是企业为获得职工提供的服务或终止劳动合同关系而应付的各种形式的报酬。主要包括短期薪酬、离职后福利、辞退福利和其他长期职工福利。对于企业职工薪酬的核算，要设置"应付职工薪酬"账户，账户结构如图12-42所示。

应付职工薪酬

借方	贷方
实际支付的职工薪酬	应支付给职工的各种薪酬
	期末应付未付的各种职工薪酬金额

图 12-42　"应付职工薪酬"账户结构

"应付职工薪酬"账户属于负债类账户，用于核算企业根据有关规定应付给职工的各种薪酬的增减变动及结余情况。本科目可按"工资""职工福利""社会保险费""住房公积金""工会经费""职工教育经费""非货币性福利""辞退福利""股份支付""累计带薪缺勤""利润分享计划""递延奖金计划"等设置明细账，进行明细核算。

4. "累计折旧"账户

固定资产折旧是指固定资产在使用过程中逐渐损耗而转移到商品或费用中去的那部分价值，也是企业在生产经营过程中由于使用固定资产而在其使用年限内分摊的固定资产耗费。针对固定资产折旧的核算，需要设置"累计折旧"账户，账户结构如图12-43所示。

累计折旧

借方	贷方
固定资产折旧的减少数或转销数额	累计已计提的折旧额
	期末企业现有固定资产已提的折旧

图 12-43　"累计折旧"账户结构

"累计折旧"账户属于资产类账户，是"固定资产"账户的一个调整账户(备抵账户)，用来核算企业固定资产发生的累计折旧增减变动及结余情况。该账户可按固定资产的类别或项目进行明细核算。

5. "库存商品"账户

库存商品是指企业已完成全部生产过程并已验收入库，合乎标准规格和技术条件，可以按照合同规定的条件送交订货单位，或可以作为商品对外销售的产品以及外购或委托加工完成验收入库用于销售的各种商品。对于库存商品的核算需要设置"库存商品"账户，账户结构如图12-44所示。

库存商品

借方	贷方
已生产完工并验收入库商品的成本	因销售等原因发出的库存商品的成本
企业期末库存商品的实际成本	

图 12-44 "库存商品"账户结构

"库存商品"账户属于资产类账户，用来核算企业库存商品实际成本增减变动情况。该账户应按商品的种类、品名和规格设置明细账，进行明细分类核算。

6. "管理费用"账户

管理费用是指企业行政管理部门为组织和管理生产经营活动而发生的各种费用。管理费用的核算需要设置"管理费用"账户，账户结构如图12-45所示。

管理费用

借方	贷方
本期管理费用实际发生数	期末转入"本年利润"的数额
	期末无余额

图 12-45 "管理费用"账户结构

"管理费用"账户属于损益类账户，核算企业为组织和管理企业生产经营所发生的各种管理费用，包括企业在筹建期间内发生的开办费、董事会和行政管理部门在企业的经营管理中发生的或者应由企业统一负担的公司经费(包括行政管理部门职工工资及福利费、物料消耗、低值易耗品摊销、办公费和差旅费等)、工会经费、董事会费(包括董事会成员津贴、会议费和差旅费等)、聘请中介机构费、咨询费(含顾问费)、诉讼费、业务招待费、技术转让费、矿产资源补偿费、研究费用、排污费等。企业生产车间(部门)和行政管理部门等发生的固定资产修理费用等后续支出，也在本科目中核算。该账户按照具体费用项目设置明细账，进行明细核算。

12.4.2 直接材料的核算

直接材料是指直接用于产品生产，构成产品实体的原料、主要材料、燃料以及有助于产品形成的辅助材料等。

企业在生产过程中，必然要消耗材料。各部门需要材料时，应该填制有关的领料凭证，向仓库办理领料手续。月末会计部门根据领料凭证编制领料汇总表，根据汇总表按各部门及不同用途领用材料的数额分别记入有关账户。其中，直接为生产产品领用的材料成本，直接记入"生产成本"账户；生产车间一般耗用材料成本，记入"制造费用"账户；行政管理部门领用的材料成本，记入"管理费用"账户；销售部门领用的材料成本，记入"销售费用"账户；工程部门领用的材料成本，记入"在建工程"账户等。

【例12-21】升达有限公司采用实际成本法核算发出材料成本，20×9年3月31日，根据3月份的5张领料单，编制了升达有限公司20×9年3月份A、B、C三种材料领料汇总表，如表12-1所示。本业务的记账凭证编号为转字第16号，且附原始单据6张。

表12-1 升达有限公司 20×9 年 3 月份领料汇总表

项目	A材料		B材料		C材料		金额合计/元
	数量/千克	金额/元	数量/千克	金额/元	数量/千克	金额/元	
甲产品耗用	1 000	6 000	600	1 200	2 000	16 000	23 200
乙产品耗用	2 000	12 000	300	600	1 000	8 000	20 600
小计	3 000	18 000	900	1 800	3 000	24 000	43 800
车间一般耗用	500	3 000			100	800	3 800
行政管理部门耗用			100	200			200
合计	3 500	21 000	1 000	2 000	3 100	24 800	47 800

分析：由表12-1可知，3月份生产甲产品领用材料的成本23 200元应计入甲产品成本，甲产品成本增加，即借"生产成本——甲产品"科目；生产乙产品领用材料的成本20 600元应计入乙产品成本，乙产品成本增加，即借"生产成本——乙产品"科目；车间一般耗用材料，导致制造费用增加，应按材料的实际成本3 800元，借记"制造费用"科目；行政管理部门耗用了材料，导致管理费用增加，应按材料的实际成本200元，借记"管理费用"科目；3月份共领用原材料47 800元(A材料21 000元、B材料2 000元，C材料24 800元)，材料被耗用，材料成本减少，应贷"原材料——A材料""原材料——B材料""原材料——C材料"科目。账务处理方法如下：

```
借：生产成本——甲产品           23 200
          ——乙产品           20 600
    制造费用                  3 800
    管理费用                    200
    贷：原材料——A材料              21 000
          ——B材料               2 000
          ——C材料              24 800
```

根据以上分录编制会计凭证，如图12-46、图12-47所示。

转账凭证

20×9年03月31日

转字第16$\frac{1}{2}$号

摘要	会计科目		√	借方金额								贷方金额							
	总账科目	明细科目		十	万	千	百	十	元	角	分	十	万	千	百	十	元	角	分
领用材料	生产成本	甲产品			2	3	2	0	0	0	0								
		乙产品			2	0	6	0	0	0	0								
	制造费用					3	8	0	0	0	0								
	管理费用						2	0	0	0	0								
	原材料	A材料											2	1	0	0	0	0	0
合　计																			

会计主管：　　　　记账：　　　　　审核：　　　　　出纳：　　　　　制单：　　　　　签章

附单据6张

图 12-46　领用材料的会计凭证 (1)

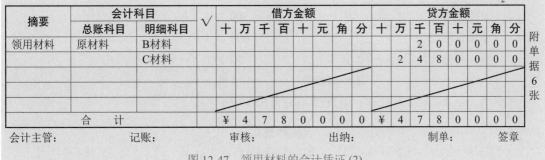

图 12-47 领用材料的会计凭证 (2)

12.4.3　直接人工的核算

直接人工是指直接从事产品生产工人的工资、奖金、津贴、补贴以及直接从事产品生产人员的职工福利费，即生产工人的薪酬。生产工人薪酬是指企业支付给劳动者的劳动报酬，包括工资、奖金和各种津贴等。

企业支付的职工薪酬，应根据职工的具体工作岗位不同记入不同的成本费用账户。生产工人的薪酬记入"生产成本"账户；车间管理人员的薪酬记入"制造费用"账户；企业行政管理部门人员的薪酬记入"管理费用"账户。

【例12-22】升达有限公司20×9年3月31日，根据考勤记录和有关资料计算职工工资，并按工资的10%计提医疗保险费(本例不考虑职工薪酬的其他方面)，编制"职工薪酬费用分配汇总表"，如表12-2所示(本业务记账凭证编号为转字第17号，且附原始单据6张)。

表 12-2　职工薪酬费用分配汇总表

单位：元

项目	工资	医疗保险费	合计
生产甲产品工人薪酬	15 000	1 500	16 500
生产乙产品工人薪酬	20 000	2 000	22 000
小　计	35 000	3 500	38 500
车间管理人员薪酬	5 000	500	5 500
行政管理人员薪酬	10 000	1 000	11 000
合　计	50 000	5 000	55 000

分析：根据升达有限公司3月份编制的职工薪酬费用分配表可知，3月份生产甲产品的工人工资和医疗保险费共16 500元，使甲产品成本增加，应借记"生产成本——甲产品"科目；生产乙产品的工人工资和医疗保险费是22 000元，使乙产品成本增加，应借记"生产成本——乙产品"科目；车间管理人员的工资和医疗保险费5 500元，使制造费用增加，应借记"制造费用"科目；行政管理人员工资和医疗保险费11 000元，使管理费用增加，应借记"管理费用"科目。同时，职工的工资和医疗保险费并未支付，所以应付职工薪酬增加55 000元，应贷记"应付职工薪酬——工资""应付职工薪酬——医疗保险费"科目。账务处理方法如下：

借：生产成本——甲产品   16 500
           ——乙产品   22 000
    制造费用   5 500
    管理费用   11 000
    贷：应付职工薪酬——工资   50 000
              ——医疗保险费   5 000

根据以上分录编制会计凭证，如图12-48、图12-49所示。

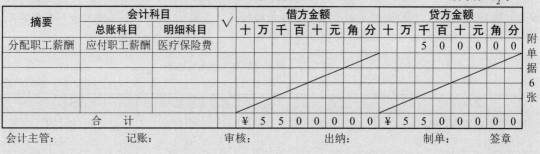

图 12-48   分配职工薪酬的会计凭证 (1)

图 12-49   分配职工薪酬的会计凭证 (2)

【例12-23】承接【例12-22】的资料，20×9年4月10日，升达有限公司开出现金支票85 000元从银行提取现金，准备用以发放职工工资。本业务记账凭证编号为付字第14号，且附原始单据1张。

分析：开出现金支票提取现金，银行存款减少，库存现金增加，应编制银行存款的付款凭证，并借记"库存现金"科目，贷记"银行存款"科目。账务处理方法如下：

借：库存现金   55 000
    贷：银行存款   55 000

根据以上分录编制会计凭证，如图12-50所示。

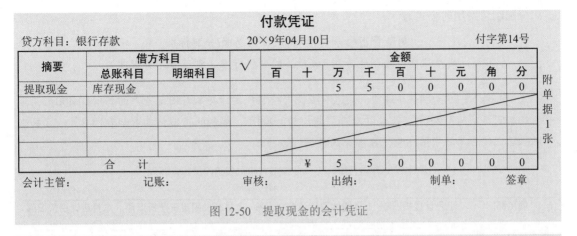

图 12-50 提取现金的会计凭证

【例12-24】 承接【例12-22】和【例12-23】资料，20×9年4月10日，升达有限公司以现金55 000元发放工资。本业务记账凭证编号为付字第15号，且附原始单据1张。

分析：使用库存现金发放职工薪酬55 000元，应付职工薪酬这一负债减少，应借记"应付职工薪酬——工资"科目；同时库存现金资产也减少，应贷记"库存现金"科目。账务处理方法如下：

借：应付职工薪酬——工资　　　　　　　　55 000

　　贷：库存现金　　　　　　　　　　　　55 000

根据以上分录编制会计凭证，如图12-51所示。

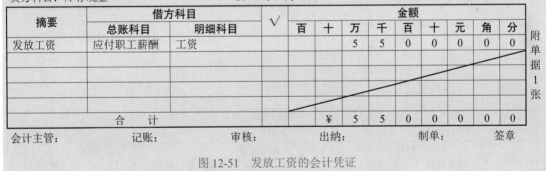

图 12-51 发放工资的会计凭证

12.4.4 制造费用的核算

制造费用是指企业的车间(分厂)为组织和管理生产所发生的各项间接费用。包括生产车间发生的管理人员工资及其他非生产人员工资等职工薪酬、车间发生的机物料消耗、车间固定资产折旧、车间水电费、车间办公费、季节性停工损失等。

为组织和管理生产活动而发生的各项制造费用，不能直接计入产品的成本。为了正确计算产品的成本，必须将这些费用先记入"制造费用"账户，然后再按照一定的标准，将其分配计入有关产品成本。即在企业发生制造费用时，应借记"制造费用"科目，贷记"累计折旧""银行存款""应付职工薪酬"等科目；月末，企业应将本月发生的制造费用，按照合理的分配标准分配计入各产品的生产成本。企业可以采取的分配标准包括机器工时、人工工时、计划分配率等。结转或分摊制造费用时，借记"生产成本"等科目，贷记"制造费用"科目。

分配制造费用的公式为

$$制造费用的分配率=制造费用总额/分配标准$$
$$某产品负担的制造费用=该产品的分配标准×制造费用分配率$$

【例12-25】20×9年3月31日，升达有限公司按照规定计提本月固定资产的折旧10 400元，其中生产车间折旧为7 500元，行政管理部门折旧为2 900元。编制的折旧计算表如表12-3所示。本业务记账凭证编号为转字第18号，且附原始单据1张。

表 12-3 升达有限公 20×9 年 3 月份固定资产折旧计算表

20×9年3月 单位：元

使用部门		上月计提折旧额	上月增加固定资产折旧额	上月减少固定资产折旧额	本月应计提折旧额
生产车间	设备	1 500	0	0	1 500
	厂房	6 000	0	0	6 000
	小计	7 500	0	0	7 500
行政管理部门	设备	900	0	0	900
	办公楼	2 000	0	0	2 000
	小计	2 900	0	0	2 900
合计		10 400	0	0	10 400

分析：升达有限公司计提厂房和设备等固定资产折旧，累计折旧增加，应贷记"累计折旧——厂房""累计折旧——设备"和"累计折旧——办公楼"科目，且生产车间用的固定资产折旧，应记入"制造费用"科目的借方，行政管理部门用的固定资产折旧应记入"管理费用"科目的借方。账务处理方法如下：

```
借：制造费用                        7 500
    管理费用                        2 900
    贷：累计折旧——厂房                      6 000
            ——设备                      2 400
            ——办公楼                    2 000
```

根据以上分录编制会计凭证，如图12-52所示。

转账凭证

20×9年03月31日 转字第18号

摘要	会计科目		√	借方金额								贷方金额							
	总账科目	明细科目		十	万	千	百	十	元	角	分	十	万	千	百	十	元	角	分
计提折旧额	制造费用					7	5	0	0	0	0								
	管理费用					2	9	0	0	0	0								
	累计折旧	厂房											6	0	0	0	0	0	0
		设备											2	4	0	0	0	0	0
		办公楼											2	0	0	0	0	0	0
合 计				¥	1	0	4	0	0	0	0	¥	1	0	4	0	0	0	0

会计主管： 记账： 审核： 出纳： 制单： 签章

附单据1张

图 12-52 计提折旧的会计凭证

【例12-26】20×9年3月31日，升达有限公司按照生产工时比例分配制造费用，其中甲产品生产工时为4 400小时，乙产品生产工时为4 000小时。制造费用的总账如表12-4所示。本业务记账凭证编号为转字第19号，且附原始单据3张。

表 12-4　升达有限公司 20×9 年 3 月份制造费用总分类账（部分截取）

单位：元

| 20×9年 | | 凭证类型 | 摘要 | 借方 | 贷方 | 借/贷 | 余额 |
月	日						
3	31	略	生产车间耗用材料	3 800		借	3 800
	31	略	车间管理人员薪酬	5 500		借	9 300
	31	略	车间固定资产折旧	7 500		借	16 800
……	……	……	……	……	……	……	……

分析：由升达有限公司 20×9 年 3 月份的制造费用总分类账可知，本月发生的制造费用为 16 800(3 800+5 500+7 500) 元，按照生产工时比例分配，计算如下：

制造费用分配率：$16\,800 \div (4\,400+4\,000)=2$(元/工时)

甲产品负担的制造费用额 $=4\,400 \times 2=8\,800$(元)

乙产品负担的制造费用额 $=4\,000 \times 2=8\,000$(元)

根据计算结果编制制造费用分配表，如表 12-5 所示。

表 12-5　升达有限公司 20×9 年 3 月份制造费用分配表

产品名称	生产工时/小时	分配率/元/小时	应负担制造费用金额/元
甲产品	4 400	2	8 800
乙产品	4 000		8 000
合计	8 400	2	16 800

分配结转制造费用，制造费用减少，产品成本增加。所以，应借记"生产成本"科目，贷记"制造费用"科目。账务处理方法如下：

借：生产成本——甲产品　　　　　　8 800

　　　　　　——乙产品　　　　　　8 000

　　贷：制造费用　　　　　　　　　16 800

根据以上分录编制会计凭证，如图 12-53 所示。

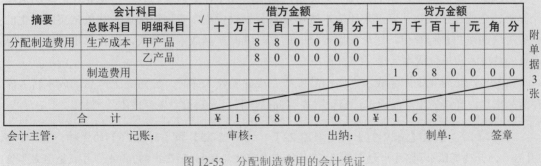

图 12-53　分配制造费用的会计凭证

12.4.5　产品成本的核算

企业在生产过程中发生的各项成本，是企业为获得收入而预先垫支并需要得到补偿的资金耗费。这些费用最终都要归集、分配给特定的产品，形成产品的成本。

1. 产品成本核算的概念

产品成本的核算，是指把一定时期内企业生产过程中所发生的成本，按其性质和发生地点，分类归集、汇总、核算，计算出该时期内的生产成本发生总额，并按适当方法分别计算出各种产品的实际成本和单位成本等。生产成本是指与企业日常生产经营活动有关的代价，主要包括直接材料、直接人工和制造费用。

2. 产品成本核算的步骤

企业产品成本大致可以按以下步骤进行核算：

第一步，确定成本核算对象。成本核算对象即成本归集与分配的最终对象。只有确定了成本核算的对象，企业才能真正开展成本的核算工作。常见的产品成本核算对象包括产品的品种、生产步骤、生产批次等。

第二步，归集和分配成本费用。在确定了成本核算对象以后，企业应根据相关规定，对本期发生的各项费用在各成本核算对象之间进行归集和分配。企业应设置产品生产成本明细账，用来归集应计入各种产品的生产费用。通过对材料费用、职工薪酬和制造费用的归集和分配，企业各月生产产品所发生的生产费用已记入"生产成本"科目的借方。

第三步，产品成本在完工产品和月末在产品之间的分配。期末企业应将生产成本在完工产品与月末在产品之间分配，完工产品成本的基本计算公式为

完工产品生产成本＝期初在产品成本＋本期发生的生产费用－期末在产品成本

分配时应遵循的原则如下。

如果月末某种产品全部完工，该种产品生产成本明细账所归集的费用总额，就是该种完工产品的总成本，用完工产品总成本除以该种产品的完工总产量，即可计算出该种产品的单位成本。

如果月末某种产品全部未完工，该种产品生产成本明细账所归集的费用总额就是该种产品在产品的总成本。

如果月末某种产品一部分完工，一部分未完工，这时归集在产品成本明细账中的费用总额还要采取适当的分配方法在完工产品和在产品之间进行分配，然后才能计算出完工产品的总成本和单位成本。

第四步，编制成本计算单。为了全面系统地反映成本计算对象的成本，企业还应编制成本计算单。企业应按成本计算对象和成本费用项目分别设置成本费用明细账，并依据实际发生的业务对这些账户进行登记，然后根据登记的信息，编制产品成本计算表，以计算出各成本计算对象的总成本和单位成本金额。

第五步，结转完工产品成本。当产品生产完成并验收入库时，应将完工产品的成本转入库存商品账户，即按完工产品成本，借记"库存商品"科目，贷记"生产成本"科目。

【例12-27】承接【例12-21】、【例12-22】、【例12-25】和【例12-26】的资料，20×9年3月31日，升达有限公司3月初无在产品，3月份投产甲产品100件和乙产品200件，月底全部完工验收入库，请结转完工产品成本。本业务记账凭证编号为转字第20号，且附原始单据3张。

分析：

第一步，确定成本计算对象。升达有限公司以产品品种为成本计算对象，需计算的产品成本有甲产品和乙产品两种。

第二步，归集和分配成本费用。【例12-21】归集了直接材料、【例12-22】归集了直接人

工、【例12-25】归集了制造费用、【例12-26】分配了制造费用。

归集分配结果如表12-6和表12-7所示的生产成本的明细账。

表 12-6　甲产品生产成本明细账

产品名称：甲产品　　　　　　　　　　　　　　　　　　　　　　　　　　　　　　　　　产量：100件

20×9年		摘要	成本项目			合计
月	日		直接材料	直接人工	制造费用	
3	1	期初余额	0	0	0	0
		生产领用材料	23 200			23 200
		分配生产工人薪酬		16 500		39 700
		分配制造费用			8 800	48 500
		……	……	……	……	……

表 12-7　乙产品生产成本明细账

产品名称：乙产品　　　　　　　　　　　　　　　　　　　　　　　　　　　　　　　　　产量：200件

20×9年		摘要	成本项目			合计
月	日		直接材料	直接人工	制造费用	
3	1	期初余额	0	0	0	0
		生产领用材料	20 600			20 600
		分配生产工人薪酬		22 000		42 600
		分配制造费用			8 000	50 600
		……	……	……	……	……

第三步，产品成本分配。由表12-6和表12-7可知，3月份完工甲产品总生产成本为48 500元，完工乙产品总生产成本为50 600元。

第四步，编制成本计算单。甲、乙两种产品成本计算单如表12-8和表12-9所示。

表 12-8　甲产品生产成本计算单

20×9年		摘要	成本项目			合计
月	日		直接材料	直接人工	制造费用	
3	1	期初余额	0	0	0	0
		生产领用材料	23 200			23 200
		生产领用材料		16 500		39 700
		分配制造费用			8 800	48 500
		本月合计	23 200	16 500	8 800	48 500
		结转完工产品成本	-23 200	-16 500	-8 800	-48 500

表 12-9　乙产品生产成本计算单

20×9年		摘要	成本项目			合计
月	日		直接材料	直接人工	制造费用	
3	1	期初余额	0	0	0	0
		生产领用材料	20 600			20 600
		分配生产工人工资		22 000		42 600
		分配制造费用			8 000	50 600
		本月合计	20 600	22 000	8 000	50 600
		结转完工产品成本	-20 600	-22 000	-8 000	-50 600

第五步，结转完工产品成本。结转完工产品成本，生产成本减少，库存商品增加，应按完工甲、乙产品成本借记"库存商品"科目，贷记"生产成本"科目。账务处理方法如下：

借：库存商品——甲产品   48 500

    ——乙产品   50 600

 贷：生产成本——甲产品   48 500

     ——乙产品   50 600

根据以上分录编制会计凭证，如图12-54所示。

转账凭证

20×9年03月31日   转字第20号

摘要	会计科目		√	借方金额										贷方金额										
	总账科目	明细科目		千	百	十	万	千	百	十	元	角	分	千	百	十	万	千	百	十	元	角	分
结转完工产品成本	库存商品	甲产品			4	8	5	0	0	0	0	0											
		乙产品			5	0	6	0	0	0	0	0											
	生产成本	甲产品														4	8	5	0	0	0	0	0
		乙产品														5	0	6	0	0	0	0	0
合　计				¥	9	9	1	0	0	0	0	0		¥	9	9	1	0	0	0	0	0	

会计主管： 记账：   审核：   出纳：   制单：   签章：

（附单据3张）

图12-54 结转完工产品成本的会计凭证

12.4.6　期间费用的核算

1. 管理费用的核算

(1) 企业在筹建期间内发生的开办费，包括人员工资、办公费、培训费、差旅费、印刷费、注册登记费，以及不计入固定资产成本的借款费用等在实际发生时，借记"管理费用"科目，贷记"应付利息""银行存款"等科目。

(2) 行政管理部门人员的职工薪酬，借记"管理费用"科目，贷记"应付职工薪酬"科目。

(3) 行政管理部门计提的固定资产折旧，借记"管理费用"科目，贷记"累计折旧"科目。

(4) 行政管理部门发生的办公费、水电费、业务招待费、聘请中介机构费、咨询费、诉讼费、技术转让费、企业研究费用，借记"管理费用"科目，贷记"银行存款""研发支出"等科目。

【例12-28】升达有限公司为一般纳税人，20×9年4月30日，升达有限公司购买行政管理部门用办公用品，取得的增值税专用发票上注明价款600元，增值税78元，款项已以银行存款支付。本业务记账凭证编号为付字第16号，且附原始单据3张。

分析：行政管理部门的办公用品费应计入管理费用，管理费用增加，银行存款减少，企业应根据支票存根和办公用品发票，借记"管理费用"科目，贷记"银行存款"科目。同时升达有限公司为增值税一般纳税人，收到增值税专用发票，发票上的增值税78元可以抵扣，应借记"应交税费——应交增值税(进项税额)"科目。账务处理方法如下：

借：管理费用——办公费   600

  应交税费——应交增值税(进项税额)   78

 贷：银行存款   678

根据以上分录编制会计凭证，如图12-55所示。

付款凭证

摘要	借方科目		√	金额								
	总账科目	明细科目		百	十	万	千	百	十	元	角	分
购买办公用品	管理费用	办公费						6	0	0	0	0
	应交税费	应交增值税(进项税额)							7	8	0	0
合　　计							¥	6	7	8	0	0

贷方科目：银行存款　　　　20×9年04月30日　　　　付字第16号

附单据3张

会计主管：　　　记账：　　　审核：　　　出纳：　　　制单：　　　签章：

图 12-55　购买办公用品的会计凭证

2. 销售费用的核算

(1) 企业在销售商品过程中发生的包装费、保险费、展览费和广告费、运输费、装卸费等费用，应借记"销售费用"科目，贷记"库存现金""银行存款"等科目。

(2) 企业发生的为销售本企业商品而专设的销售机构的各种耗费，应借记"销售费用"科目，贷记"应付职工薪酬""银行存款""累计折旧"等科目。

【例12-29】升达有限公司为一般纳税人，20×9年4月1日，为推广新产品而参加了本市的产品展销会，用银行存款支付展览费，并取得增值税专用发票，注明展览费2 000元，增值税120元。本业务记账凭证编号为付字第17号，且附原始单据2张。

分析：用银行存款支付展览费，计入销售费用。销售费用增加，银行存款减少，应借记"销售费用"科目，贷记"银行存款"科目。同时升达有限公司为增值税一般纳税人，收到增值税专用发票，发票上的增值税120元可以抵扣，应借记"应交税费——应交增值税(进项税额)"科目。账务处理方法如下：

借：销售费用——展览费　　　　　　　　　　　2 000
　　应交税费——应交增值税(进项税额)　　　　　120
　　贷：银行存款　　　　　　　　　　　　　　　　　2 120

根据以上分录编制会计凭证，如图12-56所示。

付款凭证

摘要	借方科目		√	金额								
	总账科目	明细科目		百	十	万	千	百	十	元	角	分
支付展览费	销售费用	展览费					2	0	0	0	0	0
	应交税费	应交增值税(进项税额)						1	2	0	0	0
合　　计							¥	2	1	2	0	0	0

贷方科目：银行存款　　　　20×9年04月01日　　　　付字第17号

附单据2张

会计主管：　　　记账：　　　审核：　　　出纳：　　　制单：　　　签章：

图 12-56　支付展览费的会计凭证

3. 财务费用的核算

企业发生的财务费用，借记"财务费用"科目，贷记"银行存款""应付利息"等科目。

发生的应冲减财务费用的利息收入、汇兑损益、现金折扣，借记"银行存款""应付账款"等科目，贷记"财务费用"科目。

【例12-30】20×9年4月2日升达有限公司转账支付金融手续费5 000元。假设不考虑增值税，本业务记账凭证编号为付字第18号，且附原始单据2张。

分析：用银行存款支付金融手续费，计入财务费用。财务费用增加，银行存款减少，应借记"财务费用"科目，贷记"银行存款"科目。账务处理方法如下：

借：财务费用　　　　　　　　　　　5 000

贷：银行存款　　　　　　　　　　　5 000

根据以上分录编制会计凭证，如图12-57所示。

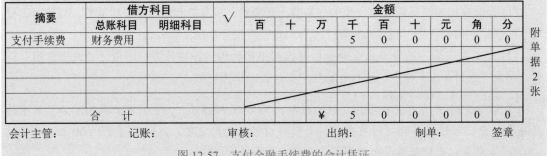

图12-57　支付金融手续费的会计凭证

12.5　固定资产折旧的核算

固定资产折旧是指在固定资产使用寿命内，按照确定的方法对应计提折旧额进行系统分摊。其中，应计提折旧总额是指固定资产原值扣除其预计净残值和已计提的固定资产减值准备之后的余额。

12.5.1　固定资产折旧方法

固定资产折旧的计算方法一般有平均年限法(也称直线法)、工作量法、双倍余额递减法、年数总和法。

1. 平均年限法（直线法）

平均年限法的计算公式为

预计净残值=原值×预计净残值率

年折旧额=(原值-预计净残值)/预计使用年限

=原值×(1-预计净残值率)/预计使用年限

月折旧额=年折旧额÷12

【例12-31】升达有限公司的一台机器设备原值为130 000元，预计净残值为10 000元，可以使用5年，用平均年限法计算年折旧额。

年折旧额=(130 000-10 000)/5=24 000(元)

※注意※

当月增加的固定资产当月不提折旧，从下月起开始计提折旧；当月减少的固定资产，当月照提折旧，下月起不再计提折旧。

【例12-32】升达有限公司固定资产采用平均年限法计提折旧。20×9年7月初，该企业应计提折旧的固定资产构成如表12-10所示。

表 12-10　升达有限公司 20×9 年 7 月固定资产构成表

类别	原价/元	预计使用年限/年	预计净残值率/%
厂房、办公楼	30 000 000	20	2
运输工具	1 000 000	5	4
设备	6 000 000	10	2

7月份发生的固定资产有关情况的资料如下(预计使用年限与净残值率同表12-10，以下业务均不考虑相关税费)：

7月18日，购入需要安装的设备一套，以银行存款支付买价550 000元、运杂费20 000元、安装费30 000元，当月投入安装，并交付使用。

7月21日，购入卡车一辆，以银行存款支付买价270 000元、运杂费30 000元，购入后当即投入使用。

7月31日，报废设备一台，该设备原价300 000元，已提折旧150 000元。

要求：分别计算该企业20×9年7月、8月的折旧额。

具体计算结果如下：

(1) 该企业20×9年7月份折旧额

厂房、办公楼折旧额=30 000 000×(1-2%)/(20×12)=122 500(元)

运输工具折旧额=1 000 000×(1-4%)/(5×12)=16 000(元)

设备折旧额=6 000 000×(1-2%)/(10×12)=49 000(元)

7月份合计折旧额=122 500+16 000+49 000=187 500(元)

(2) 20×9年8月份折旧额

购入设备折旧=600 000×(1-2%)/(10×12)=4 900(元)

购入卡车折旧=300 000×(1-4%)/(5×12)=4 800(元)

报废的设备应不提折旧，设备应减少提取的折旧=300 000×(1-2%)/(10×12)=2 450(元)

8月份合计折旧额=187 500+4 900+4 800-2 450=194 750(元)

2. 工作量法

工作量法的计算公式为

$$单位工作量折旧额=固定资产原值×(1-预计净残值率)/预计总工作量$$
$$月折旧额=当月实际完成工作量×单位工作量折旧额$$

【例12-33】升达有限公司有货运卡车一辆，原值400 000元，预计净残值率为4%，预计总行驶里程为100万公里，假定某月份行驶里程为30 000公里，计算该月折旧额。

具体计算结果如下：

单位工作量折旧额=400 000×(1-4%)÷1 000 000=0.384(元/公里)

该月应提折旧额=30 000×0.384=11 520(元)

3. 双倍余额递减法

双倍余额递减法的公式为

$$年折旧率=2÷预计使用年限×100\%$$
$$年折旧额=固定资产期初账面净值×年折旧率$$
$$月折旧额=年折旧额÷12$$

> ※**注意**※
>
> 由于前期计提折旧的时候没有考虑预计净残值，所以在到期前的 2 年内（最后 2 年）要改为平均年限法。

【例12-34】升达有限公司一项固定资产的原值为600 000元，预计使用年限为5年，预计净残值为10 000元，计算每年的年折旧额。

具体计算结果如下：

年折旧率=2÷5×100%=40%

第一年折旧额=600 000×40%=240 000(元)

第二年折旧额=(600 000-240 000)×40%=144 000(元)

第三年折旧额=(600 000-240 000-144 000)×40%=86 400(元)

第四年和第五年的折旧额=(600 000-240 000-144 000-86 400-10 000)/2=59 800(元)

4. 年数总和法

年数总和法的计算公式为

$$年折旧率=尚可使用年限/预计使用年限的年数总和$$
$$年折旧额=(固定资产原值-预计净残值)×年折旧率$$
$$月折旧额=年折旧额÷12$$

【例12-35】升达有限公司一项固定资产原值为700 000元，预计使用年限为5年，预计净残值为100 000元，计算每年年折旧额。

具体计算结果如下：

第一年折旧率=5/(1+2+3+4+5)=5/15=1/3

第一年折旧额=(700 000-100 000)×1/3=200 000(元)

第二年折旧率=4/15

第二年折旧额=(700 000-100 000)×4/15=160 000(元)

第三年折旧率=3/15

第三年折旧额=(700 000-100 000)×3/15=120 000(元)

第四年折旧率=2/15

第四年折旧额=(700 000-100 000)×2/15=80 000(元)

第五年折旧率=1/15

第五年折旧额=(700 000-100 000)×1/15=40 000(元)

12.5.2 固定资产折旧的核算

固定资产的折旧应当按月计提，并编制折旧计算表，并根据固定资产的用途，将生产车间固定资产的折旧，记入"制造费用"科目借方；将企业专设销售部门固定资产计提折旧，记入"销售费用"科目借方；将管理部门、未使用固定资产计提折旧，记入"管理费用"科目借方；将企业出租固定资产计提折旧，记入"其他业务成本"科目借方；研发无形资产时使用固定资产计提折旧，记入"研发支出"科目借方；将在建工程中使用固定资产计提折旧，记入"在建工程"借方，并贷记"累计折旧"科目。

【例12-36】升达有限公司采用年限平均法对固定资产计提折旧，20×9年4月份"固定资产折旧计算表"如表12-11所示。本业务记账凭证编号为转字第21号，且附原始单据1张。

表 12-11 20×9年4月升达有限公司固定资产折旧计算表

20×9年3月

单位：元

使用部门		上月计提折旧额	上月增加固定资产折旧额	上月减少固定资产折旧额	本月应计提折旧额
一车间	设备	10 000	5 000	3 000	12 000
	厂房	2 000	7 000	1 000	8 000
	小计	12 000	12 000	4 000	20 000
二车间	设备	1 500	2 000	1 000	2 500
	厂房	3 500	0	0	3 500
	小计	5 000	2 000	1 000	6 000
行政管理部门	设备	4 500	0	0	4 500
	办公楼	500	0	0	500
	小计	5 000	0	0	5 000
出租	设备	3 000	0	0	3 000
合　计		25 000	14 000	5 000	34 000

分析：由表12-11可知，各车间及厂部管理部门应分配的折旧额为：一车间20 000元，二车间6 000元，厂管理部门5 000元，对外出租设备3 000元。计提折旧，折旧增加，贷记"累计折旧"科目，同时成本费用也增加，应将生产车间折旧记入"制造费用"科目借方，行政管理部门折旧记入"管理费用"科目借方，出租固定资产折旧记入"其他业务成本"科目借方。账务处理方法如下：

借：制造费用——一车间　　　　　20 000
　　　　　　　——二车间　　　　　 6 000
　　管理费用　　　　　　　　　　　 5 000
　　其他业务成本　　　　　　　　　 3 000
　　贷：累计折旧——厂房　　　　　11 500
　　　　　　　　　——办公楼　　　　　500
　　　　　　　　　——设备　　　　 22 000

根据以上分录编制会计凭证，如图12-58所示。

转账凭证

20×9年04月30日 转字第21号

摘要	会计科目		√	借方金额								贷方金额								
	总账科目	明细科目		十	万	千	百	十	元	角	分	十	万	千	百	十	元	角	分
计提折旧额	制造费用	一车间			2	0	0	0	0	0	0								
		二车间				6	0	0	0	0	0								
	管理费用					5	0	0	0	0	0								
	其他业务成本					3	0	0	0	0	0								
	累计折旧	厂房											1	1	5	0	0	0	0
		办公楼													5	0	0	0	0
		设备											2	2	0	0	0	0	0
合　计				¥	3	4	0	0	0	0	0	¥	3	4	0	0	0	0	0

会计主管： 记账： 审核： 出纳： 制单： 签章：

附单据1张

图 12-58 计提折旧的会计凭证

12.6 存货发出核算

12.6.1 存货发出计价方法

根据企业会计准则的规定，实际成本法下企业发出存货成本的计价方法有：个别计价法、先进先出法、月末一次加权平均法、移动加权平均法。企业应当根据各类存货的实物流转方式、企业管理要求、存货的性质等实际情况，合理地确定发出存货成本的计价方法。

1. 个别计价法

个别计价法，又称个别认定法、具体辨认法、分批实际法。这种计价方法在实物流转与成本流转完全一致的理论假设基础之上，以每次(批)收入存货的实际成本作为计算各次(批)发出存货成本的依据。这种计价方法对发出存货的成本和期末存货的成本计算最为准确，且可以随时结转发出存货的成本。但该方法实务操作的工作量繁重、应用成本高、困难较大。所以这种方法一般适用于品种数量不多、单位价值较高、容易识别的存货，或者一般不能互换使用及为特定项目专门购入或制造，并单独存放的存货。

2. 先进先出法

先进先出法是假定先收到的存货先发出，或先收到的存货先耗用，并根据这种假定的存货流转次序对发出存货和期末存货进行计价。企业若采用这种方法，在接收有关存货时，需逐笔登记每一批存货的数量、单价和金额；在发出存货时，按照先进先出的原则计价，逐笔登记存货的发出和结存金额。先进先出法具有顺应存货流动规律，符合历史成本原则，期末存货成本接近市场价值，随时结账发出存货的实际成本的优点。同时其工作量大，在物价上涨时会高估期末存货成本，低估发出存货成本，从而高估企业利润，不符合谨慎性原则。所以该种方法一般适用于收发次数不多，且存货价格稳定的存货。

3. 月末一次加权平均法

月末一次加权平均法，是指根据期初结存存货和本期收入存货的数量和实际成本，期末一次计算存货的本月加权平均单价，作为计算本期发出存货成本和期末结存存货成本的单价，以求得本期发出存货成本和期末结存存货成本的一种方法。其计算公式为

月末存货加权平均单价=(月初结存存货的实际成本+本月收入存货的实际成本)÷

(月初结存存货数量+本月收入存货数量)

本月发出存货的成本=本月发出存货的数量×月末存货加权平均单价

本月月末结存存货成本=月末结存存货数量×月末存货加权平均单价

采用该种方法进行存货的发出计价，企业平时工作比较简单(只登记发出的数量，不登记金额)，且市场价格波动时，对存货成本的分摊比较折中。但该方法导致月末工作量较大，平时企业无法掌握库存存货的单价和金额，不利于加强存货的管理。所以月末一次加权平均法一般适用于储存于同一地点，性能、形态相同，前后单价相差幅度较大的存货。

4. 移动加权平均法

移动加权平均法，是指每次(批)收货以后，立即根据库存存货数量和成本，计算出新的移动平均单价的一种方法。即"收货一次算单价，发货一次算成本"。其计算公式为

移动平均单价＝(以前结存存货实际成本＋本次收入存货实际成本)/

(以前结存存货数量＋本次收入存货数量)

本次发出存货成本＝本次发出存货数量×本次发货前存货的单位成本

月末库存存货成本＝月末库存存货数量×移动加权平均单价

12.6.2　实际成本法下发出存货的账务处理

实际成本法下企业发出存货时应按上述方法，确定发出存货的实际成本，并根据实际成本，按谁耗用谁承担的原则，如果生产产品耗用，借记"生产成本"科目；若是生产车间一般耗用，借记"制造费用"科目；管理部门耗用，借记"管理费用"科目；销售部门耗用，借记"销售费用"科目等；按实际耗用的具体产品，贷记"原材料""库存商品""周转材料"等科目。

【例12-37】升达有限公司20×9年4月份原材料购入、发出及结余情况如表12-12所示。

表 12-12　20×9 年 4 月份材料收发结余情况表

20×9年		凭证号数	摘要	收入			发出			结余		
月	日			数量/千克	单价	金额/元	数量/千克	单价	金额/元	数量/千克	单价	金额/元
3	1	略	月初余额							700	10	7 000
3	5	略	购入	300	11	3 300				1 000		10 300
3	10	略	购入	100	12	1 200				1 100		11 500
3	10	略	生产领用				500					
3	15	略	购入	200	9	1 800						
3	16	略	生产领用				600					

要求：分别采用先进先出法、加权平均法和移动加权平均法计算发出材料的实际成本。

具体计算结果如下：

(1) 先进先出法

原则是先购进的先发出。

发出材料的成本=500×10+200×10+300×11+100×12=11 500(元)

(2) 月末一次加权平均法

① 计算加权平均单价。

加权平均单价=购入材料的总价/购入材料的总量

$$=(700×10+300×11+100×12+200×9)/(700+300+100+200)$$

$$=13\ 300/1\ 300=10.23(元/千克)$$

② 计算发出材料成本。

发出材料的成本=(500+600)×10.23=11 253(元)

(3) 移动加权平均法

3月5日，购入存货单位成本=(7 000+3 300)÷(700+300)=10.3(元)

3月10日，购入存货单位成本=(10 300+1 200)÷(1 000+100)=10.45(元)

3月10日，发出存货成本=500×10.45=5 225(元)

3月10日，结存存货成本=600×10.45=6 270(元)

3月15日购入存货单位成本=(6 270+1 800)÷(600+200)=10.09(元)

3月16日发出存货成本=600×10.09=6 054(元)

3月16日结存存货成本=200×10.09=2 018(元)

本月发出材料成本总额=5 225+6 054=11 279(元)

【例12-38】承接【例12-37】，升达有限公司20×9年4月份原材料采用月末一次加权平均法，核算本月发出材料的成本，假设升达有限公司4月份被领用的材料全部用来生产产品。根据资料进行升达有限公司结转发出材料成本时的账务处理。本业务记账凭证编号为转字第22号，且附原始单据1张。

分析：由【例12-37】的资料及计算过程可知，升达有限公司20×9年4月份材料的加权平均单价为10.23元/千克，发出材料为11 253元。

生产产品耗用材料，原材料减少，生产成本增加，按实际发出材料的成本11 253元，借记"生产成本"科目，贷记"原材料"科目。账务处理方法如下：

借：生产成本　　　　　　　　　　　　11 253

　　贷：原材料　　　　　　　　　　　　　11 253

根据以上分录编制会计凭证，如图12-59所示。

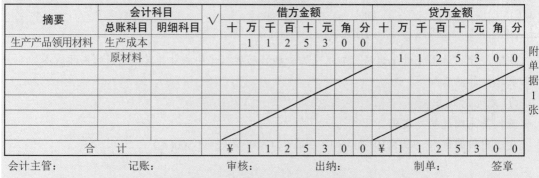

图 12-59　领用原材料的会计凭证

第13章 产品销售的账务处理

产品销售的过程是企业的商品资金变成货币资金的过程，企业产品的销售需要确认收入、结转成本、催收账款及核算销售税费等。本章主要介绍产品销售过程中账户的设置、运用，以及账务处理。通过本章的学习，可以使读者了解产品销售过程，以及过程中需设置的主要账户和收入确认、成本结转、催收账款及销售税费的具体账务处理，特别是以"五步法"模型确认收入的核算。

13.1 产品销售业务概述

企业将在筹资阶段筹集的资金，投入生产运营并生产出一大批产品，而这批产品想要再变成现金，必须投入销售阶段。销售业务是指在销售阶段所发生的业务，即将商品售出而发生的一系列交易和事项。销售阶段的账务处理涉及商品销售收入的确认与计量、销售成本的结转、应收账款的回收核算、销售费用和销售税费的核算等。

13.2 收入的确认与结转

13.2.1 收入类账户的设置

为核算销售收入和结转销售成本，企业必须设置"主营业务收入""主营业务成本""合同履约成本""合同取得成本"等账户，本节将对这些账户进行详细介绍。

1. "主营业务收入"账户

主营业务收入是指企业销售商品提供劳务及让渡资产使用权等日常经营活动所产生的收入。即企业营业执照经营范围内取得的收入。企业核算收入必须设置"主营业务收入"账户，账户结构如图13-1所示。

主营业务收入

借方	贷方
发生的销售退回而冲减的销售收入 期末转入"本年利润"账户的数额	本期实现的收入金额(增加)
	期末无余额

图 13-1 "主营业务收入"账户结构

"主营业务收入"账户属于损益类账户，用于核算企业主营业务收入的增减变化。本科目按主营业务的种类设置明细账进行明细核算。

2. "主营业务成本"账户

主营业务成本是指企业确认销售商品、提供劳务及让渡资产使用权等日常活动中所发生的实际成本。企业主营业务成本的结转需要设置主营业务成本账户，账户结构如图13-2所示。

主营业务成本

借方	贷方
实际发生的主营业务成本 期末转入"本年利润"账户的数额	销售退回冲减的销售成本 期末转入"本年利润"的主营业务成本
	期末无余额

图 13-2　"主营业务成本"账户结构

"主营业务成本"账户属于损益类账户，用于核算企业主营业务成本的增减变动情况。该账户可按主营业务的种类进行明细核算。

3. "合同履约成本"账户

合同履约成本是指企业为履行合同可能会发生的各种成本，且满足下列条件：一是该成本与一份当前或预期取得合同直接相关；二是该成本增加了企业未来用于履行(或持续履行)义务的资源；三是该成本预期能够收回。对于资本化的合同履约成本应设置"合同履约成本"账户进行核算，账户结构如图13-3所示。

合同履约成本

借方	贷方
合同履约成本的增加	合同履约成本的减少
期末合同履约成本的余额	

图 13-3　"合同履约成本"账户结构

"合同履约成本"账户为资产类账户，用来核算企业履行合同所发生的，不属于其他会计准则范畴的且按照收入准则可以确认为一项资产的成本。该账户可按合同分别设置"服务成本""施工成本"等明细账，进行明细核算。

4. "合同取得成本"账户

合同取得成本是指企业为取得合同发生的增量成本预期能够收回的，应当确认为一项资产的成本。关于合同取得成本的核算需要设置"合同取得成本"账户，账户结构如图13-4所示。

合同取得成本

借方	贷方
合同取得成本的增加	合同取得成本的减少
期末合同取得成本的余额	

图 13-4　"合同取得成本"账户结构

"合同取得成本"账户为资产类账户，用于核算企业为取得合同发生的、预期能够收回的增量成本。该账户可按合同设置明细账，进行明细核算。

13.2.2　收入的确认与计量

2017年7月，财政部发布了财会〔2017〕22号文，对《企业会计准则第14号——收入》进行修订。修订后的新收入准则不再区分销售商品、提供劳务、让渡资产使用权和建造合同等业务类型，对企业与客户之间的所有合同采用统一的收入准则核算收入。但长期股权投资、金融工具确认和计量、金融资产转移、套期、合并财务报表、合营安排、租赁、保险等合同除外。

1. 收入的确认与计量方法

通过对新收入准则的研读，收入的确认和计量应分为如下五步(即收入确认与计量的"五步法模型")进行。

第一步：识别与客户订立的合同

合同是指双方或多方之间订立有法律约束力的关于权利义务的协议，包括书面形式、口头形式以及其他可验证的形式。企业在确认收入时，首先应详细评估合同条款，确定合同是否成立，合同中商品的销售是否满足收入确认的原则和收入确认的前提条件。

收入确认的原则是指企业应当在履行了合同中的履约义务，即在客户取得相关商品控制权时确认收入。取得相关商品控制权，是指能够主导该商品的使用并从中获得几乎全部的经济利益，也包括有能力阻止其他方主导该商品的使用并从中获得经济利益。

收入确认的前提条件是指企业与客户之间的合同同时满足下列条件的，企业应当在客户取得相关商品控制权时确认收入：①合同各方已批准该合同并承诺将履行各自义务；②该合同明确了合同各方与所转让商品(或提供的服务)相关的权利和义务；③该合同明确了合同各方与所转让的商品相关的支付条款；④该合同具有商业实质；⑤企业因向客户转让商品而有权取得的对价很可能收回。由此可知，如果合同满足了收入确认的前提条件，企业应在取得商品控制权时确认收入。若合同未满足收入确认的前提条件，企业只有在不再负有向客户转让商品的剩余义务(譬如，合同已经完成或取消)，且已向客户收取的全部或部分对价无须退回时，才能将已收取的对价确认为收入；否则，应当将已收取的对价作为负债进行会计处理。若合同不满足收入确认的原则，肯定不能确认收入。

第二步：识别合同中的单项履约义务

单项履约义务，是指合同中企业向客户转让可明确区分商品的承诺。

合同开始日，企业应当对合同进行评估，识别合同中所包含的各单项履约义务，并确定各单项履约义务是在某一时段内履行，还是在某一时点履行。企业需要识别其交付多项商品或服务的合同，并评估哪些承诺的商品或服务属于单项履约义务，需要在新收入模型下单独核算。企业应当将下列向客户转让商品的承诺作为单项履约义务：①企业向客户转让可明确区分商品(或者商品或服务的组合)的承诺；②企业向客户转让一系列实质相同且转让模式相同的、可明确区分商品的承诺。

> ※注意※
>
> 企业为履行合同而应开展的初始活动，通常不构成履约义务，除非该活动向客户转让了承诺的商品。

第三步：确定交易价格

交易价格是指企业因向客户转让商品而预期有权收取的对价金额，注意企业代第三方收取的款项(如增值税)以及企业预期将退还给客户的款项，应作为负债处理，不计入交易价格。

企业应根据合同条款，并结合以往的习惯做法等确定交易价格。注意可变对价(通俗理解，就是随着未来某事件的发生，客户承诺的对价发生改变，即可能因奖励、折扣、返利、退款、抵免、价格折让、绩效激励、罚款或其他类似项目等因素导致合同对价发生变化)、存在融资成分、非现金对价、应付客户对价等问题。

第四步：将交易价格分摊至各单项履约义务

合同中包含两项或多项履约义务的，企业应当在合同开始日，按照各单项履约义务所承诺商品的单独售价的相对比例，将交易价格分摊至各单项履约义务。企业不得因合同开始日之后单独售价的变动而重新分摊交易价格。

第五步：履行各单项履约义务时确认收入

企业应当在履行了合同中的履约义务，即客户取得相关商品控制权时确认收入，而且要判断履约义务是属于某一时段内履行的履约义务，还是属于某一时点履行的履约义务。对于在某一时点履行的履约义务，应在客户获得商品控制权时确认收入；对于在某一时间内履行的履约义务，应通过计量履约进度，在某一段时间内按履约进度确认收入。

2. 收入确认与计量的账务处理

【例13-1】升达有限公司(一般纳税人，适用增值税税率13%)，20×9年1月1日，与甲公司签订商品销售合同，合同规定升达有限公司应在20×9年1月3日将一批A产品销售给甲公司，数量为100件，单价(不含税)为1 000元/件。20×9年1月3日，升达公司已将货物发出，货款已收到并存入银行，已开出增值税专用发票，甲公司已经将货物验收并入库。本业务记账凭证编号为收字第1号，且附原始单据1张。

分析：

第一步，识别与客户订立的合同。升达有限公司与甲公司签订了一份商品销售合同，履约时间为20×9年1月3日。

第二步，区分履约义务。该合同仅有一个单独履约义务，即20×9年1月3日发出货物。

第三步，确定交易价格。合同交易价格为100 000(1 000×100)元。

第四步，分配交易价格。因该合同仅有一项单独履约义务，所以销售商品的价格为100 000元。

第五步，确认收入。本题中合同的履约时间为20×9年1月3日，为一个时点。且在20×9年1月3日，升达有限公司的客户甲公司获得商品的控制权，所以升达有限公司应在20×9年1月3日确认收入100 000元。

销售产品属于主营业务，主营业务收入增加记贷方。出售产品取得收入，银行存款增加记借方。账务处理方法如下：

借：银行存款　　　　　　　　　　　　　　　113 000

　　贷：主营业务收入　　　　　　　　　　　　　　100 000

　　　　应交税费——应交增值税(销项税额)　　　　　13 000

根据以上分录编制会计凭证，如图13-5所示。

收 款 凭 证

借方科目：银行存款　　　　　　　　20×9年01月03日　　　　　　　　收字第1号

摘要	贷 方 科 目		√	金 额									附单据1张
	总账科目	明细科目		百	十	万	千	百	十	元	角	分	
销售商品收到货款	主营业务收入				1	0	0	0	0	0	0	0	
	应交税费	应交增值税(销项税额)				1	3	0	0	0	0	0	
合　计				￥	1	1	3	0	0	0	0	0	

会计主管：　　　　记账：　　　　审核：　　　　出纳：　　　　制单：　　　　签章

图 13-5　销售商品的会计凭证

【例13-2】20×9年1月1日，升达有限公司采用分期收款方式销售一批大型设备(升达有限公司的商品)，与乙公司订立一份合同，合同约定的销售价格为200万元，分4次于每年12月31日等额收取，发货时间为20×9年1月2日。在现销方式下，该大型设备的销售价格为160万元，市场利率为9.57%。20×9年1月2日，升达有限公司已将货物发出。乙公司于20×9年1月2日当天收到该设备并验收合格，取得了该商品的控制权。假定升达有限公司发出商品时，其有关的增值税纳税义务尚未发生，在合同约定的收款日期，发生有关的增值税纳税义务。假设20×9年1月2日确认收入的记账凭证编号为转字第1号(附原始凭证2张)、每年未收到货款并确认融资收益的记账凭证编号分别为收字第2号、转字第2号、收字第3号、转字第3号、收字第4号、转字第4号、收字第5号、转字第5号(各附原始凭证2张)(注意：计算结果四舍五入取整数)。

分析：

第一步，识别与客户订立的合同。升达有限公司与乙公司签订了一份商品销售合同，履约时间为20×9年1月2日。

第二步，区分履约义务。该合同仅有一个单独履约义务，即20×9年1月2日发出货物。

第三步，确定交易价格。合同交易价格具有融资性质，所以应以现销价格160万元作为销售价格。

第四步，分配交易价格。因该合同仅有一项单独履约义务，所以销售商品的价格为160万元。

第五步，确认收入。由题意可知，本合同中的履约时间为20×9年1月2日，为一个时点。且20×9年1月2日，升达有限公司的客户乙公司获得商品的控制权。所以升达有限公司应在20×9年1月2日确认收入160万元。

本题采用分期收款方式销售商品，且收款时间长达4年，所以该应收款项应核算为长期应收款，记入"长期应收款"科目的借方；销售商品应按其现销价格确认收入，记入"主营业务收入"科目的贷方。且将合同价格与现销价格的差额确认为提供资金而未实现的收益，记入"未实现融资收益"科目的贷方。且在合同期间内采用实际利率法摊销，将未实现融资收益从其借方转走，转入"财务费用"科目的贷方。账务处理方法如下：

① 20×9年1月2日，发出货物时

借：长期应收款　　　　　　　　　　　　　2 000 000

　　贷：主营业务收入　　　　　　　　　　1 600 000

　　　　未实现融资收益　　　　　　　　　　400 000

根据以上分录编制会计凭证，如图13-6所示。

转 账 凭 证

20×9年01月02日　　　　　　　　　　　　　　　　　　转 字第1号

摘要	会 计 科 目		√	借方金额										贷方金额									
	总账科目	明细科目		万	百	十	万	千	百	十	元	角	分	万	百	十	万	千	百	十	元	角	分
确认收入	长期应收款			2	0	0	0	0	0	0	0	0											
	主营业务收入													1	6	0	0	0	0	0	0	0	0
	未实现融资收益													4	0	0	0	0	0	0	0	0	0
合　计				¥	2	0	0	0	0	0	0	0	0	¥	2	0	0	0	0	0	0	0	0

附单据2张

会计主管：　　　　记账：　　　　审核：　　　　出纳：　　　　制单：　　　　签章

图13-6　确认收入形成长期应收款的会计凭证

② 20×9年12月31日，收到第一笔货款

借：银行存款　　　　　　　　　　　　　　565 000

　　贷：长期应收款　　　　　　　　　　　500 000

　　　　应交税费——应交增值税(销项税额)　65 000

根据以上分录编制会计凭证，如图13-7所示。

收 款 凭 证

借方科目：银行存款　　　　　　20×9年12月31日　　　　　　收字第2号

摘要	贷 方 科 目		√	金　额								
	总账科目	明细科目		百	十	万	千	百	十	元	角	分
收回长期应收款	长期应收款				5	0	0	0	0	0	0	0
	应交税费	应交增值税(销项税额)			6	5	0	0	0	0	0	0
合　计				¥	5	6	5	0	0	0	0	0

附单据2张

会计主管：　　　　记账：　　　　审核：　　　　出纳：　　　　制单：　　　　签章

图13-7　收到第一笔货款的会计凭证

③ 计算未实现融资收益

未实现融资收益=(2 000 000-400 000)×9.57%=153 120(元)

借：未实现融资收益　　　　　　　153 120

　　贷：财务费用　　　　　　　　　　　153 120

根据以上分录编制会计凭证，如图13-8所示。

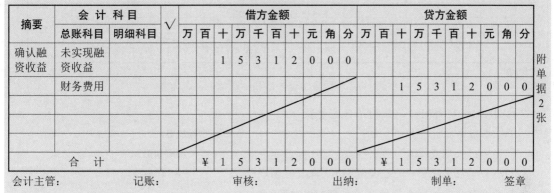

转 账 凭 证

20×9年12月31日　　　　　　　　　　　　　　　转字第2号

摘要	会 计 科 目		√	借方金额									贷方金额										附单据2张
	总账科目	明细科目		万	百	十	万	千	百	十	元	角	分	万	百	十	万	千	百	十	元	角	分	
确认融资收益	未实现融资收益				1	5	3	1	2	0	0	0												
		财务费用													1	5	3	1	2	0	0	0		
合　计				¥	1	5	3	1	2	0	0	0		¥	1	5	3	1	2	0	0	0	

会计主管：　　　记账：　　　审核：　　　出纳：　　　制单：　　　签章

图 13-8　确认未实现融资收益的会计凭证

④ 20×0年12月31日，收到第二笔货款

借：银行存款　　　　　　　　　　　565 000

　　贷：长期应收款　　　　　　　　　　500 000

　　　　应交税费——应交增值税(销项税额)　　65 000

根据以上分录编制会计凭证，如图13-9所示。

收 款 凭 证

借方科目：银行存款　　　　　　20×0年12月31日　　　　　　　　　收字第3号

摘要	贷 方 科 目		√	金　额									附单据2张
	总账科目	明细科目		百	十	万	千	百	十	元	角	分	
收回长期应收款	长期应收款			5	0	0	0	0	0	0	0	0	
	应交税费	应交增值税(销项税额)		6	5	0	0	0	0	0	0	0	
合　计				¥	5	6	5	0	0	0	0	0	

会计主管：　　　记账：　　　审核：　　　出纳：　　　制单：　　　签章

图 13-9　收到第二笔货款的会计凭证

⑤ 计算未实现融资收益

未实现融资收益=[(2 000 000-500 000)-(400 000-153 120)]×9.57%≈119 924(元)

借：未实现融资收益　　　　　　　119 924

　　贷：财务费用　　　　　　　　　　　119 924

根据以上分录编制会计凭证，如图13-10所示。

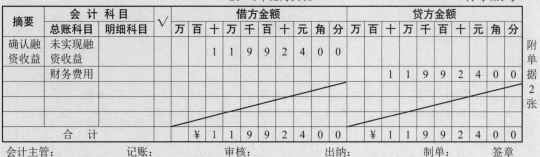

图 13-10　确认未实现融资收益的会计凭证

⑥ 20×1年12月31日，收到第三笔货款

借：银行存款　　　　　　　　　　　　　　　　　　565 000

　　贷：长期应收款　　　　　　　　　　　　　　　　　500 000

　　　　应交税费——应交增值税(销项税额)　　　　　　65 000

根据以上分录编制会计凭证，如图13-11所示。

收 款 凭 证

借方科目：银行存款　　　　　　　　20×1年12月31日　　　　　　　　收字第4号

摘要	贷 方 科 目		√	金　额								
	总账科目	明细科目		百	十	万	千	百	十	元	角	分
收回长期应收款	长期应收款				5	0	0	0	0	0	0	0
	应交税费	应交增值税(销项税额)				6	5	0	0	0	0	0
合　计				¥	5	6	5	0	0	0	0	0

会计主管：　　　　记账：　　　　审核：　　　　出纳：　　　　制单：　　　　签章：

图 13-11　收到第三笔货款的会计凭证

⑦ 计算未实现融资收益

未实现融资收益=[(2000 000-1 000 000)-(400 000-153 120-119 924)]×9.57%≈83 550(元)

借：未实现融资收益　　　　　　　　　　　　　　83 550

　　贷：财务费用　　　　　　　　　　　　　　　　　83 550

根据以上分录编制会计凭证，如图13-12所示。

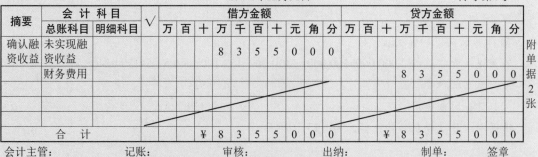

图 13-12　确认未实现融资收益的会计凭证

⑧ 20×2年12月31日，收到第四笔货款

借：银行存款　　　　　　　　　　　　　　　　565 000

　　贷：长期应收款　　　　　　　　　　　　　　　　500 000

　　　　应交税费——应交增值税(销项税额)　　　　65 000

根据以上分录编制会计凭证，如图13-13所示。

收 款 凭 证

借方科目：银行存款　　　　　　　　　20×2年12月31日　　　　　　　　　　　收字第5号

摘要	贷 方 科 目		√	金 额								
	总账科目	明细科目		百	十	万	千	百	十	元	角	分
收回长期应收款	长期应收款			5	0	0	0	0	0	0	0	0
	应交税费	应交增值税(销项税额)			6	5	0	0	0	0	0	0
合　计				￥	5	6	5	0	0	0	0	0

会计主管：　　　记账：　　　审核：　　　出纳：　　　制单：　　　签章：

附单据2张

图13-13　收到第四笔货款的会计凭证

⑨ 计算未实现融资收益

未实现融资收益=400 000-153 120-119 924-83 550=43 406(元)

借：未实现融资收益　　　　　　　　　　　　　43 406

　　贷：财务费用　　　　　　　　　　　　　　　　　43 406

根据以上分录编制会计凭证，如图13-14所示。

转 账 凭 证

20×2年12月31日　　　　　　　　　　　　　　转字第5号

摘要	会 计 科 目		√	借方金额									贷方金额								
	总账科目	明细科目		万	百	十	万	千	百	十	元	角	分	万	百	十	万	千	百	十	元	角	分
确认融资收益	未实现融资收益					4	3	4	0	6	0	0										
	财务费用															4	3	4	0	6	0	0
合　计					￥	4	3	4	0	6	0	0		￥	4	3	4	0	6	0	0

会计主管：　　　记账：　　　审核：　　　出纳：　　　制单：　　　签章：

附单据2张

图13-14　确认未实现融资收益的会计凭证

【例13-3】升达有限公司为增值税一般纳税企业。20×9年2月25日，升达有限公司与华盛公司签订了一份甲商品销售合同，合同规定：甲商品的不含税售价为200元/件，共10 000件。因属批量销售，升达有限公司同意给予30%的商业折扣，并规定华盛公司应于20×9年4月5日付款，若华盛公司提前付款，同意给其一定的现金折扣条件，即2/10，1/10，n/30(现金折扣计算时不考虑增值税)。升达有限公司按照合同约定在20×9年3月5日发货，开出增值税专用发票，税率13%。华盛公司在20×9年3月5日收到货物验收合格，取得了商品的控制权，但未支付货款。本业务记账凭证编号为转字第6号，附原始单据2张。

分析：

第一步，识别与客户订立的合同。升达有限公司与华盛公司签订了一份商品销售合同，升达有限公司履行合同的时间为20×9年3月5日。

第二步，区分履约义务。该合同仅有一个单项履约义务，即20×9年3月5日发出货物。

第三步，确定交易价格。合同交易价格给予了商业折扣和现金折扣，商业折扣是指企业为了扩大商品的销售，而在商品标价上给予的价格扣除。现金折扣是指企业为了鼓励债权人提前付款而给予的债务扣除。销售商品时若存在现金折扣和商业折扣，企业应按照扣除商业折扣后，未扣现金折扣的金额1 400 000(200×10 000×70%)元作为合同的交易价格。

第四步，分配交易价格。因为该合同中仅有一项单独履约义务，所以销售商品的价格为1 400 000元。

第五步，确认收入。本题中升达有限公司的合同义务履行时间为20×9年3月5日，为一个时点，在20×9年3月5日这一天，华盛公司已经获得了商品的控制权。所以升达有限公司应在20×9年3月5日确认收入1 400 000元。账务处理方法如下：

借：应收账款　　　　　　　　　　　　　　　1 582 000

　　贷：主营业务收入　　　　　　　　　　　　1 400 000

　　　　应交税费——应交增值税(销项税额)　　 182 000

根据以上分录编制会计凭证，如图13-15所示。

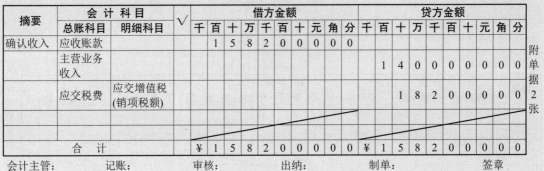

转 账 凭 证

20×9年03月05日　　　　　　　　　　　　　　　　转 字第6号

摘要	会 计 科 目		√	借方金额										贷方金额										
	总账科目	明细科目		千	百	十	万	千	百	十	元	角	分	千	百	十	万	千	百	十	元	角	分	
确认收入	应收账款				1	5	8	2	0	0	0	0	0											
	主营业务收入														1	4	0	0	0	0	0	0	0	
	应交税费	应交增值税(销项税额)														1	8	2	0	0	0	0	0	
合　计				¥	1	5	8	2	0	0	0	0	0	¥	1	5	8	2	0	0	0	0	0	

附单据2张

会计主管：　　　记账：　　　审核：　　　出纳：　　　制单：　　　签章

图13-15　确认收入的会计凭证

【例13-4】沿用【例13-3】资料，假设华盛公司于20×9年3月12日付清货款。本业务记账凭证编号为收字第6号和转字第7号，附原始单据2张。

分析：升达有限公司在20×9年3月12日收到货款，应当给予华盛公司2%的现金折扣，即28 000(1 400 000×2%)元，升达有限公司实际收到1 554 000(1 582 000-28 000)元。银行存款增加，应借记"银行存款"科目；而1 582 000元的应收账款被收回，应收账款减少，应贷记"应收账款"科目。这笔交易的实质相当于升达有限公司用应收账款融集了一笔资金，而支付融资费用28 000元，所以这28 000元的现金折扣应记入"财务费用"科目的借方。账务处理方法如下：

借：银行存款　　　　　　　　　　　　　　　1 554 000

　　财务费用　　　　　　　　　　　　　　　　 28 000

　　贷：应收账款　　　　　　　　　　　　　　1 582 000

根据以上分录编制会计凭证，如图13-16、图13-17所示。

图 13-16　收到货款的会计凭证 (1)

图 13-17　收到货款的会计凭证 (2)

【例13-5】沿用【例13-3】资料，假设华盛公司于20×9年4月5日付清货款。本业务记账凭证编号为收字第7号，附原始单据1张。

分析：升达有限公司在20×9年4月5日收到货款，给予的现金折扣金额为0元，所以升达有限公司实际收到1 582 000元银行存款。银行存款增加，应借记"银行存款"科目；而1 582 000元的应收账款被收回，应收账款减少，应贷记"应收账款"科目。账务处理方法如下：

借：银行存款　　　　　　　　　　　　　1 582 000

　　贷：应收账款　　　　　　　　　　　　1 582 000

根据以上分录编制会计凭证，如图13-18所示。

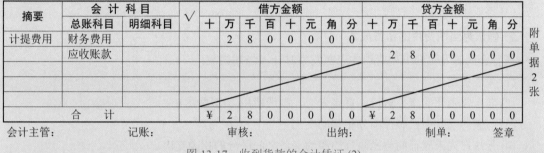

图 13-18　收到全部货款的会计凭证

13.2.3 销售成本的结转

1. 确认为资产的销售成本

根据2017年7月，财政部发布的财会〔2017〕22号文对《企业会计准则第14号——收入》进行修订可知，对于企业为履行合同而发生的各种成本，如果属于存货、固定资产、无形资产等范畴的，遵循其相应的会计准则处理。而对于其他履行合同发生的成本，如果满足下列条件的应当作为合同履约成本确认为一项资产。

(1) 该成本与一份当前或预期取得合同直接相关。预期取得的合同应当是企业能够明确识别的合同，如现有合同的续约合同。与合同直接相关的成本包括直接人工(如直接提供合同规定服务的人员薪酬)、直接材料(如为履行合同耗费的材料)、制造费用或类似费用(如直接履行合同发生的间接费用，类似于生产产品的制造费用)、明确由客户承担的成本以及仅因该合同而发生的其他成本(如支付给分包商的成本)。

(2) 该成本增加了企业未来用于履行(或持续履行)义务的资源。

(3) 该成本预期能够收回。

2. 确认为当期费用的销售成本

履行合同时发生的下列费用，应在发生时计入当期损益：

(1) 管理费用；

(2) 非正常消耗的直接材料、直接人工、制造费用(类似费用)；

(3) 与履约义务中已履行部分相关的支出；

(4) 无法在尚未履行的与已履行的履约义务之间区分的相关支出。

【例13-6】承接【例13-1】资料，请结转20×9年1月3日升达有限公司销售给甲公司货物的成本，该批商品的单位成本为600元/件。本业务记账凭证编号为转字第8号，附原始单据2张。

分析：该业务属于存货的销售，应依据存货准则进行核算，应按60 000(600×100)元结转商品成本，库存商品减少，记入"库存商品"科目贷方；主营业务成本增加，记入"主营业务成本"科目借方。账务处理方法如下：

借：主营业务成本　　　　　　　　　　60 000

贷：库存商品　　　　　　　　　　　　　　60 000

根据以上分录编制会计凭证，如图13-19所示。

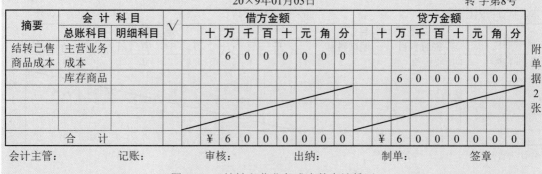

图 13-19　结转主营业务成本的会计凭证

13.3　应收账款回收

应收账款是指企业因销售商品、产品或提供劳务而形成的债权。包括应向购货单位或接受劳务单位收取的价款，增值税及代垫的运杂费、包装费等。

应收账款管理是企业内部很重要的经营活动，应收账款回收管理的好坏直接影响企业资产的完整性和利润的真实性。企业应收账款管理不善，呆坏账比较多，势必会影响企业资产的质量，降低偿债能力和资金的周转速度。因此，企业应强化应收账款的管理，加大回收力度。本节通过理论与案例相结合的方式解析应收账款的回收。

13.3.1　应收账款主要账户的设置

1. "应收账款"账户

应收账款属于企业的资产，是指企业因销售商品或材料、提供劳务等经营活动应向购货单位或接受劳务单位收取的各种款项。包括应向购货单位或接受劳务单位收取的价款，增值税及代垫的运杂费、包装费。企业应收账款的核算需要设置"应收账款"账户，账户结构如图13-20所示。

应收账款

借方	贷方
本期发生的实际应收账款金额(增加)	实际收回的应收款项(减少)
期末尚未收回的应收账款金额	

图 13-20　"应收账款"账户结构

> ※注意※
>
> 预收业务不多的企业可能将预收账款业务核算到"应收账款"的贷方，所以"应收账款"账户期末可能是贷方余额，反映企业期末预收的账款金额。

"应收账款"账户属于资产类账户，用于核算企业因销售商品或材料、提供劳务等经营活动应向购货单位或接受劳务单位收取的各种款项。本科目可按债务人不同设置明细账进行明细核算。

2. "应收票据"账户

应收票据属于企业的资产，是指因销售商品或材料、提供劳务等而收到的尚未到期兑付的商业汇票。包括银行承兑汇票和商业承兑汇票。应收票据的核算需要设置"应收票据"账户，账户结构如图13-21所示。

应收票据

借方	贷方
应收票据的增加	到期兑现、贴现、背书转让的应收票据减少
期末企业尚未到期兑付的应收票据款	

图 13-21　"应收票据"账户结构

"应收票据"账户是资产类账户，用于核算因销售商品或材料、提供劳务等而收到的尚未到期兑付的商业汇票。包括银行承兑汇票和商业承兑汇票。该账户可按开出、承兑商业汇票的单位设置明细账进行明细核算。

3. "预收账款"账户

预收账款属于企业的负债，是指企业按照合同规定向购货方预先收取的各种款项。企业预收账款的核算需要设置"预收账款"账户，账户结构如图13-22所示。

预收账款

借方	贷方
销售实现时与购货单位结算的款项(减少) 退回的金额	预收的金额(增加) 补付的金额
期末购货方应补付的金额	期末预收的账款余额

图 13-22　"预收账款"账户结构

"预收账款"账户属于负债类账户，用于核算企业按照合同规定预收的款项。本科目可按购货单位进行明细核算。

4. "其他应收款"账户

其他应收款是指企业除应收票据、应收账款、预付账款、应收股利、应收利息、长期应收款等以外的其他各种应收及暂付款项。包括应收的各种赔款和罚款、应收出租包装物的租金、应向职工收取的各种垫付款项、备用金、存储的保证金、其他各种应收和暂付款项等。其他应收款的核算需要设置"其他应收款"账户，账户结构如图13-23所示。

其他应收款

借方	贷方
实际发生的各种其他应收款项	实际收回的其他各种应收款项
期末尚未收回的其他应收款项	

图 13-23　"其他应收款"账户结构

"其他应收款"账户为资产类账户，用于核算企业其他应收账款的增减及变动情况。该账户可按对方单位(或个人)设置明细账，进行明细核算。

5. "坏账准备"账户

坏账准备是指企业针对其可能收不回的应收款项预提的准备。备抵法下核算坏账，企业需要设置"坏账准备"账户，账户结构如图13-24所示。

坏账准备

借方	贷方
实际发生坏账损失时冲减的坏账准备 冲销的多计提的坏账准备金额	计提的坏账准备金额 收回已确认坏账时恢复的坏账准备金额
	期末针对应收款项估计的坏账准备金额

图 13-24　"坏账准备"账户结构

"坏账准备"账户属于资产类的备抵账户，用于核算企业应收款项等发生减值时计提的减值准备。借方核算实际发生坏账损失时冲减的坏账准备金额或冲销的多计提的坏账准备金额；贷方核算计提的坏账准备金额、收回已确认坏账时恢复的坏账准备金额，以及补提的坏账准备。期末余额在贷方，反映企业期末针对应收款项估计的坏账准备。可以按"应收账款""其他应收款""应收票据""预付账款"等应收款项的类别设置明细账，进行明细核算。

6. "信用减值损失"账户

信用减值损失是指企业由于资产减值而遭受的损失，包括应收账款的坏账、固定资产减值、无形资产减值、存货的跌价、长期股权投资减值等使企业遭受的各种损失。资产减值损失的核算需要设置"信用减值损失"账户，账户结构如图13-25所示。

信用减值损失

借方	贷方
计提各种资产减值准备时形成的损失	减值损失冲回的金额 期末转入"本年利润"账户的金额
期末无余额	

图 13-25　"信用减值损失"账户结构

"信用减值损失"账户属于损益类账户，用来核算企业资产减值损失的增减变动情况。该账户借方核算各种资产计提减值准备时形成的损失；贷方核算冲回的减值损失金额和期末转让"本年利润"账户的金额；期末结转后无余额。可以按"应收账款""其他应收款""应收票据""预付账款"等应收款项的类别设置明细账，进行明细核算。

13.3.2　坏账准备核算

1. 坏账准备的核算方法

坏账是企业因购货方拒付、破产、死亡等原因而无法收回或者收回可能性极小的账款。坏账的发生可能使企业遭受损失。坏账准备是指企业针对其可能收不回的应收款项预提的准备。坏账的核算方法有直接法和备抵法两种，而我国《企业会计制度》规定，只能采用备抵法。

备抵法，是指按期估计坏账损失，形成坏账准备，当某一应收款项的全部或部分被确认为坏账时，应根据其金额冲减坏账准备，同时转销相应的应收款项金额的一种核算方法。其核算步骤为：

第一步，建立"坏账准备"账户。

第二步，期末定期估计坏账，计提坏账准备。在期末企业应按一定的方法估计坏账，并计提坏账准备，并按估计出的坏账准备金额计提坏账，借记"信用减值损失——计提的坏账准备"科目，贷记"坏账准备"科目。冲销时，写相反分录。

第三步，实际发生坏账时抵销坏账准备。实际发生坏账时，以事先预提的坏账准备冲减应收账款，即按实际发生坏账的金额，借记"坏账准备"科目，贷记"应收账款"科目。

若前期已发生坏账，本期又收回的，应借记"应收账款"科目，贷记"坏账准备"科目，同时，按实际收到的金额，借记"银行存款"科目，贷记"应收账款"科目。

2. 计提坏账准备的方式

(1) 余额百分比法。余额百分比法是指根据期末应收账款的余额和估计的坏账率，估计坏账损失，计提坏账准备的方法。其计算公式为：

$$年末应提坏账准备 = 年末应收账款余额 \times 估计坏账率 - 计提前坏账准备余额$$

※注意※

企业采取上述公式计算出来的金额如为正数，则需在期末计提坏账，如果为负数，则需冲销多计提的坏账。

【例13-7】升达有限公司采用应收账款余额百分比法计提坏账准备，且按年估计坏账，估计的坏账率为0.5%，20×9年年初坏账准备贷方余额20万元，20×9年3月1日，发生坏账损失10万元。本业务记账凭证编号为转字第9号，附原始单据1张。

分析：实际发生坏账，应拿坏账准备冲减应收账款，坏账准备减少，应收账款减少，应借记"坏账准备"科目，贷记"应收账款"科目。账务处理方法如下：

借：坏账准备　　　　　　　　　　　　　100 000
　　贷：应收账款　　　　　　　　　　　　　　100 000

根据以上分录编制会计凭证，如图13-26所示。

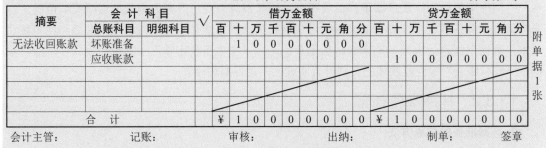

图13-26　发生坏账的会计凭证

【例13-8】承接【例13-7】中的资料，20×9年3月15日，收回上年已核销的坏账8万元。本业务记账凭证编号为转字第10号(附原始单据2张)和收字第8号(附原始单据1张)。

分析：收回上年已确认的坏账，首先应作相反分录将前期确认坏账的分录冲回，以恢复债权，即借记"应收账款"科目，贷记"坏账准备"科目。然后，再确认收回应收账款的业务。按实际收回的金额，借记"银行存款"，贷记"应收账款"。账务处理方法如下：

① 冲回原坏账分录

借：应收账款　　　　　　　　　　　　　80 000
　　贷：坏账准备　　　　　　　　　　　　　　80 000

根据以上分录编制会计凭证，如图13-27所示。

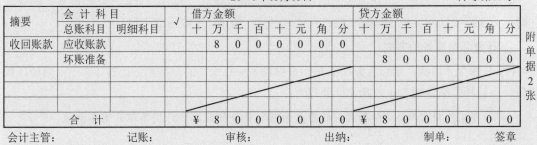

图13-27　冲回已核销坏账的会计凭证

② 确认收回应收账款

借：银行存款　　　　　　　　　　　　　80 000
　　贷：应收账款　　　　　　　　　　　　　　80 000

根据以上分录编制会计凭证，如图13-28所示。

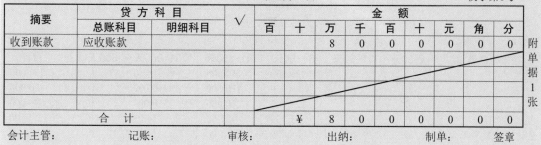

图 13-28 确认收回应收账款的会计分录

【例13-9】承接【例13-7】和【例13-8】资料，假设20×9年年末，升达有限公司应收账款余额为1 100万元，其中有一项100万元的应收账款有确凿证据表明只能收回90%，计算本年应计提的坏账准备金额，并做相关的会计处理。本业务记账凭证编号为转字第11号(附原始单据2张)。

分析：

年末应保留的坏账准备的余额=1 000×0.5% + 100×10%=15(万元)

本年应计提的坏账准备=15-(20-10 + 8)=-3(万元)

上式计算出来的结果为负数，代表企业的坏账准备计提多了，应该冲回3万元。冲回多计提坏账的账务处理与计提坏账相反，应借记"信用减值损失"科目，贷记"坏账准备科目"科目。账务处理方法如下：

借：坏账准备 30 000

贷：信用减值损失 30 000

根据以上分录编制会计凭证，如图13-29所示。

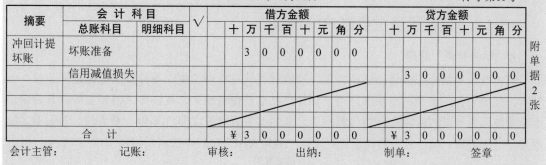

图 13-29 冲回多计提坏账准备的会计凭证

(2) 账龄分析法。账龄分析法认为，账款拖欠的时间越长，发生坏账的可能性就越大。坏账准备率就应越高，反之，则越小。所以账龄分析法是指企业根据应收账款的账龄长短来估计坏账损失的方法。其中，账龄指的是顾客所欠账款的时间。实际上，账龄分析法是比应收款项余额百分比法更为精确的估计坏账的方法。

【例13-10】升达有限公司20×9年6月30日的应收账款如下：应收宏达公司20×9年2月1日货款15万元、20×9年4月18日货款12万元；应收中原公司20×8年12月3日货款31万元、20×9年3月8日货款11万元。编制20×9年6月30日升达有限公司的账龄分析表，如表13-1所示。

表 13-1 升达有限公司账龄分析表

会计科目：应收账款　　　　　　　　　　20×9年6月30日　　　　　　　　　　单位：元

往来单位名称	1~30天	31~60天	61~90天	91~180天	181~360天	360天以上	合计
宏达公司	0	0	120 000	150 000	0	0	270 000
中原公司	0	0	0	110 000	310 000	0	420 000
合计	0	0	120 000	260 000	310 000	0	690 000
占总额的百分比/%	0	0	17.39	37.68	44.93	0	100
估计的坏账率/%	0	0	0.20	1.00	3.00	0	0
估计坏账损失金额/%	0	0	240	2 600	9 300	0	12 140

其次，升达有限公司财务人员根据表13-1计算出其本期应计提的坏账准备，金额为-1 000元(12 140-13 140)，确定其账务处理分录并编写记账凭证。其账务处理分录如下：

借：坏账准备　　　　　　　　1 000

　　贷：信用减值损失　　　　　　　1 000

记账凭证的编制参考图13-29进行编制，此处不再赘述。

(3) 销货百分比法。销货百分比法认为坏账损失与赊销额的高低正相关，所以采用该种方法的企业，首先会根据经验及赊销的现状估计坏账的百分比，然后将当期的赊销额乘以估计的坏账百分比，以此来确定当期应提坏账损失额，且无须再考虑"坏账准备"账户已有的金额。

(4) 个别认定法。企业对应收账款采用个别认定法估计坏账时，首先对应收账款明细账上的每一欠款客户逐个进行偿债能力分析和信用度调查，并根据调查分析结果估计每个欠款客户还款的可能性，即确定每个客户名下应收账款发生坏账的比率，并据此测算期末应计提的坏账准备金额。

13.4 销售税费的核算

在销售过程中必然要产生销售费用和销售税费，本节将对销售过程中产生的销售费用和销售税费的账务处理进行一一讲解。

13.4.1 销售税费主要账户的设置

1. "销售费用"账户

销售费用是指企业销售商品和材料、提供劳务的过程中发生的各种费用，包括保险费、包装费、展览费和广告费、商品维修费、预计产品质量保证损失、运输费、装卸费等以及为销售本企业商品而专设的销售机构(含销售网点、售后服务网点等)的职工薪酬、业务费、折旧费、修理费等经营费用。销售费用的核算需要设置"销售费用"账户，账户结构如图13-30所示。

销售费用

借方	贷方
本期实际发生的销售费用金额	期末转入"本年利润"账户的金额
	期末无余额

图 13-30 "销售费用"账户结构

"销售费用"账户属于损益类账户,用于核算企业销售费用的增减变动情况。本科目可按费用项目进行明细核算。

2. "税金及附加"账户

税金及附加是指企业经营活动发生的相关税费,如消费税、城市维护建设税、资源税和教育费附加、房产税、土地使用税、车船使用税、印花税等。企业核算销售过程中产生的税费,需设置"税金及附加"账户,账户结构如图13-31所示。

税金及附加

借方	贷方
计提的各种应交税金及附加	消费税金的返还 期末转入"本年利润"账户的金额
	期末无余额

图 13-31 "税金及附加"账户结构

"税金及附加"账户属于损益类账户,用来核算企业经营活动发生的消费税、城市维护建设税、资源税和教育费附加等相关税费。该账户可按应交税费的名称设置明细账进行明细核算。

13.4.2 销售费用归集

销售费用是指为促进销售发生的各项费用或专设销售机构的各种费用等。产品销售费用不计入产品的成本,按照期间(月份、季度或年度)核算,而是在发生的当月作为期间费用,计入当期损益。因此,企业应设置销售费用账户总账及明细账,并按期归集销售费用,以反映企业销售过程中销售费用的高低,以及与销售费用计划的差异,方便进行销售费用管理。

当企业发生销售费用时,应在销售费用科目归集,并按实际发生的金额,借记"销售费用"科目;按实际支付的金额贷记"银行存款"等科目;如果企业为一般纳税人,收到的增值税专用发票上的增值税,应记入"应交税费——应交增值税(进项税额)"科目。

【例13-11】升达有限公司为增值税一般纳税人,主要生产销售甲、乙产品,20×9年1月5日,以银行存款支付销售甲产品的运费,并取得增值税专用发票,发票注明运费2 000元,增值税税额180元。本业务记账凭证编号为付字第1号,附原始单据2张。

分析:升达有限公司销售商品支付的运费为2 000元,是为促进销售而发生的费用,应计入销售费用,销售费用增加,记入"销售费用"科目借方;升达有限公司为增值税一般纳税人,收到增值税专用发票,专用发票上的增值税为180元,可用来抵扣税额,应记入"应交税费——应交增值税(进项税额)"科目借方;升达有限公司用银行存款支付,银行存款减少,应按实际支付的金额2 200元,贷记"银行存款"科目。账务处理方法如下:

```
借:销售费用                              2 000
    应交税费——应交增值税(进项税额)        180
    贷:银行存款                              2 180
```

根据以上分录编制会计凭证,如图13-32所示。

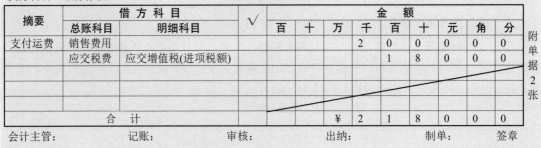

图 13-32　支付运费的会计凭证

【例13-12】承接【例13-11】资料，20×9年1月15日，升达有限公司为进行乙产品推广，以银行存款支付某广告公司广告费，取得的增值税专用发票上标明广告费20 000元，增值税1 200元。

分析：升达有限公司用银行存款支付广告费用20 000元，广告费是为促进销售而发生的费用，属于销售费用，销售费用增加，记入"销售费用"科目借方；该公司为增值税一般纳税人，收到增值税专用发票，发票上注明增值税1 200元，应记入"应交税费——应交增值税(进项税额)"科目借方；银行存款减少，应按支付的金额21 200元，贷记"银行存款"科目。账务处理方法如下：

借：销售费用　　　　　　　　　　　　　　20 000
　　应交税费——应交增值税(进项税额)　　　1 200
　　贷：银行存款　　　　　　　　　　　　　　21 200

根据以上分录编制会计凭证，如图13-33所示。

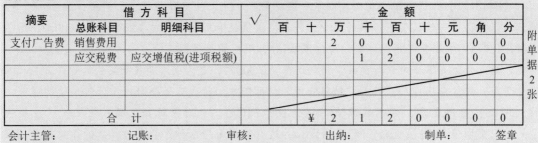

图 13-33　支付广告费的会计凭证

【例13-13】承接【例13-11】资料，升达有限公司20×9年1月31日，以银行存款支付本月销售部门电费，取得增值税专用发票标明电费1 000元，增值税130元。本业务记账凭证编号为付字第3号，附原始单据2张。

分析：升达有限公司用银行存款支付销售部门电费1 000元，销售部门发生的费用，应计入销售费用，销售费用增加，记入"销售费用"科目借方；该公司为增值税一般纳税人，收到增值税专用发票，发票上注明增值税130元，应记入"应交税费——应交增值税(进项税额)"科目借方；银行存款减少，应按实际支付的金额1 160元，贷记"银行存款"科目。账务处理方法如下：

    借：销售费用   1 000

         应交税费——应交增值税(进项税额)   130

         贷：银行存款   1 130

    根据以上分录编制会计凭证，如图13-34所示。

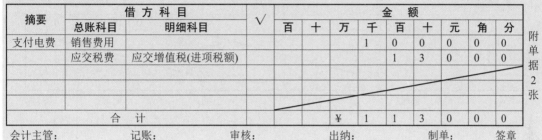

图13-34　支付电费的会计凭证

【例13-14】20×9年1月31日，升达有限公司核算1月份工资，经核算专设销售部门职工的本月工资为30 000元，奖金为5 000元。本业务记账凭证编号为转字第12号，附原始单据2张。

    分析：升达有限公司计提职工工资，专设销售机构的销售人员薪酬属于销售费用，销售费用增加，记入"销售费用"科目借方；应付的职工薪酬增加，应贷记"应付职工薪酬——工资"科目。账务处理方法如下：

    借：销售费用   35 000

         贷：应付职工薪酬——工资   35 000

    根据以上分录编制会计凭证，如图13-35所示。

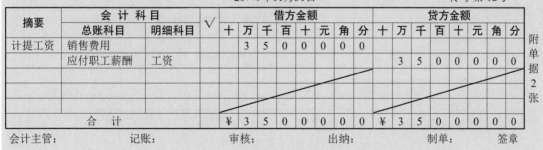

图13-35　计提销售人员工资的会计凭证

【例13-15】20×9年1月31日，升达有限公司计提固定资产折旧，经核算专设销售部门用固定资产的折旧额为10 000元。本业务记账凭证编号为转字第13号，附原始单据1张。

    分析：升达有限公司计提专设销售部门使用的固定资产折旧，属于销售费用，销售费用增加，记入"销售费用"科目借方；累计折旧增加，应贷记"累计折旧"科目。账务处理方法如下：

借：销售费用　　　　　　　　　　　　　　　10 000

　　贷：累计折旧　　　　　　　　　　　　　　　10 000

根据以上分录编制会计凭证，如图13-36所示。

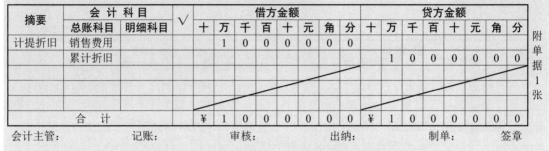

图13-36　计提销售部门固定资折旧的会计凭证

【例13-16】承接【例13-11】至【例13-15】的资料，归集升达有限公司1月份的销售费用，并结转至当期损益。本业务记账凭证编号为转字第14号，附原始单据2张。

分析：升达有限公司1月份的销售费用=2 000＋20 000＋1 000＋35 000＋10 000=68 000元。结转销售费用，销售费用减少，应按实际结转的金额68 000元，贷记"销售费用"科目，借记"本年利润"科目。账务处理方法如下：

借：本年利润　　　　　　　　　　　　　　68 000

　　贷：销售费用　　　　　　　　　　　　　　68 000

根据以上分录编制会计凭证，如图13-37所示。

转 账 凭 证

20×9年01月31日　　　　　　　　　　　　　　　　转 字第14号

摘要	会 计 科 目		√	借方金额								贷方金额								附单据2张
	总账科目	明细科目		十	万	千	百	十	元	角	分	十	万	千	百	十	元	角	分	
结转销售费用	本年利润				6	8	0	0	0	0	0									
		销售费用											6	8	0	0	0	0	0	
	合　计			¥	6	8	0	0	0	0	0	¥	6	8	0	0	0	0	0	

会计主管：　　　　　记账：　　　　　审核：　　　　　出纳：　　　　　制单：　　　　签章

图13-37　结转销售费用的会计凭证

13.4.3　销售税费核算

销售过程中产生的税费主要是增值税、消费税、资源税，以及部分附加税等。本节主要讲授增值税、消费税的会计处理方法。

1. 增值税的核算

增值税的纳税人根据营业规模的大小分为一般纳税人和小规模纳税人，一般纳税人和小规模纳税人适用的增值税税率(或征收率)、增值税的核算及账务处理完全不同，接下来我们将针对一般纳税人和小规模纳税人分别来介绍增值税的核算。

1) 一般纳税人增值税的核算

一般纳税人发生增值税的应税行为适用一般方法计税。在这种计税方法下，购进业务支付的增值税，在取得增值税专用发票时允许抵扣增值税，并形成增值税的进项税额，销售业务开出增值税专用发票形成增值税的销项税额。

一般纳税人在销售商品提供劳务，开出增值税专用发票时，应按发票上的增值税税额，贷记"应交税费——应交增值税(销项税额)"科目。

【例13-17】升达有限公司为增值税一般纳税人，20×9年4月5日与宏达公司签订商品销售合同，合同规定升达有限公司向宏达公司销售其生产的机器设备10台，每台不含增值税售价为60 000元，20×9年5月12日发货，并开出了增值税专用发票，升达有限公司于当日收到宏达公司开出的商业承兑汇票1张，金额为678 000元。20×9年5月12日宏达公司收到货物并验收合格，取得商品控制权。本业务记账凭证编号为转字第15号，附原始单据2张。

分析：升达有限公司本次销售商品开出的增值税专用发票上的增值税税额=不含税售价×增值税税率=60 000×10×13%=78 000元。

20×9年5月12日，宏达公司取得商品控制权，升达有限公司应在当天确认收入，并按不含税售价600 000元贷记 "主营业务收入"科目，按增值税专用发票上的税额，贷记"应交税费——应交增值税(销项税额)"科目，按商业承兑汇票的金额，借记"应收票据"科目。账务处理方法如下：

借：应收票据　　　　　　　　　　　　　　　678 000
　　贷：主营业务收入　　　　　　　　　　　　600 000
　　　　应交税费——应交增值税(销项税额)　　　78 000

根据以上分录编制会计凭证，如图12-38所示。

转 账 凭 证
20×9年05月12日　　　　　　　　　　　　　　　　　　　转 字第15号

摘要	会 计 科 目		√	借方金额									贷方金额									
	总账科目	明细科目		百	十	万	千	百	十	元	角	分	百	十	万	千	百	十	元	角	分
销售商品	应收票据				6	7	8	0	0	0	0	0									
	主营业务收入													6	0	0	0	0	0	0	0
	应交税费	应交增值税(销项税额)													7	8	0	0	0	0	0
合　计				¥	6	7	8	0	0	0	0	0	¥	6	7	8	0	0	0	0	0

会计主管：　　　记账：　　　审核：　　　出纳：　　　制单：　　　签章

附单据2张

图13-38　销售商品的会计凭证(一般纳税人)

2) 小规模纳税人增值税的核算

小规模纳税人增值税的核算采用简易计税方法计税，在购进商品时支付的增值税不再计入进项税额抵扣，应计入相关成本费用中。直接在销售商品时按照销售额乘以增值税征收率计算出增值税，记入"应交税费——应交增值税"科目(三栏式账户)。

【例13-18】升达有限公司为小规模纳税人，20×9年5月10日向晴日公司销售一批商品，当日晴日公司已取得商品的控制权，符合收入确认条件，开出增值税普通发票，标明销售价格总额为103 000元(含税)，货款尚未收到，该企业适用的增值税征收率为3%。本业务记账凭证编号为转字第16号，附原始单据2张。

分析：升达公司为小规模纳税人，开出增值税普通发票的价格总额是含税的，需要换算成不含税价格，不含税价格=含税价格÷(1+征收率)=103 000÷(1+3%)=100 000元，应交增值税=不含税价格×征收率=100 000×3%=3 000元。应将该发票上的增值税记入"应交税费——应交增值税"科目的贷方。

20×9年5月10日，晴日公司已取得商品控制权，升达有限公司应按不含税售价100 000元确认主营业务收入，记入"主营业务收入"贷方。同时货款和增值税均未收到，应收账款增加103 000元，记入"应收账款——晴日公司"账户借方。账务处理方法如下：

```
借：应收账款——晴日公司              103 000
    贷：主营业务收入                  100 000
        应交税费——应交增值税          3 000
```

根据以上分录编制会计凭证，如图13-39所示。

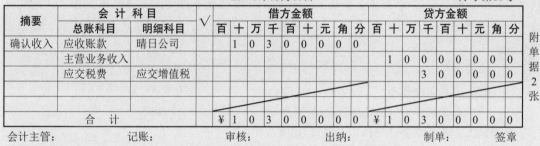

图13-39 销售商品的会计凭证(小规模纳税人)

2. 消费税的核算

消费税是指对消费和特定的消费行为按流转额征收的一种商品税。其纳税义务人是我国境内生产、委托加工、零售和进口应税消费品的单位和个人。消费税实行单环节征收，只在生产、委托加工和进口环节缴纳，在以后的零售、批发等环节不再缴纳，但金银首饰在零售环节加征一道消费税。消费税的税款最终由消费者承担。消费税的征收实行从价定率、从量定额和复合计税三种方法。

企业核算消费税应在"应交税费"科目下设置"应交消费税"明细科目。生产应税消费品的企业在销售产品，确认应缴纳的消费税时，应按应缴纳的消费税税额，借记"税金及附加"科目，贷记"应交税费——应交消费税"科目。对于委托加工应税消费品的消费税，由受托方代收代缴消费税。委托方在会计处理时应区分收回的应税消费是继续加工应税消费品，还是直接出售。如果收回的应税消费品将用于继续加工应税消费品，由受托方代收代缴的消费税若按规定准予扣除的，记入"应交税费——应交消费税"的借方。如果收回的应税消费品将用于直接出售，由受托方代收代缴的消费税要计入委托加工存货的成本，即借记"委托加工物资"科目。

【例13-19】升达有限公司长期以来一直委托甲公司加工应税化妆品，加工完毕，升达有限公司收回后继续生产加工成应税化妆品销售，加工厂一直是以10元/千克的价格代收代缴消费税。20×9年5月10日，升达有限公司从甲公司收回加工好的化妆品3 000千克(收到增值税专用发票)，用于继续生产加工应税高档化妆品，当月将收回的该批化妆品继续生产加工后在20×9年5月31日全部销售，共100箱，每箱售价1 000元。化妆品公司月初进项税余额为0。试计算升达有限公司当月应该申报缴纳的消费税。假设升达有限公司20×9年5月份的消费税业务仅此两笔，计算5月份的消费税(化妆品消费税税率为15%)。本业务记账凭证编号为付字第4号(附原始单据4张)、转字第17号(附原始单据2张)和付字第5号凭证(附原始单据2张)。

分析：根据题意可知，消费税税率为15%，且该批化妆品收回后用于继续加工应税消费品，所以由甲公司代收代缴的消费税可以抵扣消费税。并记入"应交税费——应交消费税"科目借方。则：

提货时由甲公司代收代缴的消费税=3 000×10×15%=4 500(元)

销售时的消费税=1 000×100×15%=15 000(元)

销售后再缴纳消费税=15 000-4 500=10 500(元)

账务处理方法如下：

① 收回委托加工的物资

借：委托加工物资　　　　　　　　　　　　　　　　30 000

　　应交税费——应交消费税　　　　　　　　　　　4 500

　　　　　　——应交增值税(进项税额)　　　　　　3 900

　　贷：银行存款　　　　　　　　　　　　　　　　38 400

根据以上分录编制会计凭证，如图13-40所示。

付 款 凭 证

贷方科目：银行存款　　　　　　20×9年05月10日　　　　　　付 字第4号

摘要	借 方 科 目		√	金 额									
	总账科目	明细科目		百	十	万	千	百	十	元	角	分	
收回委托加工存货	委托加工物资					3	0	0	0	0	0	0	附单据4张
	应交税费	应交消费税					4	5	0	0	0	0	
		应交增值税(进项税额)					3	9	0	0	0	0	
合　计						¥	3	8	4	0	0	0	

会计主管：　　　记账：　　　审核：　　　出纳：　　　制单：　　　签章

图13-40　收回委托加工物资的会计凭证

② 20×9年5月31日，升达有限公司销售加工完工的消费品

借：税金及附加　　　　　　　　　　　　　　　　15 000

　　贷：应交税费——应交消费税　　　　　　　　15 000

根据以上分录编制会计凭证，如图13-41所示。

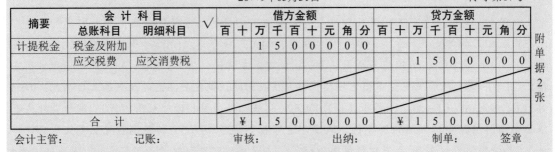

转 账 凭 证

20×9年05月31日 　　　　　　　　　　　转 字第17号

摘要	会 计 科 目		√	借方金额									贷方金额									
	总账科目	明细科目		百	十	万	千	百	十	元	角	分	百	十	万	千	百	十	元	角	分
计提税金	税金及附加				1	5	0	0	0	0	0	0									
	应交税费	应交消费税												1	5	0	0	0	0	0	0
合　计				¥	1	5	0	0	0	0	0	0	¥	1	5	0	0	0	0	0	0

会计主管：　　　记账：　　　　审核：　　　　出纳：　　　　　制单：　　　签章

附单据2张

图13-41　销售完工消费品计提税金的会计凭证

③ 20×9年5月31日，实际缴纳消费税时

借：应交税费——应交消费税　　　　　　　　　　10 500

　　贷：银行存款　　　　　　　　　　　　　　　　10 500

根据以上分录编制会计凭证，如图13-42所示。

付 款 凭 证

贷方科目：银行存款　　　　　　　20×9年05月31日　　　　　　　　付 字第5号

摘要	借 方 科 目		√	金　额								
	总账科目	明细科目		百	十	万	千	百	十	元	角	分
缴纳5月份消费税	应交税费	应交消费税				1	0	5	0	0	0	0
合　计				¥		1	0	5	0	0	0	0

会计主管：　　　记账：　　　　审核：　　　　出纳：　　　　　制单：　　　签章

附单据2张

图13-42　实际缴纳消费税的会计凭证

第14章 利润分配的账务处理

利润分配是将企业经营利润分配给投资者的一个过程，是资金循环的最后一个环节。本章介绍利润的核算与分配，包括营业外收支的核算、企业其他业务收支核算、损益结转的核算、所得税的核算、弥补亏损的核算、计算可供分配利润、提取盈余公积的核算、分配股利的核算及结转已分配利润的核算等。通过本章的学习，学习者能够了解利润的定义、构成及利润分配的程序；掌握利润核算与利润分配需要设置的主要账户及其账务处理。

14.1 利润概述

利润是指企业在一定会计期间的经营成果，包括收入减去费用后的净额、直接计入当期损益的利得和损失等。利润由销售毛利、营业利润、利润总额和净利润构成。

1. 销售毛利

销售毛利是指销售收入与销售成本之间的差额。其计算公式为

$$销售毛利 = 销售收入 - 销售成本$$
$$= 销售数量 \times (单位售价 - 单位成本)$$

其中，销售收入分为主营业务收入和其他业务收入。这里关键是理解销售成本的概念，如果是商业企业，那就是商品的进价；如果是工业企业，那就是完工产品的生产成本。

销售毛利中只扣除了商品原始成本，不扣除未计入成本的期间费用(管理费用、财务费用、营业费用)。用销售毛利减去期间费用得到的是企业营业利润。

2. 营业利润

营业利润是指企业日常经营活动所带来的利润。即营业活动形成的收入与营业活动发生的费用的差额。其计算公式为

$$营业利润 = 营业收入 - 营业成本 - 税金及附加 - 销售费用 - 管理费用 - 研发费用 - 财务费用 +$$
$$其他收益 + 投资收益(-投资损失) + 净敞口套期收益(-净敞口套期损益) + 公允价值变动收益$$
$$(-公允价值变动损失) - 信用减值损失 - 资产减值损失 + 资产处置收益(-资产处置损失)$$

其中，
$$营业收入 = 主营业务收入 + 其他业务收入$$
$$营业成本 = 主营业务成本 + 其他业务成本$$

3. 利润总额

利润总额，又称税前利润，是企业所有的利润，既包括日常经营活动的净收益，也包括非日常活动的净收益。即营业利润加上营业外收入减去营业外支出后的金额，其计算公式为

$$利润总额 = 营业利润 + 营业外收入 - 营业外支出$$

4. 净利润

净利润，又称税后利润，是利润总额扣除所得税费用后的净额，其计算公式为

$$净利润 = 利润总额 - 所得税费用$$

其中，所得税费用是指企业确认的应当从当期利润总额中扣除的所得税费用。

14.2 利润的核算

14.2.1 利润类账户的设置

1. "营业外收入"账户

营业外收入是指企业发生的与企业日常经营业务无直接关系，且直接计入当期利润的利得。如固定资产、无形资产等非主流动资产的毁损报废净收益、确实无法支付的应付款项以及教育费附加返还款等。营业外收入的核算需要设置"营业外收入"账户，账户结构如图14-1所示。

营业外收入

借方	贷方
期末转入"本年利润"账户的金额	本期发生的各项营业外收入
	期末无余额

图 14-1　"营业外收入"账户结构

"营业外收入"账户属于损益类账户，用于核算企业发生的各项营业外收入，主要包括非流动资产报废毁损利得、债务重组利得、政府补助、盘盈利得、捐赠利得等。本科目可按营业外收入项目设置明细账。

2. "营业外支出"账户

营业外支出是指企业发生的与企业日常经营业务无直接关系的且计入当期损益的各种损失，如报废固定资产净损失、非常损失、非正常停工损失等，营业外支出的项目不能自行增设，要按照财政部统一规定办理。企业核算营业外支出需要设置"营业外支出"账户，账户结构如图14-2所示。

营业外支出

借方	贷方
本期发生的各项营业外支出	期末转入"本年利润"账户的金额
期末无余额	

图 14-2　"营业外支出"账户结构

"营业外支出"账户属于损益类账户，用于核算企业发生的各项营业外支出，包括非流动资产毁损报废损失、公益性捐赠支出、非常损失、盘亏损失等。本科目可按支出项目设置明细账。

3. "其他业务收入"账户

其他业务收入指各类企业主营业务以外的其他日常活动所取得的收入，即主营业务以外的其他日常经营活动取得的收入。譬如，出租固定资产、无形资产、包装物的租金，出售原材料

的收入等。一般情况下，其他业务活动的收入不多，发生频率不高，在收入中所占比重较小。其他业务收入的核算应该设置"其他业务收入"账户，账户结构如图14-3所示。

其他业务收入

借方	贷方
期末转入"本年利润"账户的金额	本期发生的各项其他业务收入
	期末无余额

图14-3　"其他业务收入"账户结构

"其他业务收入"账户属于损益类账户，用于核算除主营业务活动以外的其他经营活动实现的收入，包括出租固定资产、出租无形资产、出租包装物和商品、销售材料等实现的其他业务收入。本科目可按其他业务收入种类设置明细账。

4. "其他业务成本"账户

其他业务成本指企业确认的除主营业务活动以外的其他日常经营活动所发生的支出。譬如，出租活动的摊销或折旧成本，销售材料活动的成本等。其他业务成本的核算需要设置"其他业务成本"账户，账户结构如图14-4所示。

其他业务成本

借方	贷方
本期发生的各项其他业务成本	期末转入"本年利润"账户的金额
期末无余额	

图14-4　"其他业务成本"账户结构

"其他业务成本"账户属于损益类账户，用于核算其他业务成本的增减变化。本账户应按其他业务的种类设置明细账。

5. "本年利润"账户

本年利润是指企业某个会计年度的净利润(或净亏损)，它是由企业利润组成内容计算确定的，是企业从公历年度的1月份至12月份逐步累计而形成的一个动态指标。企业核算本年利润，应设置"本年利润"账户，账户结构如图14-5所示。

本年利润

借方	贷方
期(月)末转入的当期费用或营业外支出 年末转入"利润分配"的净利润	期(月)末转入的当期收入或营业外收入 年末转入"利润分配"的净亏损
	年末无余额

图14-5　"本年利润"账户结构

"本年利润"账户属于所有者权益类账户，用于核算企业当期实现的净利润(或发生的净亏损)的增减变动情况。本账户无须设置明细账。

6. "所得税费用"账户

所得税费用是指由于企业经营所得应交纳所得税而产生的费用。所得税费用的核算需要设置"所得税费用"账户，账户结构如图14-6所示。

所得税费用

借方	贷方
计入本期损益的所得税税额	期末转入"本年利润"账户的金额
	期末无余额

图 14-6 "所得税费用"账户结构

"所得税费用"账户属于损益类账户，用来核算企业按规定在本期损益中减去的所得税费用。该账户无须设置明细账。

14.2.2 其他业务收支的核算

其他业务收支是指企业从事其他日常经营业务所发生的收入与支出。企业常见的其他经营业务包括销售材料或出租固定资产、无形资产、包装物等。当企业销售材料或取得租金收入时，应按实际收到的金额，借记"银行存款"科目，按增值税专用发票上标明的售价(或租金)和增值税金额，贷记"其他业务收入""应交税费——应交增值税(销项税额)"。结转其他业务成本时，应按材料成本(或折旧、摊销金额)，借记"其他业务成本"科目，贷记"原材料"或者"累计折旧"，又或者"累计摊销"科目。

【例14-1】升达有限公司为一般纳税人，20×9年5月2日，售出甲材料1 000克，单价10元，增值税1 300元，价税合计11 300元，开出增值税专用发票，收到货款并存入银行，客户已取得商品控制权。本业务记账凭证编号为收字第1号，且附原始单据3张。

分析：该项经济业务的发生，一方面使企业的其他业务收入增加，应记入"其他业务收入"账户的贷方；升达有限公司向购货方收取的增值税销项税额增加1 300元，应记入"应交税费——应交增值税(销项税额)"账户的贷方；收到货款使银行存款增加，应借记"银行存款"科目。账务处理方法如下：

借：银行存款　　　　　　　　　　　　　　　　11 300
　　贷：其他业务收入　　　　　　　　　　　10 000
　　　　应交税费——应交增值税(销项税额)　　　1 300

根据以上分录编制会计凭证，如图14-7所示。

收　款　凭　证

借方科目：银行存款　　　　　　　20×9年 05月02日　　　　　　　收字第 1 号

摘要	贷 方 科 目		√	金　额								
	总账科目	明细科目		百	十	万	千	百	十	元	角	分
略	其他业务收入				1	0	0	0	0	0	0	0
	应交税费	应交增值税(销项税额)				1	3	0	0	0	0	0
	合　计				¥	1	1	3	0	0	0	0

附单据3张

会计主管：　　　记账：　　　审核：　　　出纳：　　　制单：　　　签章

图 14-7 销售材料的会计凭证

【例14-2】承接【例14-1】的资料，升达有限公司20×9年5月31日，结转出售甲材料的成本8 000元。本业务记账凭证编号为转字第1号，且附原始单据1张。

分析：该项经济业务的发生，一方面使其他业务成本增加，应记入"其他业务成本"账户的借方；另一方面使库存材料减少，应记入"原材料"账户的贷方。账务处理方法如下：

借：其他业务成本　　　　　　8 000

　　贷：原材料　　　　　　　　8 000

根据以上分录编制会计凭证，如图14-8所示。

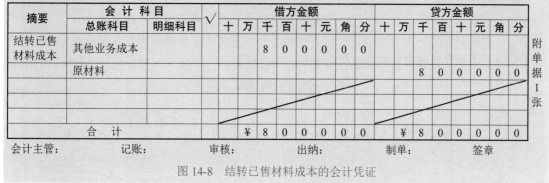

图 14-8　结转已售材料成本的会计凭证

14.2.3　营业外收支的核算

营业外收支是企业财务成果的组成部分，是指与企业的日常业务经营无直接关系的直接计入当期利润的各项利得和损失，又称营业外损益。营业外收支包括营业外收入和营业外支出。

营业外收支具有如下特点：第一，营业外收入和营业外支出一般彼此相互独立，不具有因果关系；第二，营业外收支通常意外出现，企业难以控制；第三，营业外收支通常偶然发生，不重复出现，企业难以预见。

企业在进行营业外收支核算时，必须遵循以下要求：第一，各项营业外收入必须按国家有关规定，认真核实，据实列账，不得转移、截留和做其他财务收入处理；第二，要划清营业外支出与成本支出以及利润分配的界限，避免相互挤占。

1. 营业外收入核算

企业取得的各项营业外收入，在"营业外收入"科目核算。具体账务处理方法如下。

1) 转入的毁损报废固定资产净收益

借：固定资产清理

　　贷：营业外收入

2) 取得罚款净收益

借：银行存款

　　贷：营业外收入

【例14-3】升达有限公司欠百日公司250 000元货款，因升达有限公司财务困难，经双方协商，百日公司同意减免升达有限公司50 000元的债务，剩余的200 000元由升达有限公司以存款支付，20×9年5月10日升达有限公司支付200 000元的剩余债务。本业务记账凭证编号为付字第1号和转字第2号，且附原始单据1张。

分析：升达有限公司以200 000元偿还了应付的250 000元债务，所以应付账款减少250 000元，应借记"应付账款——百日公司"科目；银行存款减少200 000元，应贷记"银行存款"科目；因获得减免而不需要偿付的50 000元则形成了升达有限公司的债务重组利得，记入"营业外收入"贷方。账务处理方法如下：

借：应付账款——百日公司　　　　　　　　　　250 000
　　贷：银行存款　　　　　　　　　　　　　　　　200 000
　　　　营业外收入——债务重组利得　　　　　　　 50 000

根据以上分录编制会计凭证，如图14-9、图14-10所示。

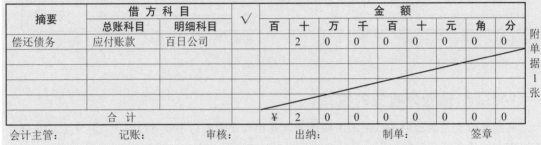

图 14-9　偿还债务的会计凭证

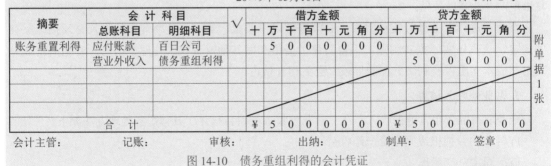

图 14-10　债务重组利得的会计凭证

【例14-4】20×9年5月15日，升达有限公司对违反本企业管理规定的职工王某罚款300元，会计部门收到现金。本业务记账凭证编号为收字第2号，且附原始单据1张。

分析：会计部门收到现金表明库存现金增加，记入"库存现金"账户的借方，罚款利得属于营业外收入，增加应记入"营业外收入"账户的贷方。账务处理方法如下：

借：库存现金　　　　　　　　　　　300
　　贷：营业外收入　　　　　　　　　　300

根据以上分录编制会计凭证，如图14-11所示。

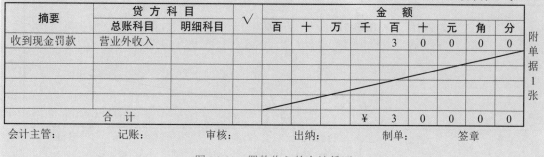

收 款 凭 证

借方科目：库存现金　　　　　　　　20×9 年 05 月 15 日　　　　　　　　收字第 2 号

摘要	贷 方 科 目		√	金 额									
	总账科目	明细科目		百	十	万	千	百	十	元	角	分	
收到现金罚款	营业外收入						3	0	0	0	0	0	附单据1张
合　计						¥	3	0	0	0	0	0	

会计主管：　　　记账：　　　审核：　　　出纳：　　　制单：　　　签章

图 14-11　罚款收入的会计凭证

2. 营业外支出核算

企业发生的各项营业外支出，在"营业外支出"科目核算，具体账务处理方法如下。

1) 转入清理损毁报废固定资产的净损失

借：营业外支出

　　贷：固定资产清理

2) 结转固定资产盘亏净值

借：营业外支出——固定资产盘亏

　　贷：待处理财产损益——待处理固定资产损益

3) 罚款损失

借：营业外支出

　　贷：银行存款

4) 报废无形资产的净损失

借：累计摊销

　　无形资产减值准备

　　营业外支出

　　贷：无形资产

【例14-5】承【例14-3】资料，分析债权人百日公司的账务处理。本业务记账凭证编号为收字第3号和转字第3号，且附原始单据1张。

分析：百日公司原本应收的货款为250 000元，但只收到200 000元银行存款，银行存款增加，记入"银行存款"借方，减免的50 000元构成百日公司的债务重组损失，记入"营业外支出"借方，应收账款收回(减少)，记入"应收账款"贷方。故百日公司的账务处理方法如下：

借：银行存款　　　　　　　　　　　200 000

　　营业外支出——债务重组损失　　 50 000

　　贷：应收账款——升达有限公司　　　　　250 000

根据以上分录编制会计凭证，如图14-12、图14-13所示。

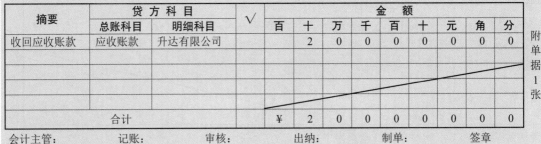

收 款 凭 证

借方科目：银行存款　　　　　　　20×9年05月10日　　　　　　　收字第3号

摘要	贷方科目		√	金　额								
	总账科目	明细科目		百	十	万	千	百	十	元	角	分
收回应收账款	应收账款	升达有限公司			2	0	0	0	0	0	0	0
合计				￥	2	0	0	0	0	0	0	0

会计主管：　　　记账：　　　审核：　　　出纳：　　　制单：　　　签章

附单据1张

图14-12　收回应收账款的会计凭证

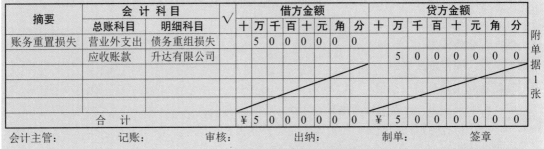

转 账 凭 证

20×9年05月10日　　　　　　　转字第3号

摘要	会计科目		√	借方金额								贷方金额							
	总账科目	明细科目		十	万	千	百	十	元	角	分	十	万	千	百	十	元	角	分
账务重置损失	营业外支出	债务重组损失		5	0	0	0	0	0										
	应收账款	升达有限公司											5	0	0	0	0	0	0
合　计				￥	5	0	0	0	0	0	0	￥	5	0	0	0	0	0	0

会计主管：　　　记账：　　　审核：　　　出纳：　　　制单：　　　签章

附单据1张

图14-13　财务重置损失的会计凭证

【例14-6】20×9年5月20日，升达有限公司开出现金支票，向某贫困小学捐款100 000元。本业务记账凭证编号为付字第2号，且附原始单据1张。

分析：开出现金支票使银行存款减少，记入"银行存款"账户的贷方，同时捐款支出属于营业外支出，增加记入"营业外支出"账户的借方。账务处理方法如下：

借：营业外支出　　　　　　　　　　100 000

　　贷：银行存款　　　　　　　　　　100 000

根据以上资料编制会计凭证，如图14-14所示。

付 款 凭 证

贷方科目：银行存款　　　　　　　20×9年05月20日　　　　　　　付字第2号

摘要	借方科目		√	金　额								
	总账科目	明细科目		百	十	万	千	百	十	元	角	分
现金支票捐赠	营业外支出				1	0	0	0	0	0	0	0
合　计				￥	1	0	0	0	0	0	0	0

会计主管：　　　记账：　　　审核：　　　出纳：　　　制单：　　　签章

附单据1张

图14-14　现金支票捐赠的会计凭证

14.2.4 损益结转

会计期末，企业在筹资业务核算、生产运营核算、销售核算的基础上，首先将收入或计入利润的利得转入本年利润，即借记"主营业务收入""其他业务收入""营业外收入"等科目，贷记"本年利润"科目；其次将经营期间的各项费用和计入利润的损失转入本年利润，即借记"本年利润"科目，贷记"主营业务成本""税金及附加""其他业务成本""管理费用""财务费用""销售费用""营业外支出"等科目。

【例14-7】20×9年12月31日，升达有限公司结转本年实现的各项损益到"本年利润"账户，升达有限公司的损益类科目余额如表14-1所示。本业务记账凭证编号为转字第4号和第5号，且附原始单据各1张。

表 14-1 升达有限公司 20×9 年 12 月 31 日损益类科目余额表

单位：元

科目名称	借方	贷方
主营业务收入		210 000
其他业务收入		20 000
营业外收入		7 000
主营业务成本	140 000	
税金及附加	10 600	
其他业务成本	2 000	
管理费用	13 000	
销售费用	1 000	
财务费用	400	
营业外支出	10 000	
合计	177 000	237 000

分析：升达有限公司结转本期实现的各项收入或利得时，则"主营业务收入""其他业务收入""营业外收入"减少记入借方，"本年利润"增加记入贷方。

升达有限公司结转本期实现的各项成本费用或利得时，则"本年利润"减少记入借方，"主营业务成本""其他业务成本""营业外支出""税金及附加""管理费用""销售费用""财务费用"减少记入贷方。

账务处理方法如下：

借：主营业务收入   210 000

  其他业务收入   20 000

  营业外收入   7 000

  贷：本年利润   237 000

借：本年利润   177 000

  贷：主营业务成本   140 000

    税金及附加   10 600

    其他业务成本   2 000

    管理费用   13 000

    财务费用   400

    销售费用   1 000

    营业外支出   10 000

根据以上分录编制会计凭证，如图14-15～图14-17所示。

转 账 凭 证

20×9 年12月 31日　　　　转 字第 4 号

摘要	会计科目		√	借方金额								贷方金额							
	总账科目	明细科目		十	万	千	百	十	元	角	分	十	万	千	百	十	元	角	分
略	主营业务收入			2	1	0	0	0	0	0	0								
	其他业务收入				2	0	0	0	0	0	0								
	营业外收入					7	0	0	0	0	0								
	本年利润											2	3	7	0	0	0	0	0
合　计				2	3	7	0	0	0	0	0	2	3	7	0	0	0	0	0

附单据1张

会计主管：　　记账：　　审核：　　出纳：　　制单：　　签章

图 14-15　结转收入和利得的会计凭证

转 账 凭 证

20×9 年12月 31日　　　　转 字第 $5\frac{1}{2}$ 号

摘要	会计科目		√	借方金额								贷方金额							
	总账科目	明细科目		十	万	千	百	十	元	角	分	十	万	千	百	十	元	角	分
略	本年利润			1	7	7	0	0	0	0	0								
	主营业务成本											1	4	0	0	0	0	0	0
	税金及附加												1	0	6	0	0	0	0
	其他业务成本													2	0	0	0	0	0
	管理费用												1	3	0	0	0	0	0
合　计																			

附单据1张

会计主管：　　记账：　　审核：　　出纳：　　制单：　　签章

图 14-16　结转成本和费用的会计凭证 (1)

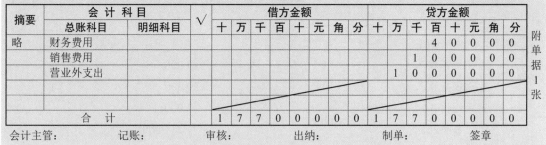

转 账 凭 证

20×9 年12月 31日　　　　转 字第 $5\frac{1}{2}$ 号

摘要	会计科目		√	借方金额								贷方金额							
	总账科目	明细科目		十	万	千	百	十	元	角	分	十	万	千	百	十	元	角	分
略	财务费用														4	0	0	0	0
	销售费用													1	0	0	0	0	0
	营业外支出												1	0	0	0	0	0	0
合　计				1	7	7	0	0	0	0	0	1	7	7	0	0	0	0	0

附单据1张

会计主管：　　记账：　　审核：　　出纳：　　制单：　　签章

图 14-17　结转成本和费用的会计凭证 (2)

14.2.5　所得税核算

所得税是对我国境内的企业和其他取得收入的组织的生产经营所得和其他所得征收的一种税。我国所得税会计采用了资产负债表法，要求企业基于资产负债中所列示的资产、负债账面价值和计税基础，通过对比分析两者之间的差异，确定应纳税暂时性差异与可抵扣暂时性差

异,确认相关的递延所得税负债与递延所得税资产。计算公式为

$$所得税费用=当期所得税+递延所得税$$

其中, $$应纳税所得额=税前会计利润±纳税调整项目$$

$$当期所得税=应纳税所得额×所得税税率$$

$$递延所得税=(递延所得税负债的期末余额-递延所得税负债的期初余额)-$$

$$(递延所得税资产的期末余额-递延所得税资产的期初余额)$$

期末企业同时需要计算确定所得税费用金额,并将所得税费用转入本年利润,即借记"本年利润"科目,贷记"所得税费用"科目。

【例14-8】承接【例14-7】资料,升达有限公司20×9年12月31日,假设企业所得税率为25%,本期升达有限公司无任何纳税调整项目,无递延所得税资产和递延所得税负债,应纳税所得额就是企业本期的利润总额,请确认并结转所得税费用。本业务记账凭证编号为转字第6号和第7号,且附原始单据各1张。

分析:由资料可知,升达有限公司的利润总额为60 000(237 000-177 000)元,因为无任何纳税调整项目,所以应纳税所得额就是企业本期的利润总额,即为60 000元,而所得税税率为25%,则升达有限公司的应纳企业所得税15 000(60 000×25%)元。企业本期的净利润为45 000(60 000-15 000)元。所得税费用增加,记入"所得税费用"科目的借方,同时应交所得税负债增加,记入"应交税费——应交所得税"科目的贷方,并在期末将"所得税费用"科目的金额从贷方转入"本年利润"科目的借方。账务处理方法如下:

① 计算应纳所得税

借:所得税费用   15 000

    贷:应交税费——应交所得税   15 000

② 结转企业的所得税费用

借:本年利润   15 000

    贷:所得税费用   15 000

根据以上分录编制会计凭证,如图14-18、图14-19所示。

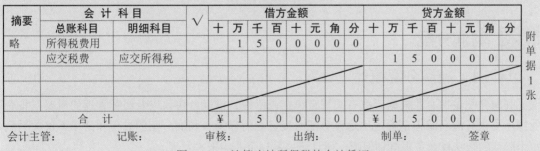

图14-18 计算应纳所得税的会计凭证

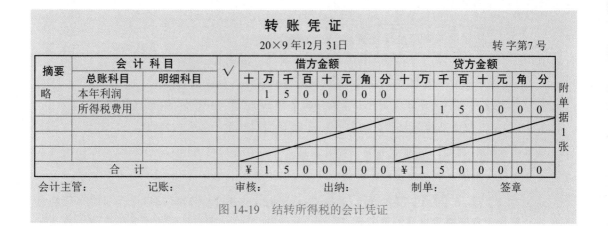

图 14-19　结转所得税的会计凭证

【例14-9】承接【例14-8】资料，20×0年1月5日，升达有限公司以银行存款缴纳20×9年的所得税15 000元。本业务记账凭证编号为付字第3号，且附原始单据1张。

分析：升达有限公司实际缴纳所得税时，应交所得税负债减少，银行存款减少，应借记"应交税费——应交所得税"科目，贷记"银行存款"科目。账务处理方法如下：

借：应交税费——应交所得税　　　　　　15 000
　　贷：银行存款　　　　　　　　　　　　15 000

根据以上分录编制会计凭证，如图14-20所示。

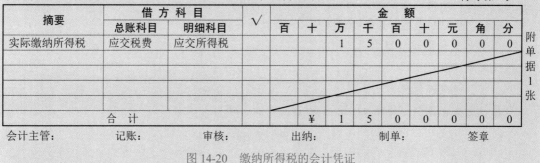

图 14-20　缴纳所得税的会计凭证

14.3 利润分配

14.3.1　利润分配概述

利润分配是指企业根据国家有关规定和企业章程、投资者协议以及经营管理的需要，将企业当年可供分配利润指定特定用途并分配给投资者的行为。利润分配的过程和结果不仅关系到每个股东的合法权益是否得到保障，而且还关系到企业的未来发展。

利润分配的主要程序包括：第一步，弥补亏损；第二步，计算可供分配的利润；第三步，提取法定盈余公积；第四步，提取任意盈余公积；第五步，向投资者分配利润(或股利)。

14.3.2 利润类账户的设置

1. "利润分配" 账户

利润分配是指将企业实现的净利润，按照国家财务制度规定的分配形式和分配顺序，在企业和投资者之间进行的分配。企业在进行利润分配时需要设置 "利润分配" 账户，账户结构如图14-21所示。

利润分配

借方	贷方
转入的本年净亏损 已分配出去的利润	转入的本年净利润 已弥补的亏损
累计未弥补亏损	累计未分配的净利润

图 14-21 "利润分配" 账户结构

"利润分配" 账户属于所有者权益类账户，用于反映企业利润的分配(或亏损的弥补)和历年分配(或弥补)后的结存余额。本科目应当分别设置 "提取法定盈余公积" "提取任意盈余公积" "应付现金股利或利润" "转作股本的股利" "盈余公积补亏" "未分配利润" 等明细科目进行核算。

2. "盈余公积" 账户

盈余公积是指企业从税后利润中提取形成的、存留于企业内部、具有特定用途的收益积累。企业核算盈余公积需要设置 "盈余公积" 账户，账户结构如图14-22所示。

盈余公积

借方	贷方
转增资本、弥补亏损、分配股利等减少数	提取的盈余公积
	期末盈余公积实际结存数

图 14-22 "盈余公积" 账户结构

"盈余公积" 账户属于所有者权益类账户，用于核算企业从净利润中提取的盈余公积增减变化及结余情况。本科目应当分别按 "法定盈余公积" "任意盈余公积" 等进行明细核算。

3. "应付股利" 账户

应付股利是指企业应付给投资者的现金股利，包括应付国家、其他单位以及个人的现金股利。应付股利的核算需要设置 "应付股利" 账户，账户结构如图14-23所示。

应付股利

借方	贷方
实际支付现金股利	本期应支付的现金股利
	期末应付未付的现金股利余额

图 14-23 "应付股利" 账户结构

> ※注意※
> 企业分配的股票股利不通过本科目核算，通过 "股本" 科目核算。

"应付股利" 账户属于负债类账户，用于核算企业应付未付现金股利。该账户可按投资者不同设置明细账进行明细核算。

14.3.3 弥补亏损

企业在利润分配前,应首先将本年的净利润,从"本年利润"转入"利润分配——未分配利润"账户,即借记"本年利润"科目,贷记"利润分配——未分配利润"科目(结转净亏损为相关分录)。然后弥补亏损,企业一定要注意弥补亏损的期限问题,根据《中华人民共和国企业所得税暂行条例实施细则》的规定,弥补亏损期限,是指纳税人某一纳税年度发生亏损,准予用以后年度的应纳税所得弥补,1年弥补不足的,可以逐年连续弥补,弥补期最长不得超过5年,5年内不论是盈利或亏损,都作为实际弥补年限计算。当纳税年度内企业取得的收入可以弥补前5年的亏损总额,无论前5年是否全部发生亏损,本年度的收入只能弥补此前5年内发生的亏损额。

【例14-10】升达有限公司的所得税税率为25%,其20×3—20×9年的盈利情况如表14-2所示。

表14-2 升达有限公司20×3—20×9年盈利情况表

单位:万元

年份	20×3年	20×4年	20×5年	20×6年	20×7年	20×8年	20×9年
当期净利润	-150	20	-130	30	20	50	200

假设升达有限公司20×3—20×9年无任何纳税调整项目,请计算公司20×3—20×9年所得税缴纳情况。

分析:亏损可以在以后5个年度进行弥补,5年后不足弥补的部分不得继续从税前利润中扣减,要改为税后利润弥补。所以20×3年的亏损在20×4—20×8年度弥补,20×5年的亏损在20×6—20×0年度弥补。

根据资料,20×3年亏损150万元,20×4—20×8年税前盈利120(20+30+20+50)万元。小于20×3年的亏损,所以20×4—20×8年度的税前利润都用来弥补亏损了,不需要再缴纳所得税,而20×3年的亏损,在20×8年末仍有30万元未弥补完,在20×9年不再用税前利润弥补了,要改为税后利润弥补。而20×5年的亏损130万元,可以用20×9年的税前利润200万元弥补,弥补后还剩70万元作为20×9年的纳税所得额,所以20×9年应纳所得税为17.5(70×25%)万元。 具体的亏损弥补情况如表14-3所示。

表14-3 升达有限公司20×3—20×9年亏损弥补情况表

单位:万元

年份	20×3年	20×4年	20×5年	20×6年	20×7年	20×8年	20×9年
当期净利润	-150	20	-130	30	20	50	200
20×3年未弥补亏损		-130	-130	-100	-80	-30	0
20×5年未弥补亏损			-130	-130	-130	-130	0
累计净利润	-150	-130	-260	-230	-210	-160	70
所得税	0	0	0	0	0	0	17.5

【例14-11】20×9年末,结转本年实现的净利润45 000元。本业务记账凭证编号为转字第8号,且附原始单据1张。

分析:该笔转账业务,就是将本年实现的净利润45 000元,从"本年利润"账户的借方转入"利润分配——未分配利润"账户的贷方。账务处理方法如下:

借:本年利润 　　　　　　　　　　　　　45 000

　　贷:利润分配——未分配利润 　　　　　　　　45 000

根据以上分录编制会计凭证，如图14-24所示。

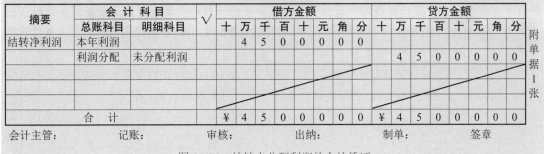

图 14-24 结转未分配利润的会计凭证

14.3.4 计算可供分配利润

应根据本年净利润(或亏损)与年初未分配利润(或亏损)、其他转入的金额(如盈余公积弥补的亏损)等项目，计算可供分配的利润。如果可供分配的利润为负数(即累计亏损)，则不能进行后续分配；如果可供分配利润为正数(即累计盈利)，则可进行后续分配。可供分配利润的计算公式为

可供分配的利润＝本年实现的净利润(或亏损)＋年初未分配利润(或-年初未弥补亏损)＋其他转入

14.3.5 提取盈余公积

盈余公积是指企业从税后净利润中提取形成的、存留于企业内部、具有特定用途的收益积累。

根据《公司法》的相关规定，如果不存在年初累计亏损，企业按照当年实现的净利润的10%提取法定盈余公积；如果存在年初累计亏损，企业应当按照可供分配的利润的10%提取法定盈余公积，且提取的法定盈余公积累计额超过注册资本50%以上的，可以不再提取。公司提取法定盈余公积后，经股东会或者股东大会决议，还可以从净利润中提取任意盈余公积。

企业提取的法定盈余公积，借记"利润分配——提取法定盈余公积"科目，贷记"盈余公积——法定盈余公积"科目；提取的任意盈余公积，借记"利润分配——提取任意盈余公积"科目，贷记"盈余公积——任意盈余公积"科目。

【例14-12】假设升达有限公司20×9年实现净利润100万元，不存在年初累计亏损。20×9年12月31日，公司股东大会决定按10%提取法定盈余公积，按20%提取任意盈余公积。且该公司盈余公积期初余额为50万元，实收资本1 000万元。本业务记账凭证编号为转字第9号，且附原始单据2张。

分析：升达有限公司盈余公积数额占注册资本的5%，未超过50%，仍需提取盈余公积，其提取法定盈余公积100 000元和任意盈余公积200 000元，利润分配减少，应按提取的金额记入"利润分配——提取法定盈余公积""利润分配——提取任意盈余公积"科目借方；"盈余公积——法定盈余公积""盈余公积——任意盈余公积"增加记入贷方。账务处理方法如下：

借：利润分配——提取法定盈余公积　　　　　　100 000

　　　　　——提取任意盈余公积　　　　　　　200 000

　　贷：盈余公积——法定盈余公积　　　　　　　　　100 000

　　　　　——任意盈余公积　　　　　　　　　　　200 000

根据以上分录编制会计凭证，如图14-25所示。

转 账 凭 证

20×9年12月31日   转字第9号

摘要	会计科目		√	借方金额									贷方金额									
	总账科目	明细科目		百	十	万	千	百	十	元	角	分	百	十	万	千	百	十	元	角	分
提取盈余公积	利润分配	提取法定盈余公积			1	0	0	0	0	0	0	0									
		提取任意盈余公积			2	0	0	0	0	0	0	0									
	盈余公积	法定盈余公积												1	0	0	0	0	0	0	0
		任意盈余公积												2	0	0	0	0	0	0	0
合　计				¥	3	0	0	0	0	0	0	0	¥	3	0	0	0	0	0	0	0

会计主管：　　记账：　　　审核：　　　出纳：　　　制单：　　　签章：

附单据2张

图14-25　提取盈余公积的会计凭证

【例14-13】20×9年12月31日，升达有限公司决定用任意盈余公积弥补当年的亏损100 000元。本业务凭证编号为转字第10号，且附原始单据2张。

分析：盈余公积可以用来弥补亏损、转增资本、发放股利或利润等。该题用盈余公积弥补亏损，则"盈余公积"因使用而减少，"利润分配"因获得弥补而增加。所以应借记"盈余公积——任意盈余公积"科目，贷记"利润分配——盈余公积补亏"科目。账务处理方法如下：

借：盈余公积——任意盈余公积　　　　　100 000

贷：利润分配——盈余公积补亏　　　　　　　100 000

根据以上分录编制会计凭证，如图14-26所示。

转 账 凭 证

20×9年12月31日   转字第10号

摘要	会计科目		√	借方金额								贷方金额							
	总账科目	明细科目		十	万	千	百	十	元	角	分	十	万	千	百	十	元	角	分
弥补亏损	盈余公积	任意盈余公积		1	0	0	0	0	0	0	0								
	利润分配	盈余公积补亏										1	0	0	0	0	0	0	0
合　计				1	0	0	0	0	0	0	0	1	0	0	0	0	0	0	0

会计主管：　　记账：　　　审核：　　　出纳：　　　制单：　　　签章：

附单据2张

图14-26　以盈余公积弥补亏损的会计凭证

14.3.6　股利分配

股利分配是公司向股东分派股利，是企业利润分配的一部分，而且股利分配属于公司税后净利润分配。

企业根据股东大会或类似机构审议批准的利润分配方案，按应支付的现金股利，借记"利润分配——应付现金股利"科目，贷记"应付股利"等科目；实际发放现金股利时，按实际发放金额，借记"应付股利"科目，贷记"银行存款"科目。

以股票股利转作股本的金额，借记"利润分配——转作股本股利"科目，贷记"股本"等科目。

董事会或类似机构通过的利润分配方案中拟分配的现金股利，不做账务处理，但应在附注中披露。

【例14-14】升达有限公司20×9年5月5日，宣告发放现金股利100 000元，本业务记账凭证编号为转字第11号，且附原始单据2张。20×9年5月10日，实际发放现金股利。本业务记账凭证编号为付字第4号，且附原始单据1张。

分析：升达有限公司宣告发放现金股利，则"利润分配——应付现金股利"减少记入借方，"应付股利"增加记入贷方；支付现金股利时"应付股利"减少记入借方，"银行存款"减少记入贷方。账务处理方法如下：

① 计提现金股利

借：利润分配——应付现金股利　　　　　　100 000

　　贷：应付股利　　　　　　　　　　　　　　100 000

② 支付现金股利

借：应付股利　　　　　　　　　　　　　　100 000

　　贷：银行存款　　　　　　　　　　　　　　100 000

根据以上分录编制会计凭证，如图12-27、图12-28所示。

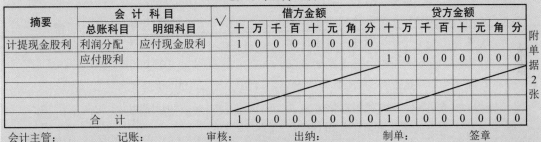

图 14-27　计提现金股利的会计凭证

图 14-28　支付现金股利的会计凭证

14.3.7 已分配利润结转

期末，企业应将本期已分配出去的利润，从"利润分配"科目所属的明细科目的余额转入该科目的"未分配利润"明细科目，结转后，"利润分配"科目中除"未分配利润"明细科目外，所属其他明细科目无余额。"未分配利润"明细科目的贷方余额表示累积未分配的利润，该科目如果出现借方余额，则表示累积未弥补的亏损。

结转已分配利润时，借记"利润分配——未分配利润""利润分配——盈余公积补亏"等科目，贷记"利润分配——提取法定盈余公积""利润分配——提取任意盈余公积""利润分配——应付现金股利""利润分配——转作股本股利"等科目。

【例14-15】承接【例14-12】、【例14-13】和【例14-14】资料，20×9年12月31日，升达有限公司在利润分配结束后，应将"利润分配"账户其他明细账户的余额结清，转入"利润分配——未分配利润"明细账户，以便结出年末未分配利润总额。年末，结转本年已分配的利润300 000(200 000+100 000-100 000+100 000)元。本业务记账凭证编号为转字第12号和13号，且附原始单据2张。

分析：该笔转账业务，就是将提取的法定盈余公积的100 000元、任意盈余公积的200 000元和向投资者分配的利润100 000元分别从"利润分配——提取法定盈余公积""利润分配——提取任意盈余公积"和"利润分配——应付现金股利"账户的贷方，转入"利润分配——未分配利润"账户的借方，将盈余公积补亏的100 000元从"利润分配——盈余公积补亏"的借方，转入"利润分配——未分配利润"账户的贷方。账务处理方法如下：

```
借：利润分配——未分配利润              400 000
    贷：利润分配——提取法定盈余公积            100 000
            ——提取任意盈余公积              200 000
            ——应付现金股利                100 000
借：利润分配——盈余公积补亏          100 000
    贷：利润分配——未分配利润                100 000
```

根据以上分录编制会计凭证，如图14-29、图14-30所示。

转 账 凭 证

20×9年12月31日   转字第12号

摘要	会 计 科 目		√	借方金额								贷方金额								
	总账科目	明细科目		十	万	千	百	十	元	角	分	十	万	千	百	十	元	角	分	
略	利润分配	未分配利润		4	0	0	0	0	0	0	0									附单据2张
	利润分配	提取法定盈余公积										1	0	0	0	0	0	0	0	
		提取任意盈余公积										2	0	0	0	0	0	0	0	
		应付现金股利										1	0	0	0	0	0	0	0	
合　计				4	0	0	0	0	0	0	0	4	0	0	0	0	0	0	0	

会计主管：　　　记账：　　　审核：　　　出纳：　　　制单：　　　签章

图14-29　结转未分配利润的会计凭证

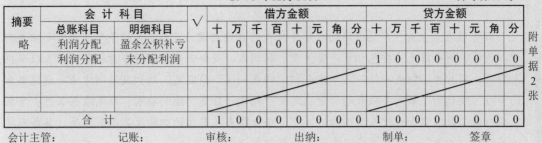

转 账 凭 证

20×9 年 12 月 31日　　　　　　　　　　转 字第13 号

摘要	会 计 科 目		√	借方金额								贷方金额								附单据2张
	总账科目	明细科目		十	万	千	百	十	元	角	分	十	万	千	百	十	元	角	分	
略	利润分配	盈余公积补亏		1	0	0	0	0	0	0	0									
	利润分配	未分配利润										1	0	0	0	0	0	0	0	
	合　计			1	0	0	0	0	0	0	0	1	0	0	0	0	0	0	0	

会计主管：　　　　记账：　　　　审核：　　　　出纳：　　　　制单：　　　　签章

图 14-30　结转盈余公积补亏的会计凭证

第15章 编制财务报表

　　财务报表是企业生产运营活动和账务处理的最终成果的呈报，是账务处理的重要组成部分。企业的财务报表主要包括资产负债表、利润表、现金流量表、所有者权益变动表以及报表附注，简称为"四表一注"。本章介绍"四表一注"的定义、结构及编制方法。通过本章的学习，使读者了解财务报表的作用、定义、构成、分类、编制要求、编制准备工作；掌握在执行新金融准则和新收入准则的情况下，企业报表及附注的结构及其编制方法，具备熟练地编制出"四表"，特别是资产负债表和利润表的技能。

15.1 财务报表概述

15.1.1 财务报表的含义

　　财务报表是反映企业或单位某一特定时点上的财务状况和一定时期利润状况、现金流量情况的会计报表。财务报表主要包括资产负债表、利润表、现金流量表或所有者权益变动表和附注等，简称为"四表一注"。

15.1.2 财务报表的使用者

　　财务报表的使用者即是查看财务报表的人。按是否在报表企业工作，财务报表的使用者分为企业内部的报表使用者和企业外部的报表使用者两大类。譬如，企业老板、企业高管、企业员工等属于企业内部的报表使用者；股票投资者、债权人、客户、政府、社会公众等属于企业外部的报表使用者。

　　(1) 财务报表全面系统地揭示企业一定时期的财务状况、经营成果和现金流量。企业高管若想了解本单位各项任务指标的完成情况，需要从财务报表中获取财务信息，以便做出经营预测和决策，评价管理人员的经营业绩，及时发现问题、调整经营方向、制定措施改善经营管理水平，提高经济效益。

　　(2) 企业的投资者作为企业经营资本的提供者，是企业最主要的外部信息使用者。财务报表信息将作为投资者衡量投资收益与风险高低，确定投资项目，评判管理者受托责任履行情况等的重要依据。所以企业投资者需要查看财务报表，以便获得对决策有用的信息。

　　(3) 企业的债权人也是企业财务报表的主要使用者。债权人作为企业债务资金的提供者，必须时刻关注企业的还款能力。财务会计报表信息是债权人判断企业偿债能力、评价借贷风险的重要依据。

　　(4) 政府部门在了解经济运行现状、配置经济资源、征收税款等履行宏观管理职能时也需要查看财务报表，以获得所需信息。

　　(5) 社会公众对企业的关注是多方面的。譬如，企业社会责任的履行情况、企业有无偷税漏税等。社会公众若想获得企业的相关信息，也需要查看财务报表。

15.1.3 查看财务报表的好处

财务报表作为企业正式对外信息交流的主要工具和对外信息披露的主要载体，在维持和发展企业与相关利益集团之间的关系，完善资本市场，促进资源有效配置等方面发挥着重要的作用。报表使用者查看财务报表具有如下好处。

第一，查看财务报表，可以从财务报表中获得管理者受托责任的履行情况。企业所有权与经营权的分离，使企业的所有者不直接参与企业的生产运营管理，而是聘请并委托专业的经理人经营管理公司。而经营管理者受托责任履行情况如何，所有者可以通过查看财务报表来获得信息，进而做出判断。

第二，查看财务报表，可以为报表使用者提供决策有用的信息。譬如投资者通过财务报表信息的分析，判断企业投资的风险与收益高低，进而决定是否对企业进行投资。债权人查看财务报表以判断企业偿债能力的高低，以决定是否进行放贷。这些都说明财务报表为报表使用者提供了决策有用的信息。

15.2 财务报表的类型

15.2.1 财务报表的构成

财务报表是基于人类生产活动和对生产活动进行记录的需要而产生，并随着商业社会对会计信息披露程度要求越来越高而不断发展的。目前普遍采用的财务报表包括"四表一注"，"四表一注"是指企业对外报告的财务报表由资产负债表、利润表、现金流量表、所有者权益变动表(或股东权益变动表)和财务报表附注构成。

1. 资产负债表

资产负债表是指反映企业资产、负债及资本的期末状况的报表，是企业财务报表的重要组成部分。从资产负债表中不仅可以看出企业会计期末所拥有和控制的资产、所承担的现实义务、所剩余的所有者权益的总额，而且可以看出企业的长期偿债能力、短期偿债能力和利润分配能力的高低。

2. 利润表

利润表又称为损益表，是指反映本期企业收入、费用和应该计入当期利润的利得和损失的金额和结构情况的报表，也是企业财务报表的重要组成部分。利润表不仅反映企业一定时期的经营结果，而且反映经营结果的构成，通过利润表可以了解企业的经营业绩、分析企业的获利能力、预测企业未来的收益、判断对企业投资的风险和报酬。

3. 现金流量表

现金流量表反映企业现金流量的来龙去脉，包括经营活动、投资活动及筹资活动的现金流量情况。通过现金流量表可以了解和评价企业的支付能力、偿债能力以及利润的质量，可以判断企业的经营周转是否顺畅、对外部资金的依赖程度等。现金流量表是连接资产负债表和利润表的纽带，它一方面解释了资产负债表中广义现金的来源，另一方面也揭示了企业净利润与经营活动现金净流量之间的关系。

4. 所有者权益变动表

所有者权益变动表又称为股东权益变动表，它反映本期企业所有者权益(股东权益)总量的增减变动情况及结构变动的情况，特别是要反映直接计入所有者权益的利得和损失。所有者权益变动表与资产负债表和利润表有着密切的关系，它不仅详细说明了资产负债表中所有者权益的变动原因，而且通过其中的净利润以及利润分配项目进一步揭示了盈利对所有者权益变动的贡献。

5. 财务报表附注

财务报表附注是为便于财务报表使用者理解财务报表的内容，而对在资产负债表、利润表、现金流量表和所有者权益变动表等报表中列示项目的文字描述或明细资料，以及对未能在这些报表中列示项目的说明等。附注是财务报表的重要组成部分。

15.2.2 财务报表的分类

1. 按编报的会计主体分类

财务报表按编报的会计主体不同，分为个别报表和合并报表。

譬如，升达有限公司与华盛公司组成了一个企业集团，升达有限公司为母公司，华盛公司为子公司。在编制财务报表时，如果升达有限公司(母公司)和华盛公司(子公司)各自以自己的财务状况和经营成果的现金流量等财务信息为基础编制的财务报表即称为个别财务报表。若升达有限公司(母公司)在自己和华盛公司编报的个别报表的基础上编制了综合反映企业集团经营成果、财务状况及其资金变动情况的财务报表，即称为合并财务报表。

2. 按编制时间分类

财务报表按编制的时间不同，分为中期财务报表和年度财务报表。

(1) 中期财务报表，是指编报期间短于一年的财务报表。中期财务报表包括月度财务报表、季度财务报表和半年度财务报表等。月度财务报表是指每月末编制的财务报表；季度财务报表是指在每季度末的最后一天(即每年的3月31日、6月30日、9月30日和12月31日)编制的财务报表；半年度报表是指在每年的6月30日和12月31日编制的财务报表。对于中期财务报表，企业至少应编制资产负债表、利润表和现金流量表。

(2) 年度财务报表简称年报，它是每年年度终了编制的会计报表。年度财务报表包括资产负债表、利润表、现金流量表、所有者权益变动表和报表附注。

3. 其他分类

(1) 按报表所提供会计信息的重要性不同，可以分为主表和附表。

主表即主要财务报表，是指提供比较全面、完整、系统的会计信息，以满足各种报表使用者的不同信息需求的财务报表。附表即从属报表，是指对于在主表中不能或难以详细披露的一些影响决策的重要信息所做的进一步补充说明的报表。现行的附表主要包括利润分配表和分部报表(利润表的附表)、应交增值税明细表和资产减值准备明细表(资产负债表的附表)等。

(2) 按反映的经济内容不同，分为资产负债表、利润表、现金流量表、所有者权益变动表。

资产负债表反映企业一定时期的资产、负债、所有者权益等的财务状况。利润表反映一定时期的经营成果。现金流量表反映企业一定时期的现金流入与流出及现金净流量。所有者权益变动表反映企业一定时期所有者权益的变动情况。

(3) 按照企业资金运动形态的不同，可以分为静态报表和动态报表。

静态报表反映某一时点的数值，在这个时点上企业的资金是静止的，如资产负债表就是静态报表。动态报表反映一定期间内的数值，在这段时期内资金是持续不断运动的，如利润表、现金流量表、所有者权益变动表就是典型的动态报表。

15.3　财务报表的编制要求和准备

15.3.1　财务报表编制的要求

财务报表作为信息使用者了解企业财务信息的主要工具，在信息使用者的经济决策中具有举足轻重的作用。所以《中华人民共和国会计法》要求，企业在编制财务报表时必须做到"数字真实、计算准确、内容完整、编报及时、手续完备"，这也是财务报表编制的基本要求。

数字真实是指财务报表的数据要真实反映企业的财务状况、经营成果及现金流量情况。因此，为了保证财务报表数据的真实性，财务报表中所有项目数字的填列必须以实际数字来填列，不能使用计划数、预测数，更不允许弄虚作假、胡编乱造。计算准确是指财务报表所有项目在计算时，必须以审核无误的账簿记录及其他资料为依据，根据《会计准则》规定的计算方法和计算公式进行计算。内容完整是指财务报表应当反映企业经济活动的全貌，必须依据准则规定进行编制和披露，不得随意删减。编报及时是指企业应按规定的时间编报财务报表并进行披露，以便报表的使用者能够及时有效地获得可利用的财务报表资料。手续完备是指企业对外提供的财务报表应当具有封面，并装订成册，在必要的地方加盖公章。财务报表封面上应当注明企业名称、企业统一代码、组织形式、地址、报表所属年度或者月份、报出日期，并由企业负责人和主管会计工作的负责人、会计机构负责人(会计主管人员)签名并盖章；设置总会计师的企业，还应当由总会计师签名并盖章。

会计准则关于财务会计报表编报的具体要求如下：

(1) 关于编制依据的要求。企业在编制财务报表时，必须以审核无误的账簿记录及有关资料为依据，任何人不得篡改或者授意、指使、强令他人篡改账簿的数据记录，以便做到披露的数据真实、内容完整。

(2) 关于编制格式的要求。企业在编制财务报表时，应当根据国家会计制度规定的统一格式和要求认真编写财务报表，以做到财务报表的项目齐全、内容完整、计算准确、信息可比。

(3) 关于编制标准的要求。为了满足不同信息使用者的需求和信息的可比性要求，企业向不同的信息使用者提供报表时，其编制的标准应当一致。应依据我国会计准则规定的统一计算口径、计算方法、计算公式等进行编制。

15.3.2　编制财务报表的准备工作

为了保证财务报表的编制达到国家关于财务报表编制的基本要求和具体要求，在编制财务报表前应当做好如下准备工作。

1. 检查当期业务是否全部入账

认真检查当期发生的各项经济业务是否已全部填制记账凭证，并据以登记与业务相关的总分类账、明细分类账和日记账。检查时尤其应注意有无将当期经济业务推移至下期入账或下期经济业务提前至当期入账的情况，如有上述情况，应于结账前分别进行相应处理。

2. 根据权责发生制原则调整账簿记录

在实行权责发生制的企业，应按照当期发生的权利和责任计算收入与支出的要求，确定当期的经营成果；需要编制调整分录，据以整理账簿记录。整理记录包括应计账项调整和期末账项结转。

(1) 应计账项调整。按工资总额规定比例提取应付福利费、工会经费；按规定比例提取机器设备的折旧费；预提当月应负担银行借款利息；计算当期应付税金等事项。

(2) 期末账项结转。将当期的全部销售收入、营业外收入结转至本年利润账户；将与收入对应的销售成本、销售税金、销售费用、营业外支出同时结转至本年利润账户；将已发放工资分配计入各有关账户；汇总结转当期的材料消耗，确定期末库存材料成本；汇集间接费用，将其分配结转至生产成本账户；计算完工产品成本，结转到产成品账户；计算销售成本，结转至销售成本账户等事项。

3. 核对账簿记录，保证账账相符

会计报表主要依据账簿资料编制，为保证报表指标的正确无误，必须在编表前检查账簿记录的正确性。核对账目包括内部核对和外部核对两方面内容。内部核对要将总账账户的借方余额合计与贷方余额合计相核对。外部核对以往来款项为对象，如与国家税务部门之间应交、已交税款的核对，与银行之间借款、还款的核对等。通过账目的内容核对和外部核对，保证账账相符，为编制会计报表做好准备。

4. 清查财产，保证账实相符

为保证会计报表指标的真实可信，还要求账簿所记录的各项财产结存情况应与实际结存情况保持一致，因此，要进行账实核对，以确保账实相符。在编制会计报表前，按照有关规定应对全部财产进行财产清查。对于清查中出现的盘盈、盘亏和损失等情况，应编制相应的会计分录，并据以登记入账，使各项财产的账面记录结存数与实际结存数保持一致，为编制会计报表奠定客观基础。

5. 结束当期账簿记录

在确认当期发生的经济业务、调整账项及有关转账业务已全部登记入账后，分别结计总分类账、日记账和明细分类账的当期发生额和余额，结束本期账簿记录。企事业单位不得在办理结账手续前编制会计报表，也不得为赶编会计报表而提前结账。

15.4 资产负债表

15.4.1 资产负债表的结构

资产负债表一般有表首、正表两部分。其中，表首的内容主要包括报表名称、编制单位、编制日期、报表编号、货币名称、计量单位等。正表是资产负债表的主体，列示了用以说明财务状况的各个项目。资产负债表正表的格式一般有两种：账户式和报告式。

1. 账户式结构

账户式资产负债表的结构分左右两方，左方为资产项目，右方为负债和所有者权益项目。左方的资产项目按资产的流动性大小进行排列，流动性大的资产如"货币资金""交易性金融资产"等排在前面，流动性小的资产如"长期股权投资""固定资产"等排在后面。右方上面

为负债项目，一般按清偿时间的先后顺序排列，"短期借款""交易性金融负债"等需要在一年以内或者长于一年的一个正常营业周期内偿还的流动负债排在前面，"长期借款"等在一年以上才需偿还的非流动负债排在后边；右方下面为所有者权益项目，大体按永久性排列，永久性强的"实收资本(股本)"项目等排在前面，永久性弱的"未分配利润"项目排在后面。其具体结构如表15-1所示。

表 15-1 账户式资产负债表简表

编制单位：　　　　　　　　　　　　年　月　日　　　　　　　　　　　　单位：

资产	年初余额	年末余额	负债和所有者权益	年初余额	年末余额
流动资产：			流动负债：		
货币资金			短期借款		
……			……		
流动资产合计			流动负债合计		
非流动资产：			非流动负债：		
……			长期借款		
固定资产			……		
……			其他非流动负债		
非流动资产合计			非流动负债合计		
			负债合计		
			所有者权益：		
			实收资本		
			……		
			未分配利润		
			所有者权益合计		
资产合计			负债和所有者权益合计		

2. 报告式结构

报告式资产负债表又称垂直式资产负债表，其资产、负债、股东权益项目自上而下排列，所有资产类项目按一定顺序列示在报表上部，其次列示负债项目，最后列示股东权益项目。报告式结构的优点是便于编制比较式资产负债表。其具体结构如表15-2所示。

表 15-2 报告式资产负债表简表

编制单位：　　　　　　　　　　　　年　月　日　　　　　　　　　　　　单位：

项目	年初余额	年末余额
资产：		
货币资金		
……		
资产合计		
负债：		
短期借款		
……		
负债合计		
所有者权益：		
实收资本		
……		
所有者权益合计		

15.4.2 我国资产负债表的样表

我国企业会计准则要求企业采用账户式结构编报资产负债表。我国企业资产负债表(适用于已执行新金融准则或新收入准则的企业)具体格式如表15-3所示。

表 15-3　资产负债表

会企01表

编制单位：　　　　　　　　　　　　年　月　日　　　　　　　　　　　单位：元

资产	期末余额	年初余额	负债和所有者权益(或股东权益)	期末余额	年初余额
流动资产：			流动负债：		
货币资金			短期借款		
交易性金融资产			交易性金融负债		
衍生金融资产			衍生金融负债		
应收票据			应付票据		
应收账款			应付账款		
应收款项融资			预收款项		
预付款项			合同负债		
其他应收款			应付职工薪酬		
存货			应交税费		
合同资产			其他应付款		
持有待售资产			持有待售负债		
一年内到期的非流动资产			一年内到期的非流动负债		
其他流动资产			其他流动负债		
流动资产合计			流动负债合计		
非流动资产：			非流动负债：		
债权投资			长期借款		
其他债权投资			应付债券		
长期应收款			其中：优先股		
长期股权投资			永续债		
其他权益工具投资			租赁负债		
其他非流动金融资产			长期应付款		
投资性房地产			预计负债		
固定资产			递延收益		
在建工程			递延所得税负债		
生产性生物资产			其他非流动负债		
油气资产			非流动负债合计		
使用权资产			负债合计		
无形资产			所有者权益(或股东权益)：		
开发支出			实收资本(或股本)		
商誉			其他权益工具		
长期待摊费用			其中：优先股		
递延所得税资产			永续债		
其他非流动资产			资本公积		
非流动资产合计			减：库存股		
			其他综合收益		
			专项储备		
			盈余公积		
			未分配利润		
			所有者权益(或股东权益)合计		
资产合计			负债和所有者权益(或股东权益)合计		

编制者：　　　　　　　财务负责人：　　　　　　　　　财务经理：

15.4.3　资产负债表的作用

资产负债表由资产、负债、所有者权益三大部分组成，反映企业一定时期的财务状况，具有以下作用。

1. 反映企业资产的构成及其状况

通过资产负债表的左侧项目分析，可以了解资产的构成，掌握企业在某一时期所拥有的经济资源及其分布情况。从流动资产部分占总资产的比重，得出企业资产流动性的高低。从长期资产部分了解企业固定资产的规模，及企业未来的成长性。

2. 反映权益与负债的比重

可以反映企业负债和所有者权益的总额及其结构，揭示公司的资产来源及其构成。对资产负债表右侧项目的分析，可知企业资产有多少来源于负债，有多少来源于所有者投资。且企业的资本结构(所有者权益与负债的比重)是否合理。

3. 解释、评价和预测企业的偿债能力

偿债能力指企业以其资产偿付债务的能力，包括短期偿债能力和长期偿债能力。短期偿债能力主要体现在企业资产和负债的流动性上，通过将资产与短期负债比较对资产项目的流动性进行分析，可知企业短期偿债能力。长期偿债能力主要指企业以全部资产清偿全部负债的能力。一般认为资产越多，负债越少，其长期偿债能力越强；反之，若资不抵债，则企业缺乏长期偿债能力。将企业的资产与负债总额进行比较分析资本结构，可知企业偿债能力的高低。

4. 解释、评价和预测企业的财务弹性

企业的财务弹性主要取决于资产变现能力，从经营活动中产生现金流入的能力，对外筹集和调度资金的能力，以及在不影响正常经营的前提下变卖资产获取现金的能力。

资产负债表本身并不能直接提供有关企业财务弹性的信息，但是它所列示的资产分布和对这些资产的要求权的信息，以及企业资产、负债流动性、资本结构等信息，并借助利润表及附注、附表的信息，可间接地解释、评价和预测企业的财务弹性，并为管理部门增强企业在市场经济中的适应能力提供指导。

5. 评价企业资产的周转速度

企业的盈利能力受资产周转速度的影响，资产周转速度越快，企业盈利能力越强。以企业资产负债表的资产项目与利润表项目进行比较，可以反映企业的资产周转速度。

15.4.4 资产负债表的编制

1. 资产负债表的编制原理与依据

资产负债表的编制依据是"资产=负债+所有者权益"这一会计基本等式。编制原理是借贷记账法(即"有借必有贷，借贷必相等")。借贷记账法记录的企业所有的经济活动导致的资金运动，最终都可以归结为资产、负债、所有者权益、收入、费用、利润这六大会计要素的变动，而不管这六大会计要素如何变动，它们之间总是存在"资产=负债+所有者权益"的会计等式关系。企业根据这一等式设计资产负债表，并在借贷记账法的基础上编制记账凭证、登记明细账和总账，进行试算平衡，计算得出资产负债表编制所需数据，最终编制资产负债表。

2. 资产负债表填列方法

1) 资产负债表"年初余额"栏的填列方法

资产负债表中的"年初余额"栏一般根据上年末的资产负债表"期末余额"填列。

> **※注意※**
>
> 　　如果企业发生了会计政策变更、前期差错更正，应当对"期初余额"栏中的项目进行相应调整。如果本年度资产负债表规定的项目名称和内容同上年度不一致，则应对上年年末的资产负债表各项目名称和内容，按本年度的规定进行调整，并将调整后的金额填入本年度的"期初余额"栏内。

2) 资产负债表"期末余额"栏的填列方法

(1) 根据总账科目的余额填列。有些项目应根据总账科目直接填列，如"实收资本(或股本)""其他权益工具""库存股""资本公积""其他综合收益""盈余公积"等项目，应根据有关总账科目的余额直接填列。有些项目则应根据几个总账科目的余额计算填列，如"货币资金"项目，需根据"库存现金""银行存款""其他货币资金"三个总账科目余额的合计数填列。

(2) 根据明细账科目的余额计算填列。如"开发支出"项目，应根据"研发支出"科目中所属的"资本化支出"明细科目期末余额填列；"应付职工薪酬"项目，应根据"应付职工薪酬"科目的明细科目期末余额分析填列；"未分配利润"项目，应根据"利润分配"科目中所属的"未分配利润"明细科目期末余额填列。

(3) 根据总账科目和明细账科目的余额分析计算填列。如"长期借款"项目，应根据"长期借款"总账科目余额，扣除"长期借款"科目所属的明细科目中将在资产负债表日起一年内到期，且企业不能自主地将清偿义务展期的长期借款后的金额计算填列。

(4) 根据有关科目余额减去其备抵科目余额后的净额填列。如"无形资产""投资性房地产""生产性生物资产""油气资产"项目等，应根据相关科目的期末余额扣减相关的累计折旧(或摊销、折耗)填列；已计提减值准备的，还应扣减相应的减值准备。折旧(或摊销、折耗)年限(或期限)只剩一年或不足一年的，或者预计在一年内(含一年)进行折旧(或摊销、折耗)的部分，仍在上述项目中列示，不转入"一年内到期的非流动资产"项目。采用公允价值计量的上述资产，应根据相关科目的期末余额填列。

(5) 综合运用上述填列方法分析填列。"存货"项目，应根据"材料采购""原材料""发出商品""库存商品""周转材料""委托加工的物资""生产成本""受托代销商品"等科目的期末余额及"合同履约成本"科目的明细科目中初始确认时摊销期限不超过一年或一个正常营业周期的期末余额合计，减去"受托代销商品款""存货跌价准备"科目期末余额及"合同履约成本减值准备"科目中相应的期末余额后的金额填列。材料采用计划成本核算，以及库存商品采用计划成本核算或售价核算的企业，还应按加或减材料成本差异、商品进销差价后的金额填列。

3. 资产负债表各项目的填列

(1) "货币资金"项目，需根据"库存现金""银行存款""其他货币资金"三个总账科目余额的合计数填列。

(2) "交易性金融资产"项目，应根据"交易性金融资产"科目的相关明细科目期末余额分析填列。自资产负债表日起超过一年到期且预期持有超过一年的以公允价值计量且其变动计入当期损益的非流动金融资产的期末账面价值，在"其他非流动金融资产"项目反映。

(3) "应收票据"项目，应根据"应收票据"科目的期末余额，减去"坏账准备"科目中有关应收票据计提的坏账准备期末余额后的金额填列。

(4)"应收账款"项目，应根据"应收账款"科目的期末余额，减去"坏账准备"科目中有关应收账款计提的坏账准备期末余额后的金额填列。

(5)"应收款项融资"项目，反映资产负债表日以公允价值计量且其变动计入其他综合收益的应收票据和应收账款等。

(6)"预付款项"项目，应根据"预付账款"科目的期末余额，减去"坏账准备"科目中有关预付款项计提的坏账准备期末余额后的金额填列。

(7)"其他应收款"项目，应根据"应收利息""应收股利"和"其他应收款"科目的期末余额合计数，减去"坏账准备"科目中相关坏账准备期末余额后的金额填列。

(8)"存货"项目，应根据"材料采购""原材料""发出商品""库存商品""周转材料""委托加工物资""生产成本""受托代销商品"等科目的期末余额及"合同履约成本"科目的明细科目中初始确认时摊销期限不超过一年或一个正常营业周期的期末余额合计，减去"受托代销商品款""存货跌价准备"科目期末余额及"合同履约成本减值准备"科目中相应的期末余额后的金额填列。材料采用计划成本核算，以及库存商品采用计划成本核算或售价核算的企业，还应按加或减材料成本差异、商品进销差价后的金额填列。

(9)"合同资产"和"合同负债"项目，应分别根据"合同资产"科目、"合同负债"科目的相关明细科目期末余额分析填列。同一合同下的合同资产和合同负债应当以净额列示，净额为借方余额的，应当根据其流动性在"合同资产"或"其他非流动资产"项目中填列，已计提减值准备的，还应减去"合同资产减值准备"科目中相关的期末余额后的金额填列；净额为贷方余额的，应当根据其流动性在"合同负债"或"其他非流动负债"项目中填列。

(10)"持有待售资产"项目，应根据"持有待售资产"科目的期末余额，减去"持有待售资产减值准备"科目的期末余后的金额填列。

(11)"一年内到期的非流动资产"，应根据有关非流动资产的明细科目余额分析填列。

(12)"其他流动资产"和"其他流动负债"项目，应根据有关总账科目及有关明细科目期末余额分析填列；"其他非流动负债"项目，应根据有关科目的期末余额减去将于一年内(含一年)到期偿还数后的金额填列。

(13)"债权投资"项目，应根据"债权投资"科目的相关明细科目期末余额，减去"债权投资减值准备"科目中相关减值准备的期末余额后的金额分析填列。自资产负债表日起一年内到期的长期债权投资的期末账面价值，在"一年内到期的非流动资产"项目反映。企业购入的以摊余成本计量的一年内到期的债权投资的期末账面价值，在"其他流动资产"项目反映。

(14)"其他债权投资"项目，应根据"其他债权投资"科目的相关明细科目期末余额分析填列。自资产负债表日起一年内到期的长期债权投资的期末账面价值，在"一年内到期的非流动资产"项目反映。企业购入的以公允价值计量且其变动计入其他综合收益的一年内到期的债权投资的期末账面价值，在"其他流动资产"项目反映。

(15)"其他权益工具投资"项目，应根据"其他权益工具投资"科目的期末余额填列。

(16)"其他非流动金融资产"项目，应根据"交易性金融资产"科目的相关明细科目期末余额分析填列。自资产负债表日起超过一年到期且预期持有超过一年的以公允价值计量且其变动计入当期损益的非流动金融资产的期末账面价值，在"其他非流动金融资产"项目反映。

(17)"投资性房地产""无形资产""生产性生物资产""油气资产"项目，应根据相关科目的期末余额扣减相关的累计折旧(或摊销、折耗)填列；已计提减值准备的，还应扣减相应的减值准备，折旧(或摊销、折耗)年限(或期限)只剩一年或不足一年的，或者预计在一年内(含一年)进行折旧(或摊销、折耗)的部分，仍在上述项目中列示，不转入"一年内到期的非流动资产"项目。采用公允价值计量的上述资产，应根据相关科目的期末余额填列。

(18) "固定资产"项目，应根据"固定资产"科目的期末余额，减去"累计折旧"和"固定资产减值准备"科目的期末余额后的金额，以及"固定资产清理"科目的期末余额填列。

(19) "在建工程"项目，应根据"在建工程"科目的期末余额减去"在建工程减值准备"科目的期末余额后的金额，以及"工程物资"科目的期末余额减去"工程物资减值准备"科目的期末余额后的金额填列。

(20) "使用权资产"项目，反映资产负债表日承租人企业持有的使用权资产的期末账面价值。该项目应根据"使用权资产"科目的期末余额，减去"使用权资产累计折旧"和"使用权资产减值准备"科目的期末余额后的金额填列。

(21) "开发支出"项目，应根据"研发支出"科目中所属的"资本化支出"明细科目期末余额填列。

(22) "递延所得税资产""长期待摊费用"项目，应根据有关总账科目的余额填列。其中长期待摊费用摊销年限(或期限)不足一年的，或者预计在一年内(含一年)进行摊销的部分，仍在"长期待摊费用"项目中列示，不转入"一年内到期的非流动资产"项目。

(23) "其他非流动资产"项目，应根据有关科目的期末余额减去将于一年内(含一年)收回数后的金额，及"合同取得成本"科目和"合同履约成本"科目的明细科目中初始确认时摊销期限在一年或一个正常营业周期以上的期末余额，减去"合同取得成本减值准备"科目和"合同履约成本减值准备"科目中相应的期末余额填列。

(24) "交易性金融负债"项目，应根据"交易性金融负债"科目的相关明细科目期末余额填列。

(25) "应付票据"项目，应根据"应付票据"科目的期末余额填列。

(26) "应付账款"项目，应根据"应付账款"和"预付账款"科目所属的相关明细科目的期末贷方余额合计数填列。

(27) "应付职工薪酬"项目，应根据"应付职工薪酬"科目的明细科目期末余额填列。

(28) "应交税费"项目，应根据"应交税费"科目的明细科目期末余额填列。其中，借方余额应当根据其流动性在"其他流动资产"或"其他非流动资产"项目中填列。

(29) "其他应付款"项目，应根据"应付利息""应付股利"和"其他应付款"科目的期末余额合计数填列。

> ※注意※
>
> 其中的"应付利息"仅反映相关金融工具已到期应支付但于资产负债表日尚未支付的利息。基于实际利率法计提的金融工具的利息应包含在相应金融工具的账面余额中。

(30) "持有待售负债"项目，根据"持有待售负债"科目的期末余额填列。

(31) "长期借款"项目，应根据"长期借款"总账科目余额，扣除"长期借款"科目所属的明细科目中将在资产负债表日起一年内到期且企业不能自主地将清偿义务展期的长期借款后的金额计算填列。

(32)"应付债券"项目,应根据"应付债券"科目的明细科目余额填列。

(33)"租赁负债"项目,反映资产负债表日承租人企业尚未支付的租赁付款额的期末账面价值。该项目应根据"租赁负债"科目的期末余额填列。自资产负债表日起一年内到期应予以清偿的租赁负债的期末账面价值,在"一年内到期的非流动负债"项目反映。

(34)"长期应付款"项目,应根据"长期应付款"科目的期末余额,减去相关的"未确认融资费用"科目的期末余额后的金额,以及"专项应付款"科目的期末余额填列。

(35)"预计负债"项目,应根据"预计负债"科目的明细科目期末余额分析填列。

(36)"递延所得税资产""长期待摊费用""短期借款""递延收益""递延所得税负债""实收资本(或股本)""其他权益工具""库存股""资本公积""其他综合收益""专项储备""盈余公积"等项目均根据总账科目余额填列。

(37)"专项储备"项目,反映高危行业企业按国家规定提取的安全生产费的期末账面价值。该项目应根据"专项储备"科目的期末余额填列。

(38)"未分配利润"项目,应根据"利润分配"科目中所属的"未分配利润"明细科目期末余额填列。

※**注意**※

《企业会计准则第14号——收入》(2017年修订)还对以下相关事项进行规定:

(1) 确认为资产的合同取得成本,应当根据"合同取得成本"科目的明细科目初始确认时摊销期限是否超过一年或一个正常营业周期,在"其他流动资产"或"其他非流动资产"项目中填列;已计提减值准备的,还应减去"合同取得成本减值准备"科目中相关的期末余额后的金额填列。

(2) 确认为资产的合同履约成本,应当根据"合同履约成本"科目的明细科目初始确认时摊销期限是否超过一年或一个正常营业周期,在"存货"或"其他非流动资产"项目中填列;已计提减值准备的,还应减去"合同履约成本减值准备"科目中相关的期末余额后的金额填列。

(3) 确认为资产的应收退货成本,应根据"应收退货成本"科目是否在一年或一个正常营业周期内出售,在"其他流动资产"或"其他非流动资产"项目中填列。

(4) 确认为预计负债的应付退货款,应当根据"预计负债"科目下的"应付退货款"明细科目是否在一年或一个正常营业周期内清偿,在"其他流动负债"或"预计负债"项目中填列。

15.4.5　资产负债表编制案例

1. 案例资料

升达有限公司为增值税一般纳税人,增值税税率为13%。20×8年12月31日的资产负债表和20×9年12月的科目余额表如表15-4和表15-5所示。假设升达有限公司20×9年无任何会计差错及会计政策变更事项。

表 15-4　升达有限公司 20×8 年 12 月 31 日的资产负债表

会企01表

编制单位: 升达有限公司　　　　　　　　　20×8年12月31日　　　　　　　　　单位: 元

资产	年初余额	期末余额	负债和所有者权益(或股东权益)	年初余额	期末余额
流动资产:			流动负债:		
货币资金		1 406 300	短期借款		300 000
交易性金融资产		15 000	交易性金融负债		0
衍生金融资产		0	衍生金融负债		0
应收票据		246 000	应付票据		200 000
应收账款		299 100	应付账款		935 800
应收款项融资		0	预收款项		0
预付款项		100 000	合同负债		0
其他应收款		5 000	应付职工薪酬		110 000
存货		2 580 000	应交税费		36 600
合同资产		0	其他应付款		51 000
持有待售资产		0	持有待售负债		0
一年内到期的非流动资产		0	一年内到期的非流动负债		1 000 000
其他流动资产		100 000	其他流动负债		0
流动资产合计		4 751 400	流动负债合计		2 633 400
非流动资产:			非流动负债:		
债权投资		0	长期借款		200 000
其他债权投资		0	应付债券		0
长期应收款		0	其中: 优先股		0
长期股权投资		250 000	永续债		0
其他权益工具投资		0	租赁负债		0
其他非流动金融资产		0	长期应付款		0
投资性房地产		0	预计负债		0
固定资产		1 100 000	递延收益		0
在建工程		1 500 000	递延所得税负债		0
生产性生物资产		0	其他非流动负债		0
油气资产		0	非流动负债合计		200 000
使用权资产		0	负债合计		2 833 400
无形资产		600 000	所有者权益:		
研发支出		0	实收资本(或股本)		5 000 000
商誉		0	其他权益工具		0
长期待摊费用		0	其中: 优先股		0
递延所得税资产		0	永续债		0
其他非流动资产		200 000	资本公积		0
非流动资产合计		3 650 000	减: 库存股		0
			其他综合收益		0
			专项储备		0
			盈余公积		300 000
			未分配利润		268 000
			所有者权益合计		5 568 000
资产合计		8 401 400	负债和所有者权益合计		8 401 400

表 15-5 总账科目余额表

单位：元

科目名称	借方余额	贷方余额
库存现金	2 000	
银行存款	805 831	
其他货币资金	7 300	
交易性金融资产	0	
应收票据	66 000	
应收账款	600 000	
坏账准备		1 800
其中：应收账款		1 800
预付款项	100 000	
其他应收款	5 000	
材料采购	275 000	
原材料	45 000	
周转材料	38 050	
库存商品	2 222 400	
材料成本差异	4 250	
债权投资	0	
其他债权投资	0	
长期股权投资	26 200	
固定资产	3 096 800	
累计折旧		170 000
固定资产减值准备		30 000
工程物资	300 000	
在建工程	428 000	
无形资产	600 000	
累计摊销		60 000
递延所得税资产	7 500	
短期借款		50 000
应付票据		100 000
应付账款		935 800
其他应付款		50 000
应付职工薪酬		180 000
应交税费		226 731
应付利息		0
应付股利		322 215
递延所得税负债		0
递延收益		0
长期借款		1 148 000
其中：一年内到期的部分		48 000
股本		5 000 000
资本公积		0
其他综合收益		12 000
盈余公积		124 772
利润分配(未分配利润)		218 013

2. 案例要求

请编制升达有限公司20×9年12月31日的资产负债表。

3. 案例解析

(1) 20×9年12月31日资产负债表"年初余额"栏根据20×8年12月31日资产负债表"期末余额"填列。

(2) 20×9年12月31日资产负债表"期末余额"栏根据20×9年12月31日的总账科目余额表填列。具体编制结果如表15-6所示。

表15-6 升达有限公司20×9年12月31日的资产负债表

会企01表

编制单位：升达有限公司 20×9年12月31日 单位：元

资产	年初余额	期末余额	负债和所有者权益 （或股东权益）	年初余额	期末余额
流动资产：			流动负债：		
货币资金	1 406 300	815 131	短期借款	300 000	50 000
交易性金融资产	15 000	0	交易性金融负债	0	0
衍生金融资产	0	0	衍生金融负债	0	0
应收票据	246 000	66 000	应付票据	200 000	100 000
应收账款	299 100	598 200	应付账款	935 800	935 800
应收款项融资	0	0	预收款项	0	0
预付款项	100 000	100 000	合同负债	0	0
其他应收款	5 000	5 000	应付职工薪酬	110 000	180 000
存货	2 580 000	2 584 700	应交税费	36 600	226 731
合同资产	0	0	其他应付款	51 000	37 2215
持有待售资产	0	0	持有待售负债	0	0
一年内到期的非流动资产	0	0	一年内到期的非流动负债	1 000 000	48 000
其他流动资产	100 000	0	其他流动负债	0	0
流动资产合计	4 751 400	4 169 031	流动负债合计	2 633 400	1 912 746
非流动资产：			非流动负债：		
债权投资	0	0	长期借款	200 000	1 100 000
其他债权投资	0	0	应付债券	0	0
长期应收款	0	0	其中：优先股	0	0
长期股权投资	250 000	26 200	永续债	0	0
其他权益工具投资	0		租赁负债	0	0
其他非流动金融资产	0		长期应付款	0	0
投资性房地产	0		预计负债	0	0
固定资产	1 100 000	2 896 800	递延收益	0	0
在建工程	1 500 000	728 000	递延所得税负债	0	0
生产性生物资产	0	0	其他非流动负债	0	0
使用权资产	0	0	非流动负债合计	200 000	1 100 000
油气资产	0	0	负债合计	2 833 400	3 012 746
无形资产	600 000	540 000	所有者权益：		
研发支出	0	0	实收资本(或股本)	5 000 000	5 000 000
商誉	0	0	其他权益工具	0	0
长期待摊费用	0	0	其中：优先股	0	0
递延所得税资产	0	7 500	永续债	0	0
其他非流动资产	200 000	0	资本公积	0	0
非流动资产合计	3 650 000	4 198 500	减：库存股	0	0
			其他综合收益	0	12 000
			专项储备	0	0
			盈余公积	300 000	124 772
			未分配利润	268 000	218 013
			所有者权益合计	5 568 000	5 354 785
资产合计	8 401 400	8 367 531	负债和所有者权益合计	8 401 400	8 367 531

15.5　利润表

15.5.1　利润表的结构

利润表一般由表首、正表两部分组成。其中，表首包括报表名称、编制单位、编制日期、报表编号、货币名称、计量单位等内容；正表是利润表的主体，包含形成利润的各个项目和其计算过程。利润表按正表部分各项目的具体排列方式，又分为单步式利润表和多步式利润表。

1. 单步式利润表

单步式利润表是将本期所有的收入加在一起，然后再将所有费用加总在一起，两者相减，通过一次计算得出本期利润。单步式利润表的具体结构如表15-7所示。

表 15-7　单步式利润表简表

编制单位：　　　　　　　　　　　日期：　　年　月　　　　　　　　　　单位：元

项　　目	本年实际	上年实际
一、收入		
主营业务收入		
其他业务收入		
……		
收入合计		
二、费用		
主营业务成本		
……		
费用合计		
三、净利润		

2. 多步式利润表

多步式利润表是按照各项收入、费用以及构成利润的各个项目分类、分项列示，最终得出企业的本期净利润。即根据利润的构成及计算公式依次计算营业利润、利润总额和净利润。多步式利润表的具体结构如表15-8所示。

表 15-8　多步式利润表简表

编制单位：　　　　　　　　　　　日期：　　年　月　　　　　　　　　　单位：元

项目	本期金额	上期余额
一、营业收入		
减：营业成本		
税金及附加		
……		
二、营业利润(亏损以"-"号填列)		
加：营业外收入		
减：营业外支出		
三、利润总额(亏损以"-"号填列)		
减：所得税费用		
四、净利润(净亏损以"-"号填列)		

15.5.2　我国利润表的样表

我国企业会计制度规定，利润表应采用多步式利润表，我国企业利润表(适用于已执行新金融准则或新收入准则的企业)的具体格式如表15-9所示。

表 15-9　我国企业利润表样表

会企02表

编制单位：　　　　　　　　日期：　　年　月　日　　　　　　　　单位：元

项目	本期金额	上期余额
一、营业收入		
减：营业成本		
税金及附加		
销售费用		
管理费用		
研发费用		
财务费用		
其中：利息费用		
利息收入		
加：其他收益		
投资收益(损失以"-"号填列)		
其中：对联营企业和合营企业的投资收益		
以摊余成本计量的金融资产终止确认收益(损失以"-"填列)		
净敞口套期收益(损失以"-"号填列)		
公允价值变动收益(损失以"-"号填列)		
信用减值损失		
资产减值损失		
资产处置收益(损失以"-"号填列)		
二、营业利润(亏损以"-"号填列)		
加：营业外收入		
减：营业外支出		
三、利润总额(亏损以"-"号填列)		
减：所得税费用		
四、净利润(净亏损以"-"号填列)		
(一)持续经营净利润(净亏损以"-"号填列)		
(二)终止经营净利润(净亏损以"-"号填列)		
五、其他综合收益的税后净额		
(一)不能重分类进损益的其他综合收益		
1. 重新计量设定受益计划变动额		
2. 权益法下不能转损益的其他综合收益		
3. 其他权益工具投资公允价值变动		
4. 企业自身信用风险公允价值变动		
………		
(二)将重分类进损益的其他综合收益		
1. 权益法下可转损益的其他综合收益		
2. 其他债权投资公允价值变动		
3. 金融资产重分类计入其他综合收益的金额		
4. 其他债权投资信用减值准备		
5. 现金流量套期储备		
6. 外币财务报表折算差额		
………		
六、综合收益总额		
七、每股收益		
(一)基本每股收益		
(二)稀释每股收益		

单位负责人：　　　　　　财务负责人：　　　　　　审核：　　　　　　制表：

15.5.3 利润表的作用

通过利润表，可以反映企业一定会计期间的收入实现情况、费用耗费情况，以及企业生产经营活动的成果，即净利润的实现情况。据以判断资本的保值、增值情况。将利润表中的信息与资产负债表中的信息相结合，还可以提供进行财务分析的基本资料，如将赊销收入净额与应收账款平均余额进行比较，计算出应收账款周转率；将销货成本与存货平均余额进行比较，计算出存货周转率；将净利润与资产总额进行比较，计算出资产收益率等，可以表现企业资金周转情况以及企业的盈利能力和水平，便于会计报表使用者判断企业未来的发展趋势，做出经济决策。

企业编制利润表的主要目的是将企业经营成果的信息提供给各种报表使用者，作为他们进行决策的依据或参考。利润表具有以下作用：第一，投资者可据以解释、评价和预测企业的经营成果和获利能力；第二，债权人可据以解释、评价和预测企业的偿债能力；第三，企业管理人员可据以做出经营决策；第四，企业所有者可据以评价和考核管理人员的绩效。

15.5.4 利润表的编制

1. 利润表编制的理论依据

利润表上反映的是企业利润的构成及其计算过程。企业的收入、费用和利润要素可以通过"收入-费用=利润"公式来反映，所以利润表是依据利润等式"收入-费用=利润"设计并编制的。这里的收入既包括主营业务收入和其他业务收入，也包括经营过程中的收益，以及营业外收入等所有的收益；费用包括营业成本、营业费用，以及营业外支出等所有的耗费；收入与费用的差额就是利润。

2. 利润表编制步骤

为了保证利润表信息的真实性、完整性及有效性，企业编制利润表时可依据以下步骤：

第一步，根据原始凭证编制记账凭证、登记总账及明细账，并进行账账核对、账实核对及账证核对。

第二步，保证所有会计业务均入账的前提下，编制试算平衡表，检查会计账户的正确性，为编制会计报表做准备。

第三步，依据试算平衡表损益类账户的发生额，结合有关明细账户的发生额，以及部分所有者权益类科目有关明细账科目发生额，计算并填列利润表的各项目。

第四步，计算营业利润。是以营业收入为基础，减去营业成本、营业税金及附加、销售费用、管理费用、研发费用、财务费用、资产减值损失、信用减值损失加上其他收益、投资收益(减去投资损失)、公允价值变动收益(减去公允价值损益)、资产处置收益(或减去资产处置损失)，计算出营业利润。

第五步，计算利润总额。是以营业利润为基础，加上营业外收入，减去营业外支出，计算出总额。

第六步，计算净利润(或净亏损)。是以利润总额为基础，减去所得税费用，计算出净利润。

第七步，检验利润表的完整性及正确性，包括表头部分的填制是否齐全、各项目的填列是否正确、各种利润的计算是否正确。

第八步，有关人员签字盖章。

3. 利润表的编制方法

下面以年度利润表为例，讲述利润表的编制方法。

1)"上期金额"栏的填列方法

利润表中的"上期金额"栏应根据上年同期利润表"本期金额"栏内所列数字填列。注意，如果上年同期利润表规定的项目名称和内容与本期不一致，应对上年同期利润表各项目的名称和金额按照本期的规定进行调整，填入"上期金额"栏。

2)"本期金额"栏的填列方法

(1)"营业收入"项目，反映企业经营过程中的收入总额，包括主营业务收入和其他业务收入，所以应根据"主营业务收入"和"其他业务收入"科目本期发生额的合计数计算填列。

(2)"营业成本"项目，企业的营业成本包括主营业务成本和其他业务成本，所以应根据"主营业务成本"和"其他业务成本"科目本期发生额的合计数计算填列。

(3)"税金及附加""销售费用""管理费用""财务费用""资产减值损失"项目，根据本期发生额分析填列。

(4)"研发费用"项目，反映企业进行研究与开发过程中发生的费用化支出，以及计入管理费用的自行开发无形资产的摊销。该项目应根据"管理费用"科目下的"研发费用"明细科目的发生额以及"管理费用"科目下的"无形资产摊销"明细科目的发生额分析填列。

(5)"利息费用"项目，反映企业为筹集生产经营所需资金等而发生的应予以费用化的利息支出。该项目应根据"财务费用"科目的相关明细科目的发生额分析填列。该项目作为"财务费用"项目的其中项，以正数填列。

(6)"利息收入"项目，反映企业确认的利息收入。该项目应根据"财务费用"科目的相关明细科目的发生额分析填列。该项目作为"财务费用"项目的其中项，以正数填列。

(7)"其他收益"项目，反映计入其他收益的政府补助等，该项目应根据"其他收益"科目的发生额分析填列。根据《中华人民共和国个人所得税法》的规定，收到的扣缴税款手续费，应作为其他与日常活动相关的收益在该项目中填列。

(8)"投资收益"项目，应根据"投资收益"账户的本期发生额分析填列，如果是贷方发生额以正数列示，借方发生额以负数列示。

(9)"以摊余成本计量的金融资产终止确认收益"项目，反映企业因转入等情形终止确认以摊余成本计量的金融资产而产生的利得或损失。该项目应根据"投资收益"科目的相关明细科目的发生额分析填列；如为损失，以"–"号填列。

(10)"公允价值变动损益"项目，应根据"公允价值变动损益"账户的本期发生额分析填列，如果是贷方发生额以正数列示，借方发生额以负数列示。

(11)"资产处置收益"项目，反映企业出售划分为持有待售的非流动资产(金融工具、长期股权投资和投资性房地产除外)或处置组时确认的处置利得或损失，以及处置未划分为持有待售的固定资产、在建工程、生产性生物资产及无形资产而产生的处置利得或损失。债务重组中因处置非流动资产(金融工具、长期股权投资和投资性房地产除外)产生的利得或损失，和非货币性资产交换中换出非流动资产(金融工具、长期股权投资和投资性房地产除外)产生的利得或损失也包括在本项目内，该项目应根据"资产处置损益"科目的发生额分析填列。如为处置损失，以"–"号填列。

(12)"营业外收入"项目，反映企业发生的除营业利润以外的收益，主要包括债务重组利得、与企业日常活动无关的政府补助、盘盈利得、捐赠利得(企业接受股东或股东的子公司直接或间接的捐赠，经济实质属于股东对企业的资本性投入的除外)等。该项目应根据"营业务外收入"科目的发生额分析填列。

(13)"营业外支出"项目，反映企业发生的除营业利润以外的支出，主要包括债务重组损失、公益性捐赠支出、非常损失、盘亏损失、非流动资产毁损报废损失等。该项目应根据"营业外支出"科目的发生额分析填列。

(14)"持续经营净利润"和"终止经营净利润"项目，分别反映净利润中与持续经营相关的净利润和与终止经营相关的净利润；如为净亏损，以"-"号填列。该项目应根据《企业会计准则第42号——持有代售的非流动资产、处置组合终止经营》的相关规定分别列报。

(15)"信用减值损失"项目，反映企业按照《企业会计准则第22号——金融工具确认和计量》(2017年修订)的要求计提的各项金融工具减值准备所形成的预期信用损失。该项目应根据"信用减值损失"科目的发生额分析填列。

(16)"净敞口套期收益"项目，反映净敞口套期下被套期项目累计公允价值变动转入当期损益的金额或现金流量套期储备转入当期损益的金额。该项目应根据"净敞口套期损益"科目的发生额分析填列；如为套期损失，以"-"号填列。

(17)"其他权益工具投资公允价值变动"项目，反映企业指定为以公允价值计量且其变动计入其他综合收益的非交易性权益工具投资发生的公允价值变动。该项目应根据"其他综合收益"科目的相关明细科目的发生额分析填列。

(18)"企业自身信用风险公允价值变动"项目，反映企业指定为以公允价值计量且其变动计入当期损益的金融负债，由企业自身信用风险变动引起的公允价值变动而计入其他综合收益的金额。该项目应根据"其他综合收益"科目的相关明细科目的发生额分析填列。

(19)"其他债权投资公允价值变动"项目，反映企业分类为以公允价值计量且其变动计入其他综合收益的债权投资发生的公允价值变动。企业将一项以公允价值计量且其变动计入其他综合收益的金融资产重分类为以摊余成本计量的金融资产，或重分类为以公允价值计量且其变动计入当期损益的金融资产时，之前计入其他综合收益的累计利得或损失从其他综合收益中转出的金额作为该项目的减项。该项目应根据"其他综合收益"科目下的相关明细科目的发生额分析填列。

(20)"金融资产重分类计入其他综合收益的金额"项目，反映企业将一项以摊余成本计量的金融资产重分类为以公允价值计量且其变动计入其他综合收益的金融资产时，计入其他综合收益的原账面价值与公允价值之间的差额。该项目应根据"其他综合收益"科目下的相关明细科目的发生额分析填列。

(21)"其他债权投资信用减值准备"项目，反映企业按照《企业会计准则第22号金融工具确认和计量》(2017年修订)的要求，分类为以公允价值计量且其变动计入其他综合收益的金融资产的损失准备。该项目应根据"其他综合收益"科目下的"信用减值准备"明细科目的发生额分析填列。

(22)"现金流量套期储备"项目，反映企业套期工具产生的利得或损失中属于套期有效的部分。该项目应根据"其他综合收益"科目的"套期储备"明细科目的发生额分析填列。

(23)"营业利润""利润总额""净利润"项目，应根据其项目下的汉字提示计算填列。

(24)"综合收益总额"项目，按照"净利润"项目金额加上"其他综合收益的税后净额"项目的金额填列。

(25)"基本每股收益"项目，反映企业每股普通股享有的利润的金额。计算公式为

$$基本每股收益=归属于普通股股东的净利润/发行在外普通股的加权平均数$$

其中，

$$发行在外普通股加权平均数=期初发行在外普通股股数+当期新发行普通股股数×$$

$$已发行时间/报告期时间-当期回购普通股股数×已回购时间/报告期时间$$

(26)"稀释每股收益"项目，反映企业考虑潜在稀释性普通股(可转换公司债券、认股权证、股份期权)之后计算的每股收益。

15.5.5 利润表编制案例

1. 案例资料

升达有限公司20×9年年末，需要编制20×9年的利润表，该公司的会计已经做好了编制利润表的准备工作，首先找到了20×8年度利润表，如表15-10所示；其次，编制了20×9年整年的损益类科目的发生额表，如表15-11所示。

表 15-10 升达有限公司 20×8 年度利润表

会企02表

编制单位：升达有限公司　　　　　　　　日期：20×8年12月　　　　　　　单位：元

项目	本期金额	上期余额
一、营业收入	10 000 000	
减：营业成本	4 500 000	
税金及附加	800 000	
销售费用	1 640 000	
管理费用	470 000	
研发费用	0	
财务费用	950 000	
其中：利息费用		
利息收入		
加：其他收益		
投资收益(损失以"-"号填列)	-50 000	
其中：对联营企业和合营企业的投资收益		
以摊余成本计量的金融资产终止确认收益(损失以"-"号填列)		
净敞口套期收益(损失以"-"号填列)		
公允价值变动收益(损失以"-"号填列)	-60 000	
信用减值损失		
资产减值损失	800 000	
资产处置收益(损失以"-"号填列)		
二、营业利润(亏损以"-"号填列)	730 000	
加：营业外收入	10 000	
减：营业外支出	5 000	

(续表)

项目	本期金额	上期余额
三、利润总额(亏损以"-"号填列)	735 000	
减：所得税费用	183 750	
四、净利润(净亏损以"-"号填列)	551 250	
(一) 持续经营净利润(净亏损以"-"号填列)		
(二) 终止经营净利润(净亏损以"-"号填列)		
五、其他综合收益的税后净额	0	
(一) 不能重分类进损益的其他综合收益		
1. 重新计量设定受益计划变动额		
2. 权益法下不能转损益的其他综合收益		
3. 其他权益工具投资公允价值变动		
4. 企业自身信用风险公允价值变动		
……		
(二) 将重分类进损益的其他综合收益		
1. 权益法下可转损益的其他综合收益		
2. 其他债权投资公允价值变动		
3. 金融资产重分类计入其他综合收益的金额		
4. 其他债权投资信用减值准备		
5. 现金流量套期储备		
6. 外币财务报表折算差额		
……		
六、综合收益总额	551 250	
七、每股收益		
(一) 基本每股收益		
(二) 稀释每股收益		

表 15-11　升达有限公司 20×9 年损益类科目发生额表　　　　　　　　单位：万元

账户发生额	借方	账户发生额	贷方
主营业务成本	2 500	主营业务收入	4 000
其他业务成本	100	其他业务收入	200
税金及附加	300	营业外收入	500
管理费用	500		
销售费用	100		
财务费用	200		
其中：利息费用	50		
投资收益	100		
营业外支出	200		
所得税费用	225		

2. 案例要求

请编制升达有限公司20×9年度利润表。

3. 案例解析

升达有限公司20×9年度利润表如表15-12所示。

表 15-12　升达有限公司 20×9 年度利润表

会企02表

编制单位：升达有限公司　　　　　　　日期：20×8年12月　　　　　　　单位：元

项目	本期金额	上期余额
一、营业收入	42 000 000	100 00 000
减：营业成本	26 000 000	4 500 000
税金及附加	3 000 000	800 000
销售费用	1 000 000	1 640 000
管理费用	5 000 000	470 000
研发费用	0	0
财务费用	2 000 000	950 000
其中：利息费用	500 000	
利息收入	0	
加：其他收益	0	
投资收益(损失以"-"号填列)	-1 000 000	-50 000
其中：对联营企业和合营企业的投资收益		
以摊余成本计量的金融资产终止确认收益(损失以"-"号填列)		
净敞口套期收益(损失以"-"号填列)		
公允价值变动收益(损失以"-"号填列)		-60 000
信用减值损失	0	
资产减值损失	0	800 000
资产处置收益(损失以"-"号填列)		
二、营业利润(亏损以"-"号填列)	4 000 000	730 000
加：营业外收入	5 000 000	10 000
减：营业外支出	2 000 000	5 000
三、利润总额(亏损以"-"号填列)	7 000 000	735 000
减：所得税费用	2 250 000	183 750
四、净利润(净亏损以"-"号填列)	4 750 000	551 250
(一) 持续经营净利润(净亏损以"-"号填列)		
(二) 终止经营净利润(净亏损以"-"号填列)		
五、其他综合收益的税后净额	0	0
(一) 不能重分类进损益的其他综合收益		
1. 重新计量设定受益计划变动额		
2. 权益法下不能转损益的其他综合收益		
3. 其他权益工具投资公允价值变动		
4. 企业自身信用风险公允价值变动		
……		
(二) 将重分类进损益的其他综合收益		
1. 权益法下可转损益的其他综合收益		
2. 其他债权投资公允价值变动		
3. 金融资产重分类计入其他综合收益的金额		
4. 其他债权投资信用减值准备		
5. 现金流量套期储备		
6. 外币财务报表折算差额		

(续表)

项目	本期金额	上期余额
······		
六、综合收益总额	4 750 000	551 250
七、每股收益		
(一) 基本每股收益		
(二) 稀释每股收益		

15.6 现金流量表

现金流如同企业的血液，经营状况良好的企业的现金流量应主要来源于生产经营活动，只有这样企业的现金才能长久地维持正常的生产经营所需。

15.6.1 现金流量表的结构

我国的现金流量表由正表和补充资料两大部分构成。现金流量表的正表如表15-13所示，表中包含了"经营活动产生的现金流量""投资活动产生的现金流量""筹资活动产生的现金流量""汇率变动对现金及现金等价物的影响""现金及现金等价物净增加额""期末现金及现金等价物余额"6项。现金流量表的补充材料如表15-14所示，包含了"即将净利润调节为经营活动现金流量""不涉及现金收支的重大投资和筹资活动""现金及现金等价物净变动情况"3项。

表 15-13 企业现金流量表

会企03表

编制单位： 日期： 年 单位：元

项目	本期金额	上期金额
一、经营活动产生的现金流量		
销售商品、提供劳务收到的现金		
收到的税费返还		
收到的其他与经营活动有关的现金		
经营活动现金流入小计		
购买商品、接受劳务支付的现金		
支付给职工以及为职工支付的现金		
支付的各项税费		
支付的其他与经营活动有关的现金		
经营活动现金流出小计		
经营活动产生现金流量净额		
二、投资活动产生的现金流量		
收回投资收到的现金		
取得投资收益收到的现金		
处置固定资产、无形资产和其他长期资产收回的现金净额		
处置子公司及其他营业单位收到的现金净额		
收到其他与投资活动有关的其他现金		
投资活动现金流入小计		
购建固定资产、无形资产和其他长期资产所支付的现金		
投资支付的现金		
取得子公司及其他营业单位支付的现金净额		
支付的其他与投资活动有关的现金		
投资活动现金流出小计		
投资活动产生的现金流量净额		

(续表)

项目	本期金额	上期金额
三、筹资活动产生的现金流量		
吸收投资收到的现金		
取得借款收到的现金		
收到的其他与筹资活动有关的现金		
筹资活动现金流入小计		
偿还债务所支付的现金		
分配股利、利润或偿付利息支付的现金		
支付的其他与筹资活动有关的现金		
筹资活动现金流出小计		
筹资活动产生现金流量净额		
四、汇率变动对现金及现金等价物的影响		
五、现金及现金等价物净增加额		
加：期初现金及现金等价物余额		
六、期末现金及现金等价物余额		

单位负责人：   财务负责人：   审核：   制表：

表 15-14   现金流量表补充资料

补 充 资 料	本期金额	上期金额
1. 将净利润调节为经营活动现金流量：		
净利润		
加：资产减值准备		
固定资产折旧、油气资产折耗、生产性生物资产折旧		
无形资产摊销		
长期待摊费用摊销		
处置固定资产、无形资产和其他长期资产的损失(收益以"-"列示)		
固定资产报废损失(收益以"-"号填列)		
公允价值变动损失(收益以"-"号填列)		
财务费用(收益以"-"号填列)		
投资损失(收益以"-"号填列)		
递延所得税资产减少(增加以"-"号填列)		
递延所得税负债增加(减少以"-"号填列)		
存货的减少(增加以"-"号填列)		
经营性应收项目的减少(增加以"-"号填列)		
经营性应付项目的增加(减少以"-"号填列)		
其他		
经营活动产生的现金流量净额		
2. 不涉及现金收支的投资和筹资活动：		
债务转为资本		
一年内到期的可转换公司债券		
融资租入固定资产		
3. 现金及现金等价物净变动情况：		
现金的期末余额		
减：现金的期初余额		
加：现金等价物的期末余额		
减：现金等价物的期初余额		
现金及现金等价物净增加额		

单位负责人：   财务负责人：   审核：   制表：

15.6.2 现金流量表的作用

资产负债表、利润表和现金流量表并称为企业的三张主要报表。企业在对外编报资产负债表和利润表的同时，还要编报现金流量表，因为现金流量表反映了企业一定期间内的现金流量情况及现金流构成信息。受到企业管理人员、投资者、债权人及政府监管部门等信息使用者的关注。现金流量表的作用具体包括如下几个方面。

第一，了解企业财务状况。通过现金流量表所提供的一定时期现金流入和流出的动态财务信息，报表使用者可以了解企业在报告期内由经营活动、投资活动和筹资活动获得的现金情况，并可以使报表使用者更清楚地了解企业财务状况。

第二，了解企业现金净利润的质量。通过对比分析现金流量表中经营活动产生的现金流量与净利润的差异，可以在一定程度上掌握企业净利润的质量。

第三，进行现金预测。通过现金流量表所反映的企业过去一定期间的现金流量以及其他生产经营指标，可以了解企业现金的来源和用途是否合理、经营活动产生的现金流量有多少、企业在多大程度上依赖外部资金，进而可以据以预测企业未来现金流量。

第四，了解企业的偿债能力。通过对现金流量表的有关数据与资产负债表和利润表的数据对比分析，可以了解企业资产的流动性及其偿债能力的高低。

15.6.3 现金流量表的编制

1. 现金流量表的编制方法

现金流量表的编制，依据资产负债表、利润表和利润分配表以及有关账户记录资料，以收付实现制为编制基础，将权责发生制下企业的盈利信息调整为收付实现制下的现金流量信息。其编制方法及程序如下。

1) 直接法和间接法

在编制现金流量表时，按列报经营活动现金流量的方法不同，可以分为直接法和间接法两种。

(1) 直接法一般是以利润表中的营业收入为起算点，通过对与经营活动有关的项目的增减变动进行调节，计算出经营活动产生的现金流量。采用直接法编报现金流量表，便于分析企业经营活动产生的现金流量的来源和用途，预测企业现金流量的未来前景。所以我国《企业会计准则》规定，企业现金流量表的正表应当采用直接法编制。

(2) 间接法是以净利润为起点，将利润表中按照收付实现制确定的净利润调整为现金净流入，并剔除投资活动和筹资活动对现金流量的影响的一种利润表编制方法。采用间接法编报的现金流量表，便于将净利润与经营活动产生的现金净流量进行比较，了解净利润与经营活动产生的现金流量差异的原因，从现金流量的角度分析净利润的质量。所以我国《企业会计准则》规定，现金流量表的附注采用间接法编制。

2) 工作底稿法、T形账户法和分析填列法

企业在具体编制现金流量表时，可以采用工作底稿法、T形账户法和分析填列法进行编制。

(1) 工作底稿法。工作底稿法，是以工作底稿为手段，以资产负债表和利润表数据为基础，对每一个项目进行分析并编制调整分录，从而编制现金流量表。工作底稿法的程序如下。

第一步，编制一张空的工作底稿，如表15-15所示。

表 15-15　现金流量表工作底稿

项目	期初数	调整分录		期末数(本期数)
		借方	贷方	
资产负债表项目 借方项目： …… 借方项目合计 贷方项目： …… 贷方项目合计				
二、利润表项目 ……				
三、现金流量表项目 ……				
四、调整分录借贷合计				

第二步，将资产负债表的期初数和期末数过入工作底稿的期初数栏和期末数栏；

第三步，对当期业务进行分析并编制调整分录。

第四步，将调整分录过入工作底稿中的相应部分。

第五步，核对调整分录，借贷合计应相等。

第六步，根据工作底稿中的现金流量表部分编制正式的现金流量表。

(2) T形账户法。采用T形账户法编制现金流量表，是以T形账户为手段，以资产负债表和利润表数据为基础，对每一项目进行分析并编制调整分录，从而编制现金流量表。T形账户法的具体程序如下。

第一步，开设T形账户，并将利润表和资产负债表相关项目的期初、期末及变动数过入各账户。

第二步，开设一个大的"现金及现金等价物"T形账户，如图15-1所示。与其他T形账户一样，过入期末、期初及变动数。

现金及现金等价物

经营活动现金流入量	经营活动现金流出量
……	……
投资活动现金流入量	投资活动现金流出量
……	……
筹资活动现金流入量	筹资活动现金流出量
……	……
现金流入小计：	现金流出小计：
现金净流入净额	现金净流出净额

图 15-1　"现金及现金等价物"T形账户图

第三步，以利润表项目为基础，结合资产负债表分析每一个非现金项目的增减变动，据此编制调整分录。

第四步，将调整分录过入各T形账户，并进行核对。该账户借贷相抵后的余额与原先过入的期初、期末变动数应当一致。

第五步，根据大的"现金及现金等价物"T形账户编制正式的现金流量表。

(3) 分析填列法。分析填列法是直接根据资产负债表、利润表和有关会计科目明细账的记录，分析计算出现金流量表各项目的金额，并据以编制现金流量表的一种方法。

2. 现金流量表的填列方法

下面以分析填列法为例，讲述现金流量表的填列方法。

1) 经营活动产生的现金流量

经营活动是指企业投资活动和筹资活动以外的所有交易和事项。包括商品销售与采购、提供与接受劳务、支付税费等。由经营活动产生的现金流即为经营活动产生的现金流量。

(1) 销售商品、提供劳务收到的现金(包括向购买方收取的增值税)。本项目可以根据资产负债表上"应收票据""应收账款""预收账款"项目，以及 "主营业务收入""其他业务收入""应交税费——应交增值税""坏账准备"等科目分析填列。此外，企业实际收到的政府补助，无论是与资产相关还是与收益相关，均填列在该项目内。其计算公式为

销售商品、提供劳务收到的现金=主营业务收入 + 其他业务收入(与销售商品、提供劳务有关的) – (应收票据期末余额 – 应收票据期初余额)+ 本期发生的销项税额(不含视同销售的销项税额) – (应收账款期末余额 – 应收账款期初余额) – (应收票据期末余额 – 应收票据期初余额)+ (预收账款期末余额 – 预收账款期初余额)+ 当期收回前期已确认的坏账 – 当期发生的坏账损失 – 当期非收回货币减少的应收账款(坏账除外)

(2) 收到的税费返还。本项目反映企业收到返还的各种税费，如收到的增值税、所得税、关税和教育费附加返还款等。本项目可根据"库存现金""银行存款""递延收益""营业外收入""其他应收款"等科目分析填列。

(3) 收到其他与经营活动有关的现金。本项目反映企业除上述各项外，收到的其他与经营活动有关的现金，如罚款收入、流动资产损失中由个人赔偿的现金收入等。其他与经营活动有关的现金如果价值较大，应单列项目反映。如财政拨款等。本项目可根据"库存现金""银行存款""营业外收入"等科目的记录分析填列。

(4) 购买商品、接受劳务支付的现金。本项目可以根据资产负债表上"应付票据""应付账款""预付账款"项目，以及 "主营业务成本""其他业务成本""应交税费——应交增值税""应付账款""银行存款""库存现金"等科目分析填列。其计算公式为

购买商品、接受劳务支付的现金=主营业务成本 + 其他业务成本(购买商品、接受劳务的部分)+ 进项税额(扣除接受投资而产生的进项税额)-(应付账款期末余额-应付账款期初余额)-(应付票据期末余额-应付票据期初余额)+ (预付账款期末余额 – 预付账款期初余额)+ (存货的期末余额 – 存货期初余额)+ 存货的盘亏(或 – 存货的盘盈) – 非购买增加的存货(接受投资、非货币性交换、债务重组等) – 非以货币资金偿还减少的应付账款 – 当期列入生产成本、制造费用的非材料费用(工资、福利、折旧等)

(5) 支付给职工以及为职工支付的现金。本项目反映企业实际支付给职工的现金，以及为职工支付的现金。包括本期实际支付给职工的工资、奖金、各种津贴和补贴等，以及为职工支付的各类保险等其他费用。此外，企业代扣的个人所得税也在本项目反映，但不包括支付给离退休人员的各项费用和在建工程人员的薪酬等现金流出。其计算公式为

生产成本、制造费用、管理费用中的工资、福利费、各种保险、住房公积等-

(应付职工薪酬的期末余额-应付职工薪酬的期初余额)+

[应付职工薪酬的(在建工程)期末余额-应付职工薪酬的(在建工程)期初余额]

= 支付给职工以及为职工支付的现金

(6) 支付的各项税费。本项目反映企业本期按规定实际上缴税务部门的各项税费。具体包括本期发生并支付的税费，以及本期支付以前各期发生的税费和预交的税金。不包括购买货物支付的增值税进项税额，以及计入固定资产价值实际支付的耕地占用税等，也不包括本期退回的增值税、所得税等。其计算公式为

当期所得税费用+营业税金及附加+应交税费(应交增值税——已交税金)-

(应交所得税期末余额-应交所得税期初余额)=支付的各项税费

(7) 支付其他与经营活动有关的现金。本项目反映企业除上述各项目外，支付的其他与经营活动有关的现金，如罚款支出、支付的差旅费、业务招待费、保险费、广告费等。其他与经营活动有关的现金如果金额较大，应单列一项反映。可以根据管理费用、销售费用、营业外支出等科目分析填列。

2) 投资活动产生的现金流量

投资活动是指企业长期资产的构建和不包括在现金等价物范围内的投资及其处理活动。包括获得和收回投资、购建和处置固定资产、无形资产等。由投资活动而带来的现金流入与流出即为投资活动产生的现金流量。

(1) 收回投资收到的现金。本项目反映企业因出售、转让或到期收回除现金等价物以外的投资而收到的现金，以及收回债权性投资的本金，不包括债权投资收回的利息，也不包括收回的非现金资产。本项目可根据"库存现金""银行存款""交易性金融资产""长期股权投资""债权投资""其他债权投资"和"其他权益工具投资"等科目分析填列。需要注意的是，债权投资收回的利息不在本项目中反映，而在"取得投资收益所收到的现金"项目中反映。不包括出售子公司收到的现金。

(2) 取得投资收益收到的现金。本项目反映企业因股权性投资而分得的现金股利，因从子公司、联营企业或合营企业分回利润而收到的现金，以及因债权性投资而取得的现金利息收入。可以根据投资收益、应收利息、应计利息、应收股利等科目分析计算填列。

(3) 处置固定资产、无形资产和其他长期资产收回的现金净额。本项目反映企业出售固定资产、无形资产和其他长期资产所取得的现金，减去为处置这些资产而支付的有关费用后的净额。本项目可根据"库存现金""银行存款""固定资产清理"等科目的记录分析填列。

(4) 收到其他与投资活动有关的现金。本项目反映企业除上述各项目外，收到的其他与投资活动有关的现金。其他与投资活动有关的现金，如果价值较大的，应单列项目反映。

(5) 购建固定资产、无形资产和其他长期资产支付的现金。本项目反映企业购买、建造固定资产，取得无形资产和其他长期资产所支付的现金，包括购买机器设备所支付的现金及增值税款、建造工程支付的现金、支付在建工程人员的工资等现金支出。不包括为购建固定资产而发生的借款利息资本化部分，以及融资租入固定资产所支付的租赁费。为购建固定资产而发生的借款利息资本化部分，以及融资租入固定资产所支付的租赁费应在"支付的其他与筹资活动有

关的现金"项目中反映。本项目可根据"银行存款""固定资产""无形资产""在建工程"等科目的记录分析填列。

(6) 投资支付的现金。本项目反映企业进行权益性投资和债权性投资所支付的现金,包括企业取得的除现金等价物以外的交易性金融资产、持有至到期投资、可供出售金融资产、长期股权投资支付的现金,以及支付的佣金、手续费等附加费用。企业购买债券以溢价或折价购入的,均按实际支付的金额反映。本项目可根据"库存现金""银行存款""交易性金融资产""债权投资""其他债权投资""其他权益工具投资""长期股权投资"等科目的记录分析填列。不包括购买子公司支付的现金。

3) 筹资活动产生的现金流量

筹资活动是指企业为了筹集债务资金或股权资金而发生的交易或事项,包括发行股票或者接受所有者投资、发行或偿还公司债券、分配现金股利、取得或偿还银行借款等。由筹资活动而带来的企业现金流入或流出即为筹资活动产生的现金流量。

(1) 吸收投资收到的现金。本项目反映企业收到的投资者投入的现金,包括以发行股票、债券等方式筹集资金实际收到的款项净额(发行收入减去支付的佣金等发行费用后的净额)。本项目可根据"库存现金""银行存款""实收资本(或股本)"等科目的记录分析填列。需要注意的是,以发行股票、债券等方式筹集资金而由企业直接支付的审计、咨询等费用,不在本项目中反映,而在"支付的其他与筹资活动有关的现金"项目中反映。

(2) 取得借款收到的现金。本项目反映企业因举借各种短期、长期贷款而收到的现金。本项目可根据"库存现金""银行存款""短期借款""长期借款"等科目的记录分析填列。本项目不包括发行债券取得的借款。

(3) 收到其他与筹资活动有关的现金。本项目反映企业除上述各项目外,收到的其他与筹资活动有关的现金,如职工集资入股等。其他与筹资活动有关的现金,如果金额较大的,应单列项目反映。

(4) 偿还债务支付的现金。本项目反映企业以现金偿还债务的本金,包括归还金融企业的借款本金、偿付企业到期的债券本金等。本项目可根据"库存现金""银行存款""短期借款""长期借款"等科目的记录分析填列。本项目只反映偿还的本金。

(5) 分配股利、利润或偿付利息支付的现金。本项目反映企业因支付现金股利、其他投资单位的利润或借款利息而实际支付的现金。本项目可根据"库存现金""银行存款""应付股利""财务费用""应付利息"等科目的记录分析填列。

(6) 支付的其他与筹资活动有关的现金。本项目反映企业除上述各项目外,支付的其他与筹资活动有关的现金,如对职工集资入股的分红等。其他与筹资活动有关的现金,如果金额较大的,应单列项目反映。

15.6.4 现金流量表编制案例

1. 案例资料

升达有限公司为增值税一般纳税企业,适用的增值税税率为13%。20×9年年末,需要编制20×9年的现金流量表,该公司的会计已经做好了编制现金流量表的准备工作,所需资料如表15-16、表15-17和表15-18所示。

表 15-16　升达有限公司 20×8 年的现金流量表

会企03表

| 编制单位：升达有限公司 | 日期：20×8年 | 单位：元 |

项目	本期金额	上期金额
一、经营活动产生的现金流量		
销售商品、提供劳务收到的现金	20 000 000	
收到的税费返还	0	
收到的其他与经营活动有关的现金	0	
经营活动现金流入小计	20 000 000	
购买商品、接受劳务支付的现金	22 000 000	
支付给职工以及为职工支付的现金	0	
支付的各项税费	2 000 000	
支付的其他与经营活动有关的现金	0	
经营活动现金流出小计	24 000 000	
经营活动产生现金流量净额	-4 000 000	
二、投资活动产生的现金流量		
收回投资收到的现金	800 000	
取得投资收益收到的现金	200 000	
处置固定资产、无形资产和其他长期资产收回的现金净额	0	
处置子公司及其他营业单位收到的现金净额	0	
收到其他与投资活动有关的其他现金	0	
投资活动现金流入小计	1 000 000	
购建固定资产、无形资产和其他长期资产所支付的现金	0	
投资支付的现金	0	
取得子公司及其他营业单位支付的现金净额	0	
支付的其他与投资活动有关的现金	0	
投资活动现金流出小计	0	
投资活动产生的现金流量净额	1 000 000	
三、筹资活动产生的现金流量		
吸收投资收到的现金	0	
取得借款收到的现金	6 000 000	
收到的其他与筹资活动有关的现金	0	
筹资活动现金流入小计	6 000 000	
偿还债务所支付的现金	1 000 000	
分配股利、利润或偿付利息支付的现金	0	
支付的其他与筹资活动有关的现金	0	
筹资活动现金流出小计	1 000 000	
筹资活动产生现金流量净额	5 000 000	
四、汇率变动对现金及现金等价物的影响		
五、现金及现金等价物净增加额		
加：期初现金及现金等价物余额		
六、期末现金及现金等价物余额		

单位负责人：　　　　　　财务负责人：　　　　　　审核：　　　　　　制表：

表 15-17　资产负债表有关账户年初、年末余额和部分账户发生额

单位：万元

账户名称	年初余额	本年增加	本年减少	年末余额
应收账款	2 340			4 680
应收票据	585			351
交易性金融资产	300		100(出售)	200
应收股利	20	30		10

(续表)

账户名称	年初余额	本年增加	本年减少	年末余额
存货	2 500			2 400
长期股权投资	500	200(以固定资产投资)		700
应付账款	1 755			2 340
应交税费				
应交增值税	250		302(已交) 408(进项税额)	180
应交所得税	30	100		40
短期借款	600	400		700

表 15-18 利润表有关账户本年发生额简表

单位：万元

账户名称	借方发生额	贷方发生额
主营业务收入		4 000
主营业务成本	2 500	
投资收益：		
现金股利		10
出售交易性金融资产		20

其他资料如下：

交易性金融资产均为非现金等价物；出售交易性金融资产已收到现金；应收、应付款项均以现金结算；应收账款变动中含有本期计提的坏账准备100万元。不考虑该企业本年度发生的其他交易和事项。

2. 案例要求

依据上述资料，采用分析填列法编制升达有限公司20×9年的现金流量表。

3. 案例解析

现金流量表的正表需要填列的内容有两列，关于"上期金额"栏，根据20×8年的现金流量表"本期金额"栏填列。关于"本期金额栏"采用分析填列法直接填列。

(1) 销售商品、提供劳务收到的现金(含收到的增值税销项税额)=4 000+4 000×13%-(4 680-2 340)-(351-585)-100=2 314(万元)。

(2) 购买商品、接受劳务支付的现金(含支付的增值税进项税额)=2 500+408-(2 340-1 755)+(2 400-2 500)=2 223(万元)。

(3) 支付的各项税费=302+(30+100-40)=392(万元)。

(4) 收回投资收到的现金=100+20=120(万元)。

(5) 取得投资收益所收到的现金=20+30-10=40(万元)。

(6) 取得借款收到的现金=400(万元)。

(7) 偿还债务支付的现金=600+400-700=300(万元)。

根据计算结果，升达有限公司20×9年现金流量表如表15-19所示。

表 15-19　升达有限公司 20×9 年的现金流量表

企业03表

编制单位：升达有限公司　　　　　　日期：20×9年　　　　　　　　　　单位：元

项目	本期金额	上期金额
一、经营活动产生的现金流量		
销售商品、提供劳务收到的现金	23 140 000	20 000 000
收到的税费返还	0	0
收到的其他与经营活动有关的现金	0	0
经营活动现金流入小计	23 140 000	20 000 000
购买商品、接受劳务支付的现金	22 230 000	22 000 000
支付给职工以及为职工支付的现金	0	0
支付的各项税费	3 920 000	2 000 000
支付的其他与经营活动有关的现金	0	0
经营活动现金流出小计	26 150 000	24 000 000
经营活动产生现金流量净额	−3 010 000	-4 000 000
二、投资活动产生的现金流量		
收回投资收到的现金	1 200 000	800 000
取得投资收益收到的现金	400 000	200 000
处置固定资产、无形资产和其他长期资产收回的现金净额	0	0
处置子公司及其他营业单位收到的现金净额	0	0
收到其他与投资活动有关的其他现金	0	0
投资活动现金流入小计	1 600 000	1 000 000
购建固定资产、无形资产和其他长期资产所支付的现金	0	0
投资支付的现金	0	0
取得子公司及其他营业单位支付的现金净额	0	0
支付的其他与投资活动有关的现金	0	0
投资活动现金流出小计	0	0
投资活动产生的现金流量净额	1 600 000	1 000 000
三、筹资活动产生的现金流量		
吸收投资收到的现金	0	0
取得借款收到的现金	4 000 000	6 000 000
收到的其他与筹资活动有关的现金	0	0
筹资活动现金流入小计	4 000 000	6 000 000
偿还债务所支付的现金	3 000 000	1 000 000
分配股利、利润或偿付利息支付的现金	0	0
支付的其他与筹资活动有关的现金	0	0
筹资活动现金流出小计	3 000 000	1 000 000
筹资活动产生现金流量净额	1 000 000	5 000 000
四、汇率变动对现金及现金等价物的影响		
五、现金及现金等价物净增加额		
加：期初现金及现金等价物余额		
六、期末现金及现金等价物余额		

单位负责人：　　　　财务负责人：　　　　审核：　　　　制表：

15.7　所有者权益变动表

15.7.1　所有者权益变动表的结构

所有者权益变动表是指反映构成所有者权益各组成部分当期增减变动情况的报表。一份完整的所有者权益变动表应该由表头和主体两部分构成。表头部分应该包括报表的名称、编制单位的名称、编制时间、报表的计量单位以及报表编号。而报表的主体部分应该包括所有所有者权益总量的增减变动，以及所有者权益增减变动的重要结构性信息。我国所有者权益变动表的具体结构如表15-20所示。

表 15-20　我国所有者权益变动表样表

编制单位：　　　　　　　　　　　　　　年　　　　　　　　　　　　　　　　　　　会企04表
单位：元

项目	本年金额											上年金额										
	实收资本(或股本)	其他权益工具			资本公积	减：库存股	其他综合收益	专项储备	盈余公积	未分配利润	所有者权益合计	实收资本(或股本)	其他权益工具			资本公积	减：库存股	其他综合收益	专项储备	盈余公积	未分配利润	所有者权益合计
		优先股	永续债	其他									优先股	永续债	其他							
一、上年末余额																						
加：会计政策变更																						
前期差错更正																						
二、本年初余额																						
三、本年增减变动金额（减少以"-"填列）																						
（一）综合收益总额																						
（二）所有者投入和减少资本																						
1.所有者投入的普通股																						
2.其他权益工具持有者投入资本																						
3.股份支付计入所有者权益的金额																						
4.其他																						
（三）利润分配																						
1.提取盈余公积																						
2.对所有者(或股东)的分配																						
3.其他																						
（四）所有者权益内部结转																						
1.资本公积转增资本(或股本)																						
2.盈余公积转增资本(或股本)																						
3.盈余公积弥补亏损																						
4.设定受益计划变动额结转留存收益																						
5.其他综合收益结转留存收益																						
6.其他																						
四、本年末余额																						

单位负责人：　　　　　　财务负责人：　　　　　　审核：　　　　　　制表：

15.7.2　所有者权益变动表的作用

所有者权益变动表，以利润表中的净利润为起点，在反映利润分配对所有者权益影响的基础上，考虑了所有者投入企业资本等其他所有者权益变动对所有者权益的影响，以向信息使用者提供企业所有者权益的构成、总量及其变动情况等信息。所以，所有者权益变动表具有以下作用。

第一，连接资产负债表与利润表，揭示利润表和资产负债表之间的关系。所有者权益变动表中反映了利润分配和所有者投入资本对所有者权益的影响，利润分配是依据利润表中的净利润进行分配的，而所有者投入资本(股本或实收资本)又是资产负债表的内容。所以，所有者权益变动表将资产负债表与利润表连接起来，揭示了利润表和资产负债表之间的关系。

第二，揭示企业所有者权益的构成及其增减变动的原因。由表15-20的第一行可知，企业所有者权益由实收资本(股本)、其他权益工具、资本公积、其他综合收益、专项储备、盈余公积、未分配利润，减库存股构成；而第一列又反映了所有者权益增减变动的原因是前期差错更正、会计政策变更、所有者投入资本、利润分配等。所以，所有者权益揭示企业所有者权益的构成及其增减变动的原因。

15.7.3　所有者权益变动表的填列方法

1. 上年金额栏的填列方法

所有者权益变动表"上年金额"栏各项数字填写时，应根据上年度所有者权益变动表"本年金额"栏的数字填列。但是如果上年度所有者权益变动表规定的项目名称和内容与本年不一致，应对上年度所有者权益变动表各项目的名称和金额按照本年度的规定进行调整，填入所有者权益变动表"上年金额"栏内。

2. 本年金额栏的填列方法

所有者权益变动表"本年金额"栏内各项数字一般应根据"实收资本(股本)""其他权益工具""资本公积""盈余公积""其他综合收益""专项储备""利润分配""库存股""以前年度损益调整"等科目及其明细账科目的发生额分析填列。

15.7.4　所有者权益变动表编制案例

1. 案例资料

20×9年12月31日，升达有限公司要编制20×9年的所有者权益变动表，其会计人员准备了编制所需资料，如表15-21所示。

表 15-21　升达有限公司所有者权益变动表编制所需信息表

单位：万元

项目	20×8年末
实收资本	500
资本公积	320
盈余公积	80
未分配利润	100

其他资料：

(1) 升达有限公司20×9年实现净利润100万元，提取法定盈余公积10万元，向所有者分配利润50万元，资本公积转增资本50万元，20×9年除发生这些所有者权益变动业务外，无其他业务再引起所有者权益变动。

(2) 升达有限公司20×8年所有者权益变动表规定的项目名称和内容与20×9年完全相同，并且20×9年未发生任何前期差错更正及会计政策变更业务。

2. 案例要求

根据上述资料编制升达有限公司20×9年的所有者权益变动表。

3. 案例分析

升达有限公司20×9年的所有者权益变动表，如表15-22所示。

15.8 财务报表附注披露

15.8.1 财务报表附注的内容

会计报表附注是对未在"四表"项目中列示内容的详细说明，以及对"四表"项目的文字性描述。《会计准则》要求企业在报表附注中主要披露以下内容。

1. 企业的基本情况

(1) 企业注册地、组织形式和总部地址。

(2) 企业的业务性质和主要经营活动。

(3) 母公司以及集团最终母公司的名称。

(4) 财务报告的批准报出者和财务报告批准报出日，或者以签字人及其签字日期为准。

(5) 营业期限有限的企业，还应当披露有关其营业期限的信息。

2. 财务报表的编制基础

1) 符合《企业会计准则》的声明

企业应当声明编制的财务报表符合《企业会计准则》的要求，真实、完整地反映了企业的财务状况、经营成果和现金流量等有关信息，以此明确企业编制财务报表所依据的制度基础。如果企业编制的财务报表只是部分地遵循了《企业会计准则》，附注中不得做出这种表述。

2) 重要会计政策和会计估计

(1) 重要会计政策的说明。企业应当披露采用的重要会计政策，并结合企业的具体实际披露其重要会计政策的确定依据和财务报表项目的计量基础。其中，会计政策的确定依据主要是指企业在运用会计政策过程中所做的重要判断，这些判断对在报表中确认的项目金额具有重要影响。财务报表项目的计量基础包括历史成本、重置成本、可变现净值、现值和公允价值等会计计量属性等。

(2) 重要会计估计的说明。企业应当披露重要会计估计，并结合企业的具体实际披露其会计估计所采用的关键假设和不确定因素。重要会计估计说明，包括可能导致下一个会计期间内资产、负债账面价值重大调整的会计估计的确定依据等。

(3) 会计政策和会计估计变更以及差错更正的说明。企业应当按照《企业会计准则第28号——会计政策、会计估计变更和差错更正》及其应用指南的规定，披露会计政策、会计估计变更，以及差错更正的有关情况。

表15-22 我国所有者权益变动表样表

会企04表

编制单位：升达有限公司　　　　　　　　　　20×9年　　　　　　　　　　单位：元

项目	本年金额											上年金额
	实收资本（或股本）	其他权益工具			资本公积	减：库存股	其他综合收益	专项储备	盈余公积	未分配利润	所有者权益合计	
		优先股	永续债	其他								
一、上年年末余额	5 000 000	0	0	0	3 200 000	0	0		800 000	1 000 000	10 000 000	略
加：会计政策变更												
前期差错更正												
二、本年年初余额	5 000 000	0	0	0	3 200 000	0	0		800 000	1 000 000	10 000 000	
三、本年增减变动金额（减少以"-"填列）										1 000 000	1 000 000	
（一）综合收益总额												
（二）所有者投入和减少资本												
1.所有者投入的普通股												
2.其他权益工具持有者投入资本												
3.股份支付计入所有者权益的金额												
4.其他												
（三）利润分配												
1.提取盈余公积									100 000	-100 000	0	
2.对所有者（或股东）的分配										-500 000	-500 000	
3.其他												
（四）所有者权益内部结转												
1.资本公积转增资本（或股本）	500 000				-500 000						0	
2.盈余公积转增资本（或股本）												
3.盈余公积弥补亏损												
4.设定受益计划变动额结转留存收益												
5.其他综合收益结转留存收益												
6.其他												
四、本年年末余额	5 500 000				2 700 000				900 000	1 400 000	10 500 000	

单位负责人：　　　　　　财务负责人：　　　　　　审核：　　　　　　制表：

3) 报表重要项目的说明

企业应当尽可能以列表形式配以描述性文字，披露重要报表项目的构成或当期增减变动情况。并且报表重要项目的明细金额合计，应当与报表项目金额相衔接。

4) 其他需要说明的重要事项

其他需要说明的重要事项主要包括或有和承诺事项、资产负债表日后非调整事项、关联方关系及其交易等。以及有助于财务报表使用者评价企业管理资本的目标、政策及程序的信息。

15.8.2 财务报表附注披露的总体要求

为了能够帮助财务报表使用者分析相关信息，从整体上更好、更全面地理解财务报表，使报表附注达到应有的作用，要求企业在披露财务报表附注时，应当使财务报表附注相关信息与"四表"等报表中列示的项目相互参照。在披露财务报表附注信息时，应当以定量、定性信息相结合，按照一定的结构对附注信息进行系统合理的排列和分类，以便财务报表使用者理解和掌握。

第4篇

纳税工作篇

在实际工作中，会计除了要进行日常的财务处理之外，还必须熟悉税务流程，及时完成税务的扣缴工作，应对税务稽查，避免因缴税不及时等问题导致税务罚款，给企业带来经济损失。因此，掌握办税流程和技巧对于每一位会计来说都是必不可少的。本篇运用简洁的语言，在阐述税务常识的基础上，通过实务操作来介绍企业主要涉税业务的处理方案。

第16章 初识纳税工作

申报纳税是会计每月必做的工作，在进行申报之前会计需要了解税务方面的相关知识。本章介绍税法相关基础理论，以及税务登记、纳税人资格认定、发票管理等相关政策规定。通过本章的学习，使读者从整体上对纳税工作有初步的认识，掌握税务登记、纳税人资格认定、发票领用等技能，为税务申报工作打下坚实的基础。

16.1 税法的认知

16.1.1 税法要素

1. 纳税义务人

纳税义务人又称"纳税主体"，是税法规定的直接负有纳税义务的单位和个人。

纳税义务人有两种基本形式：自然人和法人。自然人可划分为居民纳税人和非居民纳税人。法人可划分为居民企业和非居民企业，还可按企业的不同所有制性质进行分类，如机关法人、事业法人、企业法人、社团法人等。

2. 征税对象

征税对象又叫课税对象、征税客体，即税法规定对什么征税，是征纳税双方权利义务共同指向的客体或标的物，是区别一种税与另一种税的重要标志。

3. 计税依据

计税依据又叫税基，是据以计算征税对象应纳税款的直接数量依据，它解决了对征税对象课税的计算问题，是对课税对象的量的规定。计税依据具体分为三种：一是从价计征，以计税金额为计税依据；二是从量计征，以征税对象的实物单位量(如重量、体积)为计税依据；三是复合计税，即同时以征税对象的计税金额和实物单位为计税依据。

4. 税目

税目是在税法中对征税对象分类规定的具体征税项目。税目反映征税的具体范围，是对课税对象质的界定。税目体现征税的广度。

5. 税率

税率是指对征税对象的征收比例或征收额度。税率是计算税额的尺度，也是衡量税负轻重与否的重要标志。税率体现征税的深度。

税率的类别和形式如表16-1所示。

表 16-1　税率的类别和形式

税率		具体形式	应用的税种
比例税率		单一比例税率 差别比例税率 幅度比例税率	增值税、城市维护建设税、企业所得税等
定额税率		按征税对象确定的计量单位直接规定固定的税额	城镇土地使用税、车船税等
累进税率	全额累进税率	把计税基数的全部都按照相适应的最高税率计算应纳税额	我国目前没有采用
	超额累进税率	把征税对象按数额大小分成若干等级，每一等级规定一个税率，税率依次提高，将征税对象依所属等级同时适用几个税率分别计算，再将计算结果相加后得出应纳税款	个人所得税中的工资薪金和个体、承包项目
	全率累进税率	按征税对象相对比例划分征税级距，就征税对象全部数额按与之相适应的级距税率计征的累进税率	我国目前没有采用
	超率累进税率	将征税对象数额的相对率划分若干级距，分别规定相应的差别税率，相对率每超过一个级距的，对超过的部分就按高一级的税率计算征税	土地增值税

6. 纳税环节

纳税环节是指征税对象在从生产到消费的流转过程中应当缴纳税款的环节。要掌握生产、批发、零售、进出口、收入取得、费用支出等各个环节上的税种分布。

7. 纳税期限

纳税期限是指纳税人按照税法规定缴纳税款的期限。它是税收强制性、固定性在时间上的体现。超过期限未交税的，即属于欠税，应依法加收滞纳金。国家开征的每一种税都有纳税期限的规定，不同性质的税种以及不同情况的纳税人，其纳税期限也不相同。纳税期限一般有两种形式：一是按期纳税，以纳税人发生纳税义务的一定期间作为纳税期限；二是按次纳税，以纳税人从事生产、经营活动的次数作为纳税计算期。

纳税申报期限是指税收法律、法规规定或者税务机关依照税收法律、法规的规定确定的纳税人、扣缴义务人向税务机关办理申报和纳税的期限。

各税种的纳税期限及纳税申报期限，如表16-2所示。

表 16-2　各税种的纳税期限及纳税申报期限

税种	纳税期限	纳税申报期限
增值税	1个月/1季度	期满后15日内
	1日、3日、5日、10日、15日	期满后5日内预缴，次月1日起15日内申报纳税并结清上月应纳税款
消费税	1日、3日、5日、10日、15日	期满后5日内预缴，次月1日起15日内申报纳税并结清上月应纳税款
城建税、教育费附加	1日、3日、5日、10日、15日	期满后5日内预缴，次月1日起15日内申报纳税并结清上月应纳税款
关税	进口货物自运输工具申报进境之日起14日内 出口货物在运抵海关监管区后装货的24小时以前	关税的纳税义务人或其代理人，应在海关填发税款缴纳证之日起15日内向指定银行缴纳；不能按期缴纳税款，经海关总署批准，可延期缴纳，但最长不得超过6个月
资源税	1个月	期满后10日内
	1日、3日、5日、10日、15日	期满后5日内预缴，次月1日起10日内申报纳税并结清上月应纳税款

(续表)

税种	纳税期限	纳税申报期限
土地增值税	签订房地产转让合同后7日内	
房产税	纳税人将原有房产用于生产经营	从生产经营之月起
	纳税人自行新建房屋用于生产经营	从建成之次月起
	委托施工企业建设的房屋	从办理验收手续之次月起(此前已使用或出租、出借的新建房屋,应从使用或出租、出借的当月起)
	纳税人购置新建商品房	自房屋交付使用之次月起
	购置存量房	自办理房屋权属转移、变更登记手续,房地产权属登记机关签发房屋权属证书之次月起
	纳税人出租、出借房产	自交付出租、出借房产之次月起
	房地产开发企业自用、出租、出借自建商品房	自房屋使用或交付之次月起
城镇土地使用税	购置新建商品房	自房屋交付使用之次月起
	出让或转让方式有偿取得土地使用权的	应由受让方从合同约定交付土地时间的次月起
	合同未约定交付时间的	由受让方从合同签订的次月起
	纳税人新征用的耕地	自批准征用之日起满1年时
	纳税人新征用的非耕地	自批准征用次月起
耕地占用税	在收到土地管理部门的通知之日起30日内缴纳	
车辆购置税	购买/进口/取得之日起60日内	
车船使用税	车船登记证书或行驶证记载日期的当月	
	购置发票所载日期的当月	
印花税	自行贴花、汇贴或汇缴、委托代征	最长不得超过1个月
契税	纳税义务发生之日起的10日内	签订土地、房屋权属转移合同的当天,或者取得其他具有土地、房屋权属转移合同性质的凭证当天
企业所得税	按年计征,分月或者分季预缴,年终汇算清缴,多退少补	自年度终了之日起5个月内
个人所得税	年所得12万元以上的纳税人	在纳税年度终了后3个月内办理纳税申报
	个体工商户和个人独资、合伙企业投资者取得的生产经营所得应纳的税款	分月预缴的,纳税人在每月终了后7日内办理纳税申报
		分季预缴的,纳税人在每个季度终了后7日内办理纳税申报;纳税年度终了后,纳税人在3个月内进行汇算清缴
	代扣代缴	次月7日内

8. 纳税地点

纳税地点是根据各个税种纳税对象的纳税环节和有利于对税款的税源控制而规定的纳税人(包括代征、代扣、代缴义务人)的具体纳税地点。

9. 减税免税

减税免税是指对某些纳税人和征税对象采取减少征税或免予征税的特殊规定。

10. 罚则

罚则是指对违反税法的行为采取的处罚措施。

16.1.2 税收的分类

根据不同的划分标准，我国税收分类情况如表16-3所示。

表 16-3 我国税收分类情况表

分类方式	类别	具体种类
按征税对象	流转税类	增值税、消费税、关税
	所得税类	企业所得税、个人所得税
	财产税类	房产税、车船税
	资源税类	资源税、土地增值税、城镇土地使用税
	行为税类	印花税、车辆购置税、城市维护建设税、契税、耕地占用税等
按征收管理的分工体系	工商税类	增值税、消费税、资源税、企业所得税、个人所得税、城市维护建设税、房产税、车船税、土地增值税、城镇土地使用税、印花税、车辆购置税等
	关税类	进出口关税(由海关代征的进口环节增值税、消费税和船舶吨税)
按税收征收权限和收入支配权限	中央税	海关负责征收的税种，消费税，铁道部门、各银行总行、各保险总公司集中交纳的城市维护建设税属于中央政府收入
	地方税	城镇土地使用税、房产税、车船税、契税、土地增值税等
	中央地方共享税	增值税、企业所得税、个人所得税、证券交易印花税等
按计税标准	从价税	增值税、企业所得税、个人所得税
	从量税	资源税、车船税、城镇土地使用税、消费税中的啤酒和黄酒
	复合税	消费税(卷烟、白酒)

16.2 税务登记

税务登记是整个税收征收管理的首要环节，是税务机关对纳税人的基本情况及生产经营项目进行登记管理的一项基本制度，也是纳税人已经纳入税务机关监督管理的一项证明。税务登记的种类分为设立税务登记、变更税务登记和注销税务登记三种。

16.2.1 设立税务登记

2015年10月1日在全国全面推行"三证合一(三证是指营业执照的注册号、组织机构代码证号、税务登记证号)、一照一码"登记制度，新设立企业、农民专业合作社(以下统称"企业")领取由工商行政管理部门核发加载法人和其他组织统一社会信用代码(以下称"统一代码")的营业执照后，无须再次进行税务登记，不再领取税务登记证。企业办理涉税事宜时，在完成补充信息采集后，凭加载统一代码的营业执照可代替税务登记证使用。除以上情形外，其他税务登记按照原有法律制度执行。改革前核发的原税务登记证件在过渡期继续有效。

2016年7月5日，国务院办公厅印发《关于加快推进"五证合一、一照一码"登记制度改革的通知》。从2016年10月1日起，"五证合一、一照一码"登记制度改革在全国范围内全面落地实施。五证是在原三证的基础上增加了统计证号及社保登记证号。

需要注意的是，2016年10月1日到2017年12月31日为过渡期，"三证合一"继续有效，这期间需要到工商局申请换发"五证合一"的营业执照。2018年1月1日后过渡期结束，一律使用"五证合一"，未换发的证照不再有效。

按照"多证合一"等商事制度改革要求，领取加载统一社会信用代码证件的，企业、农民专业合作社、个体工商户及其他组织无须单独到税务机关办理该事项，其领取的证件作为税务登记证件使用。

16.2.2 变更税务登记

变更税务登记是指纳税人办理设立税务登记后，因税务登记内容发生变化，向税务机关申请将税务登记内容重新调整为与实际情况一致的一种税务登记管理制度。变更的内容主要包括：变更注册资本、改变法人代表、改变登记注册类型、改变注册地址或者经营地址(涉及主管税务机关变动的办理注销登记)、改变银行账号、变更核算方式或者投资方、变更分支机构、变更经营范围等。

下面以"单位纳税人"变更"生产经营地址"为例，对变更税务登记操作进行说明。其他类型的变更登记也可按照以下步骤进行操作。

(1) 登录企业一体化办税软件平台，进入网上办税服务厅，选择"涉税事项办理"|"业务网上申请"|"变更税务登记"选项，进入表单填写界面，如图16-1所示。

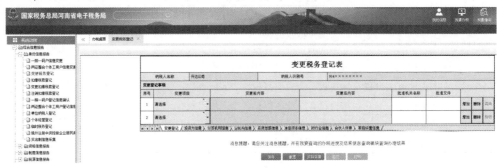

图 16-1 填写变更税务登记表

(2) 在"变更税务登记表"页面中，变更项目选择"生产经营地址"，系统自动带出变更前的生产经营地址(选择变更项目时，纳税人有该项目信息时自动带出，没有时不显示内容)，并弹出"温馨提醒"，如图16-2所示。

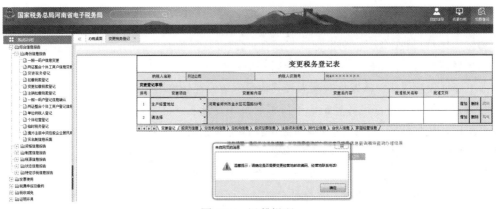

图 16-2 温馨提醒

(3) 单击"确定"按钮，在"变更后内容"填写框中填写变更后的内容，有批准机关及批准文件的应填写相关内容，没有可不填。填写完成后单击"保存"按钮，系统提示保存成功，单击"确定"按钮完成填制。

(4) 将填写过的资料进行上传，完成税务变更登记。

16.2.3　注销税务登记

1. 注销税务登记的情形

纳税人发生以下情形的，向主管税务机关申报办理注销税务登记。

(1) 因解散、破产、撤销等情形，依法终止纳税义务的。

(2) 按规定不需要在工商行政管理机关或者其他机关办理注销登记的，但经有关机关批准或者宣告终止的。

(3) 被工商行政管理机关吊销营业执照或者被其他机关予以撤销登记的。

(4) 因住所、经营地点变动，涉及改变税务登记机关的。

(5) 外国企业常驻代表机构驻在期届满、提前终止业务活动的。

(6) 境外企业在中华人民共和国境内承包建筑、安装、装配、勘探工程和提供劳务，项目完工、离开中国的。

(7) 非境内注册居民企业经国家税务总局确认终止居民身份的。

2. 注销税务登记的步骤

企业在申请注销税务登记前，首先要进行税款的清算，有欠缴或少缴税款的企业要补缴，企业有多缴税款的可向主管税务机关申请退还。其次，企业财务要对已领取的发票进行清点核对，归集结存尚未使用的空白发票。具有增值税一般纳税人资格的企业，要将金税盘或税控盘等税控专用设备从计算机上拆除并做好上交主管国税局的准备。

办理税务登记注销主要包含以下几个环节。

首先，纳税人携带相关资料到办税服务厅提出税务登记注销申请，填写《清税申报表》，在当地缴纳企业所得税的纳税人还需要填制《中华人民共和国企业清算所得税申报表》及附表。窗口工作人员核对各项资料后将其推送至负责注销检查的相关职能部门，同时将纳税人清税申请信息传递给主管的地方税务局。

其次，税务检查部门确定纳税人没有重大违法行为后，将检查报告推送回办税服务厅。办税服务厅将国税部门的检查结果录入税收征管系统，同时传递到主管的地税局。税务人员通知纳税人把存在的应纳税款、多退(免)税款以及滞纳金、罚款等款项结清。纳税人携带发票领购簿、未开具的空白发票及税控设备到办税服务厅，窗口工作人员把已开具的发票验旧、未开具的发票缴销，收回发票领购簿及税控设备，确保票款两清，没有遗漏。

最后，税务人员根据国税、地税清税结果，确认纳税人结清所有税务事项后，将纳税人在税收征管系统内做注销处理，并向纳税人出具《清税证明》，一式三份，交给纳税人一份，提示其凭《清税证明》办理工商登记注销。税务机关同时将清税信息推送到工商、质检、国税与地税等部门的信息共享交换平台。

16.3　一般纳税人资格认定

16.3.1　一般纳税人的认定范围

根据《国家税务总局关于增值税一般纳税人登记管理办法》(国家税务总局令第43号)规定，为了做好增值税一般纳税人(以下简称"一般纳税人")登记管理，根据《中华人民共和国增值税暂行条例》及其实施细则有关规定，认定一般纳税人范围为：

增值税纳税人(以下简称"纳税人"),年应税销售额超过财政部、国家税务总局规定的小规模纳税人标准(以下简称"规定标准")的,应当向主管税务机关办理一般纳税人登记。

年应税销售额,是指纳税人在连续不超过12个月或4个季度的经营期内累计应征增值税销售额,包括纳税申报销售额、稽查查补销售额、纳税评估调整销售额。

销售服务、无形资产或者不动产(以下简称"应税行为")有扣除项目的纳税人,其应税行为年应税销售额按未扣除之前的销售额计算。纳税人偶然发生的销售无形资产、转让不动产的销售额,不计入应税行为年应税销售额。

年应税销售额未超过规定标准的纳税人,会计核算健全,能够提供准确税务资料的,可以向主管税务机关办理一般纳税人登记。所称会计核算健全,是指能够按照国家统一的会计制度规定设置账簿,根据合法、有效凭证进行核算。下列纳税人不办理一般纳税人登记:

(1) 按照政策规定,选择按照小规模纳税人纳税的;

(2) 年应税销售额超过规定标准的其他个人。

纳税人登记为一般纳税人后,不得转为小规模纳税人,国家税务总局另有规定的除外。

同时,国家税务总局和财政部于2018年4月发布了《关于统一增值税小规模纳税人标准的通知》(财税〔2018〕33号文件),于2018年5月1日起执行。该文件明确规定:①增值税小规模纳税人标准为年应征增值税销售额为500万元及以下。②按照《中华人民共和国增值税暂行条例实施细则》规定,已登记为增值税一般纳税人的单位和个人,在2018年12月31日前,可转登记为小规模纳税人,其未抵扣的进项税额做转出处理。

16.3.2　一般纳税人的登记程序

一般纳税人的登记既可以前往当地的国税办税服务大厅进行办理,也可以在当地国税局网站上进行申请办理。

1. 现场办理

如果前往当地国税局办税大厅进行办理,需要携带印有社会信息代码的营业执照副本及企业公章,填写增值税一般纳税人资格登记表进行登记,该业务是即时办结的业务。

2. 网上办理

在网上申请一般纳税人登记的办理流程如下。

(1) 登录一体化办税软件平台,进入网上办税服务厅,选择"涉税事项办理"|"业务网上申请"|"认定管理"|"增值税一般纳税人资格登记",进入表单填写界面,如图16-3所示。选中"会计核算健全""一般纳税人资格生效之日"复选框,根据实际情况,填写"经办人"和"代理人"等信息后,单击"保存"按钮,系统提示操作成功,单击"确定"按钮完成表单填写。

(2) 单击"资料采集",选择需上传的资料,然后进行资料提交,完成一般纳税人登记。

对于登记过的信息,纳税人可单击"查看文书"或者通过"综合查询"|"税务出具文书查询"模块,查询税务机关出具的税务事项通知书,如图16-4所示。

在纳税人进行资格登记后,可以进行增值税发票的核定和增值税防伪税控系统专用设备的申领。

图 16-3　表单填写

图 16-4　查看文书

16.4　发票管理

发票是指经济活动中，由出售方向购买方签发的文本，内容包括向购买者提供产品或服务的名称、质量、协议价格。除了预付款以外，发票必须具备的要素是根据议定条件由购买方向出售方付款，必须包含日期和数量，是会计账务的重要凭证。

16.4.1　发票的类型

增值税发票分为税控发票和非税控发票。其中，税控发票有增值税专用发票、增值税普通发票、增值税电子普通发票，以及机动车销售统一发票(货物运输发票于2016年7月1日停止使用)等，如图16-5～图16-7所示；非税控发票主要有通用机打发票、通用定额发票，以及冠名发票等，如图16-8～图16-10所示。

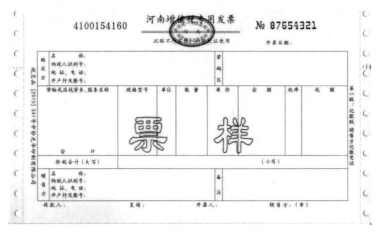

图 16-5　增值税专用发票票样

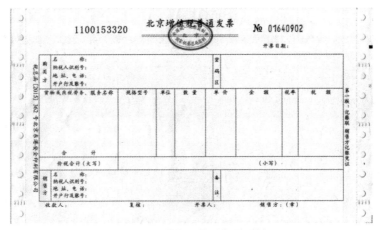

图 16-6　增值税普通发票票样

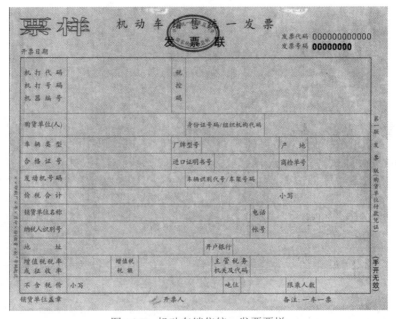

图 16-7　机动车销售统一发票票样

图 16-8 通用机打发票票样 1

图 16-9 通用机打发票票样 2

图 16-10 通用定额发票

> ※注意※
> 印有本单位名称发票(冠名发票)的票样由纳税人自拟。

一般纳税人销售货物、提供应税劳务和应税服务,开具增值税专用发票、增值税普通发票和增值税电子普通发票;小规模纳税人销售货物、提供应税劳务和应税服务,开具增值税普通发票和增值税电子普通发票;一般纳税人和小规模纳税人从事机动车(旧机动车除外)零售业务,开具机动车销售统一发票;而通用机打发票和通用定额发票,主要是供未达起征点的小规模纳税人使用;发票使用量较大或统一发票式样不能满足需要的,可使用冠名发票。

16.4.2 发票的核定和领用

1. 发票的核定

发票的核定是指税务机关根据增值税纳税人的申请,核定其使用增值税税控系统开具的增值税专用发票的票种、单次(月)领用数量。

发票票种核定后,使用增值税发票系统的纳税人凭《增值税税控系统安装使用告知书》,到服务单位领购税控系统专用设备,然后到税务机关办理初始发行。防伪税控系统是国家为加强增值税的征收管理,提高纳税人依法纳税的自觉性,及时发现和查处增值税偷、骗税行为而实施的国家金税工程的主要组成部分。一套完整的防伪税控系统分为专用设备与通用设备两部分,专用设备是指金税盘(税控盘)、报税盘;通用设备是指计算机、针式打印机、扫描仪等设备。自2014年8月1日起,增值税防伪税控系统服务单位只允许发售金税盘(税控盘)、报税盘。

2. 发票的领用

在实务中,发票一般都在网上办税服务厅领用,具体领用步骤如下。

(1) 登录企业一体化办税软件平台,进入网上办税服务厅,选择"涉税事项办理"|"业务网上申请"|"发票管理"|"发票领用",进入表单填写界面,如图16-11所示。选择"发票种类名称"后,填写"本数(份数)"等信息即可。若需要领用多种发票,单击"添加"按钮增行即可。填写完毕,单击"保存"按钮,系统提示操作成功,单击"确定"按钮。

图 16-11 表单填写

(2) 单击"资料采集"按钮,选中需上传的资料,选择上传的方式,如图16-12所示。将报送资料提交,系统提示上传完成,单击"确定"按钮完成操作。

图 16-12　资料上传

(3) 单击界面下方的"返回至表单"按钮，回到表单填写界面，单击"提交"按钮，系统自动跳转至业务查询模块，状态显示"受理中"，如图16-13所示。

图 16-13　业务状态查询

(4) 单击"业务查询"，显示该项业务的表单信息、资料信息和办理流程，如图16-14所示。可以查看纳税人领用发票的数量和发票的起止号码。

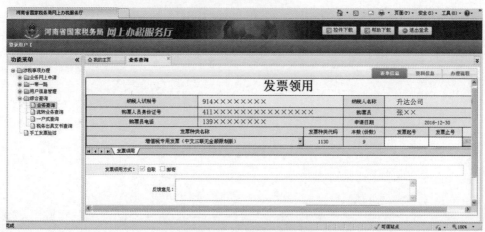

图 16-14　业务查询

16.4.3　发票的使用与管理

1. 发票的使用

实务中，绝大部分发票均为机打发票，在开具发票时应当按照规定的时限、顺序、栏目、全部联次一次性如实开具，并加盖发票专用章。单位和个人在开具发票时，必须做到按照号码顺序填开，填写项目齐全，内容真实，字迹清楚，全部联次一次打印，内容完全一致，并在发票联和抵扣联加盖发票专用章。

任何单位和个人都要按照发票管理规定使用发票，不得出现下列行为：

(1) 转借、转让、介绍他人转让发票、发票监制章和发票防伪专用品；

(2) 知道或者应当知道是私自印制、伪造、变造、非法取得或者废止的发票，而受让、开具、存放、携带、邮寄、运输；

(3) 拆本使用发票；

(4) 扩大发票使用范围；

(5) 以其他凭证代替发票使用。

2. 发票的管理

开具发票的单位和个人应当按照税务机关的规定存放和保管发票，不得擅自损毁。已开具的发票存根联和发票登记簿，应当保存5年。保存期满，报经税务机关查验后销毁。开具发票的单位和个人应当在办理变更或者注销税务登记的同时，办理发票和发票领购簿的变更、缴销手续。

第17章 增值税纳税实操

对于会计工作人员来说，增值税的申报是必须掌握的一项技能。本章介绍增值税相关理论知识，增值税发票的开具与申报。通过本章的学习，使读者掌握增值税发票的开具、销项税额的计算、进项税额的认证、增值税的申报流程等必备技能。

17.1 增值税认知

17.1.1 增值税概述

1. 增值税的概念和计税原理

增值税是随着社会经济发展的客观需求而产生的一个税种，简单地说就是以增值额为课税对象。我国的增值税应纳税额的计算采用的是间接计算法，即不直接根据增值额计算增值税，而是首先计算出应税货物、劳务和服务的整体税负，然后从整体税负中扣除法定的外购项目已纳税款。这是实行增值税的国家广泛采用的计税方法。

2. 增值税的征税范围

增值税的征税范围主要包括以几个下方面。

(1) 销售货物，即有偿转让货物的所有权。货物是指有形动产，包含电力、热力、气体在内供出售的物品。

(2) 提供加工、修理修配劳务。加工，是指受托加工货物，即委托方提供原料及主要材料，受托方按照委托方的要求，制造货物并收取加工费的业务。修理修配，是指受托对损伤和丧失功能的货物进行修复，使其恢复原状和功能的业务。

(3) 销售服务，是指提供交通运输服务、邮政服务、电信服务、建筑服务、金融服务、现代服务、生活服务。

(4) 销售无形资产，是指转让无形资产所有权或者使用权的业务活动。无形资产，是指不具实物形态，但能带来经济利益的资产，包括技术、商标、著作权、商誉、自然资源使用权和其他权益性无形资产。

(5) 销售不动产，是指转让不动产所有权的业务活动。不动产，是指不能移动或者移动后会引起性质、形状改变的财产，包括建筑物、构筑物等。

(6) 进口货物，是指申报进入我国海关境内的货物。

17.1.2　增值税的税率与征收率

1. 税率

自2019年4月1日起，增值税的税率进行了调整，调整后的增值税税率如表17-1所示。

表 17-1　增值税税率表

类别	应税行为		税率
销售货物	销售或进口货物(另有列举的货物除外)		13%
	农产品(含粮食)、自来水、暖气、石油液化气、天然气、食用植物油、冷气、热水、煤气、居民用煤炭制品、食用盐、农机、饲料、农药、农膜、化肥、沼气、二甲醚、图书、报纸、杂志、音像制品、电子出版物		9%
提供加工、修理修配劳务			13%
销售服务	交通运输(包括陆路、水路、航空、管道运输)		9%
	邮政服务(包括邮政普遍服务、邮政特殊服务和其他邮政服务)		9%
	电信服务	基础电信服务	9%
		特殊电信服务	6%
	建筑服务		9%
	金融服务		6%
	现代服务	研发和技术服务、信息技术服务、文化创意服务、物流辅助服务、咨询鉴证服务、广播影视服务、商务辅助服务、其他现代服务	6%
		有形动产的经营和融资租赁服务	13%
		不动产的经营和融资租赁服务	9%
	生活服务		6%
销售无形资产	销售无形资产(除土地使用权外)		6%
	销售土地使用权		9%
销售不动产			9%

同时，纳税人购进农产品，原适用10%扣除率的，扣除率调整为9%；纳税人购进用于生产销售或委托加工13%税率货物的农产品，按照10%的扣除率计算进项税额；原适用16%税率且出口退税率为16%的出口货物，出口退税率调整至13%；原适用10%税率且出口退税率为10%的出口货物、跨境应税行为，出口退税率调整至9%。

除上述税率之外，增值税还有一档零税率，主要适用于出口货物，跨境销售国务院规定范围内的服务、无形资产等。

2. 征收率

增值税采用简易征收办法计税时适用的税率为征收率，我国增值税征收率适用两种情况：一是小规模纳税人；二是一般纳税人销售货物、提供应税劳务、发生应税行为按规定可以选择简易办法计税的情况。具体征收率如表17-2所示。

表 17-2 增值税征收率表

征收率	具体规定
小规模纳税人适用的征收率	(1) 小规模纳税人因经营规模小，且会计核算不健全，难以实行凭专用发票抵扣进项税额的制度，因而实行按销售额与征收率计算应纳税额的简易办法，征收率为3% (2) 根据《营业税改征增值税试点实施办法》的规定，小规模纳税人的下列行为按照5%的征收率计算应纳税额：①小规模纳税人销售其取得(含自建)的不动产(不含个体工商户销售购买的住房)；②房地产开发企业中的小规模纳税人，销售自行开发的房地产项目；③其他个人销售其取得(含自建)的不动产(不含其购买的住房)；④小规模纳税人出租其取得的不动产(不含个人出租住房)；⑤其他个人出租其取得的不动产(不含住房)；⑥个人出租住房，应按照5%的征收率减按1.5%计算应纳税额
纳税人销售自己使用过的固定资产	(1) 一般纳税人：①一般纳税人销售自己使用过的不得抵扣且未抵扣进项税额的固定资产，按简易办法依3%征收率减按2%征收增值税；②一般纳税人销售自己使用过的增值税转型以后购进或者自制的固定资产，按照适用税率征收增值税 (2) 小规模纳税人：小规模纳税人销售自己使用过的固定资产，减按2%征收率征收增值税
纳税人销售自己使用过的除固定资产以外的物品	(1) 一般纳税人销售自己使用过的除固定资产以外的物品，应当按照适用税率征收增值税 (2) 小规模纳税人销售自己使用过的除固定资产以外的物品，应按3%的征收率征收增值税
纳税人销售旧货	纳税人销售旧货，按照简易办法依照3%征收率减按2%征收增值税
一般纳税人可选择按照简易办法征税的情形	一般纳税人销售自产的下列货物，可选择按照简易办法依照3%征收率计算缴纳增值税： (1) 县级及县级以下小型水力发电单位生产的电力 (2) 建筑用和生产建筑材料所用的砂、土、石料 (3) 以自己采掘的砂、土、石料或其他矿物连续生产的砖、瓦、石灰(不含黏土实心砖、瓦) (4) 用微生物、微生物代谢产物、动物毒素、人或动物的血液或组织制成的生物制品 (5) 自来水 (6) 商品混凝土(仅限于以水泥为原料生产的水泥混凝土) 【提示】一般纳税人销售不动产、出租不动产依照5%的征收率计算缴纳增值税；一般纳税人选择简易办法计算缴纳增值税后，36个月内不得变更
一般纳税人销售特定货物	一般纳税人销售货物属于下列情形之一的，暂按简易办法依照3%征收率计算缴纳增值税： (1) 寄售商店代销寄售物品(包括居民个人寄售的物品在内) (2) 典当业销售死当物品

17.1.3 增值税应纳税额的计算

实务中，不同企业需要根据不同的业务计算增值税应纳税额，具体计税方法如表17-3所示。

表 17-3 增值税计税表

计税方法	适用主体	计算公式
一般计税方法	一般纳税人	当期应纳增值税税额=当期销项税额-当期进项税额 =当期销售额×适用税率-当期进项税额
简易计税方法	• 小规模纳税人 • 一般纳税人的特定情形	当期应纳增值税税额=当期销售额×征收率
扣缴计税方法	扣缴义务人	应扣缴税额=购买方支付的价款÷(1+税率)×税率

17.2 增值税发票相关操作

17.2.1 防伪税控系统的设置

(1) 在使用防伪税控系统前，应确认计算机能连接至互联网。然后将税务局下发的金税盘通过USB数据线连接到计算机上，无须安装驱动。金税盘样式如图17-1所示。

(2) 双击运行开票软件，打开登录界面，选择管理员名字，输入用户密码和证书口令，如图17-2所示。

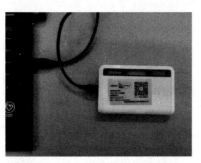

图 17-1　插入金税盘　　　　　　　　　　　　图 17-2　登录界面

(3) 信息输入完成后，单击"登录"按钮，登录防伪税控系统初始界面，如图17-3所示。

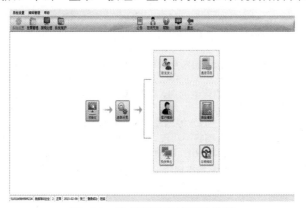

图 17-3　防伪税控系统初始界面

(4) 单击工具栏中"系统设置"按钮，进行参数设置，系统打开"基本信息"|"基本信息设置"界面，录入公司信息和开票资料，如图17-4所示。

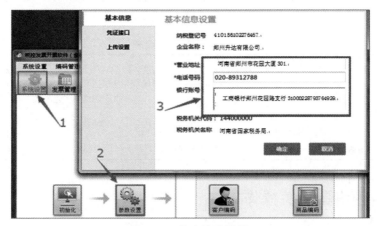

图 17-4　基本信息设置

(5) 依然在"系统设置"中，单击"客户编码"按钮，进入"编码管理"界面，单击"增加"按钮，如图17-5所示。

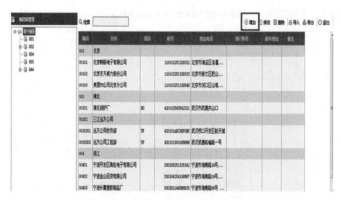

图 17-5　增加客户编码

(6) 在打开的"客户编码添加"界面，录入客户资料信息，如图17-6所示。

图 17-6　客户编码添加界面

(7)　依然在"系统设置"中，单击"商品编码"按钮，打开"商品编码"页面。单击"增加"按钮，打开"商品编码添加"对话框，录入商品资料，单击"保存"按钮完成操作，如图17-7所示。

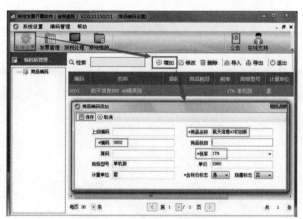

图 17-7　录入商品编码页面

通过以上设置，防伪税控系统初始化设置基本完成，接下来就可以进行发票的开具操作。

17.2.2　增值税发票的开具

开具发票主要包括发票读入、发票填开，以及发票打印等步骤。

1. 发票读入

(1) 单击"发票管理"按钮，在打开的页面中，单击"发票读入"按钮，如图17-8所示。

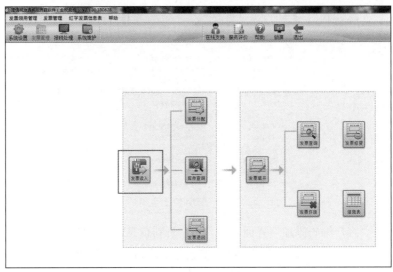

图 17-8　发票管理界面

(2) 系统弹出"发票读入"对话框，提醒是否读入发票，单击"确认"按钮，如图17-9所示。

图 17-9　提示是否读取发票

2. 发票填开

(1) 依然在"发票管理"界面，单击"发票填开"选项，在弹出的列表中选择"增值税专用发票填开"选项，如图17-10所示。

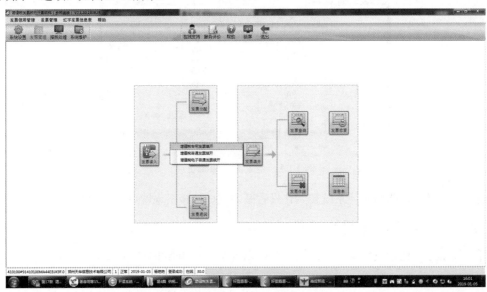

图 17-10　选择发票种类

(2) 系统弹出 "发票号确认" 对话框, 核对信息, 如图17-11所示。确认无误后单击 "确认" 按钮完成操作。

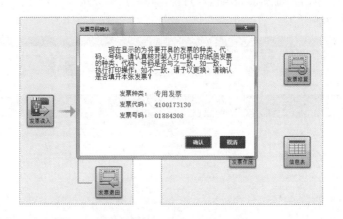

图 17-11　确认发票信息

(3) 开具完成的增值税专用发票, 如图17-12所示。

图 17-12　填写完成的增值税发票

※提示※

　　进入发票填开界面, 手工输入购货单位信息, 专用发票要将购买方的名称、纳税人识别号、地址电话、开户行及账号全部填写完整, 不得输入简称; 单击增行, 可进行货物或应税服务、劳务的增加, 具体的货物或应税服务、劳务名称可以在税收分类编码中选择, 输入数量、单价、金额、备注等信息; 备注需要按照国家的规定进行规范填写。

3. 发票打印

发票填写完毕后，单击"打印"按钮，进行已填开发票的保存(注意：打印相当于保存发票，单击后票面信息无法进行任何修改)。同时根据实际情况，选择是否即时打印发票。

17.2.3　增值税专用发票的查询

依然在"发票管理"界面，单击"发票管理"|"发票查询"选项，系统列出所有发票信息，选择所需查询发票的年份及月份，找到所需查询发票，如图17-13所示。点击进入，即可查看发票详细信息。

图 17-13　发票查询

17.2.4　增值税专用发票的作废

增值税专用发票的作废主要分为两种情况：在开具发票的当月，发生销售退回、开票有误等情形，收到退回的票联、抵扣联，符合作废条件的，按作废处理；开具发票时发现有误，可以及时作废。在实务中，本月开具并且没有抄税的，对方也没有进行认证的发票，可以执行已开具发票的作废。发票作废的具体操作流程如下。

(1) 在"发票管理"界面，单击"发票作废"选项，在打开的页面中选中要作废的发票，如图17-14所示。

图 17-14　选择要作废的发票

(2) 系统弹出"发票作废"提示框，提示是否要作废该发票，如图17-15所示。

图 17-15　选择确认界面

(3) 单击"确认"按钮，系统提示发票作废成功，如图17-16所示。

图 17-16　作废成功提示界面

17.2.5　红字发票的填开

一般纳税人开具增值税专用发票或货物运输业增值税专用发票后，发生销货退回、开票有误、应税服务中止以及发票抵扣联、发票联均无法认证等情形但不符合作废条件，或者因销货部分退回及发生销售折让，需要开具红字专用发票的，可以开具红字发票。按此条规定，开具红字发票的前提是不符合"作废条件"。

要进行红字发票的填开，纳税人只需要在增值税开票系统中填写红字增值税专用发票申请表，上传到税务机关，系统会自动校验，通过后，将信息同步传给纳税人，纳税人可以通过发票管理系统中的查询功能，查询下载税务机关审核通过的带有"红字发票信息表编号"的《信息表》，开具增值税红字专用发票。开具红字专用发票的具体操作步骤如下。

1. 申请红字增值税专用发票信息表

(1) 在"发票管理"界面，选择"红字发票信息表"下拉列表，选中"红字增值税专用发票信息表填开"选项，如图17-17所示。

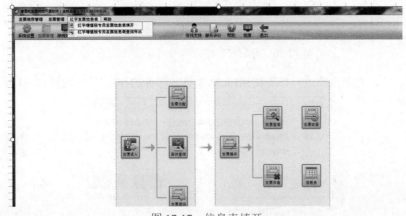

图 17-17　信息表填开

(2) 以销售方申请为例开具增值税红字发票，如图17-18所示。填入其对应的增值税专用发票的代码和号码，单击"下一步"按钮，系统提示发票可以开红字发票，如图17-19所示。

图 17-18　信息选择界面

图 17-19　信息选择成功提示界面

(3) 单击"确定"按钮，出现图17-20所示的信息表。

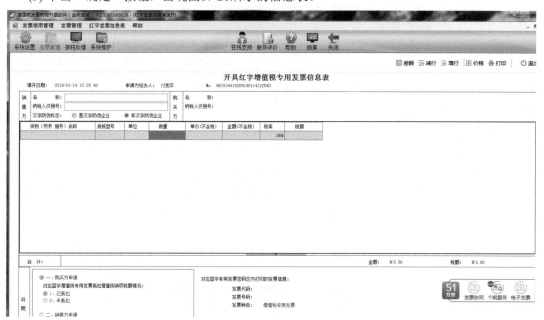

图 17-20　开具红字增值税专用发票信息表

(4) 然后，单击右上角的"打印"按钮(此功能具有保存的作用)，出现图17-21所示的界面。

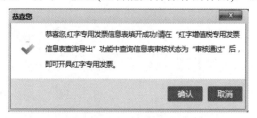

图 17-21　提示信息界面

（5）再单击"红字发票信息表"下拉列表中的"红字增值税专用发票信息表查询导出"选项，出现图17-22所示界面，即可得到红字发票信息表编号。

图 17-22　红字发票信息表编号

2. 红字增值税专用发票开具

（1）打开增值税专用发票，单击上方"红字"按钮，在下拉列表中选择"直接开具"选项，如图17-23所示。

图 17-23　红字增值税专用发票

(2) 系统弹出"对应信息表编号填写、确认"对话框，输入相关信息，如图17-24所示。单击"下一步"按钮，系统自动生成红字发票。

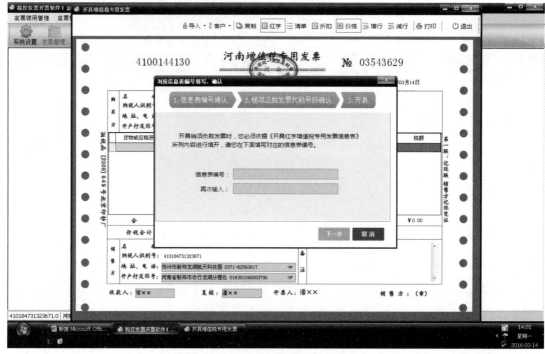

图 17-24　输入相关信息开具红字发票

※提示※

　　红字发票的填开要注意6个问题：①已认证抵扣的发票不需要填写对应蓝字发票的代码和发票号，这是由于增值税系统中已比对了购销双方对应的信息；未认证抵扣的发票由于系统中尚未比对购销双方对应的信息，因此需要填写对应蓝字发票的代码和发票的号码。②申请单上的商品数量和金额必须填写为负数。③申请单上的合计金额不能大于原发票的金额。④作废发票、负数发票不能开具红字发票。⑤对于带折扣的蓝字发票，升级版系统中有对应的蓝字信息，系统会自动将折扣分摊反映到对应的商品行上。⑥带有清单的蓝字发票，红字发票申请单的填开界面不显示商品明细。

17.3　增值税一般纳税人纳税申报实务

　　一般纳税人企业每月发生的销售业务实际确认开票收入和未开票收入，将其税额作为销项税额入账。根据每月取得的增值税专用发票进行网上认证，通过认证后，将其作为进项税额确认。月末用销项税额减去进项税额作为当月的应纳税额。同时，于次月的1—15号之间申报当月的增值税，具体的申报流程如图17-25所示。

填写报表 ➡ 数据审核 ➡ 申报扣款 ➡ 查询打印

图 17-25 互联网申报流程图

17.3.1 增值税销项税额的确定

纳税人销售货物或提供劳务、应税服务，按照销售额或应税劳务收入、应税服务收入与规定的税率计算，并向购买方收取的增值税额为销项税额。具体公式为

$$销项税额=销售额×税率$$

从上述公式可以看出，在增值税税率一定的情况下，计算销项税额的关键在于确定销售额。实务中，企业在发生增值税应税项目时，可先确定销售额，再根据销售额确定销项税额。

在确定销售额的过程中，企业可按销售时提供发票的不同，将销售额分为如下三种情况来确定。

(1) 增值税专用发票的销售额，这部分销售额可以从防伪税控开票系统查询并打印本月专用发票的开票记录及开票金额。

(2) 增值税普通发票的销售额，这部分销售额可以从防伪税控开票系统查询并打印本月普通发票的开票记录及开票金额。

(3) 未开具发票的销售额，企业偶尔会发生一些零散的销售业务，这些业务的购买方大多数是个人，销售时往往采用现金结算，不开具发票，开具的可能是收据，在这种情况下，收到的总价款是价税合计金额，可以用不含税销售额=收到的总价款÷(1+适用税率)这个公式计算销售额；企业发生的一些视同销售业务，如果不开具发票，也要确认销售额，计算缴纳增值税。

【例17-1】郑州升达有限公司为增值税一般纳税人，主营业务为灯具的生产与销售。20×9年1月的灯具销售总额为861 538.46元，已全部开具增值税专用发票(增值税专用发票资料统计见表17-4)；本月以自产景观灯200只对宏泰商场投资，经确认投资金额按公允价值20 861.54元(含税金额)进行计价，增值税率为13%。则升达有限公司1月的销项税额是多少？

表 17-4 增值税专用发票资料统计表

制单日期：20×9-02-08
所属期间：1月份
金税设备：20×9年1月资料统计
纳税人登记号：410156102276467
企业名称：郑州升达有限公司
地址电话：郑州市花园大厦301   020-89312788

★ 发票领用存情况 ★

起初库存份数	25	正数发票份数	12	负数发票份数	0
购进发票份数	0	正数废票份数	0	负数废票份数	0
退回发票份数	0	期末库存份数	13		

★ 销项情况 ★

金额单位：元

序号	项目名称	合计	13%	9%	6%	其他
1	销项正废金额	0.00	0.00	0.00	0.00	0.00
2	销项正数金额	861 538.46	861 538.46	0.00	0.00	0.00
3	销项负废金额	0.00	0.00	0.00	0.00	0.00
4	销项负数金额	0.00	0.00	0.00	0.00	0.00
5	实际销售金额	861 538.46	861 538.46	0.00	0.00	0.00
6	销项正废税额	0.00	0.00	0.00	0.00	0.00
7	销项正数税额	112 000.00	112 000.00	0.00	0.00	0.00
8	销项负废税额	0.00	0.00	0.00	0.00	0.00
9	销项负数税额	0.00	0.00	0.00	0.00	0.00
10	实际销项税额	112 000.00	112 000.00	0.00	0.00	0.00

升达有限公司销项税额=112 000.00+20 861.54÷(1+13%)×13%=114 400.00(元)

17.3.2 增值税进项税额的确定

准予抵扣的进项税额有以下几种情形：从销售方取得的增值税专用发票(含税控机动车销售统一发票，下同)上注明的增值税额；从海关取得的海关进口增值税专用缴款书上注明的增值税额；购进农产品，除取得增值税专用发票或者海关进口增值税专用缴款书外，按照农产品收购发票或者销售发票上注明的农产品买价和10%的扣除率计算的进项税额；从境外单位或者个人购进服务、无形资产或者不动产，自税务机关或者扣缴义务人取得的解缴税款的完税凭证上注明的增值税额。

需要说明的是，企业如果想在当月进行进项税额的抵扣，对于取得的增值税专用发票(含税控机动车销售统一发票)，每月月末前要进行增值税进项发票的认证工作，认证相符后，才可以将进项税额进行抵扣。海关完税凭证等一些票据不需要认证，进行稽核即可。

实务中，发票的认证主要以网上认证方式为主，也可前往办税服务大厅使用申报认证自助终端设备进行发票的认证。同时根据《国家税务总局关于纳税信用A级纳税人取消增值税发票认证有关问题的公告》(税务总局2016年第7号公告)，税务总局决定对纳税信用A级增值税一般纳税人取消增值税发票认证。

1. 网上认证方式

(1) 登录国家税务局官方网站"网上办税服务厅"，或者插入国税电子钥匙，通过国税办税平台软件快捷方式"一体化办税"进行认证。国税电子钥匙如图17-26所示。

图 17-26 国税电子钥匙

(2) 进入"一体化办税"认证平台,如图17-27所示。在窗口输入企业相应信息,点击"登录"按钮,进入"一体化办税"平台。

图 17-27 "一体化办税"平台登录界面

(3) 在系统中,选择"我的应用"选项,选择其中的"选择增值税认证"按钮,如图17-28所示。

图 17-28 选择增值税发票认证

(4) 系统弹出选择个人证书对话框,操作人员可选择要使用的证书,单击"确定"按钮完成选择,如图17-29所示。

图 17-29 选择证书

(5) 选择证书后，系统进入"认证流程图"界面，如图17-30所示。

图 17-30 认证界面

(6) 在认证界面可以选择进行发票手工录入认证，也可以选择发票扫描认证。进行认证之后即可获得认证结果通知书。

> ※提示※
>
> 传统认证方式下，发票的号码和代码，购货方相关信息，发票的密文区，发票的金额都是系统校对的重要信息，这几处若有错误，发票认证均不能通过。

2. 使用申报认证自助终端设备进行发票的认证

对于业务相对较少的企业，也可以前往企业所在地的办税服务大厅，使用自助机进行认证。认证之后也可以获得认证结果通知书。

3. 不需要认证的一般纳税人

信用等级为A级的增值税一般纳税人只需登录本省增值税发票选择确认平台，查询、选择、确认用于申报抵扣或者出口退税的增值税发票信息，具体操作流程如下。

(1) 在电脑上连接好金税盘或税控盘，登录"增值税发票选择确认平台"，输入证书密码，如图17-31所示。

(2) 登录后，进入平台主页面，此页面会显示本会计年度以前月份已经认证的发票数量和金额，以及当月已认证的发票数量和金额，如图17-32所示。

图 17-31　增值税发票查询平台登录界面

图 17-32　增值税发票查询平台

(3) 在"增值税发票选择确认平台"页签下，有"发票勾选""批量勾选"等功能，如图 17-33所示。操作人员可对需要抵扣(或退税)的发票进行勾选处理。每月月底前，对当月已勾选的发票，在"勾选确认"功能中进行一次确认操作，即可完成采集用于申报抵扣或者出口退税的增值税发票信息。

图 17-33　发票勾选与确认

> ※提示※
>
> 需要抵扣的发票必须经过勾选才能进行确认；一旦勾选确认后，将无法退回。

【例17-2】承接【例17-1】，郑州升达有限公司20×9年1月经过勾选确认的发票共20份，金额为738 461.54元，税额为96 000.00元，发票认证结果统计表如表17-5所示。

表 17-5 发票认证统计结果表

申报抵扣发票统计表—当期

纳税人名称：郑州升达有限公司　　　纳税人识别号：410156102276467　　　认证月份：20×9年1月

认证方式	勾选认证			扫描认证			合计		
发票类型	份数	金额	税额	份数	金额	税额	份数	金额	税额
增值税专用发票	20	738 461.54	96 000.00				20	738 461.54	96 000.00
机动车销售统一发票	0	0.00	0.00				0	0.00	0.00
合计	20	738 461.54	96 000.00				20	738 461.54	96 000.00

17.3.3　应纳增值税额的确定

以【例17-1】和【例17-2】中资料为例，郑州升达有限公司2019年1月应纳增值税额确定如下。

销项税额：114 400.00元

可抵扣进项税额：96 000.00元

应纳增值税额：114 400-96 000=18 400元

郑州升达有限公司会计要在2月1日—2月15日登录国税网上纳税申报系统，申报缴纳1月份的增值税。

17.3.4　纳税申报实务

实务中，会计应于每月15日之前申报上个月的增值税，财务人员通过国税办税平台软件快捷方式"一体化办税"，或者通过国家税务局官方网站"网上办税服务厅"进入增值税申报平台，在平台的左侧可以看到需要填写的报表。

1. 增值税纳税申报表及附列资料简介

申报增值税时需要填写的报表包括《增值税纳税申报表》《增值税纳税申报表附列资料(一)》《增值税纳税申报表附列资料(二)》《增值税纳税申报表附列资料(三)》《增值税纳税申报表附列资料(四)》，以及增值税申报减免申报明细表。

申报增值税时，填报各类表格的具体顺序如下。

1) 销售情况的填写

步骤一：填写《增值税纳税申报表附列资料(一)》(本期销售情况明细)第1～11列。

步骤二：填写《增值税纳税申报表附列资料(三)》(服务、不动产和无形资产扣除项目明细)。此表由有差额扣除项目的纳税人填写。

步骤三：填写《增值税纳税申报表附列资料(一)》(本期销售情况明细)第12至14列。此表由有差额扣除项目的纳税人填写。

步骤四：填写《增值税减免税申报明细表》。此表由有减免税业务的纳税人填写。

2) 进项税额的填写

步骤五：填写《增值税纳税申报表附列资料(二)》(本期进项税额明细)。

3) 税额抵减的填写

步骤六：填写《增值税纳税申报表附列资料(四)》(税额抵减情况表)。此表由有税额抵减业务的纳税人填写。

4) 主表的填写

步骤七：根据附表数据填写《增值税纳税申报表》(一般纳税人适用)。

2. 增值税纳税申报表及附列资料填写方法

依然以【例17-1】和【例17-2】中数据为例，完成郑州升达有限公司增值税纳税申报表的填写。

步骤一：填写《增值税纳税申报表附列资料(一)》(本期销售情况明细)，如表17-6所示。

纳税人名称：（公章）

表 17-6　增值税纳税申报表附列资料（一）

（本期销售情况明细）

税款所属时间：　年　月　日　至　年　月　日

金额单位：元至角分

项目及栏次		栏次	开具增值税专用发票		开具其他发票		未开具发票		纳税检查调整		合计		价税合计 11=9+10	服务、不动产和无形资产扣除项目本期实际扣除金额 12	扣除后	
			销售额 1	销项(应纳)税额 2	销售额 3	销项(应纳)税额 4	销售额 5	销项(应纳)税额 6	销售额 7	销项(应纳)税额 8	销售额 9=1+3+5+7	销项(应纳)税额 10=2+4+6+8			含税(免税)销售额 13=11-12	销项(应纳)税额 14=13÷(100%+税率或征收率)×税率或征收率
一、一般计税方法征税	全部征税项目	13%税率的货物及加工修理修配劳务	1	861 538.46	112 000.00			18 461.54	2 400.00			880 000.00	114 400.00				
		13%税率的服务、不动产和无形资产	2														
		9%税率的货物及加工修理修配劳务	3														
		9%税率的服务、不动产和无形资产	4														
		6%税率	5														
	其中：即征即退项目	即征即退货物及加工修理修配劳务	6	—	—	—	—	—	—	—	—	—	—	—	—	—	—
		即征即退应税服务、不动产和无形资产	7	—	—	—	—	—	—	—	—	—	—	—	—	—	—
二、简易计税方法征税	全部征税项目	6%征收率	8														
		5%征收率的货物及加工修理修配劳务	9														
		5%征收率的服务、不动产和无形资产	10														
		4%征收率	11														
		3%征收率的货物及加工修理修配劳务	12														
		3%征收率的服务、不动产和无形资产	13														
		预征率　％	13a														
		预征率　％	13b														
		预征率　％	13c														
	其中：即征即退项目	即征即退货物及加工修理修配劳务	14	—	—			—	—	—	—	—	—	—	—	—	—
		即征即退服务、不动产和无形资产	15	—	—			—	—	—	—	—	—	—	—	—	—
三、抵免退税		货物及加工修理修配劳务	16	—	—			—	—	—	—			—	—		—
		服务、不动产和无形资产	17	—	—			—	—	—	—			—	—		—
四、免税		货物及加工修理修配劳务	18	—				—		—				—	—	—	—
		服务、不动产和无形资产	19	—				—		—				—	—	—	—

《增值税纳税申报附列资料(一)》的填制方法如下。

1) 各列说明

纳税人适用一般计税方法的业务，当期取得的收入根据适用不同的税率确定的销售额和销项税额，分别填写到对应的"开具增值税专用发票""开具其他发票""未开具发票"列中。郑州升达有限公司本月涉及的一般计税方法的销售业务有开票收入和未开票收入，将这两部分业务对应的销售额和税额，分别填入《增值税纳税申报表附列资料(一)》(本期销售情况明细)第1行的第1、2、5、6、9、10列。纳税人适用简易计税方法的业务，当期取得的收入根据适用不同征收率确定的销售额和应纳税额，分别填写到对应的"开具增值专用发票""开具其他发票""未开具发票"列中。

《增值税纳税申报表附列资料(一)》(本期销售情况明细)第7和第8列填写经税务、财政、审计部门检查并在本期调整的销售情况，郑州升达有限公司不涉及该种情况；第12列"服务、不动产和无形资产扣除项目本期实际扣除金额"适用于营改增后的纳税人有应税服务扣除项目的填写，郑州升达有限公司不涉及该类业务。

实务中，企业除了"一般计税方法征税"外，其他栏次业务较少发生。因此，填列完"一般计税方法征税"栏的数据后，附表一的数据就基本完成了。

2) 各行说明

第1至5行"一般计税方法征税"中"全部征税项目"各行：按不同税率和项目分别填写按一般计税方法计算增值税的全部征税项目。有即征即退征税项目的纳税人，本部分数据中既包括即征即退征税项目，又包括不享受即征即退政策的一般征税项目。

第6至7行"一般计税方法征税"中"即征即退项目"各行：只反映按一般计税方法计算增值税的即征即退项目。按照税法规定不享受即征即退政策的纳税人，不填写本行。即征即退项目是全部征税项目的其中数。

第6行"即征即退货物及加工修理修配劳务"：反映按一般计税方法计算增值税且享受即征即退政策的货物和加工修理修配劳务。本行不包括服务、不动产和无形资产的内容。

本行第9列"合计"栏下的"销售额"栏：反映按一般计税方法计算增值税且享受即征即退政策的货物及加工修理修配劳务的不含税销售额。该栏不按第9列所列公式计算，应按照税法规定据实填写。

本行第10列"合计"栏下的"销项(应纳)税额"栏：反映按一般计税方法计算增值税且享受即征即退政策的货物及加工修理修配劳务的销项税额。该栏不按第10列所列公式计算，应按照税法规定据实填写。

第7行"即征即退应税服务、不动产和无形资产"：反映按一般计税方法计算增值税且享受即征即退政策的服务、不动产和无形资产。本行不包括货物及加工修理修配劳务的内容。

本行第9列"合计"栏下的"销售额"栏：反映按一般计税方法计算增值税且享受即征即退政策的服务、不动产和无形资产的不含税销售额。服务、不动产和无形资产有扣除项目的，按扣除之前的不含税销售额填写。该栏不按第9列所列公式计算，应按照税法规定据实填写。

本行第10列"合计"栏下的"销项(应纳)税额"栏：反映按一般计税方法计算增值税且享受即征即退政策的服务、不动产和无形资产的销项税额。服务、不动产和无形资产有扣除项目的，按扣除之前的销项税额填写。该栏不按第10列所列公式计算，应按照税法规定据实填写。

本行第14列"扣除后"栏下的"销项(应纳)税额"栏：反映按一般计税方法征收增值税且享受即征即退政策的服务、不动产和无形资产实际应计提的销项税额。服务、不动产和无形资产有扣除项目的，按扣除之后的销项税额填写；服务、不动产和无形资产无扣除项目的，按本行第10列填写。该栏不按第14列所列公式计算，应按照税法规定据实填写。

第8至12行"简易计税方法征税"中"全部征税项目"各行：按不同征收率和项目分别填写按简易计税方法计算增值税的全部征税项目。有即征即退征税项目的纳税人，本部分数据中既包括即征即退项目，也包括不享受即征即退政策的一般征税项目。

第13a至13c行"简易计税方法征税"中"预征率　%"各行：反映营业税改征增值税的纳税人，服务、不动产和无形资产按规定汇总计算缴纳增值税的分支机构，预征增值税销售额、预征增值税应纳税额。其中，第13a行"预征率　%"，适用于所有实行汇总计算缴纳增值税的分支机构纳税人；第13b、13c行"预征率　%"，适用于部分实行汇总计算缴纳增值税的铁路运输纳税人。第13a至13c行第1至6列按照销售额和销项税额的实际发生数填写。第13a至13c行第14列，纳税人按"应预征缴纳的增值税=应预征增值税销售额×预征率"公式计算后据实填写。

第14至15行"简易计税方法征税"中"即征即退项目"各行：只反映按简易计税方法计算增值税的即征即退项目。按照税法规定不享受即征即退政策的纳税人，不填写本行。即征即退项目是全部征税项目的其中数。

第14行"即征即退货物及加工修理修配劳务"：反映按简易计税方法计算增值税且享受即征即退政策的货物及加工修理修配劳务。本行不包括服务、不动产和无形资产的内容。

本行第9列"合计"栏下的"销售额"栏：反映按简易计税方法计算增值税且享受即征即退政策的货物及加工修理修配劳务的不含税销售额。该栏不按第9列所列公式计算，应按照税法规定据实填写。

本行第10列"合计"栏下的"销项(应纳)税额"栏：反映按简易计税方法计算增值税且享受即征即退政策的货物及加工修理修配劳务的应纳税额。该栏不按第10列所列公式计算，应按照税法规定据实填写。

第15行"即征即退服务、不动产和无形资产"：反映按简易计税方法计算增值税且享受即征即退政策的服务、不动产和无形资产。本行不包括货物及加工修理修配劳务的内容。

本行第9列"合计"栏下的"销售额"栏：反映按简易计税方法计算增值税且享受即征即退政策的服务、不动产和无形资产的不含税销售额。服务、不动产和无形资产有扣除项目的，按扣除之前的不含税销售额填写。该栏不按第9列所列公式计算，应按照税法规定据实填写。

本行第10列"合计"栏下的"销项(应纳)税额"栏：反映按简易计税方法计算增值税且享受即征即退政策的服务、不动产和无形资产的应纳税额。服务、不动产和无形资产有扣除项目的，按扣除之前的应纳税额填写。该栏不按第10列所列公式计算，应按照税法规定据实填写。

本行第14列"扣除后"栏下的"销项(应纳)税额"栏：反映按简易计税方法计算增值税且享受即征即退政策的服务、不动产和无形资产实际应计提的应纳税额。服务、不动产和无形资产有扣除项目的，按扣除之后的应纳税额填写；服务、不动产和无形资产无扣除项目的，按本行第10列填写。

第16行"免抵退税"中的"货物及加工修理修配劳务"：反映适用免、抵、退税政策的出口货物、加工修理修配劳务。

第17行"免抵退税"中的"服务、不动产和无形资产"：反映适用免、抵、退税政策的服务、不动产和无形资产。

第18行"免税"中的"货物及加工修理修配劳务"：反映按照税法规定免征增值税的货物及劳务和适用零税率的出口货物及劳务，但零税率的销售额中不包括适用免、抵、退税办法的出口货物及劳务。

第19行"免税"中的"服务、不动产和无形资产"：反映按照税法规定免征增值税的服务、不动产、无形资产和适用零税率的服务、不动产、无形资产，但零税率的销售额中不包括适用免、抵、退税办法的服务、不动产和无形资产。

步骤二：填写《增值税纳税申报表附列资料(三)》(服务、不动产和无形资产扣除项目明细)，如表17-7所示。

表 17-7 增值税纳税申报表附列资料（三）
(服务、不动产和无形资产扣除项目明细)

纳税人名称：(公章)　　　税款所属时间：　年 月 日至　年 月 日　　金额单位：元至角分

项目及栏次		本期服务、不动产和无形资产价税合计额(免税销售额)	服务、不动产和无形资产扣除项目				
			期初余额	本期发生额	本期应扣除金额	本期实际扣除金额	期末余额
		1	2	3	4=2+3	5(5≤1且5≤4)	6=4-5
13%税率的项目	1						
9%税率的项目	2						
6%税率的项目(不含金融商品转让)	3						
6%税率的金融商品转让项目	4						
5%征收率的项目	5						
3%征收率的项目	6						
免抵退税的项目	7						
免税的项目	8						

《增值税纳税申报表附列资料(三)》的填制方法如下。

本表由营业税改征增值税应税服务有扣除项目的纳税人填写，其他纳税人不填写。

第1列"本期服务、不动产和无形资产价税合计额(免税销售额)"：营业税改征增值税的服务、不动产和无形资产属于征税项目的，填写扣除之前的本期服务、不动产和无形资产价税合计额；营业税改征增值税的服务、不动产和无形资产属于免抵退税或免税项目的，填写扣除之前的本期服务、不动产和无形资产免税销售额。

本列各行次等于《增值税纳税申报表附列资料(一)》第11列对应行次，其中本列第3行和第4行之和等于《增值税纳税申报表附列资料(一)》第11列第5栏。

营业税改征增值税的纳税人，服务、不动产和无形资产按规定汇总计算缴纳增值税的分支机构，本列各行次之和等于《增值税纳税申报表附列资料(一)》第11列第13a、13b行之和。

第2列"服务、不动产和无形资产扣除项目"中"期初余额"列：填写服务、不动产和无形资产扣除项目上期期末结存的金额，试点实施之日的税款所属期填写"0"。

本列各行次等于上期本表第6列对应行次。

本列第4行"6%税率的金融商品转让项目"年初首期填报时应填"0"。

第3列"服务、不动产和无形资产扣除项目"中"本期发生额"列：填写本期取得的按税法规定准予扣除的服务、不动产和无形资产扣除项目金额。

第4列"服务、不动产和无形资产扣除项目"中"本期应扣除金额"列：填写服务、不动产和无形资产扣除项目本期应扣除的金额。本列各行次=第2列对应各行次+第3列对应各行次。

第5列"服务、不动产和无形资产扣除项目"中"本期实际扣除金额"：填写服务、不动产和无形资产扣除项目本期实际扣除的金额。本列各行次≤第4列对应各行次，且本列各行次≤第1列对应各行次。

第6列"服务、不动产和无形资产扣除项目"中"期末余额"列：填写服务、不动产和无形资产扣除项目本期期末结存的金额。本列各行次=第4列对应各行次−第5列对应各行次。

步骤三：填写《增值税纳税申报表附列资料(一)》(本期销售情况明细)第12至14列，因郑州升达有限公司业务不涉及应税服务扣除项目，这几列不用填写。

步骤四：填写《增值税减免税申报明细表》，郑州升达有限公司未发生减免税业务，不填写本表。

步骤五：填写《增值税纳税申报表附列资料(二)》(本期进项税额明细)，如表17-8所示。

表 17-8 增值税纳税申报表附列资料（二）

(本期进项税额明细)

税款所属时间： 年 月

纳税人名称： 填表日期： 年 月 日 金额单位：元至角分

一、申报抵扣的进项税额				
项目	栏次	份数	金额	税额
(一) 认证相符的增值税专用发票	1	20	738 461.54	96 000.00
其中：本期认证相符且本期申报抵扣	2	20	738 461.54	96 000.00
前期认证相符且本期申报抵扣	3			
(二) 其他扣税凭证	4			
其中：海关进口增值税专用缴款书	5			
农产品收购发票或者销售发票	6			
代扣代缴税收缴款凭证	7		—	
加计扣除农产品进项税额	8a	—		—
其他	8b			
(三) 本期用于构建不动产的扣税凭证	9		—	
(四) 本期用于抵扣的旅客运输服务扣税凭证	10			
(五) 外贸企业进项税额抵扣证明	11		—	—
当期申报抵扣进项税额合计	12			
二、进项税额转出额				
项目	栏次	税额		
本期进项税转出额	13			
其中：免税项目用	14			
集体福利、个人消费	15			
非正常损失	16			
简易计税方法征税项目用	17			
免抵退税办法不得抵扣的进项税额	18			
纳税检查调减进项税额	19			
红字专用发票信息表注明的进项税额	20			
上期留抵税额递减欠税	21			
上期留抵税额退税	22			
其他应作进项税额转出的情形	23			

(续表)

三、待抵扣进项税额				
项目	栏次	份数	金额	税额
(一) 认证相符的增值税专用发票	24	—	—	—
期初已认证相符但未申报抵扣	25			
本期认证相符且本期未申报抵扣	26			
期末已认证相符但未申报抵扣	27			
其中：按照税法规定不允许抵扣	28			
(二) 其他扣税凭证	29			
其中：海关进口增值税专用缴款书	30			
农产品收购发票或者销售发票	31			
代扣代缴税收缴款凭证	32			
其他	33			
四、其他				
项目	栏次	份数	金额	税额
本期认证相符的增值税专用发票	35			
代扣代缴税额	36	—	—	

《增值税纳税申报表附列资料(二)》的填制方法如下。

1) 申报抵扣的进项税额的填写

分别反映纳税人按税法规定符合抵扣条件，在本期申报抵扣的进项税额。

第1栏"认证相符的增值税专用发票"：反映纳税人取得的认证相符本期申报抵扣的增值税专用发票情况。该栏应等于第2栏"本期认证相符且本期申报抵扣"与第3栏"前期认证相符且本期申报抵扣"数据之和。适用取消增值税发票认证规定的纳税人，通过增值税发票选择确认平台选择用于抵扣的增值税专用发票。

第2栏"本期认证相符且本期申报抵扣"：反映本期认证相符且本期申报抵扣的增值税专用发票的情况。本栏是第1栏的其中数，本栏只填写本期认证相符且本期申报抵扣的部分。

第3栏"前期认证相符且本期申报抵扣"：反映前期认证相符且本期申报抵扣的增值税专用发票的情况。辅导期纳税人依据税务机关告知的稽核比对结果通知书及明细清单注明的稽核相符的增值税专用发票填写本栏。本栏是第1栏的其中数。

第4栏"其他扣税凭证"：反映本期申报抵扣的除增值税专用发票之外的其他扣税凭证的情况。具体包括：海关进口增值税专用缴款书、农产品收购发票或者销售发票(含农产品核定扣除的进项税额)、代扣代缴税收完税凭证、加计扣除农产品进项税额和其他符合政策规定的扣税凭证。该栏应等于第5至8b栏之和。

第5栏"海关进口增值税专用缴款书"：反映本期申报抵扣的海关进口增值税专用缴款书的情况。按规定执行海关进口增值税专用缴款书先比对后抵扣的，纳税人需依据税务机关告知的稽核比对结果通知书及明细清单注明的稽核相符的海关进口增值税专用缴款书填写本栏。

第6栏"农产品收购发票或者销售发票"：反映纳税人本期购进农业生产者自产农产品取得(开具)的农产品收购发票或者销售发票情况。从小规模纳税人处购进农产品时取得增值税专用发票情况填写在本栏，但购进农产品未分别核算用于生产销售13%税率货物和其他货物服务的农产品进项税额情况除外。"税额"栏=农产品销售发票或者收购发票上注明的农产品买价×9%+增值税专用发票上注明的金额×9%。上述公式中的"增值税专用发票"是指纳税人从小规模纳税人处购进农产品时取得的专用发票。执行农产品增值税进项税额核定扣除办法的，填写当期允许抵扣的农产品增值税进项税额，不填写"份数"和"金额"。

第7栏"代扣代缴税收缴款凭证"：填写本期按规定准予抵扣的完税凭证上注明的增值税额。

第8a栏"加计扣除农产品进项税额"：填写纳税人将购进的农产品用于生产销售或委托受托加工13%税率货物时加计扣除的农产品进项税额。该栏不填写"份数"和"金额"。

第8b栏"其他"：反映按规定本期可以申报抵扣的其他抵税凭证情况。纳税人按照规定不得抵扣且未抵扣进项税额的固定资产、无形资产、不动产，发生用途改变，用于允许抵扣进项税额的应税项目，可在用途改变的次月将按公式计算出的可以抵扣的进项税额，填入本栏"税额"中。

第9栏"本期用于购建不动产的扣税凭证"：反映按规定本期用于购建不动产的扣税凭证上注明的金额和税额。本栏次包括第1栏中本期用于购建不动产的增值税专用发票和第4栏中本期用于购建不动产的其他扣税凭证。本栏的"金额"和"税额"≥0。

第10栏"本期用于抵扣的旅客运输服务扣税凭证"：反映按规定本期购进旅客运输服务，所取得的扣税凭证上注明或按规定计算的金额和税额。

本栏次包括第1栏中按规定本期允许抵扣的购进旅客运输服务取得的增值税专用发票和第4栏中按规定本期允许抵扣的购进旅客运输服务取得的其他扣税凭证。本栏的"金额"和"税额"≥0。

第9栏"本期用于购建不动产的扣税凭证"+第10栏"本期用于抵扣的旅客运输服务扣税凭证"税额≤第1栏"认证相符的增值税专用发票"+第4栏"其他扣税凭证"税额。

第11栏"外贸企业进项税额抵扣证明"：填写本期申报抵扣的税务机关出口退税部门开具的《出口货物转内销证明》中列明允许抵扣的进项税额。

第12栏"当期申报抵扣进项税额合计"：反映本期申报抵扣进项税额的合计数。按表中所列公式计算填写。

2) 进项税额转出额的填写

分别反映纳税人已经抵扣但按规定应在本期转出的进项税额明细情况。

第13栏"本期进项税额转出额"：反映已经抵扣但按规定应在本期转出的进项税额合计数。按表中所列公式计算填写。

第14栏"免税项目用"：反映用于免征增值税项目，按规定应在本期转出的进项税额。

第15栏"集体福利、个人消费"：反映用于集体福利或者个人消费，按规定应在本期转出的进项税额。

第16栏"非正常损失"：反映纳税人发生非正常损失，按规定应在本期转出的进项税额。

第17栏"简易计税方法征税项目用"：反映用于按简易计税方法征税项目，按规定应在本期转出的进项税额。营业税改征增值税的纳税人，服务、不动产和无形资产按规定汇总计算缴纳增值税的分支机构，当期应由总机构汇总的进项税额也填入本栏。

第18栏"免抵退税办法不得抵扣的进项税额"：反映按照免、抵、退税办法的规定，由于征税税率与退税税率存在税率差，在本期应转出的进项税额。

第19栏"纳税检查调减进项税额"：反映税务、财政、审计部门检查后而调减的进项税额。

第20栏"红字专用发票信息表注明的进项税额"：填写增值税发票管理系统校验通过的《开具红字增值税专用发票信息表》注明的在本期应转出的进项税额。

第21栏"上期留抵税额抵减欠税"：填写本期经税务机关同意，使用上期留抵税额抵减欠税的数额。

第22栏"上期留抵税额退税"：填写本期经税务机关批准的上期留抵税额退税额。

第23栏"其他应作进项税额转出的情形"：反映除上述进项税额转出情形外，其他应在本期转出的进项税额。

3) 待抵扣进项税额的填写

分别反映纳税人已经取得，但按税法规定不符合抵扣条件，暂不予在本期申报抵扣的进项税额情况及按税法规定不允许抵扣的进项税额情况。

第25栏"期初已认证相符但未申报抵扣"：反映前期认证相符，但按照税法规定暂不予抵扣及不允许抵扣，结存至本期的增值税专用发票情况。辅导期纳税人填写认证相符但未收到稽核比对结果的增值税专用发票期初情况。

第26栏"本期认证相符且本期未申报抵扣"：反映本期认证相符，但按税法规定暂不予抵扣及不允许抵扣，而未申报抵扣的增值税专用发票情况。辅导期纳税人填写本期认证相符，但未收到稽核比对结果的增值税专用发票情况。

第27栏"期末已认证相符但未申报抵扣"：反映截至本期期末，按照税法规定仍暂不予抵扣及不允许抵扣且已认证相符的增值税专用发票情况。辅导期纳税人填写截至本期期末已认证相符，但未收到稽核比对结果的增值税专用发票期末情况。

第28栏"按照税法规定不允许抵扣"：反映截至本期期末已认证相符但未申报抵扣的增值税专用发票中，按照税法规定不允许抵扣的增值税专用发票情况。

第29栏"其他扣税凭证"：反映截至本期期末仍未申报抵扣的除增值税专用发票之外的其他扣税凭证情况。具体包括：海关进口增值税专用缴款书、农产品收购发票或者销售发票、代扣代缴税收完税凭证和其他符合政策规定的扣税凭证。该栏应等于第30至33栏之和。

第30栏"海关进口增值税专用缴款书"：反映已取得但截至本期期末仍未申报抵扣的海关进口增值税专用缴款书情况，包括纳税人未收到稽核比对结果的海关进口增值税专用缴款书情况。

第31栏"农产品收购发票或者销售发票"：反映已取得但截至本期期末仍未申报抵扣的农产品收购发票或者农产品销售发票情况。从小规模纳税人处购进农产品时取得增值税专用发票情况填写在本栏，但购进农产品未分别核算用于生产销售13%税率货物和其他货物服务的农产品进项税额情况除外。

第32栏"代扣代缴税收缴款凭证"：反映已取得但截至本期期末仍未申报抵扣的代扣代缴税收完税凭证情况。

第33栏"其他"：反映已取得但截至本期期末仍未申报抵扣的其他扣税凭证的情况。

4) 其他项目的填写

第35栏"本期认证相符的增值税专用发票"：反映本期认证相符的增值税专用发票的情况。纳税人本期认证相符的通行费电子发票应当填写在本栏次中。

第36栏"代扣代缴税额"：填写纳税人根据《中华人民共和国增值税暂行条例》规定，扣缴的应税劳务增值税额与根据营业税改征增值税有关政策规定扣缴的服务、不动产和无形资产增值税额之和。

步骤六：填写《增值税纳税申报表附列资料(四)》(税额抵减情况表)，如表17-9所示。郑州升达有限公司未发生该项业务，不填写本表。

表 17-9 增值税纳税申报表附列资料（四）

(税额抵减情况表)

纳税人名称：(公章)　　　　税款所属时间：　年　月　日至　　年　月　日　　　　金额单位：元至角分

一、税额抵减情况					
序号	抵减项目	期初余额	本期发生额	本期应抵减税额	本期实际抵减税额	期末余额
		1	2	3=1+2	4≤3	5=3-4
1	增值税税控系统专用设备费及技术维护费					
2	分支机构预征缴纳税款					
3	建筑服务预征缴纳税款					
4	销售不动产预征缴纳税款					
5	出租不动产预征缴纳税款					
二、加计抵减情况						
序号	加计抵减项目	期初余额	本期发生额	本期抵减额	本期可抵减额	本期实际抵减额	期末余额
		1	2	3	4=2-3	5	6=4-5
6	一般项目加计抵减额计算						
7	即征即退项目加计抵减额计算						
8	合计						

《增值税纳税申报表附列资料(四)》的填制方法如下。

1) 税额抵减情况

第1行"增值税税控系统专用设备费及技术维护费"：由发生增值税税控系统专用设备费用和技术维护费的纳税人填写，反映纳税人增值税税控系统专用设备费用和技术维护费按规定抵减增值税应纳税额的情况。

第2行"分支机构预征缴纳税款"：由营业税改征增值税纳税人，服务、不动产和无形资产按规定汇总计算缴纳增值税的总机构填写，反映其分支机构预征缴纳税款抵减总机构应纳增值税税额的情况。

第3行"建筑服务预征缴纳税款"：由销售建筑服务并按规定预缴增值税的纳税人填写，反映其销售建筑服务预征缴纳税款抵减应纳增值税税额的情况。

第4行"销售不动产预征缴纳税款"：由销售不动产并按规定预缴增值税的纳税人填写，反映其销售不动产预征缴纳税款抵减应纳增值税税额的情况。

第5行"出租不动产预征缴纳税款"：由出租不动产并按规定预缴增值税的纳税人填写，反映其出租不动产预征缴纳税款抵减应纳增值税税额的情况。

2) 加计抵减情况

本表第6至8行仅限适用加计抵减政策的纳税人填写，反映其加计抵减情况。其他纳税人无须填写。第8行"合计"等于第6行、第7行之和。各列说明如下：

第1列"期初余额"：填写上期期末结余的加计抵减额。

第2列"本期发生额"：填写按照规定本期计提的加计抵减额。

第3列"本期抵减额"：填写按照规定本期应调减的加计抵减额。

第4列"本期可抵减额"：按表中所列公式填写。

第5列"本期实际抵减额"：反映按照规定本期实际加计抵减额。本列按以下要求填写：

若第4列≥0，且第4列<主表第11栏-主表第18栏，则第5列=第4列；

若第4列≥主表第11栏-主表第18栏，则第5列=主表第11栏-主表第18栏；

若第4列<0，则第5列=0。

计算本列"一般项目加计抵减额计算"行和"即征即退项目加计抵减额计算"行时，公式中主表各栏次数据分别取主表"一般货物及劳务和应税服务"的"本月数"列、"即征即退货物及劳务和应税服务"的"本月数"列对应数据。

第6列"期末余额"：填写本期结余的加计抵减额，按表中所列公式填写。

步骤七：根据附表数据填写《增值税纳税申报表》(适用于增值税一般纳税人)，如表17-10所示。

表 17-10 增值税纳税申报表

(适用于增值税一般纳税人)

税款所属时间：　　年　月　　　　　　填表日期：　　　月　日　　　　　　金额单位：元至角分

纳税人识别号										所属行业	
纳税人名称				法定代表人姓名			注册地址			营业地址	
开户银行及账号				企业登记注册类型						电话号码	

项目		栏次	一般货物及劳务和应税服务		即征即退货物及劳务和应税服务	
			本月数	本年累计	本月数	本年累计
销售额	(一) 按适用税率征税销售额	1	880 000.00	880 000.00		
	其中：应税货物销售额	2				
	应税劳务销售额	3				
	纳税检查调整的销售额	4				
	(二) 按简易征收办法征税销售额	5				
	其中：纳税检查调整的销售额	6				
	(三) 免、抵、退办法出口销售额	7			—	—
	(四) 免税销售额	8			—	—
	其中：免税货物销售额	9			—	—
	免税劳务销售额	10			—	—
税款计算	销项税额	11	114 400.00	114 400.00		
	进项税额	12	96 000.00	96 000.00		
	上期留抵税额	13				
	进项税额转出	14				
	免、抵、退应退税额	15			—	—
	按适用税率计算的纳税检查应补缴税额	16				
	应抵扣税额合计	17=12+13-14-15+16	96 000.00	—	—	—
	实际抵扣税额	18(如17<11，则为17，否则为11)	96 000.00	96 000.00		
	应纳税额	19=11-18	18 400.00	18 400.00		
	期末留抵税额	20=17-18				—
	简易征收办法计算的应纳税额	21				
	按简易征收办法计算的纳税检查应补缴税额	22			—	—
	应纳税额减征额	23				
	应纳税额合计	24=19+21-23	18 400.00	18 400.00		

（续表）

项目		栏次	一般货物及劳务和应税服务		即征即退货物及劳务和应税服务	
			本月数	本年累计	本月数	本年累计
税款缴纳	期初未缴税额(多缴为负数)	25				
	实收出口开具专用缴款书退税额	26			—	—
	本期已缴税额	27=28+29+30+31				
	①分次预缴税额	28			—	—
	②出口开具专用缴款书预缴税额	29			—	—
	③本期缴纳上期应纳税额	30				
	④本期缴纳欠缴税额	31				
	期末未缴税额(多缴为负数)	32=24+25+26-27	18 400.00	18 400.00		
	其中：欠缴税额(≥0)	33=25+26-27				
	本期应补(退)税额	34=24-28-29	18 400.00		—	—
	即征即退实际退税额	35	—	—		
	期初未缴查补税额	36			—	—
	本期入库查补税额	37			—	—
	期末未缴查补税额	38=16+22+36-37			—	—
授权声明	如果你已委托代理人申报，请填写下列资料： 　　为代理一切税务事宜，现授权 (地址) 为本纳税人的代理申报人，任何与本申报表有关的往来文件，都可寄予此人。 　　　　　　授权人签字：		申报人声明	此纳税申报表是根据《中华人民共和国增值税暂行条例》的规定填报的，我相信它是真实的、可靠的、完整的。 　　　　　　声明人签字：		

《增值税纳税申报表》的填制方法如下。

第1栏"按适用税率征税销售额"：填写纳税人本期按一般计税方法计算缴纳增值税的销售额。包含在财务上不作销售但按税法规定应缴纳增值税的视同销售和价外费用的销售额；外贸企业作价销售进料加工复出口货物的销售额；税务、财政、审计部门检查后按一般计税方法计算调整的销售额。营业税改征增值税的纳税人，服务、不动产和无形资产有扣除项目的，本栏应填写扣除之前的不含税销售额。

本栏"一般货物及劳务和应税服务"列"本月数"=《增值税纳税申报表附列资料(一)》第9列第1至5行之和-第9列第6、7行之和；本栏"即征即退货物及劳务和应税服务"列"本月数"=《增值税纳税申报表附列资料(一)》第9列第6、7行之和。

第2栏"应税货物销售额"：填写纳税人本期按适用税率计算增值税的应税货物的销售额。包含在财务上不作销售但按税法规定应缴纳增值税的视同销售货物和价外费用销售额，以及外贸企业作价销售进料加工复出口货物的销售额。

第3栏"应税劳务销售额"：填写纳税人本期按适用税率计算增值税的应税劳务的销售额。

第4栏"纳税检查调整的销售额"：填写纳税人因税务、财政、审计部门检查，并按一般计税方法在本期计算调整的销售额。但享受增值税即征即退政策的货物、劳务和服务、不动产、无形资产，经纳税检查属于偷税的，不填入"即征即退货物及劳务和应税服务"列，而应填入"一般货物及劳务和应税服务"列。营业税改征增值税的纳税人，服务、不动产和无形资产有扣除项目的，本栏应填写扣除之前的不含税销售额。

本栏"一般货物及劳务和应税服务"列"本月数"=《增值税纳税申报表附列资料(一)》第

7列第1至5行之和。

第5栏"按简易办法征税销售额"：填写纳税人本期按简易计税方法计算增值税的销售额。包含纳税检查调整按简易计税方法计算增值税的销售额。营业税改征增值税的纳税人，服务、不动产和无形资产有扣除项目的，本栏应填写扣除之前的不含税销售额；服务、不动产和无形资产按规定汇总计算缴纳增值税的分支机构，其当期按预征率计算缴纳增值税的销售额也填入本栏。

本栏"一般货物及劳务和应税服务"列"本月数"≥《增值税纳税申报表附列资料(一)》第9列第8至13b行之和-第9列第14、15行之和；本栏"即征即退货物及劳务和应税服务"列"本月数"≥《增值税纳税申报表附列资料(一)》第9列第14、15行之和。

第6栏"纳税检查调整的销售额"：填写纳税人因税务、财政、审计部门检查，并按简易计税方法在本期计算调整的销售额。但享受增值税即征即退政策的货物、劳务和服务、不动产、无形资产，经纳税检查属于偷税的，不填入"即征即退货物及劳务和应税服务"列，而应填入"一般货物及劳务和应税服务"列。营业税改征增值税的纳税人，服务、不动产和无形资产有扣除项目的，本栏应填写扣除之前的不含税销售额。

第7栏"免、抵、退办法出口销售额"：填写纳税人本期适用免、抵、退税办法的出口货物、劳务和服务、无形资产的销售额。营业税改征增值税的纳税人，服务、无形资产有扣除项目的，本栏应填写扣除之前的销售额。

本栏"一般货物及劳务和应税服务"列"本月数"=《增值税纳税申报表附列资料(一)》第9列第16、17行之和。

第8栏"免税销售额"：填写纳税人本期按照税法规定免征增值税的销售额和适用零税率的销售额，但零税率的销售额中不包括适用免、抵、退税办法的销售额。营业税改征增值税的纳税人，服务、不动产和无形资产有扣除项目的，本栏应填写扣除之前的免税销售额。

本栏"一般货物及劳务和应税服务"列"本月数"=《增值税纳税申报表附列资料(一)》第9列第18、19行之和。

第9栏"免税货物销售额"：填写纳税人本期按照税法规定免征增值税的货物销售额及适用零税率的货物销售额，但零税率的销售额中不包括适用免、抵、退税办法出口货物的销售额。

第10栏"免税劳务销售额"：填写纳税人本期按照税法规定免征增值税的劳务销售额及适用零税率的劳务销售额，但零税率的销售额中不包括适用免、抵、退税办法的劳务的销售额。

第11栏"销项税额"：填写纳税人本期按一般计税方法计税的货物、劳务和服务、不动产、无形资产的销项税额。营业税改征增值税的纳税人，服务、不动产和无形资产有扣除项目的，本栏应填写扣除之后的销项税额。

本栏"一般货物及劳务和应税服务"列"本月数"=《增值税纳税申报表附列资料(一)》(第10列第1、3行之和-第10列第6行)+(第14列第2、4、5行之和-第14列第7行)；本栏"即征即退货物及劳务和应税服务"列"本月数"=《增值税纳税申报表附列资料(一)》第10列第6行+第14列第7行。

第12栏"进项税额"：填写纳税人本期申报抵扣的进项税额。

本栏"一般货物及劳务和应税服务"列"本月数"+"即征即退货物及劳务和应税服务"列"本月数"=《增值税纳税申报表附列资料(二)》第12栏"税额"。

第13栏"上期留抵税额"："本月数"按上一税款所属期申报表第20栏"期末留抵税额"

的"本月数"填写。本栏"一般货物及劳务和应税服务"列"本年累计"不填写。

第14栏"进项税额转出"：填写纳税人已经抵扣，但按税法规定本期应转出的进项税额。

本栏"一般货物及劳务和应税服务"列"本月数"+"即征即退货物及劳务和应税服务"列"本月数"=《增值税纳税申报表附列资料(二)》第13栏"税额"。

第15栏"免、抵、退应退税额"：反映税务机关退税部门按照出口货物、劳务和服务、无形资产的免、抵、退办法审批的增值税应退税额。

第16栏"按适用税率计算的纳税检查应补缴税额"：填写税务、财政、审计部门检查，按一般计税方法计算的纳税检查应补缴的增值税税额。

本栏"一般货物及劳务和应税服务"列"本月数"≤《增值税纳税申报表附列资料(一)》第8列第1至5行之和+《增值税纳税申报表附列资料(二)》第19栏。

第17栏"应抵扣税额合计"：填写纳税人本期应抵扣进项税额的合计数。按表中所列公式计算填写。

第18栏"实际抵扣税额"："本月数"按表中所列公式计算填写。本栏"一般货物及劳务和应税服务"列"本年累计"不填写。

第19栏"应纳税额"：反映纳税人本期按一般计税方法计算并应缴纳的增值税额。

第20栏"期末留抵税额"："本月数"按表中所列公式填写。本栏"一般货物及劳务和应税服务"列"本年累计"不填写。

第21栏"简易征税办法计算的应纳税额"：反映纳税人本期按简易计税方法计算并应缴纳的增值税额，但不包括按简易计税方法计算的纳税检查应补缴税额。营业税改征增值税的纳税人，服务、不动产和无形资产按规定汇总计算缴纳增值税的分支机构，应将预征增值税额填入本栏。预征增值税额=应预征增值税的销售额×预征率。

本栏"一般货物及劳务和应税服务"列"本月数"=《增值税纳税申报表附列资料(一)》(第10列第8、9、10、11行之和-第10列第14行)+(第14列第9、12、13a、13b行之和-第14列第15行)；

本栏"即征即退货物及劳务和应税服务"列"本月数"=《增值税纳税申报表附列资料(一)》第10列第14行+第14列第15行。

第22栏"按简易征税办法计算的纳税检查应补缴税额"：填写纳税人本期因税务、财政、审计部门检查并按简易计税方法计算的纳税检查应补缴税额。

第23栏"应纳税额减征额"：填写纳税人本期按照税法规定减征的增值税应纳税额。包含按照规定可在增值税应纳税额中全额抵减的增值税税控系统专用设备费用以及技术维护费。

当本期减征额小于或等于第19栏"应纳税额"与第21栏"简易征税办法计算的应纳税额"之和时，按本期减征额实际填写；当本期减征额大于第19栏"应纳税额"与第21栏"简易征税办法计算的应纳税额"之和时，按本期第19栏与第21栏之和填写。本期减征额不足抵减部分结转下期继续抵减。

第24栏"应纳税额合计"：反映纳税人本期应缴增值税的合计数。按表中所列公式计算填写。

第25栏"期初未缴税额(多缴为负数)"："本月数"按上一税款所属期申报表第32栏"期末未缴税额(多缴为负数)"中"本月数"填写。"本年累计"按上年度最后一个税款所属期申报表第32栏"期末未缴税额(多缴为负数)"中"本年累计"填写。

第26栏"实收出口开具专用缴款书退税额"：本栏不填写。

第27栏"本期已缴税额"：反映纳税人本期实际缴纳的增值税额，但不包括本期入库的查补税款。按表中所列公式计算填写。

第28栏"分次预缴税额"：填写纳税人本期已缴纳的准予在本期增值税应纳税额中抵减的税额。

第29栏"出口开具专用缴款书预缴税额"：本栏不填写。

第30栏"本期缴纳上期应纳税额"：填写纳税人本期缴纳上一税款所属期应缴未缴的增值税额。

第31栏"本期缴纳欠缴税额"：反映纳税人本期实际缴纳和留抵税额抵减的增值税欠税额，但不包括缴纳入库的查补增值税额。

第32栏"期末未缴税额(多缴为负数)"："本月数"反映纳税人本期期末应缴未缴的增值税额，但不包括纳税检查应缴未缴的税额。按表中所列公式计算填写。"本年累计"与"本月数"相同。

第33栏"欠缴税额(≥0)"：反映纳税人按照税法规定已形成欠税的增值税额。按表中所列公式计算填写。

第34栏"本期应补(退)税额"：反映纳税人本期应纳税额中应补缴或应退回的数额。按表中所列公式计算填写。

第35栏"即征即退实际退税额"：反映纳税人本期因符合增值税即征即退政策规定，而实际收到的税务机关退回的增值税额。

第36栏"期初未缴查补税额"："本月数"按上一税款所属期申报表第38栏"期末未缴查补税额"中"本月数"填写。"本年累计"按上年度最后一个税款所属期申报表第38栏"期末未缴查补税额"中"本年累计"填写。

第37栏"本期入库查补税额"：反映纳税人本期因税务、财政、审计部门检查而实际入库的增值税额，包括按一般计税方法计算并实际缴纳的查补增值税额和按简易计税方法计算并实际缴纳的查补增值税额。

第38栏"期末未缴查补税额"："本月数"反映纳税人接受纳税检查后应在本期期末缴纳而未缴纳的查补增值税额。按表中所列公式计算填写，"本年累计"与"本月数"相同。

17.4 增值税小规模纳税人纳税申报实务

增值税小规模纳税人的标准为年应征增值税销售额500万元及以下。按照《中华人民共和国增值税暂行条例实施细则》的规定，已登记为增值税一般纳税人的单位和个人，在2018年12月31日前，可转登记为小规模纳税人，其未抵扣的进项税额做转出处理。

17.4.1 税款的计算

小规模纳税人销售货物、劳务、服务、无形资产和不动产，实行按照销售额和征收率计算应纳税额的简易办法。其应纳税额的计算公式为

$$应纳税额=不含税销售额 \times 征收率$$

$$不含税的销售额=含税销售额 \div (1+征收率)$$

小规模纳税人的纳税征收率主要包含如下内容。

(1) 小规模纳税人增值税征收率为3%，财政部和国家税务总局另有规定的除外。

(2) 小规模纳税人(除其他个人外)销售自己使用过的固定资产，减按2%的征收率征收增值税。

(3) 小规模纳税人销售、出租不动产的征收率为5%。

(4) 小规模纳税人提供劳务派遣服务等，可以选择差额征收，按照简易计税方法依5%的征收率计算缴纳增值税。

(5) 小规模纳税人购进货物时即使取得了增值税专用发票，也不能抵扣进项税额。

【例17-3】郑州升达有限公司为增值税小规模纳税人，2019年03月份实现含税销售收入35 000.00元。

不含税销售额=35 000÷(1+3%)=33 980.58(元)

应纳税额=33 980.58×3%=1 019.42(元)

17.4.2 纳税申报实务

小规模纳税人申报既可以是月度申报也可以是季度申报，这主要看主管税务机关如何规定。但是，需要注意的是，《国家税务总局关于合理简并纳税人申报缴税次数的公告》中规定，自2016年4月1日起增值税小规模纳税人缴纳增值税、消费税、文化事业建设费，以及随增值税、消费税附征的城市维护建设税、教育费附加等税费，原则上实行按季申报。

小规模纳税人申报需要填写的报表包括：《增值税纳税申报表(小规模纳税人适用)》(见表17-11)；《增值税纳税申报表(小规模纳税人适用)附列资料》(见表17-12)，本表由销售服务有扣除项目的纳税人填写，其他小规模纳税人不填报；《增值税减免税申报明细表》，本表为增值税一般纳税人和增值税小规模纳税人共用表，享受增值税减免税优惠的增值税小规模纳税人需填写本表。发生增值税税控系统专用设备费用、技术维护费及购置税控收款机费用的增值税小规模纳税人也需填报本表。仅享受月销售额不超过3万元(按季纳税9万元)免征增值税政策或未达起征点的增值税小规模纳税人不需填报本表。

表 17-11 增值税纳税申报表（小规模纳税人适用）

纳税人识别号：□□□□□□□□□□□□□□□□□□□□

纳税人名称(公章)：　　　　　　　　　　　　　　　　　　　　　　金额单位：元至角分

税款所属期：　　年　月　日至　　年　月　日　　　　　　　　填表日期：　　年　月　日

项　目		栏次	本期数		本年累计	
			货物及劳务	服务、不动产和无形资产	货物及劳务	服务、不动产和无形资产
一、计税依据	(一) 应征增值税不含税销售额(3%征收率)	1				
	税务机关代开的增值税专用发票不含税销售额	2				
	税控器具开具的普通发票不含税销售额	3				
	(二) 应征增值税不含税销售额(5%征收率)	4	—		—	
	税务机关代开的增值税专用发票不含税销售额	5				
	税控器具开具的普通发票不含税销售额	6				
	(三) 销售使用过的固定资产不含税销售额	7(7≥8)		—		—
	其中：税控器具开具的普通发票不含税销售额	8		—		—
	(四) 免税销售额	9=10+11+12				
	其中：小微企业免税销售额	10				
	未达起征点销售额	11				
	其他免税销售额	12				
	(五) 出口免税销售额	13(13≥14)				
	其中：税控器具开具的普通发票销售额	14				

(续表)

项　目	栏次	本期数		本年累计	
		货物及劳务	服务、不动产和无形资产	货物及劳务	服务、不动产和无形资产
二、税款计算　本期应纳税额	15				
本期应纳税额减征额	16				
本期免税额	17				
其中：小微企业免税额	18				
未达起征点免税额	19				
应纳税额合计	20=15-16				
本期预缴税额	21			—	—
本期应补(退)税额	22=20-21			—	—

纳税人或代理人声明：本纳税申报表是根据国家税收法律法规及相关规定填报的，我确定它是真实的、可靠的、完整的。	如纳税人填报，由纳税人填写以下各栏：	
	办税人员：	财务负责人：
	法定代表人：	联系电话：
	如委托代理人填报，由代理人填写以下各栏：	
	代理人名称(公章)：	经办人：
		联系电话：

主管税务机关：　　　　　　　接收人：　　　　　　　接收日期：

《增值税纳税申报表(小规模纳税人适用)》的填制方法如下：

本表"货物及劳务"与"服务、不动产及无形资产"各项目应分别填写。

"税款所属期"栏：填写纳税人申报的增值税应纳税额的时间。

"纳税人识别号"栏：填写纳税人的税务登记证号码。

"纳税人名称"栏：填写纳税人单位名称全称。

第1栏"应征增值税不含税销售额"：填写应税货物及劳务、应税服务的不含税销售额，不包括销售使用过的应税固定资产和销售旧货的不含税销售额、免税销售额、出口免税销售额、查补销售额。应税服务有扣除项目的纳税人，本栏填写扣除后的不含税销售额，与当期《增值税纳税申报表(小规模纳税人适用)附列资料》第8栏数据一致。

第2栏"税务机关代开的增值税专用发票不含税销售额"：填写税务机关代开的增值税专用发票销售额合计。

第3栏"税控器具开具的普通发票不含税销售额"：填写税控器具开具的应税货物及劳务、应税服务的普通发票注明的金额换算的不含税销售额。

第4栏"应征增值税不含税销售额(5%征收率)"：填写本期发生应税行为适用5%征收率的不含税销售额。纳税人发生适用5%征收率应税行为且有扣除项目的，本栏填写扣除后的不含税销售额，与当期《增值税纳税申报表(小规模纳税人适用)附列资料》第16栏数据一致。

第5栏"税务机关代开的增值税专用发票不含税销售额"：填写税务机关代开的增值税专用发票销售额合计。

第6栏"税控器具开具的普通发票不含税销售额"：填写税控器具开具的发生应税行为的普通发票金额换算的不含税销售额。

第7栏"销售使用过的应税固定资产不含税销售额"：填写销售自己使用过的应税固定资产和销售旧货的不含税销售额，销售额=含税销售额/(1+3%)。

第8栏"税控器具开具的普通发票不含税销售额"：填写税控器具开具的销售自己使用过的应税固定资产和销售旧货的普通发票金额换算的不含税销售额。

第9栏"免税销售额"：填写销售免征增值税的应税货物及劳务、应税服务的销售额，不包括出口免税销售额。应税服务有扣除项目的纳税人，填写扣除之前的销售额。

第10栏"小微企业免税销售额"：填写符合小微企业免征增值税政策的免税销售额，不包括符合其他增值税免税政策的销售额。个体工商户和其他个人不填写本栏次。

第11栏"未达起征点销售额"：填写个体工商户和其他个人未达起征点(含支持小微企业免征增值税政策)的免税销售额，不包括符合其他增值税免税政策的销售额。本栏次由个体工商户和其他个人填写。

第12栏"其他免税销售额"：填写销售免征增值税的应税货物及劳务、应税服务的销售额，不包括符合小微企业免征增值税和未达起征点政策的免税销售额。

第13栏"出口免税销售额"：填写出口免征增值税应税货物及劳务、出口免征增值税应税服务的销售额。应税服务有扣除项目的纳税人，填写扣除之前的销售额。

第14栏"税控器具开具的普通发票销售额"：填写税控器具开具的出口免征增值税应税货物及劳务、出口免征增值税应税服务的普通发票销售额。

第15栏"本期应纳税额"：填写本期按征收率计算的应纳税额。

第16栏"本期应纳税额减征额"：填写纳税人本期按照税法规定减征的增值税应纳税额。包含可在增值税应纳税额中全额抵减的增值税税控系统专用设备费用以及技术维护费，可在增值税应纳税额中抵免的购置税控收款机的增值税税额。

当本期减征额小于或等于第15栏"本期应纳税额"时，按本期减征额实际填写；当本期减征额大于第15栏"本期应纳税额"时，按本期第15栏填写，本期减征额不足抵减部分结转下期继续抵减。

第17栏"本期免税额"：填写纳税人本期增值税免税额，免税额根据第9栏"免税销售额"和征收率计算。

第18栏"小微企业免税额"：填写符合小微企业免征增值税政策的增值税免税额，免税额根据第10栏"小微企业免税销售额"和征收率计算。

第19栏"未达起点免税额"：填写个体工商户和其他个人未达起征点(含支持小微企业免征增值税政策)的增值税免税额，免税额根据第11栏"未达起征点销售额"和征收率计算。

第21栏"本期预缴税额"：填写纳税人本期预缴的增值税额，但不包括查补缴纳的增值税额。

表 17-12 增值税纳税申报表（小规模纳税人适用）附列资料

税款所属期： 年 月 日至 年 月 日 填表日期： 年 月 日

纳税人名称(公章)： 金额单位：元至角分

应税行为(3%征收率)扣除额计算			
期初余额	本期发生额	本期扣除额	期末余额
1	2	3(3≤1+2之和，且3≤5)	4=1+2-3
应税行为(3%征收率)计税销售额计算			
全部含税收入 (适用3%征收率)	本期扣除额	含税销售额	不含税销售额
5	6=3	7=5-6	8=7÷1.03

(续表)

应税行为(5%征收率)扣除额计算			
期初余额	本期发生额	本期扣除额	期末余额
9	10	11(11≤9+10之和，且 11≤13)	12=9+10-11

应税行为(5%征收率)计税销售额计算			
全部含税收入 (适用5%征收率)	本期扣除额	含税销售额	不含税销售额
13	14=11	15=13-14	16=15÷1.05

本附列资料由应税服务有扣除项目的纳税人填写，各栏次均不包含免征增值税应税服务数额。具体填写方法如下。

"税款所属期"栏：填写纳税人申报的增值税应纳税额的时间。

"纳税人名称"栏：填写纳税人单位名称全称。

第1栏"期初余额"：填写应税服务扣除项目上期期末结存的金额，试点实施之日的税款所属期填写"0"。

第2栏"本期发生额"：填写本期取得的按税法规定准予扣除的应税服务扣除项目金额。

第3栏"本期扣除额"：填写应税服务扣除项目本期实际扣除的金额。"本期扣除额"≤第1栏"期初余额"+第2栏"本期发生额"之和，且≤5栏"全部含税收入"。

第4栏"期末余额"：填写应税服务扣除项目本期期末结存的金额。

第5栏"全部含税收入"：填写纳税人提供应税服务取得的全部价款和价外费用数额。

第6栏"本期扣除额"：填写本附列资料第3项"本期扣除额"栏数据。

第7栏"含税销售额"：填写应税服务的含税销售额。"含税销售额"=第5栏"全部含税收入"-第6栏"本期扣除额"。

第8栏"不含税销售额"：填写应税服务的不含税销售额。"不含税销售额"=第7栏"含税销售额"÷(1+3%)，与《增值税纳税申报表(小规模纳税人适用)》第1栏"应征增值税不含税销售额"中"本期数"下的应税服务栏数据一致。

第9栏"期初余额"：填写适用5%征收率的应税行为扣除项目上期期末结存的金额，试点实施之日的税款所属期填写"0"。

第10栏"本期发生额"：填写本期取得的按税法规定准予扣除的适用5%征收率的应税行为扣除项目金额。

第11栏"本期扣除额"：填写适用5%征收率的应税行为扣除项目本期实际扣除的金额。第11栏"本期扣除额"≤第9栏"期初余额"+第10栏"本期发生额"之和，且≤第13栏"全部含税收入(适用5%征收率)"。

第12栏"期末余额"：填写适用5%征收率的应税行为扣除项目本期期末结存的金额。

第13栏"全部含税收入(适用5%征收率)"：填写纳税人适用5%征收率的应税行为取得的全部价款和价外费用数额。

第14栏"本期扣除额"：填写本附列资料第11栏"本期扣除额"的数据。第14栏"本期扣除额"=第11栏"本期扣除额"。

第15栏"含税销售额"：填写适用5%征收率的应税行为的含税销售额。第15栏"含税销售额"=第13栏"全部含税收入(适用5%征收率)"-第14栏"本期扣除额"。

第16栏"不含税销售额"：填写适用5%征收率的应税行为的不含税销售额。第16栏"不含税销售额"=第15栏"含税销售额"÷(1+5%)，与《增值税纳税申报表(小规模纳税人适用)》第4栏"应征增值税不含税销售额(5%征收率)"中"本期数"下的"服务、不动产和无形资产"栏数据一致。

【例17-4】承接【例17-3】中资料，完成郑州升达有限公司增值税纳税申报表的填写，如表17-13所示。

表 17-13　填写完整的增值税纳税申报表（小规模纳税人适用）

增值税纳税申报表(小规模纳税人适用)

纳税人识别号：410156102276467

纳税人名称(公章)：升达有限公司　　　　　　　　　金额单位：元至角分

税款所属期： 2018 年 3 月 1 日至 2018 年 3 月 31 日　　　　填表日期： 2018 年 3 月 31 日

项　目		栏次	本期数		本年累计	
			货物及劳务	服务、不动产和无形资产	货物及劳务	服务、不动产和无形资产
一、计税依据	(一)应征增值税不含税销售额(3%征收率)	1	33 980.58		略	
	税务机关代开的增值税专用发票不含税销售额	2				
	税控器具开具的普通发票不含税销售额	3				
	(二)应征增值税不含税销售额(5%征收率)	4	—		—	
	税务机关代开的增值税专用发票不含税销售额	5	—		—	
	税控器具开具的普通发票不含税销售额	6	—		—	
	(三)销售使用过的固定资产不含税销售额	7(7≥8)		—		—
	其中：税控器具开具的普通发票不含税销售额	8		—		—
	(四)免税销售额	9=10+11+12		—		—
	其中：小微企业免税销售额	10		—		—
	未达起征点销售额	11				
	其他免税销售额	12				
	(五)出口免税销售额	13(13≥14)				
	其中：税控器具开具的普通发票销售额	14				
二、税款计算	本期应纳税额	15	1 019.42		略	
	本期应纳税额减征额	16				
	本期免税额	17				
	其中：小微企业免税额	18				
	未达起征点免税额	19				
	应纳税额合计	20=15-16	1 019.42		略	
	本期预缴税额	21			—	
	本期应补(退)税额	22=20-21	1 019.42		—	
纳税人或代理人声明：本纳税申报表是根据国家税收法律法规及相关规定填报的，我确定它是真实的、可靠的、完整的。	如纳税人填报，由纳税人填写以下各栏：					
	办税人员：　　　　　　财务负责人：					
	法定代表人：　　　　　联系电话：					
	如委托代理人填报，由代理人填写以下各栏：					
	代理人名称(公章)：　　　经办人：　　　　　联系电话：					
主管税务机关：　　　　　接收人：　　　　　　　接收日期：						

第18章 消费税纳税实操

消费税是对我国境内从事生产、委托加工和进口应税消费品的单位和个人，就其销售额或销售数量，在特定环节征收的一种税。消费税的申报对于会计来说也是一项重要的工作。本章介绍了消费的税理论知识及具体的申报内容与步骤。

18.1 消费税的认知

18.1.1 消费税概述

1. 消费税的概念及特点

消费税是指对消费品和特定的消费行为征收的一种税。消费税具有如下特点：征税范围具有选择性、实现单一环节一次性课税、平均税率水平比较高且税负差异大、征收方法具有灵活性、税负具有转嫁性。

2. 消费税的纳税义务人

消费税的纳税业务人指在我国境内生产、委托加工和进口应税消费品的单位和个人。具体包括：

(1) 从事应税消费品生产并销售的单位或个人；

(2) 从事应税消费品生产并自用的单位或个人；

(3) 委托加工应税消费品的委托单位或个人；

(4) 进口应税消费品的进口报关单位或个人；

(5) 零售金银首饰、钻石及钻石饰品的单位或个人；

(6) 从事批发卷烟业务的单位和个人，在批发环节加征。

3. 消费税的征税范围

消费税的征税范围比较小，主要是对不宜过度消费的消费品，如奢侈品、非生活必需品、高能耗产品、高档消费品、有财政意义的产品和稀缺资源产品进行征税。

18.1.2 消费税的税目及税率

消费税的具体税目及税率，如表18-1所示。

表 18-1 消费税税目、税率表

税目	税率
一、烟	
1. 卷烟	
(1) 甲类卷烟	56%加0.003元/支(生产环节)
(2) 乙类卷烟	36%加0.003元/支(生产环节)
(3) 批发环节	11%加0.005元/支
2. 雪茄烟	36%
3. 烟丝	30%
二、酒	
1. 白酒	20%加0.5元/500克(或500毫升)
2. 黄酒	240元/吨
3. 啤酒	
(1) 甲类啤酒	250元/吨
(2) 乙类啤酒	220元/吨
4. 其他酒	10%
三、高档化妆品	15%
四、贵重首饰及珠宝玉石	
1. 金银首饰、铂金首饰和钻石及钻石饰品	5%
2. 其他贵重首饰和珠宝玉石	10%
五、鞭炮、焰火	15%
六、成品油	
1. 汽油	1.52元/升
2. 柴油	1.20元/升
3. 航空煤油	1.20元/升
4. 石脑油	1.52元/升
5. 溶剂油	1.52元/升
6. 润滑油	1.52元/升
7. 燃料油	1.20元/升
七、小汽车	
1. 乘用车	
(1) 汽缸容量在1.0(含1.0)升以下的	1%
(2) 汽缸容量在1.0以上至1.5(含1.5)升	3%
(3) 汽缸容量在1.5以上至2.0(含2.0)升	5%
(4) 汽缸容量在2.0以上至2.5(含2.5)升	9%
(5) 汽缸容量在2.5以上至3.0(含1.5)升	12%
(6) 汽缸容量在3.0以上至4.0(含4.0)升	25%
(7) 汽缸容量在4.0升以上	40%
2. 中轻型商用客车	5%
3. 超豪华小汽车(零售环节)	10%
八、摩托车	
1. 汽缸容量在250毫升	3%
2. 汽缸容量在250毫升以上的	10%
九、高尔夫球及球具	10%
十、高档手表	20%
十一、游艇	10%
十二、木制一次性筷子	5%
十三、实木地板	5%
十四、电池	4%
十五、涂料	4%

18.1.3　消费税应纳税额的计算

消费税根据税目的不同，税额计算方法有所差异，具体的计算方法如表18-2所示。

表 18-2　消费税计算方法

计税方法	适用范围	计税依据	计税公式
从量定额	啤酒、黄酒、成品油	销售数量	销售数量×单位税额
复合计税	白酒、卷烟	销售额、销售数量	销售额×比例税率+销售数量×单位税额
从价定率	其他应税消费品	销售额	销售额×比例税率

18.1.4　消费税的纳税期限

消费税的纳税期限分别为1日、3日、5日、10日、15日、1个月或者1个季度。纳税人的具体纳税期限由主管税务机关根据纳税人应纳税额的大小分别核定；不能按照固定期限纳税的，可以按次纳税。

纳税人以1个月或者1个季度为1个纳税期的，自期满之日起15日内申报纳税；以1日、3日、5日、10日或者15日为1个纳税期的，自期满之日起5日内预缴税款，于次月1日起15日内申报纳税并结清上月应纳税款。

18.2　消费税纳税申报实务

本节以烟类(从事卷烟生产)为例，进行纳税申报实务的讲解。

1. 案例资料

升达公司(增值税一般纳税人)主营烟类产品的生产销售，20×9年1月的基础信息如下：期初库存外购烟丝买价6万元，当期购进烟丝买价4万元，期末库存外购烟丝买价7万元。本月生产销售情况如表18-3所示。

表 18-3　本月生产销售情况汇总统计表

商品名称	产量	单价(不含增值税)	销量	销售额(不含增值税)
卷烟(甲类)	3万支	320元/条	150条	48 000元
卷烟(乙类)	10万支	65元/条	500条	32 500元

备注：1万支烟=50条烟

20×9年1月的期初未缴税额7 983.50元，在本期补缴。

2. 案例要求

(1) 计算当期应补缴税额。

(2) 进行纳税申报。

3. 案例解析

当期应纳税额=48 000×56%+30 000×0.003+32 500×36%+100 000×0.003=38 970元

当期准予扣除的外购应税消费品买价=60 000+40 000-70 000=30 000元

当期准予扣除的外购应税消费品已纳税款=30 000×30%=9 000元

本期应补(退)税额=38 970-9 000=29 970元

升达公司在20×9年1月进行消费税纳税申报时，必须填写：烟类应税消费品消费税纳税申报表，如表18-4所示；本期准予扣除税额计算表(附表一)，如表18-5所示。同时应提供外购烟丝增值税专用发票抵扣联。

表 18-4 烟类应税消费品消费税纳税申报表

税款所属期：20×9年 01 月 01 日至20×9年 01 月 31 日

纳税人识别号： 4 1 0 1 5 6 1 1 0 2 2 7 6 4 6 7

纳税人名称(公章)：

填表日期：20×9年 02 月 05 日　　　单位：卷烟万支、雪茄烟支、烟丝千克　　　　　　　　　金额单位：元

应税 消费品名称　项目	适用税率		销售数量	销售额	应纳税额
	定额税率	比例税率			
卷烟	30元/万支	56%	3万支	48 000	26 970
卷烟	30元/万支	36%	10万支	32 500	12 000
雪茄烟	—	36%			
烟丝	—	30%			
合计	—	—	—	—	38 970

本期准予扣除税额：9 000	**声　明** 　　此纳税申报表是根据国家税收法律的规定填报的，我确定它是真实的、可靠的、完整的。
本期减(免)税额：0	
期初未缴税额：7 983.50	经办人(签章)： 　　财务负责人(签章)： 　　联系电话：
本期缴纳前期应纳税额：7 983.50	(如果你已委托代理人申报，请填写) **授权声明**
本期预缴税额：0	为代理一切税务事宜，现授权_____(地址)_____为本纳税人的代理申报人，任何与本申报表有关的往来文件，都可寄于此人。
本期应补(退)税额：29 970	
期末未缴税额：29 970	授权人签章：

具体填报说明：

(1) 本表"本期准予扣除税额"按附件一中"本期准予扣除税款合计"的金额填写。

(2) 本表"本期减(免)税额"不含出口退(免)税额。

(3) 本表"期初未缴税额"填写本期期初累计应缴未缴的消费税额，多缴为负数。其数值等于上期"期末未缴税额"。

(4) 本表"本期缴纳前期应纳税额"填写本期实际缴纳入库的前期消费税额。

(5) 本表"本期预缴税额"填写纳税申报前已预先缴纳入库的本期消费税额。

(6) 本表"本期应补(退)税额"填写应纳税额(合计栏金额)-本期准予扣除税额-本期减(免)税额-本期预缴税额后的金额。

(7) 本表"期末未缴税额"填写期初未缴税额+本期应补(退)税额-本期缴纳前期应纳税额后的金额。

表 18-5 本期准予扣除税额计算表（附表一）

税款所属期：20×9年 01 月 01 日至20×9年 01 月 31 日

纳税人识别号： 4 1 0 1 5 6 1 1 0 2 2 7 6 4 6 7

纳税人名称(公章)：

填表日期：20×9年 02 月 05 日　　　单位：卷烟万支、雪茄烟支、烟丝千克　　　　　　　　　金额单位：元

一、当期准予扣除的委托加工烟丝已纳税款计算	
1. 期初库存委托加工烟丝已纳税款计算	
2. 当期收回委托加工烟丝已纳税款计算	
3. 期末库存委托加工烟丝已纳税款计算	
4. 当期准予扣除的委托加工烟丝已纳税款计算	

（续表）

二、当期准予扣除的外购烟丝已纳税款计算	
1. 期初库存外购烟丝买价	60 000
2. 当期购进烟丝买价	40 000
3. 期末库存外购烟丝买价	70 000
4. 当期准予扣除的外购烟丝已纳税款计算	30 000
三、本期准予扣除税款合计	9 000

第 19 章 企业所得税纳税实操

在现行税制中，企业所得税是仅次于增值税的第二大税种，在企业纳税活动中占有重要地位，因此如何准确地计算与缴纳企业所得税成了会计人员的必备技能。本章介绍企业所得税相关理论知识和申报的实务操作。通过本章的学习，读者能够掌握企业所得税查账征收预缴申报与年度汇算清缴、核定征收预缴申报的流程与操作步骤。

19.1 企业所得税的认知

19.1.1 企业所得税概述

1. 企业所得税的概念

企业所得税是对我国内资企业和经营单位的生产经营所得的其他所得征收的一种税。企业所得税是规范和处理国家与企业分配关系的重要形式。

2. 纳税义务人

企业所得税的纳税义务人，是指在中华人民共和国境内的企业和其他取得收入的组织。个人独资企业、合伙企业除外。缴纳企业所得税的企业分为居民企业和非居民企业，分别承担不同的纳税义务。判定企业类型的标准如表19-1所示。

表 19-1 判定企业类型的标准

类型	判定标准
居民企业	在中国境内成立
	依照外国(地区)法律成立但实际管理机构在中国境内
非居民企业	实际管理机构不在中国境内，但在中国境内设立机构、场所
	在中国境内未设立机构、场所，但有来源于中国境内所得

3. 企业所得税征税对象

企业所得税的征税对象从内容上看包括生产经营所得、其他所得和清算所得，从空间范围上看包括来源于中国境内、境外的所得。不同类型的企业，其缴纳的所得有所差异，具体如表19-2所示。

表 19-2 企业所得税征税对象

企业类型	征税对象
居民企业	来源于中国境内、境外的所得作为征税对象
非居民企业	在中国境内设立机构、场所的企业，应当就其所设机构、场所取得的来源于中国境内的所得，以及发生在中国境外但与其所设机构、场所有实际联系的所得，缴纳企业所得税
	在中国境内未设立机构、场所的，或者虽设立机构、场所，但取得的所得与其所设机构、场所没有实际联系的，应当就其来源于中国"境内"的所得缴纳企业所得税

19.1.2　企业所得税的税率

企业所得税的税率分为法定税率和优惠税率，具体如表19-3所示。

表 19-3　企业所得税法定税率和优惠税率

税率		适用对象
基本税率	25%	适用于居民企业和在中国境内设有机构、场所且所得与机构、场所有关联的非居民企业。该税率水平与世界各国相比还是偏低的
低税率	20%	在中国境内未设立机构、场所的，或者虽设立机构、场所但取得的所得与其所设机构、场所没有实际联系的非居民企业，在实际执行时减按10%的税率征收

19.1.3　企业所得税应纳税额的计算

应纳税额等于应纳税所得额乘以适用税率，应纳税所得额的计算公式为

应纳税所得额=收入总额-不征税收入-免税收入-各项扣除-以前年度亏损

其中，收入总额包括企业以货币形式和非货币形式从各种来源取得的收入，包括销售货物收入；提供劳务收入；转让股权收入；股息、红利等权益性投资收益；利息收入；租金收入等其他收入。不征税收入包括财政拨款；依法收取并纳入财政管理的行政事业性收费、政府性基金；国务院规定的其他不征税收入。免税收入包括国债利息收入；符合条件的居民企业之间的股息、红利收入；在中国境内设立机构、场所的非居民企业从居民企业取得与该机构、场所有实际联系的股息、红利收入；符合条件的非营利组织的收入。各项扣除指企业实际发生的与取得收入有关的合理的支出，包括成本、费用、税金、损失和其他支出。以前年度亏损是指企业依照《企业所得税法》及其实施条例的规定将每一纳税年度的收入总额减除不征税收入、免税收入和各项扣除后小于零的数额。企业某一纳税年度发生的亏损，可以用下一年度的所得弥补，下一年度的所得不足弥补的，可以逐年延续弥补，但是最长不得超过5年。

依据应纳税所得税额计算应纳税额，计算公式为

应纳税额=应纳税所得额×适用税率

19.2　企业所得税纳税申报实务

企业所得税按年计征，分期预缴，年终汇算清缴。

分期预缴，是指分月或者分季预缴。企业应当自月份或者季度终了之日起15日内，向税务机关报送预缴企业所得税纳税申报表，预缴税款。企业在纳税年度内无论盈利或者亏损，都要进行申报，亏损时进行零申报。

年终汇算清缴，是指企业应于年度终了之日起5个月内，填写企业所得税年度纳税申报表，并向税务机关报送，结清应缴应退税款。

企业所得税预缴的方式有查账征收和核定征收两种，征收方式一经确定，一般在该纳税年度内不得变更。其中，查账征收适用于会计机构和会计核算体系健全，能够正确核算应缴税款、提供纳税资料的企业；核定征收适用于账册不健全、不能提供完整、准确的收入及成本、费用凭证，不能正确计算应纳税所得额的企业。

19.2.1　查账征收企业所得税预缴申报实务

查账征收方式下，纳税人应在规定的纳税期限内根据自己的财务报表或者经营情况，填写企业所得税月(季)度预缴纳税申报表(A类)，向税务机关申报缴纳企业所得税。企业所得税

月(季)度预缴纳税申报表(A类)如表19-4。

表 19-4　企业所得税月（季）度预缴纳税申报表

中华人民共和国
企业所得税月(季)度预缴纳税申报表(A类)

税款所属期间：　　年　月　日至　　年　月　日

纳税人识别号：□□□□□□□□□□□□□□□□□□□□

纳税人名称：　　　　　　　　　　　　　　　　金额单位：人民币元(列至角分)

预缴方式	□ 按照实际利润额预缴	□ 按照上一纳税年度应纳税所得额平均额预缴	□ 按照税务机关确定的其他方法预缴
企业类型	□ 一般企业	□ 跨地区经营汇总纳税企业总机构	□ 跨地区经营汇总纳税企业分支机构

行次	项目		本年累计金额
	预缴税款计算		
1	营业收入		
2	营业成本		
3	利润总额		
4	加：特定业务计算的应纳税所得额		
5	减：不征税收入		
6	免税收入、减计收入、所得减免等优惠金额		
7	固定资产加速折旧(扣除)调减额		
8	弥补以前年度亏损		
9	实际利润额(3+4-5-6-7-8) \ 按照上一纳税年度应纳税所得额平均额确定的应纳税所得额		
10	税率(25%)		
11	应纳所得税额(9×10)		
12	减免所得税额		
13	实际已缴纳所得税额		
14	特定业务预缴(征)所得税额		
15	本期应补(退)所得税额(11-12-13-14) \ 税务机关确定的本期应纳所得税额		
	汇总纳税企业总分机构税款计算		
16	总机构填报	总机构本期分摊应补(退)所得税额(17+18+19)	
17		其中：总机构分摊应补(退)所得税额(15×总机构分摊比例__%)	
18		财政集中分配应补(退)所得税额(15×财政集中分配比例__%)	
19		总机构具有主体生产经营职能的部门分摊所得税额(15×全部分支机构分摊比例__%×总机构具有主体生产经营职能部门分摊比例__%)	
20	分支机构填报	分支机构本期分摊比例	
21		分支机构本期分摊应补(退)所得税额	
	附报信息		
小型微利企业	□ 是 □ 否	科技型中小企业	□ 是 □ 否
高新技术企业	□ 是 □ 否	技术入股递延纳税事项	□ 是 □ 否
期末从业人数			

谨声明：此纳税申报表是根据《中华人民共和国企业所得税法》《中华人民共和国企业所得税法实施条例》以及有关税收政策和国家统一会计制度的规定填报的，是真实的、可靠的、完整的。

法定代表人(签章)：　　　年　月　日

纳税人公章： 会计主管： 填表日期：　年　月　日	代理申报中介机构公章： 经办人： 经办人执业证件号码： 代理申报日期：　年　月　日	主管税务机关受理专用章： 受理人： 受理日期：　年　月　日

国家税务总局监制

表中各项目的填制方法如下：

1. 预缴税款计算

预缴方式选择"**按照实际利润额预缴**"的纳税人填报第1行至第15行，预缴方式选择"按照上一纳税年度应纳税所得额平均额预缴"的纳税人填报第9、10、11、12、13、15行，预缴方式选择"按照税务机关确定的其他方法预缴"的纳税人填报第15行。

第1行"营业收入"项目：填报纳税人截至本税款所属期末，按照国家统一会计制度规定核算的本年累计营业收入。

第2行"营业成本"项目：填报纳税人截至本税款所属期末，按照国家统一会计制度规定核算的本年累计营业成本。

第3行"利润总额"项目：填报纳税人截至本税款所属期末，按照国家统一会计制度规定核算的本年累计利润总额。

第4行"特定业务计算的应纳税所得额"项目：从事房地产开发等特定业务的纳税人，填报按照税收规定计算的特定业务的应纳税所得额。房地产开发企业销售未完工开发产品取得的预售收入，按照税收规定的预计计税毛利率计算的预计毛利额填入此行。企业开发产品完工后，其未完工预售环节按照税收规定的预计计税毛利率计算的预计毛利额在汇算清缴时调整，月(季)度预缴纳税申报时不调整。本行填报金额不得小于本年上期申报金额。

第5行"不征税收入"项目：填报纳税人已经计入本表"利润总额"行次但属于税收规定的不征税收入的本年累计金额。

第6行"免税收入、减计收入、所得减免等优惠金额"项目：填报属于税收规定的免税收入、减计收入、所得减免等优惠的本年累计金额。本行根据《免税收入、减计收入、所得减免等优惠明细表》填报。

第7行"固定资产加速折旧(扣除)调减额"项目：填报固定资产税收上享受加速折旧优惠计算的折旧额大于同期会计折旧额期间，发生纳税调减的本年累计金额。本行根据《固定资产加速折旧(扣除)明细表》填报。

第8行"弥补以前年度亏损"项目：填报纳税人截至税款所属期末，按照税收规定在企业所得税税前弥补的以前年度尚未弥补亏损的本年累计金额。

第9行"实际利润额\按照上一纳税年度应纳税所得额平均额确定的应纳税所得额"项目：预缴方式选择"按照实际利润额预缴"的纳税人，根据本表相关行次计算结果填报，第9行=第3+4-5-6-7-8行；预缴方式选择"按照上一纳税年度应纳税所得额平均额预缴"的纳税人，填报按照上一纳税年度应纳税所得额平均额计算的本年累计金额。

第10行"税率(25%)"项目：填报25%。

第11行"应纳所得税额"项目：根据相关行次计算结果填报。第11行=第9×10行，且第11行≥0。

第12行"减免所得税额"项目：填报纳税人截至税款所属期末，按照税收规定享受的减免企业所得税的本年累计金额。本行根据《减免所得税额明细表》填报。

第13行"实际已缴纳所得税额"项目：填报纳税人按照税收规定已在此前月(季)度申报预缴企业所得税的本年累计金额。

第14行"特定业务预缴(征)所得税额"项目：填报建筑企业总机构直接管理的跨地区设立的项目部，按照税收规定已经向项目所在地主管税务机关预缴企业所得税的本年累计金额。本行本期填报金额不得小于本年上期申报的金额。

第15行"本期应补(退)所得税额\税务机关确定的本期应纳所得税额"项目：按照不同预缴方式，分情况填报：预缴方式选择"按照实际利润额预缴"以及"按照上一纳税年度应纳税所得额平均额预缴"的纳税人根据本表相关行次计算填报。第15行=第11-12-13-14行，当第11-12-13-14行＜0时，本行填0；其中，企业所得税收入全额归属中央且按比例就地预缴企业的分支机构，以及在同一省、自治区、直辖市和计划单列市内的按比例就地预缴企业的分支机构，第15行=第11行×就地预缴比例-第12行×就地预缴比例-第13行-第14行，当第15行=第11行×就地预缴比例-第12行×就地预缴比例-第13行-第14行＜0时，本行填0。

2. 汇总纳税企业总分机构税款计算

企业类型选择"跨地区经营汇总纳税企业总机构"的纳税人填报第16、17、18、19行；企业类型选择"跨地区经营汇总纳税企业分支机构"的纳税人填报第20、21行。

第16行"总机构本期分摊应补(退)所得税额"项目：跨地区经营汇总纳税企业的总机构根据相关行次计算结果填报，第16行=第17+18+19行。

第17行"总机构分摊应补(退)所得税额(15×总机构分摊比例__%)"项目：根据相关行次计算结果填报，第17行=第15行×总机构分摊比例。其中，跨省、自治区、直辖市、计划单列市经营的汇总纳税企业"总机构分摊比例"填报25%，同一省(自治区、直辖市、计划单列市)内跨地区经营汇总纳税企业"总机构分摊比例"按照各省(自治区、直辖市和计划单列市)确定的总机构分摊比例填报。

第18行"财政集中分配应补(退)所得税额(15×财政集中分配比例__%)"项目：根据相关行次计算结果填报，第18行=第15行×财政集中分配比例。其中，跨省(自治区、直辖市和计划单列市)经营的汇总纳税企业"财政集中分配比例"填报25%，同一省(自治区、直辖市、计划单列市)内跨地区经营汇总纳税企业"财政集中分配比例"按照各省(自治区、直辖市和计划单列市)确定的财政集中分配比例填报。

第19行"总机构具有主体生产经营职能的部门分摊所得税额(15×全部分支机构分摊比例__%×总机构具有主体生产经营职能部门分摊比例__%)"项目：根据相关行次计算结果填报，第19行=第15行×全部分支机构分摊比例×总机构具有主体生产经营职能部门分摊比例。其中，跨省(自治区、直辖市和计划单列市)经营的汇总纳税企业"全部分支机构分摊比例"填报50%，同一省(自治区、直辖市、计划单列市)内跨地区经营汇总纳税企业"全部分支机构分摊比例"按照各省(自治区、直辖市和计划单列市)确定的分支机构分摊比例填报；"总机构具有主体生产经营职能部门分摊比例"按照设立的具有主体生产经营职能的部门在参与税款分摊的全部分支机构中的分摊比例填报。

第20行"分支机构本期分摊比例"项目：跨地区经营汇总纳税企业分支机构填报其总机构出具的本期《企业所得税汇总纳税分支机构所得税分配表》"分配比例"列次中列示的本分支机构的分配比例。

第21行"分支机构本期分摊应补(退)所得税额"项目：跨地区经营汇总纳税企业分支机构填报其总机构出具的本期《企业所得税汇总纳税分支机构所得税分配表》"分配所得税额"列次中列示的本分支机构应分摊的所得税额。

3. 附报信息

企业类型选择"跨地区经营汇总纳税企业分支机构"的，不填报"附报信息"所有项目。

1) 小型微利企业

本栏次为必报项目，按照以下规则选择：

(1) 以前年度成立企业：上一纳税年度汇算清缴符合小型微利企业条件，且本期本表第9行

"实际利润额＼按照上一纳税年度应纳税所得额平均额确定的应纳税所得额"填报的金额符合小型微利企业应纳税所得额条件的纳税人，选择"是"；上一纳税年度汇算清缴符合小型微利企业条件，但本期本表第9行填报的金额不符合小型微利企业应纳税所得额条件的纳税人，选择"否"；上一纳税年度汇算清缴不符合小型微利企业条件，但预计本年度资产总额、从业人数、从事行业符合小型微利企业条件且本期本表第9行填报的金额符合小型微利企业应纳税所得额条件的纳税人，选择"是"；上一纳税年度汇算清缴不符合小型微利企业条件，预计本年度资产总额、从业人数、从事行业不符合小型微利企业条件或者本期本表第9行填报的金额不符合小型微利企业应纳税所得额条件的纳税人，选择"否"。

以前年度成立企业在本年度第一季度预缴企业所得税时，如未完成上一纳税年度汇算清缴，无法判断上一纳税年度是否符合小型微利企业条件的，可暂按照上一纳税年度第四季度的预缴企业所得税情况判别。

(2) 本年度成立企业：预计本年度资产总额、从业人数、从事行业符合小型微利企业条件且本期本表第9行"实际利润额＼按照上一纳税年度应纳税所得额平均额确定的应纳税所得额"填报的金额符合小型微利企业应纳税所得额条件的纳税人，选择"是"；预计本年度资产总额、从业人数、从事行业不符合小型微利企业条件或者本期本表第9行填报的金额不符合小型微利企业应纳税所得额条件的纳税人，选择"否"。

2) 科技型中小企业

本栏次为必报项目。符合条件的纳税人可以按照《科技型中小企业评价办法》进行自主评价，并按照自愿原则到"全国科技型中小企业信息服务平台"填报企业信息，经公示无异议后纳入"全国科技型中小企业信息库"。凡是取得本年"科技型中小企业入库登记编号"且编号有效的纳税人，选择"是"；未取得本年"科技型中小企业入库登记编号"或者已取得本年"科技型中小企业入库登记编号"但被科技管理部门撤销登记编号的纳税人，选择"否"。

3) 高新技术企业

本栏次为必报项目。根据《高新技术企业认定管理办法》《高新技术企业认定管理工作指引》等文件规定，符合条件的纳税人履行相关认定程序后取得"高新技术企业证书"。凡是取得"高新技术企业证书"且在有效期内的纳税人，选择"是"；未取得"高新技术企业证书"或者"高新技术企业证书"不在有效期内的纳税人，选择"否"。

4) 技术入股递延纳税事项

本栏次为必报项目。根据《财政部 国家税务总局关于完善股权激励和技术入股有关所得税政策的通知》(财税〔2016〕101号)文件规定，企业以技术成果投资入股到境内居民企业，被投资企业支付的对价全部为股票(权)的，企业可以选择适用递延纳税优惠政策。本年内发生以技术成果投资入股且选择适用递延纳税优惠政策的纳税人，选择"是"；本年内未发生以技术成果投资入股或者以技术成果投资入股但选择继续按现行有关税收政策执行的纳税人，选择"否"。

5) 期末从业人数

本栏次为必报项目。纳税人填报税款所属期期末从业人员的数量。从业人数是指与企业建立劳动关系的职工人数和企业接受的劳务派遣用工人数之和。汇总纳税企业总机构填报包括分支机构在内的所有从业人数。

纳税人除了填写预缴申报主表之外，还有所得税减免优惠等情况的，还需要填写相关明细表，具体明细表如表19-5～表19-8所示，明细表按照表格要求填写，具体填写说明不再详细列举。

表 19-5　免税收入、减计收入、所得减免等优惠明细表

行次	项目	本年累计金额
1	一、免税收入(2+3+6+7+…+15)	
2	(一)国债利息收入免征企业所得税	
3	(二)符合条件的居民企业之间的股息、红利等权益性投资收益免征企业所得税	
4	其中：内地居民企业通过沪港通投资且连续持有H股满12个月取得的股息红利所得免征企业所得税	
5	内地居民企业通过深港通投资且连续持有H股满12个月取得的股息红利所得免征企业所得税	
6	(三)符合条件的非营利组织的收入免征企业所得税	
7	(四)符合条件的非营利组织(科技企业孵化器)的收入免征企业所得税	
8	(五)符合条件的非营利组织(国家大学科技园)的收入免征企业所得税	
9	(六)中国清洁发展机制基金取得的收入免征企业所得税	
10	(七)投资者从证券投资基金分配中取得的收入免征企业所得税	
11	(八)取得的地方政府债券利息收入免征企业所得税	
12	(九)中国保险保障基金有限责任公司取得的保险保障基金等收入免征企业所得税	
13	(十)中国奥委会取得北京冬奥组委支付的收入免征企业所得税	
14	(十一)中国残奥委会取得北京冬奥组委分期支付的收入免征企业所得税	
15	(十二)其他	
16	二、减计收入(17+18+22+23)	
17	(一)综合利用资源生产产品取得的收入在计算应纳税所得额时减计收入	
18	(二)金融、保险等机构取得的涉农利息、保费减计收入(19+20+21)	
19	1.金融机构取得的涉农贷款利息收入在计算应纳税所得额时减计收入	
20	2.保险机构取得的涉农保费收入在计算应纳税所得额时减计收入	
21	3.小额贷款公司取得的农户小额贷款利息收入在计算应纳税所得额时减计收入	
22	(三)取得铁路债券利息收入减半征收企业所得税	
23	(四)其他	
24	三、加计扣除(25+26+27+28)	*
25	(一)开发新技术、新产品、新工艺发生的研究开发费用加计扣除	*
26	(二)科技型中小企业开发新技术、新产品、新工艺发生的研究开发费用加计扣除	*
27	(三)企业为获得创新性、创意性、突破性的产品进行创意设计活动而发生的相关费用加计扣除	*
28	(四)安置残疾人员所支付的工资加计扣除	*
29	四、所得减免(30+33+34+35+36+37+38+39+40)	
30	(一)从事农、林、牧、渔业项目的所得减免征收企业所得税(31+32)	
31	1.免税项目	
32	2.减半征收项目	
33	(二)从事国家重点扶持的公共基础设施项目投资经营的所得定期减免企业所得税	
34	(三)从事符合条件的环境保护、节能节水项目的所得定期减免企业所得税	
35	(四)符合条件的技术转让所得减免征收企业所得税	
36	(五)实施清洁发展机制项目的所得定期减免企业所得税	
37	(六)符合条件的节能服务公司实施合同能源管理项目的所得定期减免企业所得税	
38	(七)线宽小于130纳米的集成电路生产项目的所得减免企业所得税	
39	(八)线宽小于65纳米或投资额超过150亿元的集成电路生产项目的所得减免企业所得税	
40	(九)其他	
41	合计(1+16+24+29)	

表 19-6   固定资产加速折旧（扣除）优惠明细表

行次	项　　目	资产原值	账载折旧金额	按照税收一般规定计算的折旧金额	享受加速折旧优惠计算的折旧金额	纳税调减金额	享受加速折旧优惠金额
				本年累计折旧(扣除)金额			
		1	2	3	4	5	6(4-3)
1	一、固定资产加速折旧(不含一次性扣除，2+3)						
2	（一）重要行业固定资产加速折旧						
3	（二）其他行业研发设备加速折旧						
4	二、固定资产一次性扣除						
5	合计(1+4)						

表 19-7   减免所得税优惠明细表

行次	项　　目	本年累计金额
1	一、符合条件的小型微利企业减免企业所得税	
2	二、国家需要重点扶持的高新技术企业减按15%的税率征收企业所得税	
3	三、经济特区和上海浦东新区新设立的高新技术企业在区内取得的所得定期减免企业所得税	
4	四、受灾地区农村信用社免征企业所得税	
5	五、动漫企业自主开发、生产动漫产品定期减免企业所得税	
6	六、线宽小于0.8微米(含)的集成电路生产企业减免企业所得税	
7	七、线宽小于0.25微米的集成电路生产企业减按15%税率征收企业所得税	
8	八、投资额超过80亿元的集成电路生产企业减按15%税率征收企业所得税	
9	九、线宽小于0.25微米的集成电路生产企业减免企业所得税	
10	十、投资额超过80亿元的集成电路生产企业减免企业所得税	
11	十一、线宽小于130纳米的集成电路生产企业减免企业所得税	
12	十二、线宽小于65纳米或投资额超过150亿元的集成电路生产企业减免企业所得税	
13	十三、新办集成电路设计企业减免企业所得税	
14	十四、国家规划布局内集成电路设计企业可减按10%的税率征收企业所得税	
15	十五、符合条件的软件企业减免企业所得税	
16	十六、国家规划布局内重点软件企业可减按10%的税率征收企业所得税	
17	十七、符合条件的集成电路封装、测试企业定期减免企业所得税	
18	十八、符合条件的集成电路关键专用材料生产企业、集成电路专用设备生产企业定期减免企业所得税	
19	十九、经营性文化事业单位转制为企业的免征企业所得税	
20	二十、符合条件的生产和装配伤残人员专门用品企业免征企业所得税	
21	二十一、技术先进型服务企业减按15%的税率征收企业所得税	
22	二十二、服务贸易类技术先进型服务企业减按15%的税率征收企业所得税	
23	二十三、设在西部地区的鼓励类产业企业减按15%的税率征收企业所得税	
24	二十四、新疆困难地区新办企业定期减免企业所得税	
25	二十五、新疆喀什、霍尔果斯特殊经济开发区新办企业定期免征企业所得税	
26	二十六、广东横琴、福建平潭、深圳前海等地区的鼓励类产业企业减按15%税率征收企业所得税	
27	二十七、北京冬奥组委、北京冬奥会测试赛赛事组委会免征企业所得税	
28	二十八、其他	
29	二十九、民族自治地方的自治机关对本民族自治地方的企业应缴纳的企业所得税中属于地方分享的部分减征或免征(□ 免征　 □ 减征：减征幅度＿＿＿%)	
30	合计(1+2+3+4+5+6+…+29)	

表 19-8 企业所得税汇总纳税分支机构所得税分配表

税款所属期间： 年 月 日至 年 月 日
总机构名称(盖章)：
总机构统一社会信用代码(纳税人识别号)： 金额单位：元(列至角分)

应纳所得税额		总机构分摊所得税额	总机构财政集中分配所得税额			分支机构分摊所得税额	
分支机构情况	分支机构统一社会信用代码(纳税人识别号)	分支机构名称	三项因素			分配比例	分配所得税额
			营业收入	职工薪酬	资产总额		
		合计					

【例19-1】升达有限公司属于增值税一般纳税人，税务机关核定企业所得税征收方式为查账征收，按照实际利润预缴方式预缴企业所得税。企业财务执行新会计准则，非汇总企业，无分支机构。公司适用的所得税税率为25%。20×8年7月10日税务会计办理20×8年第二季度的企业所得税季度预缴申报。公司20×8年3月份和6月份的利润表如表19-9、表19-10所示。

表 19-9 升达有限公司 3 月份利润表

编制单位：升达有限公司 20×8年3月 编制单位：元

项 目	本 月 数	本年累计数
一、营业收入	872 000.00	1 680 000.00
减：营业成本	291 400.00	605 100.00
税金及附加	62 500.00	62 500.00
销售费用	80 100.00	136 500.00
管理费用	42 500.00	108 300.00
财务费用	67 500.00	183 000.00
资产减值损失	0.00	0.00
加：公允价值变动损益	0.00	0.00
投资收益	0.00	0.00
二、营业利润	328 000.00	584 600.00
加：营业外收入	0.00	0.00
减：营业外支出	0.00	0.00
三、利润总额	328 000.00	584 600.00
减：所得税费用		146 150.00
四、净利润		438 450.00

表 19-10　升达有限公司 6 月份利润表

编制单位：升达有限公司　　　　　　　　　20×8年6月　　　　　　　　　编制单位：元

项　目	本　月　数	本年累计数
一、营业收入	682 000.00	4 857 000.00
减：营业成本	272 400.00	2 124 100.00
税金及附加	72 500.00	102 500.00
销售费用	90 100.00	406 500.00
管理费用	12 500.00	308 300.00
财务费用	662 00.00	895 000.00
资产减值损失	0.00	0.00
加：公允价值变动损益	0.00	0.00
投资收益	0.00	0.00
二、营业利润	168 300.00	1 020 600.00
加：营业外收入	0.00	0.00
减：营业外支出	0.00	0.00
三、利润总额	168 300.00	1 020 600.00
减：所得税费用		255 150.00
四、净利润		765 450.00

要求：请根据以上资料，编制升达公司第二季度企业所得税月(季)度预缴纳税申报表。

分析：根据3月份和6月份升达公司利润表中数据进行分析填写，填写完整的企业所得税月(季)度预缴纳税申报表如表19-11所示。

表 19-11　填写完整的企业所得税月（季）度预缴纳税申报表

中华人民共和国
企业所得税月(季)度预缴纳税申报表(A类)

税款所属期间：20×8年3月1日至20×8年6月30日
纳税人识别号：410156102276467
纳税人名称：郑州升达有限公司　　　　　　　　　　　　金额单位：人民币元(列至角分)

预缴方式	☑ 按照实际利润额预缴	□ 按照上一纳税年度应纳税所得额平均额预缴	□ 按照税务机关确定的其他方法预缴
企业类型	☑ 一般企业	□ 跨地区经营汇总纳税企业总机构	□ 跨地区经营汇总纳税企业分支机构

预缴税款计算		
行次	项　目	本年累计金额
1	营业收入	4 857 000.00
2	营业成本	2 124 100.00
3	利润总额	1 020 600.00
4	加：特定业务计算的应纳税所得额	0.00
5	减：不征税收入	0.00
6	免税收入、减计收入、所得减免等优惠金额	0.00
7	固定资产加速折旧(扣除)调减额(填写A201020)	0.00
8	弥补以前年度亏损	0.00
9	实际利润额(3+4-5-6-7-8) \ 按照上一纳税年度应纳税所得额平均额确定的应纳税所得额	1020 600.00
10	税率(25%)	0.25
11	应纳所得税额(9×10)	255 150.00
12	减：减免所得税额	0.00
13	实际已缴纳所得税额	146 150.00
14	特定业务预缴(征)所得税额	0.00
15	本期应补(退)所得税额(11-12-13-14) \ 税务机关确定的本期应纳税所得额	109 000.00

(续表)

汇总纳税企业总分机构税款计算			
16	总机构 填报	总机构本期分摊应补(退)所得税额(17+18+19)	
17		其中：总机构分摊应补(退)所得税额(15×总机构分摊比例__%)	
18		财政集中分配应补(退)所得税额(15×财政集中分配比例__%)	
19		总机构具有主体生产经营职能的部门分摊所得税额(15×全部分支机构分摊比例__%×总机构具有主体生产经营职能部门分摊比例__%)	
20	分支机构 填报	分支机构本期分摊比例	
21		分支机构本期分摊应补(退)所得税额	

附报信息			
小型微利企业	□是 □否	科技型中小企业	□是 □否
高新技术企业	□是 □否	技术入股递延纳税事项	□是 □否
期末从业人数			

谨声明：此纳税申报表是根据《中华人民共和国企业所得税法》《中华人民共和国企业所得税法实施条例》以及有关税收政策和国家统一会计制度的规定填报的，是真实的、可靠的、完整的。

法定代表人(签章)：　　年　月　日

纳税人公章： 会计主管： 填表日期：　年　月　日	代理申报中介机构公章： 经办人： 经办人执业证件号码： 代理申报日期：　年　月　日	主管税务机关受理专用章： 受理人： 受理日期：　年　月　日

国家税务总局监制

19.2.2　核定征收企业所得税预缴申报实务

居民企业纳税人具有下列情形之一的，核定征收其企业所得税：依照法律、行政法规的规定可以不设置账簿的；依照法律、行政法规的规定应当设置但未设置账簿的；擅自销毁账簿或者拒不提供纳税资料的；虽设置账簿，但账目混乱或者成本资料、收入凭证、费用凭证残缺不全，难以查账的；发生纳税义务，未按照规定的期限办理纳税申报，经税务机关责令限期申报，逾期仍不申报的；申报的计税依据明显偏低，又无正当理由的。特殊行业、特殊类型的纳税人和一定规模以上的纳税人不适用本办法。

核定征收方式又可进一步分为核定应税所得率和核定应纳税所得额两种。

采取核定征收方式的企业，应填写企业所得税月(季)度预缴和年度纳税申报表(B类)。企业所得税月(季)度预缴和年度纳税申报表(B类)，如表19-12所示。

表 19-12　企业所得税月（季）度预缴和年度纳税申报表

中华人民共和国
企业所得税月(季)度预缴和年度纳税申报表(B类)

税款所属期间：　　年　月　日至　　年　月　日

纳税人识别号(统一社会信用代码)：□□□□□□□□□□□□□□□□□□

纳税人名称：　　　　　　　　　　　　　　　　金额单位：人民币元(列至角分)

核定征收方式	□核定应税所得率(能核算收入总额的)　　□核定应税所得率(能核算成本费用总额的) □核定应纳税所得额	
行次	项目	本年累计金额
1	收入总额	
2	减：不征税收入	
3	减：免税收入(4+5+8+9)	
4	国债利息收入免征企业所得税	
5	符合条件的居民企业之间的股息、红利等权益性投资收益免征企业所得税	
6	其中：通过沪港通投资且连续持有H股满12个月取得的股息红利所得免征企业所得税	

（续表）

行次	项目	本年累计金额
7	通过深港通投资且连续持有H股满12个月取得的股息红利所得免征企业所得税	
8	投资者从证券投资基金分配中取得的收入免征企业所得税	
9	取得的地方政府债券利息收入免征企业所得税	
10	应税收入额(1-2-3) \ 成本费用总额	
11	税务机关核定的应税所得率(%)	
12	应纳税所得额(第10×11行) \ [第10行÷(1-第11行)×第11行]	
13	税率(25%)	
14	应纳所得税额(12×13)	
15	减：符合条件的小型微利企业减免企业所得税	
16	减：实际已缴纳所得税额	
17	本期应补(退)所得税额(14-15-16) \ 税务机关核定本期应纳所得税额	

月(季)度申报填报	小型微利企业	□ 是 □ 否	期末从业人数	
年度申报填报	所属行业明细代码		国家限制或禁止行业	□ 是 □ 否
	从业人数		资产总额(万元)	

谨声明：此纳税申报表是根据《中华人民共和国企业所得税法》《中华人民共和国企业所得税法实施条例》以及有关税收政策和国家统一会计制度的规定填报的，是真实的、可靠的、完整的。

法定代表人(签章)：　　　年　月　日

纳税人公章：	代理申报中介机构公章：	主管税务机关受理专用章：
会计主管：	经办人：	受理人：
	经办人执业证件号码：	
填表日期：　年　月　日	代理申报日期：　年　月　日	受理日期：　年　月　日

国家税务总局监制

表中各项目的填制方法如下：

核定征收方式选择"核定应税所得率(能核算收入总额的)"的纳税人填报第1行至第17行；核定征收方式选择"核定应税所得率(能核算成本费用总额的)"的纳税人填报第10行至第17行；核定征收方式选择"核定应纳所得税额"的纳税人填报第17行。

第1行"收入总额"：填报纳税人各项收入的本年累计金额。

第2行"不征税收入"：填报纳税人已经计入本表"收入总额"行次但属于税收规定的不征税收入的本年累计金额。

第3行"免税收入"：填报属于税收规定的免税收入优惠的本年累计金额。根据相关行次计算结果填报。本行=第4+5+8+9行。

第4行"国债利息收入免征企业所得税"：填报纳税人根据《国家税务总局关于企业国债投资业务企业所得税处理问题的公告》(国家税务总局公告2011年第36号)等相关税收政策的规定，持有国务院财政部门发行的国债取得的利息收入。本行填报金额为本年累计金额。

第5行"符合条件的居民企业之间的股息、红利等权益性投资收益免征企业所得税"：填报本期发生的符合条件的居民企业之间的股息、红利等权益性投资收益情况，不包括连续持有居民企业公开发行并上市流通的股票不足12个月取得的投资收益。本行填报金额为本年累计金额。本行包括内地居民企业通过沪港通投资且连续持有H股满12个月取得的股息红利所得、内地居民企业通过深港通投资且连续持有H股满12个月取得的股息红利所得的情况。

第6行"通过沪港通投资且连续持有H股满12个月取得的股息红利所得免征企业所得税"：填报根据《财政部 国家税务总局证监会关于沪港股票市场交易互联互通机制试点有关税收政策的通知》(财税〔2014〕81号)等相关税收政策的规定，内地居民企业连续持有H股满12个月取得的股息红利所得。本行填报金额为本年累计金额。

第7行"通过深港通投资且连续持有H股满12个月取得的股息红利所得免征企业所得税"：填报根据《财政部 国家税务总局证监会关于深港股票市场交易互联互通机制试点有关税收政策的通知》(财税〔2016〕127号)等相关税收政策的规定，内地居民企业连续持有H股满12个月取得的股息红利所得。本行填报金额为本年累计金额。

第8行"投资者从证券投资基金分配中取得的收入免征企业所得税"：填报纳税人根据《财政部国家税务总局关于企业所得税若干优惠政策的通知》(财税〔2008〕1号)等相关税收政策的规定，投资者从证券投资基金分配中取得的收入。本行填报金额为本年累计金额。

第9行"取得的地方政府债券利息收入免征企业所得税"：填报纳税人根据《财政部 国家税务总局关于地方政府债券利息所得免征所得税问题的通知》(财税〔2011〕76号)、《财政部 国家税务总局关于地方政府债券利息免征所得税问题的通知》(财税〔2013〕5号)等相关税收政策的规定，取得的2009年、2010年和2011年发行的地方政府债券利息所得，2012年及以后年度发行的地方政府债券利息收入。本行填报金额为本年累计金额。

第10行"应税收入额＼成本费用总额"：核定征收方式选择"核定应税所得率(能核算收入总额的)"的纳税人，本行=第1-2-3行。核定征收方式选择"核定应税所得率(能核算成本费用总额的)"的纳税人，本行填报纳税人各项成本费用的本年累计金额。

第11行"税务机关核定的应税所得率(%)"：填报税务机关核定的应税所得率。

第12行"应纳税所得额"：根据相关行次计算结果填报。核定征收方式选择"核定应税所得率(能核算收入总额的)"的纳税人，本行=第10×11行。核定征收方式选择"核定应税所得率(能核算成本费用总额的)"的纳税人，本行=第10行÷(1-第11行)×第11行。

第13行"税率"：填报25%。

第14行"应纳所得税额"：根据相关行次计算填报。本行=第12×13行。

第15行"符合条件的小型微利企业减免企业所得税"：填报纳税人根据相关税收政策的规定，从事国家非限制和禁止行业的企业，并符合应纳税所得额、从业人数、资产总额条件的，其所得减按50%计入应纳税所得额，按20%的税率缴纳企业所得税。本行填报本表第12行×15%的金额。

第16行"实际已缴纳所得税额"：填报纳税人按照税收规定已在此前月(季)度预缴企业所得税的本年累计金额。

第17行"本期应补(退)所得税额＼税务机关核定本期应纳所得税额"：核定征收方式选择"核定应税所得率(能核算收入总额的)""核定应税所得率(能核算成本费用总额的)"的纳税人，根据相关行次计算结果填报，本行=第14-15-16行。月(季)度预缴纳税申报时，当第14-15-16行＜0时，本行填0。核定征收方式选择"核定应纳所得税额"的纳税人，本行填报税务机关核定的本期应纳所得税额(如果纳税人符合小型微利企业条件，本行填报的金额应为税务机关按照程序调减定额后的本期应纳所得税额)。

19.2.3 查账征收企业所得税年度汇算清缴申报实务

通过前面的介绍，我们知道企业所得税的缴纳采用的是"分期预缴、年终汇算清缴"的方式。实务中，企业应当自年度终了5个月内，向税务机关报送企业所得税年度纳税申报表。

查账征收方式下一般企业需要填写的企业所得税年度纳税申报表如表19-13所示。

表 19-13　企业所得税纳税申报表填报表单

表单编号	表单名称
A000000	企业基础信息表
A100000	中华人民共和国企业所得税年度纳税申报表(A类)
A101010	一般企业收入明细表
A101020	金融企业收入明细表
A102010	一般企业成本支出明细表
A102020	金融企业支出明细表
A103000	事业单位、民间非营利组织收入、支出明细表
A104000	期间费用明细表
A105000	纳税调整项目明细表
A105010	视同销售和房地产开发企业特定业务纳税调整明细表
A105020	未按权责发生制确认收入纳税调整明细表
A105030	投资收益纳税调整明细表
A105040	专项用途财政性资金纳税调整明细表
A105050	职工薪酬支出及纳税调整明细表
A105060	广告费和业务宣传费跨年度纳税调整明细表
A105070	捐赠支出及纳税调整明细表
A105080	资产折旧、摊销及纳税调整明细表
A105090	资产损失税前扣除及纳税调整明细表
A105100	企业重组及递延纳税事项纳税调整明细表
A105110	政策性搬迁纳税调整明细表
A105120	特殊行业准备金及纳税调整明细表
A106000	企业所得税弥补亏损明细表
A107010	免税、减计收入及加计扣除优惠明细表
A107011	符合条件的居民企业之间的股息、红利等权益性投资收益优惠明细表
A107012	研发费用加计扣除优惠明细表
A107020	所得减免优惠明细表
A107030	抵扣应纳税所得额明细表
A107040	减免所得税优惠明细表
A107041	高新技术企业优惠情况及明细表
A107042	软件、集成电路企业优惠情况及明细表
A107050	税额抵免优惠明细表
A108000	境外所得税收抵免明细表
A108010	境外所得纳税调整后所得明细表
A108020	境外分支机构弥补亏损明细表
A108030	跨年度结转抵免境外所得税明细表
A109000	跨地区经营汇总纳税企业年度分摊企业所得税明细表
A109010	企业所得税汇总纳税分支机构所得税分配表

在填报时，基本上是先填报企业基础信息表，然后填附表，再填主表。下面重点介绍多数企业需要填制的企业所得税纳税申报表，如表19-14～表19-28所示。不常用的、特殊行业的申报表不再具体列示了。

1. 企业基础信息表

企业基础信息表(A000000)的结构，如表19-14所示。

表 19-14　企业基础信息表

基本信息				
汇总纳税企业	□总机构(跨省)——适用《跨地区经营汇总纳税企业所得税征收管理办法》 □总机构(跨省)——不适用《跨地区经营汇总纳税企业所得税征收管理办法》 □总机构(省内) □分支机构(须进行完整年度纳税申报且按比例纳税)——就地缴纳比例=　　% □分支机构(须进行完整年度纳税申报但不就地缴纳) □否			
所属行业明细代码		资产总额/万元		
从业人数		国家限制或禁止行业	□是	□否
非营利组织	□是　□否	存在境外关联交易	□是	□否
上市公司	是(□境内　□境外)否	从事股权投资业务	□是	□否
适用的会计准则或会计制度	企业会计准则(　□一般企业　　□银行　　□证券　　□保险　　□担保) □小企业会计准则 □企业会计制度 事业单位会计准则(□事业单位会计制度　□科学事业单位会计制度　□医院会计制度 □高等学校会计制度　□中小学校会计制度　　□彩票机构会计制度) □民间非营利组织会计制度 □村集体经济组织会计制度 □农民专业合作社财务会计制度(试行) □其他			

企业重组及递延纳税事项					
发生资产(股权)划转特殊性税务处理事项	□是			□否	
发生非货币性资产投资递延纳税事项	□是			□否	
发生技术入股递延纳税事项	□是			□否	
发生企业重组事项	是(□一般性税务处理　　□特殊性税务处理)　□否				
重组开始时间	年　月　日	重组完成时间			年　月　日
重组交易类型	□法律形式改变	□债务重组	□股权收购	□资产收购	□合并　　　　□分立
企业在重组业务中所属当事方类型	*	□债务人 □债权人	□收购方 □转让方 □被收购企业	□收购方 □转让方	□合并企业　　　　□分立企业 □被合并企业　　　□被分立企业 □被合并企业股东　□被分立企业 　　　　　　　　　股东

企业主要股东及分红情况					
股东名称	证件种类	证件号码	投资比例	当年(决议日)分配的股息、红利等权益性投资收益金额	国籍(注册地址)
其余股东合计	—	—		—	—

纳税人需根据企业实际情况进行该表的填写，为后续申报提供指引。

2. 一般企业收入明细表

为一般企业收入明细表(A101010)结构，如表19-15所示。

表 19-15　一般企业收入明细表

行次	项目	金额
1	一、营业收入(2+9)	
2	(一) 主营业务收入(3+5+6+7+8)	
3	1. 销售商品收入	
4	其中：非货币性资产交换收入	
5	2. 提供劳务收入	
6	3. 建造合同收入	
7	4. 让渡资产使用权收入	
8	5. 其他	
9	(二) 其他业务收入(10+12+13+14+15)	
10	1. 销售材料收入	
11	其中：非货币性资产交换收入	
12	2. 出租固定资产收入	
13	3. 出租无形资产收入	
14	4. 出租包装物和商品收入	
15	5. 其他	
16	二、营业外收入(17+18+19+20+21+22+23+24+25+26)	
17	(一) 非流动资产处置利得	
18	(二) 非货币性资产交换利得	
19	(三) 债务重组利得	
20	(四) 政府补助利得	
21	(五) 盘盈利得	
22	(六) 捐赠利得	
23	(七) 罚没利得	
24	(八) 确实无法偿付的应付款项	
25	(九) 汇兑收益	
26	(十) 其他	

一般企业收入明细表具体填表说明如下。

第1行"营业收入"：根据主营业务收入、其他业务收入的数额计算填报。

第2行"主营业务收入"：根据不同行业的业务性质分别填报纳税人核算的主营业务收入。

第3行"销售商品收入"：填报纳税人从事工业制造、商品流通、农业生产以及其他商品销售活动取得的主营业务收入。房地产开发企业销售开发产品(销售未完工开发产品除外)取得的收入也在此行填报。

第4行"非货币性资产交换收入"：填报纳税人发生的非货币性资产交换按照国家统一会计制度应确认的销售商品收入。

第5行"提供劳务收入"：填报纳税人从事建筑安装、修理修配、交通运输、仓储租赁、邮电通信、咨询经纪、文化体育、科学研究、技术服务、教育培训、餐饮住宿、中介代理、卫生保健、社区服务、旅游、娱乐、加工及其他劳务活动取得的主营业务收入。

第6行"建造合同收入"：填报纳税人建造房屋、道路、桥梁、水坝等建筑物，以及生产船舶、飞机、大型机械设备等取得的主营业务收入。

第7行"让渡资产使用权收入"：填报纳税人在主营业务收入核算的，让渡无形资产使用权而取得的使用费收入，以及出租固定资产、无形资产、投资性房地产取得的租金收入。

第8行"其他"：填报纳税人按照国家统一会计制度核算、上述未列举的其他主营业务收入。

第9行"其他业务收入"：根据不同行业的业务性质分别填报纳税人核算的其他业务收入。

第10行"销售材料收入"：填报纳税人销售材料、下脚料、废料、废旧物资等取得的收入。

第11行"非货币性资产交换收入"：填报纳税人发生的非货币性资产交换按照国家统一会计制度应确认的材料销售收入。

第12行"出租固定资产收入"：填报纳税人将固定资产使用权让与承租人获取的其他业务收入。

第13行"出租无形资产收入"：填报纳税人让渡无形资产使用权取得的其他业务收入。

第14行"出租包装物和商品收入"：填报纳税人出租、出借包装物和商品取得的其他业务收入。

第15行"其他"：填报纳税人按照国家统一会计制度核算，上述未列举的其他业务收入。

第16行"营业外收入"：填报纳税人计入本科目核算的与生产经营无直接关系的各项收入。

第17行"非流动资产处置利得"：填报纳税人处置固定资产、无形资产等取得的净收益。

第18行"非货币性资产交换利得"：填报纳税人发生非货币性资产交换应确认的净收益。

第19行"债务重组利得"：填报纳税人发生的债务重组业务确认的净收益。

第20行"政府补助利得"：填报纳税人从政府无偿取得货币性资产或非货币性资产应确认的净收益。

第21行"盘盈利得"：填报纳税人在清查财产过程中查明的各种财产盘盈应确认的净收益。

第22行"捐赠利得"：填报纳税人接受的来自企业、组织或个人无偿给予的货币性资产、非货币性资产捐赠应确认的净收益。

第23行"罚没利得"：填报纳税人在日常经营管理活动中取得的罚款、没收收入应确认的净收益。

第24行"确实无法偿付的应付款项"：填报纳税人因确实无法偿付的应付款项而确认的收入。

第25行"汇兑收益"：填报纳税人取得企业外币货币性项目因汇率变动形成的收益应确认的收入(该项目为执行小企业会计准则企业填报)。

第26行"其他"：填报纳税人取得的上述项目未列举的其他营业外收入，包括执行企业会计准则纳税人按权益法核算长期股权投资对初始投资成本调整确认的收益，执行小企业会计准则纳税人取得的出租包装物和商品的租金收入、逾期未退包装物押金收益等。

3. 一般企业成本支出明细表

为一般企业成本支出明细表(A102010)结构，如表19-16所示。

表 19-16　一般企业成本支出明细表

行次	项目	金额
1	一、营业成本(2+9)	
2	(一) 主营业务成本(3+5+6+7+8)	
3	1.销售商品成本	
4	其中：非货币性资产交换成本	
5	2.提供劳务成本	
6	3.建造合同成本	
7	4.让渡资产使用权成本	
8	5.其他	
9	(二) 其他业务成本(10+12+13+14+15)	
10	1.销售材料成本	
11	其中：非货币性资产交换成本	
12	2.出租固定资产成本	
13	3.出租无形资产成本	
14	4.包装物出租成本	
15	5.其他	
16	二、营业外支出(17+18+19+20+21+22+23+24+25+26)	
17	(一) 非流动资产处置损失	
18	(二) 非货币性资产交换损失	
19	(三) 债务重组损失	
20	(四) 非常损失	
21	(五) 捐赠支出	
22	(六) 赞助支出	
23	(七) 罚没支出	
24	(八) 坏账损失	
25	(九) 无法收回的债券股权投资损失	
26	(十) 其他	

一般企业成本支出明细表具体填表说明如下。

第1行"营业成本"：填报纳税人经营主营业务和经营其他业务发生的成本总额。本行根据"主营业务成本"和"其他业务成本"的数额计算填报。

第2行"主营业务成本"：根据不同行业的业务性质分别填报纳税人核算的主营业务成本。

第3行"销售商品成本"：填报纳税人从事工业制造、商品流通、农业生产，以及其他商品销售活动发生的主营业务成本。房地产开发企业销售开发产品(销售未完工开发产品除外)发生的成本也在此行填报。

第4行"非货币性资产交换成本"：填报纳税人发生的非货币性资产交换按照国家统一会计制度应确认的销售商品成本。

第5行"提供劳务成本"：填报纳税人从事建筑安装、修理修配、交通运输、仓储租赁、邮电通信、咨询经纪、文化体育、科学研究、技术服务、教育培训、餐饮住宿、中介代理、卫生保健、社区服务、旅游、娱乐、加工及其他劳务活动发生的主营业务成本。

第6行"建造合同成本"：填报纳税人建造房屋、道路、桥梁、水坝等建筑物，以及生产船舶、飞机、大型机械设备等发生的主营业务成本。

第7行"让渡资产使用权成本"：填报纳税人在主营业务成本核算的，让渡无形资产使用权而发生的使用费成本，以及出租固定资产、无形资产、投资性房地产发生的租金成本。

第8行"其他"：填报纳税人按照国家统一会计制度核算、上述未列举的其他主营业务成本。

第9行"其他业务成本"：根据不同行业的业务性质分别填报纳税人按照国家统一会计制度核算的其他业务成本。

第10行"销售材料成本"：填报纳税人销售材料、下脚料、废料、废旧物资等发生的成本。

第11行"非货币性资产交换成本"：填报纳税人发生的非货币性资产交换按照国家统一会计制度应确认的材料销售成本。

第12行"出租固定资产成本"：填报纳税人将固定资产使用权让与承租人形成的出租固定资产成本。

第13行"出租无形资产成本"：填报纳税人让渡无形资产使用权形成的出租无形资产成本。

第14行"包装物出租成本"：填报纳税人出租、出借包装物形成的包装物出租成本。

第15行"其他"：填报纳税人按照国家统一会计制度核算，上述未列举的其他业务成本。

第16行"营业外支出"：填报纳税人计入本科目核算的与生产经营无直接关系的各项支出。

第17行"非流动资产处置损失"：填报纳税人处置非流动资产形成的净损失。

第18行"非货币性资产交换损失"：填报纳税人发生非货币性资产交换应确认的净损失。

第19行"债务重组损失"：填报纳税人进行债务重组应确认的净损失。

第20行"非常损失"：填报纳税人在营业外支出中核算的各项非正常的财产损失。

第21行"捐赠支出"：填报纳税人无偿给予其他企业、组织或个人的货币性资产、非货币性资产的捐赠支出。

第22行"赞助支出"：填报纳税人发生的货币性资产、非货币性资产赞助支出。

第23行"罚没支出"：填报纳税人在日常经营管理活动中对外支付的各项罚款、没收收入的支出。

第24行"坏账损失"：填报纳税人发生的各项坏账损失(该项目为使用小企业会计准则企业填报)。

第25行"无法收回的债券股权投资损失"：填报纳税人各项无法收回的债券股权投资损失(该项目为使用小企业会计准则企业填报)。

第26行"其他"：填报纳税人本期实际发生的在营业外支出核算的其他损失及支出。

4. 期间费用明细表

期间费用明细表(A104000)结构，如表19-17所示。

表 19-17　期间费用明细表

行次	项　目	销售费用	其中：境外支付	管理费用	其中：境外支付	财务费用	其中：境外支付
		1	2	3	4	5	6
1	一、职工薪酬		*		*	*	*
2	二、劳务费					*	*
3	三、咨询顾问费					*	*
4	四、业务招待费		*		*	*	*
5	五、广告费和业务宣传费		*		*	*	*
6	六、佣金和手续费						
7	七、资产折旧摊销费		*		*	*	*
8	八、财产损耗、盘亏及毁损损失		*		*	*	*
9	九、办公费		*		*	*	*
10	十、董事会费		*		*	*	*
11	十一、租赁费						
12	十二、诉讼费		*		*	*	*
13	十三、差旅费		*		*	*	*
14	十四、保险费		*		*	*	*
15	十五、运输、仓储费					*	*
16	十六、修理费					*	*
17	十七、包装费		*		*	*	*
18	十八、技术转让费					*	*
19	十九、研究费用					*	*
20	二十、各项税费		*		*	*	*
21	二十一、利息收支	*	*	*	*		
22	二十二、汇兑差额	*	*	*	*		
23	二十三、现金折扣	*	*	*	*		*
24	二十四、党组织工作经费	*	*		*	*	*
25	二十五、其他						
26	合计(1+2+3+…25)						

期间费用明细表具体填表说明如下。

第1列"销售费用"：填报在销售费用科目进行核算的相关明细项目的金额。其中，金融企业填报在业务及管理费科目进行核算的相关明细项目的金额。

第2列"境外支付"：填报在销售费用科目进行核算的向境外支付的相关明细项目的金额。其中，金融企业填报在业务及管理费科目进行核算的相关明细项目的金额。

第3列"管理费用"：填报在管理费用科目进行核算的相关明细项目的金额。

第4列"境外支付"：填报在管理费用科目进行核算的向境外支付的相关明细项目的金额。

第5列"财务费用"：填报在财务费用科目进行核算的有关明细项目的金额。

第6列"境外支付"：填报在财务费用科目进行核算的向境外支付的有关明细项目的金额。

第1行至第25行：根据费用科目核算的具体项目金额进行填报，如果贷方发生额大于借方发生额，应填报负数。

第26行：填报第1行至第25行该列的合计金额。

5. 纳税调整项目明细表

纳税调整项目明细表(A105000)结构，如表19-18所示。

表 19-18　纳税调整项目明细表

行次	项　　　目	账载金额	税收金额	调增金额	调减金额
		1	2	3	4
1	一、收入类调整项目(2+3+…8+10+11)	*	*		
2	(一) 视同销售收入(填写A105010)	*			*
3	(二) 未按权责发生制原则确认的收入(填写A105020)				
4	(三) 投资收益(填写A105030)				
5	(四) 按权益法核算长期股权投资对初始投资成本调整确认收益	*	*	*	
6	(五) 交易性金融资产初始投资调整	*	*		*
7	(六) 公允价值变动净损益		*		
8	(七) 不征税收入	*	*		
9	其中：专项用途财政性资金(填写A105040)	*	*		
10	(八) 销售折扣、折让和退回				
11	(九) 其他				
12	二、扣除类调整项目(13+14+…24+26+27+28+29+30)	*	*		
13	(一) 视同销售成本(填写A105010)	*		*	
14	(二) 职工薪酬(填写A105050)				
15	(三) 业务招待费支出				*
16	(四) 广告费和业务宣传费支出(填写A105060)	*	*		
17	(五) 捐赠支出(填写A105070)				
18	(六) 利息支出				
19	(七) 罚金、罚款和被没收财物的损失		*		*
20	(八) 税收滞纳金、加收利息		*		*
21	(九) 赞助支出		*		*
22	(十) 与未实现融资收益相关在当期确认的财务费用				
23	(十一) 佣金和手续费支出				*
24	(十二) 不征税收入用于支出所形成的费用	*	*		*
25	其中：专项用途财政性资金用于支出所形成的费用(填写A105040)	*	*		*
26	(十三) 跨期扣除项目				
27	(十四) 与取得收入无关的支出		*		
28	(十五) 境外所得分摊的共同支出	*	*		*
29	(十六) 党组织工作经费				
30	(十七) 其他				
31	三、资产类调整项目(32+33+34+35)	*	*		
32	(一) 资产折旧、摊销(填写A105080)				
33	(二) 资产减值准备金		*		
34	(三) 资产损失(填写A105090)				
35	(四) 其他				
36	四、特殊事项调整项目(37+38+…+42)	*	*		
37	(一) 企业重组及递延纳税事项(填写A105100)				
38	(二) 政策性搬迁(填写A105110)	*	*		

行次	项　　目	账载金额	税收金额	调增金额	调减金额
		1	2	3	4
39	(三) 特殊行业准备金(填写A105120)				
40	(四) 房地产开发企业特定业务计算的纳税调整额(填写A105010)	*			
41	(五) 有限合伙企业法人合伙方应分得的应纳税所得额				
42	(六) 其他	*	*		
43	五、特别纳税调整应税所得	*	*		
44	六、其他	*	*		
45	合计(1+12+31+36+43+44)	*	*		

纳税调整项目明细表具体填表说明如下。

第1行"收入类调整项目"：根据第2行至第11行(不含第9行)进行填。

第2行"视同销售收入"：填报会计处理不确认为销售收入，税收规定确认应税收入的收入。根据《视同销售和房地产开发企业特定业务纳税调整明细表》(A105010)填报。第2列"税收金额"为表A105010第1行第1列金额。第3列"调增金额"为表A105010第1行第2列金额。

第3行"未按权责发生制原则确认的收入"：根据《未按权责发生制确认收入纳税调整明细表》(A105020)填报。第1列"账载金额"为表A105020第14行第2列金额。第2列"税收金额"为表A105020第14行第4列金额。表A105020第14行第6列，若≥0，填入本行第3列"调增金额"；若＜0，将绝对值填入本行第4列"调减金额"。

第4行"投资收益"：根据《投资收益纳税调整明细表》(A105030)填报。第1列"账载金额"为表A105030第10行第1+8列的合计金额。第2列"税收金额"为表A105030第10行第2+9列的合计金额。表A105030第10行第11列，若≥0，填入本行第3列"调增金额"；若＜0，将绝对值填入本行第4列"调减金额"。

第5行"按权益法核算长期股权投资对初始投资成本调整确认收益"：第4列"调减金额"填报纳税人采取权益法核算，初始投资成本小于取得投资时应享有被投资单位可辨认净资产公允价值份额的差额计入取得投资当期的营业外收入的金额。

第6行"交易性金融资产初始投资调整"：第3列"调增金额"填报纳税人根据税收规定确认交易性金融资产初始投资金额与会计核算的交易性金融资产初始投资账面价值的差额。

第7行"公允价值变动净损益"：第1列"账载金额"填报纳税人会计核算的以公允价值计量的金融资产、金融负债及投资性房地产类项目，计入当期损益的公允价值变动金额。第1列≤0，将绝对值填入第3列"调增金额"；若第1列＞0，填入第4列"调减金额"。

第8行"不征税收入"：填报纳税人计入收入总额但属于税收规定不征税的财政拨款、依法收取并纳入财政管理的行政事业性收费，以及政府性基金和国务院规定的其他不征税收入。第3列"调增金额"填报纳税人以前年度取得财政性资金且已作为不征税收入处理，在5年(60个月)内未发生支出且未缴回财政部门或其他拨付资金的政府部门，应计入应税收入额的金额。第4列"调减金额"填报符合税收规定不征税收入条件并作为不征税收入处理，且已计入当期损益的金额。

第9行"专项用途财政性资金"：根据《专项用途财政性资金纳税调整明细表》(A105040)填报。第3列"调增金额"为表A105040第7行第14列金额。第4列"调减金额"为表A105040第7

行第4列金额。

第10行"销售折扣、折让和退回"：填报不符合税收规定的销售折扣和折让应进行纳税调整的金额，以及发生的销售退回因会计处理与税收规定有差异需纳税调整的金额。第1列"账载金额"填报纳税人会计核算的销售折扣和折让金额及销货退回的追溯处理的净调整额。第2列"税收金额"填报根据税收规定可以税前扣除的折扣和折让的金额及销货退回业务影响当期损益的金额。第1列减第2列，若余额≥0，填入第3列"调增金额"；若余额<0，将绝对值填入第4列"调减金额"，第4列仅为销货退回影响损益的跨期时间性差异。

第11行"其他"：填报其他因会计处理与税收规定有差异需纳税调整的收入类项目金额。若第2列≥第1列，将第2-1列的余额填入第3列"调增金额"；若第2列<第1列，将第2-1列余额的绝对值填入第4列"调减金额"。

第12行"扣除类调整项目"：根据第13行至第30行(不含第25行)填报。

第13行"视同销售成本"：填报会计处理不作为销售核算，税收规定作为应税收入对应的销售成本金额。根据《视同销售和房地产开发企业特定业务纳税调整明细表》(A105010)填报。第2列"税收金额"为表A105010第11行第1列金额。第4列"调减金额"为表A105010第11行第2列金额的绝对值。

第14行"职工薪酬"：根据《职工薪酬支出及纳税调整明细表》(A105050)填报。第1列"账载金额"为表A105050第13行第1列金额。第2列"税收金额"为表A105050第13行第5列金额。表A105050第13行第6列，若≥0，填入本行第3列"调增金额"；若<0，将绝对值填入本行第4列"调减金额"。

第15行"业务招待费支出"：第1列"账载金额"填报纳税人会计核算计入当期损益的业务招待费金额。第2列"税收金额"填报按照税收规定允许税前扣除的业务招待费支出的金额。第3列"调增金额"为第1-2列金额。

第16行"广告费和业务宣传费支出"：根据《广告费和业务宣传费跨年度纳税调整明细表》(A105060)填报。表A105060第12行，若≥0，填入第3列"调增金额"；若<0，将绝对值填入第4列"调减金额"。

第17行"捐赠支出"：根据《捐赠支出及纳税调整明细表》(A105070)填报。第1列"账载金额"为表A105070第8行第1列金额。第2列"税收金额"为表A105070第8行第4列金额。第3列"调增金额"为表A105070第8行第5列金额。第4列"调减金额"为表A105070第8行第6列金额。

第18行"利息支出"：第1列"账载金额"填报纳税人向非金融企业借款，会计核算计入当期损益的利息支出的金额。第2列"税收金额"填报按照税收规定允许税前扣除的利息支出的金额。若第1列≥第2列，将第1列减第2列余额填入第3列"调增金额"；若第1列<第2列，将第1列减第2列余额的绝对值填入第4列"调减金额"。

第19行"罚金、罚款和被没收财物的损失"：第1列"账载金额"填报纳税人会计核算计入当期损益的罚金、罚款和被罚没财物的损失，不包括纳税人按照经济合同规定支付的违约金(包括银行罚息)、罚款和诉讼费。第3列"调增金额"等于第1列金额。

第20行"税收滞纳金、加收利息"：第1列"账载金额"填报纳税人会计核算计入当期损益的税收滞纳金、加收利息。第3列"调增金额"等于第1列金额。

第21行"赞助支出"：第1列"账载金额"填报纳税人会计核算计入当期损益的不符合税收规定的公益性捐赠的赞助支出的金额，包括直接向受赠人的捐赠、赞助支出等(不含广告性的赞助支出，广告性的赞助支出在表A105060中调整)。第3列"调增金额"等于第1列金额。

第22行"与未实现融资收益相关在当期确认的财务费用"：第1列"账载金额"填报纳税人会计核算的与未实现融资收益相关并在当期确认的财务费用的金额。第2列"税收金额"填报按照税收规定允许税前扣除的金额。若第1列≥第2列，将第1-2列余额填入第3列"调增金额"；若第1列＜第2列，将第1-2列余额的绝对值填入第4列"调减金额"。

第23行"佣金和手续费支出"：第1列"账载金额"填报纳税人会计核算计入当期损益的佣金和手续费金额。第2列"税收金额"填报按照税收规定允许税前扣除的佣金和手续费支出金额。第3列"调增金额"为第1-2列的余额。

第24行"不征税收入用于支出所形成的费用"：第3列"调增金额"填报符合条件的不征税收入用于支出所形成的计入当期损益的费用化支出金额。

第25行"专项用途财政性资金用于支出所形成的费用"：根据《专项用途财政性资金纳税调整明细表》(A105040)填报。第3列"调增金额"为表A105040第7行第11列金额。

第26行"跨期扣除项目"：填报维检费、安全生产费用、预提费用、预计负债等跨期扣除项目调整情况。第1列"账载金额"填报纳税人会计核算计入当期损益的跨期扣除项目金额。第2列"税收金额"填报按照税收规定允许税前扣除的金额。若第1列≥第2列，将第1-2列余额填入第3列"调增金额"；若第1列＜第2列，将第1-2列余额的绝对值填入第4列"调减金额"。

第27行"与取得收入无关的支出"：第1列"账载金额"填报纳税人会计核算计入当期损益的与取得收入无关的支出的金额。第3列"调增金额"等于第1列金额。

第28行"境外所得分摊的共同支出"：第3列"调增金额"为《境外所得纳税调整后所得明细表》(A108010)第10行第16+17列的合计金额。

第29行"党组织工作经费"：填报纳税人根据有关文件规定，为创新基层党建工作、建立稳定的经费保障制度发生的党组织工作经费及纳税调整情况。

第30行"其他"：填报其他因会计处理与税收规定有差异需纳税调整的扣除类项目金额。若第1列≥第2列，将第1-2列余额填入第3列"调增金额"；若第1列＜第2列，将第1-2列余额的绝对值填入第4列"调减金额"。

第31行"资产类调整项目"：填报资产类调整项目第32行至第35行的合计金额。

第32行"资产折旧、摊销"：根据《资产折旧、摊销及纳税调整明细表》(A105080)填报。第1列"账载金额"为表A105080第39行第2列金额。第2列"税收金额"为表A105080第39行第5列金额。表A105080第39行第9列，若≥0，填入本行第3列"调增金额"；若＜0，将绝对值填入本行第4列"调减金额"。

第33行"资产减值准备金"：填报坏账准备、存货跌价准备、理赔费用准备金等不允许税前扣除的各类资产减值准备金纳税调整情况。第1列"账载金额"填报纳税人会计核算计入当期损益的资产减值准备金金额(因价值恢复等原因转回的资产减值准备金应予以冲回)。第1列，若≥0，填入第3列"调增金额"；若＜0，将绝对值填入第4列"调减金额"。

第34行"资产损失"：根据《资产损失税前扣除及纳税调整明细表》(A105090)填报。第1列"账载金额"为表A105090第14行第1列金额。第2列"税收金额"为表A105090第14行第5列金额。表A105090第14行第6列，若≥0，填入本行第3列"调增金额"；若＜0，将绝对值填入本行第4列"调减金额"。

第35行"其他"：填报其他因会计处理与税收规定有差异需纳税调整的资产类项目金额。若第1列≥第2列，将第1-2列余额填入第3列"调增金额"；若第1列＜第2列，将第1-2列余额的绝对值填入第4列"调减金额"。

第36行"特殊事项调整项目"：填报特殊事项调整项目第37行至第42行的合计金额。

第37行"企业重组及递延纳税事项"：根据《企业重组及递延纳税事项纳税调整明细表》(A105100)填报。第1列"账载金额"为表A105100第16行第1+4列金额。第2列"税收金额"为表A105100第16行第2+5列金额。表A105100第16行第7列，若≥0，填入本行第3列"调增金额"；若＜0，将绝对值填入本行第4列"调减金额"。

第38行"政策性搬迁"：根据《政策性搬迁纳税调整明细表》(A105110)填报。表A105110第24行，若≥0，填入本行第3列"调增金额"；若＜0，将绝对值填入本行第4列"调减金额"。

第39行"特殊行业准备金"：根据《特殊行业准备金及纳税调整明细表》(A105120)填报。第1列"账载金额"为表A105120第43行第1列金额。第2列"税收金额"为表A105120第43行第2列金额。表A105120第43行第3列，若≥0，填入本行第3列"调增金额"；若＜0，将绝对值填入本行第4列"调减金额"。

第40行"房地产开发企业特定业务计算的纳税调整额"：根据《视同销售和房地产开发企业特定业务纳税调整明细表》(A105010)填报。第2列"税收金额"为表A105010第21行第1列金额。表A105010第21行第2列，若≥0，填入本行第3列"调增金额"；若＜0，将绝对值填入本行第4列"调减金额"。

第41行"有限合伙企业法人合伙方分得的应纳税所得额"：第1列"账载金额"填报有限合伙企业法人合伙方本年会计核算中确认的对有限合伙企业的投资所得。第2列"税收金额"填报纳税人按照"先分后税"原则和《财政部 国家税务总局关于合伙企业合伙人所得税问题的通知》(财税〔2008〕159号)文件规定计算的从合伙企业分得的法人合伙方应纳税所得额；若第1列≤第2列，将第2-1列余额填入第3列"调增金额"，若第1列＞第2列，将第2-1列余额的绝对值填入第4列"调减金额"。

第42行"其他"：填报其他因会计处理与税收规定有差异需纳税调整的特殊事项金额。

第43行"特别纳税调整应税所得"：第3列"调增金额"填报纳税人按特别纳税调整规定自行调增的当年应税所得。第4列"调减金额"填报纳税人依据双边预约定价安排或者转让定价相应调整磋商结果的通知，需要调减的当年应税所得。

第44行"其他"：填报其他会计处理与税收规定存在差异需纳税调整的项目金额。

第45行"合计"：填报第1+12+31+36+43+44行的合计金额。

6. 投资收益纳税调整明细表

投资收益纳税调整明细表(A105030)结构，如表19-19所示。

表19-19　投资收益纳税调整明细表

行次	项　　目	持有收益			处置收益							纳税调整金额
		账载金额	税收金额	纳税调整金额	会计确认的处置收入	税收计算的处置收入	处置投资的账面价值	处置投资的计税基础	会计确认的处置所得或损失	税收计算的处置所得	纳税调整金额	
		1	2	3(2-1)	4	5	6	7	8(4-6)	9(5-7)	10(9-8)	11(3+10)
1	一、交易性金融资产											
2	二、可供出售金融资产											
3	三、持有至到期投资											
4	四、衍生工具											
5	五、交易性金融负债											
6	六、长期股权投资											
7	七、短期投资											
8	八、长期债券投资											
9	九、其他											
10	合计(1+2+3+4+5+6+7+8+9)											

投资收益纳税调整明细表具体填表说明如下。

第1列"账载金额"：填报纳税人持有投资项目，会计核算确认的投资收益。

第2列"税收金额"：填报纳税人持有投资项目，按照税收规定确认的投资收益。

第3列"纳税调整金额"：填报纳税人持有投资项目，会计核算确认投资收益与税收规定投资收益的差异需纳税调整金额，为第2-1列的余额。

第4列"会计确认的处置收入"：填报纳税人收回、转让或清算处置投资项目，会计核算确认的扣除相关税费后的处置收入金额。

第5列"税收计算的处置收入"：填报纳税人收回、转让或清算处置投资项目，按照税收规定计算的扣除相关税费后的处置收入金额。

第6列"处置投资的账面价值"：填报纳税人收回、转让或清算处置的投资项目，会计核算的处置投资的账面价值。

第7列"处置投资的计税基础"：填报纳税人收回、转让或清算处置的投资项目，按税收规定计算的处置投资的计税金额。

第8列"会计确认的处置所得或损失"：填报纳税人收回、转让或清算处置投资项目，会计核算确认的处置所得或损失，为第4-6列的余额，损失以"-"号填列。

第9列"税收计算的处置所得"：填报纳税人收回、转让或清算处置投资项目，按照税收规定计算的处置所得，为第5-7列的余额。

第10列"纳税调整金额"：填报纳税人收回、转让或清算处置投资项目，会计处理与税收规定不一致需纳税调整金额，为第9-8列的余额。

第11列"纳税调整金额"：填报第3+10列金额。

7. 职工薪酬支出及纳税调整明细表

职工薪酬支出及纳税调整明细表(A105050)结构，如表19-20所示。

表 19-20　职工薪酬支出及纳税调整明细表

行次	项目	账载金额	实际发生额	税收规定扣除率	以前年度累计结转扣除额	税收金额	纳税调整金额	累计结转以后年度扣除额
		1	2	3	4	5	6(1-5)	7(1+4-5)
1	一、工资薪金支出			*	*			*
2	其中：股权激励			*	*			*
3	二、职工福利费支出				*			*
4	三、职工教育经费支出			*				
5	其中：按税收规定比例扣除的职工教育经费							
6	按税收规定全额扣除的职工培训费用				*			*
7	四、工会经费支出				*			*
8	五、各类基本社会保障性缴款			*	*			*
9	六、住房公积金			*	*			*
10	七、补充养老保险				*			*
11	八、补充医疗保险				*			*
12	九、其他			*	*			*
13	合计(1+3+4+7+8+9+10+11+12)			*				

职工薪酬支出及纳税调整明细表具体填表说明如下。

(1) 第1行"工资薪金支出"：填报纳税人本年度支付给在本企业任职或者受雇的员工的所有现金形式或非现金形式的劳动报酬及其会计核算、纳税调整等金额。具体填报方式如下。

第1列"账载金额"：填报纳税人会计核算计入成本费用的职工工资、奖金、津贴和补贴金额。

第2列"实际发生额"：分析填报纳税人"应付职工薪酬"会计科目借方发生额(实际发放的工资薪金)。

第5列"税收金额"：填报纳税人按照税收规定允许税前扣除的金额，按照第1列和第2列分析填报。

第6列"纳税调整金额"：填报第1-5列的余额。

(2) 第2行"股权激励"：本行由执行《上市公司股权激励管理办法》(中国证券监督管理委员会令第126号)的纳税人填报。具体填报方式如下。

第1列"账载金额"：填报纳税人按照国家有关规定建立职工股权激励计划，会计核算计入成本费用的金额。

第2列"实际发生额"：填报纳税人根据本年实际行权时股权的公允价格与激励对象实际行权支付价格的差额和数量计算确定的金额。

第5列"税收金额"：填报行权时按照税收规定允许税前扣除的金额。按照第1列和第2列孰小值填报。

第6列"纳税调整金额"：填报第1-5列的余额。

(3) 第3行"职工福利费支出"：填报纳税人本年度发生的职工福利费及其会计核算、纳税调整等金额。具体填报方式如下。

第1列"账载金额"：填报纳税人会计核算计入成本费用的职工福利费的金额。

第2列"实际发生额"：分析填报纳税人"应付职工薪酬"会计科目下的职工福利费用实际

发生额。

第3列"税收规定扣除率"：填报税收规定的扣除比例(14%)。

第5列"税收金额"：填报按照税收规定允许税前扣除的金额，按第1行第5列"工资薪金支出"中的"税收金额"×14%、本表第3行第1列、本表第3行第2列三者孰小值填报。

第6列"纳税调整金额"：填报第1-5列的余额。

(4) 第4行"职工教育经费支出"：填报第5行或者第5+6行金额。

(5) 第5行"按税收规定比例扣除的职工教育经费"：适用于按照税收规定职工教育经费按比例税前扣除的纳税人填报。具体填报方法如下。

第1列"账载金额"填报纳税人会计核算计入成本费用的金额，不包括第6行可全额扣除的职工培训费用金额。

第2列"实际发生额"：分析填报纳税人"应付职工薪酬"会计科目下的职工教育经费实际发生额，不包括第6行可全额扣除的职工培训费用金额。

第3列"税收规定扣除率"：填报税收规定的扣除比例。

第4列"以前年度累计结转扣除额"：填报纳税人以前年度累计结转准予扣除的职工教育经费支出余额。

第5列"税收金额"：填报纳税人按照税收规定允许税前扣除的金额(不包括第6行可全额扣除的职工培训费用金额)，按第1行第5列"工资薪金支出-税收金额"×扣除比例与本行第1+4列之和的孰小值填报。

第6列"纳税调整金额"：填报第1-5列的余额。

第7列"累计结转以后年度扣除额"：填报第1+4-5列的金额。

(6) 第6行"按税收规定全额扣除的职工培训费用"：适用于按照税收规定职工培训费用允许全额税前扣除的纳税人填报。具体填报方法如下。

第1列"账载金额"：填报纳税人会计核算计入成本费用。

第2列"实际发生额"：分析填报纳税人"应付职工薪酬"会计科目下的职工教育经费本年实际发生额(可全额扣除的职工培训费用金额)。

第3列"税收规定扣除率"：填报税收规定的扣除比例(100%)。

第5列"税收金额"：填报按照税收规定允许税前扣除的金额。

第6列"纳税调整金额"：填报第1-5列的余额。

(7) 第7行"工会经费支出"：填报纳税人本年度拨缴工会经费及其会计核算、纳税调整等金额。具体填报方法如下。

第1列"账载金额"：填报纳税人会计核算计入成本费用的工会经费支出金额。

第2列"实际发生额"：分析填报纳税人"应付职工薪酬"会计科目下的工会经费本年实际发生额。

第3列"税收规定扣除率"：填报税收规定的扣除比例(2%)。

第5列"税收金额"：填报按照税收规定允许税前扣除的金额，按第1行第5列"工资薪金支出"中的"税收金额"×2%与本行第1列、本行第2列三者孰小值填报。

第6列"纳税调整金额"：填报第1-5列的余额。

(8) 第8行"各类基本社会保障性缴款"：填报纳税人依照国务院有关主管部门或者省级人民政府规定的范围和标准为职工缴纳的基本社会保险费及其会计核算、纳税调整金额。具体填报方式如下。

第1列"账载金额"：填报纳税人会计核算的各类基本社会保障性缴款的金额。

第2列"实际发生额"：分析填报纳税人"应付职工薪酬"会计科目下的各类基本社会保障性缴款本年实际发生额。

第5列"税收金额"：填报按照税收规定允许税前扣除的各类基本社会保障性缴款的金额，按本行第1列、第2列以及税收规定允许税前扣除的各类基本社会保障性缴款的金额孰小值填报。

第6列"纳税调整金额"：填报第1-5列的余额。

(9) 第9行"住房公积金"：填报纳税人依照国务院有关主管部门或者省级人民政府规定的范围和标准为职工缴纳的住房公积金及其会计核算、纳税调整金额。具体填报方式如下。

第1列"账载金额"：填报纳税人会计核算的住房公积金金额。

第2列"实际发生额"：分析填报纳税人"应付职工薪酬"会计科目下的住房公积金本年实际发生额。

第5列"税收金额"：填报按照税收规定允许税前扣除的住房公积金金额，按本行第1列、第2列，以及税收规定允许税前扣除的住房公积金的金额孰小值填报。

第6列"纳税调整金额"：填报第1-5列的余额。

(10) 第10行"补充养老保险"：填报纳税人为投资者或者职工支付的补充养老保险费的会计核算、纳税调整金额。具体填报方式如下。

第1列"账载金额"：填报纳税人会计核算的补充养老保险金额。

第2列"实际发生额"：分析填报纳税人"应付职工薪酬"会计科目下的补充养老保险本年实际发生额。

第3列"税收规定扣除率"：填报税收规定的扣除比例(5%)。

第5列"税收金额"：填报按照税收规定允许税前扣除的补充养老保险的金额，按第1行第5列"工资薪金支出"中的"税收金额"×5%、本行第1列、本行第2列的孰小值填报。

第6列"纳税调整金额"：填报第1-5列的余额。

(11) 第11行"补充医疗保险"：填报纳税人为投资者或者职工支付的补充医疗保险费的会计核算、纳税调整金额。具体填报方式如下。

第1列"账载金额"：填报纳税人会计核算的补充医疗保险金额。

第2列"实际发生额"：分析填报纳税人"应付职工薪酬"会计科目下的补充医疗保险本年实际发生额。

第3列"税收规定扣除率"：填报税收规定的扣除比例(5%)。

第5列"税收金额"：填报按照税收规定允许税前扣除的补充医疗保险的金额，按第1行第5列"工资薪金支出"中的"税收金额"×5%、本行第1列、本行第2列的孰小值填报。

第6列"纳税调整金额"：填报第1-5列的余额。

(12) 第12行"其他"：填报其他职工薪酬的金额。

(13) 第13行"合计"：填报第1+3+4+7+8+9+10+11+12行的合计金额。

8. 广告费和业务宣传费跨年度纳税调整明细表

广告费和业务宣传费跨年度纳税调整明细表(A105060)结构，如表19-21所示。

表 19-21 广告费和业务宣传费跨年度纳税调整明细表

行次	项目	金额
1	一、本年广告费和业务宣传费支出	
2	减：不允许扣除的广告费和业务宣传费支出	
3	二、本年符合条件的广告费和业务宣传费支出(1-2)	
4	三、本年计算广告费和业务宣传费扣除限额的销售(营业)收入	
5	乘：税收规定扣除率	
6	四、本企业计算的广告费和业务宣传费扣除限额(4×5)	
7	五、本年结转以后年度扣除额(3>6，本行=3-6；3≤6，本行=0)	
8	加：以前年度累计结转扣除额	
9	减：本年扣除的以前年度结转额(3>6，本行=0；3≤6，本行=8与(6-3)孰小值)	
10	六、按照分摊协议归集至其他关联方的广告费和业务宣传费(10≤3与6孰小值)	
11	按照分摊协议从其他关联方归集至本企业的广告费和业务宣传费	
12	七、本年广告费和业务宣传费支出纳税调整金额 (3>6，本行=2+3-6+10-11；3≤6，本行=2+10-11-9)	
13	八、累计结转以后年度扣除额(7+8-9)	

广告费和业务宣传费跨年度纳税调整明细表具体填表说明如下。

第1行"本年广告费和业务宣传费支出"：填报纳税人会计核算计入本年损益的广告费和业务宣传费用金额。

第2行"不允许扣除的广告费和业务宣传费支出"：填报税收规定不允许扣除的广告费和业务宣传费支出金额。

第3行"本年符合条件的广告费和业务宣传费支出"：填报第1-2行的余额。

第4行"本年计算广告费和业务宣传费扣除限额的销售(营业)收入"：填报按照税收规定计算广告费和业务宣传费扣除限额的当年销售(营业)收入。

第5行"税收规定扣除率"：填报税收规定的扣除比例。

第6行"本企业计算的广告费和业务宣传费扣除限额"：填报第4×5行的金额。

第7行"本年结转以后年度扣除额"：若第3行>第6行，填报第3-6行的余额；若第3行≤第6行，填报0。

第8行"以前年度累计结转扣除额"：填报以前年度允许税前扣除但超过扣除限额未扣除、结转扣除的广告费和业务宣传费的金额。

第9行"本年扣除的以前年度结转额"：若第3行>第6行，填0；若第3行≤第6行，填报第6-3行与第8行的孰小值。

第10行"按照分摊协议归集至其他关联方的广告费和业务宣传费"：填报签订广告费和业务宣传费分摊协议(以下简称分摊协议)的关联企业的一方，按照分摊协议将其发生的不超过当年销售(营业)收入税前扣除限额比例内的广告费和业务宣传费支出归集至其他关联方扣除的广告费和业务宣传费，本行应≤第3行与第6行的孰小值。

第11行"按照分摊协议从其他关联方归集至本企业的广告费和业务宣传费"：填报签订广告费和业务宣传费分摊协议(以下简称分摊协议)的关联企业的一方，按照分摊协议从其他关联方归集至本企业的广告费和业务宣传费。

第12行"本年广告费和业务宣传费支出纳税调整金额"：若第3行>第6行，填报第2+3-6+10-11行的金额；若第3行≤第6行，填报第2+10-11-9行的金额。

第13行"累计结转以后年度扣除额"：填报第7+8-9行的金额。

9. 资产折旧、摊销及纳税调整明细表

资产折旧、摊销及纳税调整明细表(A105080)结构，如表19-22所示。

表19-22　资产折旧、摊销及纳税调整明细表

行次	项　目	账载金额			资产计税基础	税收金额				纳税调整金额
		资产原值	本年折旧、摊销额	累计折旧、摊销额		税收折旧额	享受加速折旧政策的资产按税收一般规定计算的折旧、摊销额	加速折旧统计额	累计折旧、摊销额	
		1	2	3	4	5	6	7=5-6	8	9(2-5)
1	一、固定资产(2+3+4+5+6+7)							*	*	9(2-5)
2	(一)房屋、建筑物							*	*	
3	(二)飞机、火车、轮船、机器、机械和其他生产设备							*	*	
4	(三)与生产经营活动有关的器具、工具、家具等							*	*	
5	(四)飞机、火车、轮船以外的运输工具							*	*	
6	(五)电子设备							*	*	
7	(六)其他							*	*	
8	其中:享受加速折旧及一次性扣除政策的资产折旧、摊销额大于一般折旧额的部分 (一)重要行业固定资产加速折旧(不含一次性扣除)									*
9	(二)其他行业研发设备加速折旧									
10	(三)允许一次性扣除的固定资产(11+12+13)									*
11	1.单价不超过100万元专用研发设备									*
12	2.重要行业小型微利企业单价不超过100万元研发生产共用设备									*
13	3.5 000元以下固定资产									
14	(四)技术进步、更新换代固定资产									*
15	(五)常年强震动、高腐蚀固定资产									*
16	(六)外购软件折旧									*
17	(七)集成电路企业生产设备									*
18	二、生产性生物资产(19+20)									
19	(一)林木类							*	*	*
20	(二)畜类							*	*	*

（续表）

行次	项 目	账载金额			资产计税基础	税收金额				纳税调整金额
		资产原值	本年折旧、摊销额	累计折旧、摊销额		税收折旧额	享受加速折旧政策的资产按税收一般规定计算的折旧、摊销额	加速折旧统计额	累计折旧、摊销额	
		1	2	3	4	5	6	7=5-6	8	9(2-5)
21	三、无形资产(22+23+24+25+26+27+28+30)							*	*	
22	(一)专利权							*	*	
23	(二)商标权							*	*	
24	(三)著作权							*	*	
25	(四)土地使用权							*	*	
26	(五)非专利技术							*	*	
27	(六)特许权使用费							*	*	
28	(七)软件							*	*	
29	其中:享受企业外购软件加速摊销政策									*
30	(八)其他							*	*	
31	四、长期待摊费用(32+33+34+35+36)							*	*	
32	(一)已足额提取折旧的固定资产的改建支出							*	*	
33	(二)租入固定资产的改建支出							*	*	
34	(三)固定资产的大修理支出							*	*	
35	(四)开办费							*	*	
36	(五)其他							*	*	
37	五、油气勘探投资							*	*	
38	六、油气开发投资							*	*	
39	合计(1+18+21+31+37+38)							*	*	
附列资料	享受全民所有制改制资产评估增值政策资产								*	

资产折旧、摊销及纳税调整明细表具体填表说明如下。

1) 列次填报

第1列"资产原值"：填报纳税人会计处理计提折旧、摊销的资产原值(或历史成本)的金额。

第2列"本年折旧、摊销额"：填报纳税人会计核算的本年资产折旧、摊销额。

第3列"累计折旧、摊销额"：填报纳税人会计核算的累计(含本年)资产折旧、摊销额。

第4列"资产计税基础"：填报纳税人按照税收规定据以计算折旧、摊销的资产原值(或历史成本)的金额。

第5列"税收折旧额"：填报纳税人按照税收规定计算的允许税前扣除的本年资产折旧、摊销额。对于不征税收入形成的资产，其折旧、摊销额不得税前扣除。第4列至第8列税收金额不包含不征税收入所形成资产的折旧、摊销额。对于第8行至第17行、第29行对应的"税收折旧额"，填报享受各种加速折旧政策的资产，当年享受加速折旧后的税法折旧额合计。本列仅填报加速后的税法折旧额大于一般折旧额月份的金额合计。即对于本年度某些月份，享受加速折旧政策的固定资产，其加速后的税法折旧额大于一般折旧额、某些月份税法折旧额小于一般折旧额的，仅填报税法折旧额大于一般折旧额月份的税法折旧额合计。

第6列"享受加速折旧政策的资产按税收一般规定计算的折旧、摊销额"：仅适用于第8行至第17行、第29行，填报纳税人享受加速折旧政策的资产按照税法一般规定计算的允许税前扣除的本年资产折旧、摊销额。按照税法一般规定计算的折旧额，是指该资产在不享受加速折旧情况下，按照税收规定的最低折旧年限以直线法计算的折旧额。本列仅填报加速后的税法折旧额大于按照税法一般规定计算折旧额对应月份的金额。

第7列"加速折旧统计额"：用于统计纳税人享受各类固定资产加速折旧政策的优惠金额。

第8列"累计折旧、摊销额"：填报纳税人按照税收规定计算的累计(含本年)资产折旧、摊销额。

第9列"纳税调整金额"：填报第2-5列的余额。

2) 行次填报

第2行至第7行、第19行、第20行、第22行至第28行、第30行、第32行至第38行，根据资产类别填报对应的行次。

第8行至第17行、第29行：用于填报享受各类固定资产加速折旧政策的资产加速折旧情况，分类填报各项固定资产加速折旧政策优惠情况。

第8行"重要行业固定资产加速折旧"：填报按照财税〔2014〕75号和财税〔2015〕106号文件规定，生物药品制造业，专用设备制造业，铁路、船舶、航空航天和其他运输设备制造业，计算机、通信和其他电子设备制造业，仪器仪表制造业，信息传输、软件和信息技术服务业6个行业，以及轻工、纺织、机械、汽车四大领域18个行业的纳税人(简称"重要行业")，对于新购进固定资产在税收上采取加速折旧的情况。该行次不填报重要行业纳税人按照以上两个文件规定，享受一次性扣除政策的资产。

第9行"其他行业研发设备加速折旧"：由重要行业以外的其他企业填报。填写单位价值超过100万元以上专用研发设备采取缩短折旧年限或加速折旧方法的纳税调减或者加速折旧优惠统计情况。

第10行"允许一次性扣除的固定资产"：填报新购进单位价值不超过100万元研发设备和单位价值不超过5 000元固定资产，按照税收规定一次性在当期扣除金额。本行=第11+12+13行。

第11行"单价不超过100万元专用研发设备"：填报"重要行业"中的非小型微利企业和"重要行业"以外的企业，对新购进专门用于研发活动的仪器、设备，单位价值不超过100万元的，享受一次性扣除政策的有关情况。

第12行"重要行业小型微利企业单价不超过100万元研发生产共用设备"：填报"重要行业"中的小型微利企业，对其新购进研发和生产经营共用的仪器、设备，单位价值不超过100万元的，享受一次性扣除政策的有关情况。

第13行"5 000元以下固定资产"：填写纳税人单位价值不超过5 000元的固定资产，按照政策规定一次性在当期税前扣除的有关情况。

第14行"技术进步、更新换代固定资产"：填写企业固定资产因技术进步，产品更新换代较快，按税收规定享受固定资产加速折旧的有关情况。

第15行"常年强震动、高腐蚀固定资产"：填写常年处于强震动、高腐蚀状态的固定资产，按税收规定享受固定资产加速折旧有关情况。

第16行"外购软件折旧"：填写企业外购软件作为固定资产处理，按财税〔2012〕27号文件规定享受加速折旧的有关情况。

第17行"集成电路企业生产设备"：填报集成电路生产企业的生产设备，按照财税〔2012〕27号文件规定享受加速折旧政策的有关情况。

第29行"享受企业外购软件加速摊销政策"：填写企业外购软件做无形资产处理，按财税〔2012〕27号文件规定享受加速摊销的有关情况。

附列资料"享受全民所有制改制资产评估增值政策资产"：填写企业按照国家税务总局公告2017年第34号文件规定，执行"改制中资产评估增值不计入应纳税所得额""资产的计税基础按其原有计税基础确定""资产增值部分的折旧或者摊销不得在税前扣除"政策的情况。本行不参与计算，仅用于列示享受全民所有制改制资产评估增值政策资产的有关情况，相关资产折旧(摊销)及调整情况在本表第1行至第39行按规定填报。

10. 企业所得税弥补亏损明细表

企业所得税弥补亏损明细表(A106000)结构，如表19-23所示。

表 19-23　企业所得税弥补亏损明细表

行次	项目	年度	可弥补亏损所得	合并、分立转入(转出)可弥补的亏损额	当年可弥补的亏损额	以前年度亏损已弥补额					本年度实际弥补的以前年度亏损额	可结转以后年度弥补的亏损额
						前四年度	前三年度	前二年度	前一年度	合计		
		1	2	3	4	5	6	7	8	9	10	11
1	前五年度											*
2	前四年度					*						
3	前三年度					*	*					
4	前二年度					*	*	*				
5	前一年度					*	*	*	*	*		
6	本年度					*	*	*	*	*		
7	可结转以后年度弥补的亏损额合计											

企业所得税弥补亏损明细表具体填表说明如下。

第1列"年度"：填报公历年度。纳税人应首先填报第6行本年度，再依次从第5行往第1行倒推填报以前年度。纳税人发生政策性搬迁事项，如停止生产经营活动年度可以从法定亏损结转弥补年限中减除，则按可弥补亏损年度进行填报。

第2列"可弥补亏损所得"：第6行填报表A100000第19行"纳税调整后所得"减去第20行"所得减免"后的值。

第3列"合并、分立转入(转出)可弥补的亏损额"：填报按照企业重组特殊性税务处理规定因企业被合并、分立而允许转入可弥补亏损额，以及因企业分立转出的可弥补亏损额(转入亏损以"-"号表示，转出亏损以正数表示)。合并、分立转入(转出)可弥补亏损额按亏损所属年度填报。

第4列"当年可弥补的亏损额"：当第2列小于零时，本项等于第2+3列；否则，本项等于第3列(亏损以"-"号表示)。

第4列至第9列"以前年度亏损已弥补额"：填报以前年度盈利已弥补金额。其中，前四年度、前三年度、前二年度、前一年度与"项目"列中的前四年度、前三年度、前二年度、前一年度相对应。

第10列"本年度实际弥补的以前年度亏损额"的填报方式为：第1行至第5行填报本年度盈利时，用第6行第2列本年度"可弥补亏损所得"依次弥补前5个年度尚未弥补完的亏损额。第6行金额等于第10列第1行至第5行的合计金额。

第11列"可结转以后年度弥补的亏损额"的填报方式为：第2行至第6行填报本年度前4个年度尚未弥补完的亏损额，以及本年度的亏损额。若纳税人有境外所得且选择用境外所得弥补以前年度境内亏损，填报用境外所得弥补本年度前4个年度境内亏损后尚未弥补完的亏损额。第7行填报第11列第2行至第6行的合计金额。

11. 免税、减计收入及加计扣除优惠明细表

免税、减计收入及加计扣除优惠明细表(A107010)结构，如表19-24所示。

表19-24　免税、减计收入及加计扣除优惠明细表

行次	项目	金额
1	一、免税收入(2+3+6+7+…+16)	
2	(一)国债利息收入免征企业所得税	
3	(二)符合条件的居民企业之间的股息、红利等权益性投资收益免征企业所得税(填写A107011)	
4	其中：内地居民企业通过沪港通投资且连续持有H股满12个月取得的股息红利所得免征企业所得税(填写A107011)	
5	内地居民企业通过深港通投资且连续持有H股满12个月取得的股息红利所得免征企业所得税(填写A107011)	
6	(三)符合条件的非营利组织的收入免征企业所得税	
7	(四)符合条件的非营利组织(科技企业孵化器)的收入免征企业所得税	
8	(五)符合条件的非营利组织(国家大学科技园)的收入免征企业所得税	
9	(六)中国清洁发展机制基金取得的收入免征企业所得税	
10	(七)投资者从证券投资基金分配中取得的收入免征企业所得税	
11	(八)取得的地方政府债券利息收入免征企业所得税	
12	(九)中国保险保障基金有限责任公司取得的保险保障基金等收入免征企业所得税	
13	(十)中央电视台的广告费和有线电视费收入免征企业所得税	
14	(十一)中国奥委会取得北京冬奥组委支付的收入免征企业所得税	
15	(十二)中国残奥委会取得北京冬奥组委分期支付的收入免征企业所得税	
16	(十三)其他	
17	二、减计收入(18+19+23+24)	
18	(一)综合利用资源生产产品取得的收入在计算应纳税所得额时减计收入	
19	(二)金融、保险等机构取得的涉农利息、保费减计收入(20+21+22)	
20	1.金融机构取得的涉农贷款利息收入在计算应纳税所得额时减计收入	
21	2.保险机构取得的涉农保费收入在计算应纳税所得额时减计收入	
22	3.小额贷款公司取得的农户小额贷款利息收入在计算应纳税所得额时减计收入	
23	(三)取得铁路债券利息收入减半征收企业所得税	
24	(四)其他	
25	三、加计扣除(26+27+28+29+30)	

(续表)

行次	项目	金额
26	(一) 开发新技术、新产品、新工艺发生的研究开发费用加计扣除(填写A107012)	
27	(二) 科技型中小企业开发新技术、新产品、新工艺发生的研究开发费用加计扣除(填写A107012)	
28	(三) 企业为获得创新性、创意性、突破性的产品进行创意设计活动而发生的相关费用加计扣除	
29	(四) 安置残疾人员所支付的工资加计扣除	
30	(五) 其他	
31	合计(1+17+25)	

免税、减计收入及加计扣除优惠明细表具体填表说明如下。

第1行"免税收入": 填报第2+3+6+7…+16行的合计金额。

第2行"国债利息收入免征企业所得税": 填报纳税人根据《国家税务总局关于企业国债投资业务企业所得税处理问题的公告》(国家税务总局公告2011年第36号)等相关税收政策规定的,持有国务院财政部门发行的国债取得的利息收入。

第3行"符合条件的居民企业之间的股息、红利等权益性投资收益免征企业所得税": 填报《符合条件的居民企业之间的股息、红利等权益性投资收益明细表》(A107011)第8行第17列的金额。

第4行"内地居民企业通过沪港通投资且连续持有H股满12个月取得的股息红利所得免征企业所得税": 填报根据《财政部 国家税务总局 证监会关于沪港股票市场交易互联互通机制试点有关税收政策的通知》(财税〔2014〕81号)等相关税收政策规定的, 内地居民企业连续持有H股满12个月取得的股息红利所得。本行=表A107011第9行第17列。

第5行"内地居民企业通过深港通投资且连续持有H股满12个月取得的股息红利所得免征企业所得税": 填报根据《财政部 国家税务总局 证监会关于深港股票市场交易互联互通机制试点有关税收政策的通知》(财税〔2016〕127号)等相关税收政策的规定, 内地居民企业连续持有H股满12个月取得的股息红利所得。本行=表A107011第10行第17列。

第6行"符合条件的非营利组织的收入免征企业所得税": 填报纳税人根据《财政部 国家税务总局关于非营利组织企业所得税免税收入问题的通知》(财税〔2009〕122号)、《财政部 国家税务总局关于非营利组织免税资格认定管理有关问题的通知》(财税〔2014〕13号)等相关税收政策的规定, 同时符合条件并依法履行登记手续的非营利组织, 取得的捐赠收入等免税收入, 不包括从事营利性活动所取得的收入。

第7行"符合条件的非营利组织(科技企业孵化器)的收入免征企业所得税": 填报根据《中华人民共和国企业所得税法》《中华人民共和国企业所得税法实施条例》《财政部 国家税务总局关于非营利组织企业所得税免税收入问题的通知》(财税〔2009〕122号)、《财政部 国家税务总局关于非营利组织免税资格认定管理有关问题的通知》(财税〔2014〕13号)及《财政部 国家税务总局关于科技企业孵化器税收政策的通知》(财税〔2016〕89号)等相关税收政策的规定, 符合非营利组织条件的科技企业孵化器的收入。

第8行"符合条件的非营利组织(国家大学科技园)的收入免征企业所得税": 填报根据《中华人民共和国企业所得税法》《中华人民共和国企业所得税法实施条例》《财政部 国家税务总局关于非营利组织企业所得税免税收入问题的通知》(财税〔2009〕122号)、《财政部 国家税务总局关于非营利组织免税资格认定管理有关问题的通知》(财税〔2014〕13号)及《财政部 国家税务总局关于国家大学科技园税收政策的通知》(财税〔2016〕98号)等相关税收政策的规定,符合非营利组织条件的科技园的收入。

第9行"中国清洁发展机制基金取得的收入免征企业所得税":填报纳税人根据《财政部 国家税务总局关于中国清洁发展机制基金及清洁发展机制项目实施企业有关企业所得税政策问题的通知》(财税〔2009〕30号)等相关税收政策的规定,中国清洁发展机制基金取得的CDM项目温室气体减排量转让收入上缴国家的部分、国际金融组织赠款收入、基金资金的存款利息收入、购买国债的利息收入,国内外机构、组织和个人的捐赠收入。

第10行"投资者从证券投资基金分配中取得的收入免征企业所得税":填报纳税人根据《财政部 国家税务总局关于企业所得税若干优惠政策的通知》(财税〔2008〕1号)等相关税收政策的规定,投资者从证券投资基金分配中取得的收入。

第11行"取得的地方政府债券利息收入免征企业所得税":填报纳税人根据《财政部 国家税务总局关于地方政府债券利息所得免征所得税问题的通知》(财税〔2011〕76号)、《财政部 国家税务总局关于地方政府债券利息免征所得税问题的通知》(财税〔2013〕5号)等相关税收政策的规定,取得的2009年、2010年和2011年发行的地方政府债券利息所得,2012年及以后年度发行的地方政府债券利息收入。

第12行"中国保险保障基金有限责任公司取得的保险保障基金等收入免征企业所得税":填报中国保险保障基金有限责任公司根据《财政部 国家税务总局关于保险保障基金有关税收政策问题的通知》(财税〔2016〕10号)等相关税收政策的规定,根据《保险保障基金管理办法》取得的境内保险公司依法缴纳的保险保障基金;依法从撤销或破产保险公司清算财产中获得的受偿收入和向有关责任方追偿所得,以及依法从保险公司风险处置中获得的财产转让所得;捐赠所得;银行存款利息收入;购买政府债券、中央银行、中央企业和中央级金融机构发行债券的利息收入;国务院批准的其他资金运用取得的收入。

第13行"中央电视台的广告费和有线电视费收入免征企业所得税":填报按照《财政部 国家税务总局关于中央电视台广告费和有线电视费收入企业所得税政策问题的通知》(财税〔2016〕80号)等相关税收政策的规定,中央电视台的广告费和有线电视费收入。

第14行"中国奥委会取得北京冬奥组委支付的收入免征企业所得税":填报按照《财政部 税务总局 海关总署关于北京2022年冬奥会和冬残奥会税收政策的通知》(财税〔2017〕60号)等相关税收政策的规定,对按中国奥委会、主办城市签订的《联合市场开发计划协议》和中国奥委会、主办城市、国际奥委会签订的《主办城市合同》规定,中国奥委会取得的由北京冬奥组委分期支付的收入、按比例支付的盈余分成收入。

第15行"中国残奥委会取得北京冬奥组委分期支付的收入免征企业所得税":填报按照《财政部 税务总局 海关总署关于北京2022年冬奥会和冬残奥会税收政策的通知》(财税〔2017〕60号)等相关税收政策的规定,中国残奥委会根据《联合市场开发计划协议》取得的由北京冬奥组委分期支付的收入。

第16行"其他":填报纳税人享受的其他减免税项目名称、减免税代码及免税收入金额。

第17行"减计收入":填报第18+19+23+24行的合计金额。

第18行"综合利用资源生产产品取得的收入在计算应纳税所得额时减计收入"：填报纳税人综合利用资源生产产品取得的收入总额乘以10%的金额。

第19行"金融、保险等机构取得的涉农利息、保费减计收入"：填报金融、保险等机构取得的涉农利息、保费收入减计收入的金额。本行填报第20+21+22行的合计金额。

第20行"金融机构取得的涉农贷款利息收入在计算应纳税所得额时减计收入"：填报纳税人取得农户小额贷款利息收入总额乘以10%的金额。

第21行"保险机构取得的涉农保费收入在计算应纳税所得额时减计收入"：填报保险公司为种植业、养殖业提供保险业务取得的保费收入总额乘以10%的金额。其中，保费收入总额=原保费收入+分保费收入−分出保费收入。

第22行"小额贷款公司取得的农户小额贷款利息收入在计算应纳税所得额时减计收入"：填报按照《财政部 国家税务总局关于小额贷款公司有关税收政策的通知》(财税〔2017〕48号)等相关税收政策的规定，对经省级金融管理部门(金融办、局等)批准成立的小额贷款公司取得的农户小额贷款利息收入乘以10%的金额。

第23行"取得铁路债券利息收入减半征收企业所得税"：填报纳税人根据《财政部 国家税务总局关于铁路建设债券利息收入企业所得税政策的通知》(财税〔2011〕99号)、《财政部 国家税务总局关于2014年、2015年铁路建设债券利息收入企业所得税政策的通知》(财税〔2014〕2号)及《财政部 国家税务总局关于铁路债券利息收入所得税政策问题的通知》(财税〔2016〕30号)等相关税收政策的规定，对企业持有中国铁路建设铁路债券等企业债券取得的利息收入，减半征收企业所得税。本行填报政策规定减计50%收入的金额。

第24行"其他"：填报纳税人享受的其他减免税项目名称、减免税代码及减计收入金额。

第25行"加计扣除"：填报第26+27+28+29+30行的合计金额。

第26行"开发新技术、新产品、新工艺发生的研究开发费用加计扣除"：一般企业填报《研发费用加计扣除优惠明细表》(A107012)第50行金额。

第27行"科技型中小企业开发新技术、新产品、新工艺发生的研究开发费用加计扣除"：科技型中小企业填报《研发费用加计扣除优惠明细表》(A107012)第50行金额。

第28行"企业为获得创新性、创意性、突破性的产品进行创意设计活动而发生的相关费用加计扣除"：填报纳税人根据《财政部 国家税务总局 科技部关于完善研究开发费用税前加计扣除政策的通知》(财税〔2015〕119号)的规定，为获得创新性、创意性、突破性的产品进行创意设计活动而发生的相关费用按照规定进行税前加计扣除的金额。

第29行"安置残疾人员所支付的工资加计扣除"：填报纳税人根据《财政部 国家税务总局关于安置残疾人员就业有关企业所得税优惠政策问题的通知》(财税〔2009〕70号)等相关税收政策的规定，安置残疾人员的，在支付给残疾职工工资据实扣除的基础上，按照支付给残疾职工工资的100%加计扣除的金额。

第30行"其他"：填报纳税人享受的其他加计扣除项目名称、减免税代码及加计扣除的金额。

第31行"合计"：填报第1+17+25行的合计金额。

12. 符合条件的居民企业之间的股息、红利等权益性投资收益优惠明细表

符合条件的居民企业之间的股息、红利等权益性投资收益优惠明细表(A107011)结构，如表19-25所示。

表 19-25 符合条件的居民企业之间的股息、红利等权益性投资收益优惠明细表

行次	被投资企业	被投资企业统一社会信用代码(纳税人识别号)	投资性质	投资成本	投资比例	被投资企业利润分配确认金额		被投资企业清算确认金额			撤回或减少投资确认金额						合计
						被投资企业做出利润分配或转股决定时间	依决定归属于本公司的股息、红利等权益性投资收益金额	分得的被投资企业清算剩余资产	被清算企业累计未分配利润和累计盈余公积应享有部分	应确认的股息所得	从被投资企业撤回或减少投资取得的资产	减少投资比例	收回初始投资成本	取得资产中超过收回初始投资成本部分	撤回或减少投资应享有被投资企业累计未分配利润和累计盈余公积	应确认的股息所得	
	1	2	3	4	5	6	7	8	9	10(8与9孰小)	11	12	13(4×12)	14(11-13)	15	16(14与15孰小)	17(7+10+16)
1																	
2																	
3																	
4																	
5																	
6																	
7																	
8 合计																	
9 其中：股票投资——沪港通H股																	
10 股票投资——深港通H股																	

符合条件的居民企业之间的股息、红利等权益性投资收益优惠明细表具体填表说明如下。

第1行至第7行根据投资企业名称和投资性质填报，可以根据情况增加。

第8行"合计"：填报第1+2+…+7行的第17列合计金额，若增行，根据增行后的情况合计。

第9行"股票投资——沪港通H股"：填报第1+2…+7行中，"投资性质"列选择"股票投资(沪港通H股投资)"的行次，第17列合计金额。

第10行"股票投资——深港通H股"：填报第1+2…+7行中，"投资性质"列选择"股票投资(深港通H股投资)"的行次，第17列合计金额。

第1列"被投资企业"：填报被投资企业名称。

第2列"被投资企业统一社会信用代码(纳税人识别号)"：填报被投资企业工商等部门核发的纳税人统一社会信用代码。未取得统一社会信用代码的，填报税务机关核发的纳税人识别号。

第3列"投资性质"：按直接投资；股票投资(不含H股)；股票投资(沪港通H股投资)；股票投资(深港通H股投资)选项填报。

第4列"投资成本"：填报纳税人投资于被投资企业的计税成本。

第5列"投资比例"：填报纳税人投资于被投资企业的股权比例。若购买公开发行股票的，此列可不填报。

第6列"被投资企业做出利润分配或转股决定时间"：填报被投资企业做出利润分配或转股决定的时间。

第7列"依决定归属于本公司的股息、红利等权益性投资收益金额"：填报纳税人按照投资比例或者其他方法计算的，实际归属于本公司的股息、红利等权益性投资收益金额。若被投资企业将股权(票)溢价所形成的资本公积转为股本的，不作为投资方企业的股息、红利收入，投资方企业也不得增加该项长期投资的计税基础。

第8列"分得的被投资企业清算剩余资产"：填报纳税人分得的被投资企业清算后的剩余资产。

第9列"被清算企业累计未分配利润和累计盈余公积应享有部分"：填报被清算企业累计未分配利润和累计盈余公积中本企业应享有的金额。

第10列"应确认的股息所得"：填报第7列与第8列孰小值。

第11列"从被投资企业撤回或减少投资取得的资产"：填报纳税人从被投资企业撤回或减少投资时取得的资产。

第12列"减少投资比例"：填报纳税人撤回或减少的投资额占投资方在被投资企业持有总投资比例。

第13列"收回初始投资成本"：填报第4×11列的金额。

第14列"取得资产中超过收回初始投资成本部分"：填报第11-13列的余额。

第15列"撤回或减少投资应享有被投资企业累计未分配利润和累计盈余公积"：填报被投资企业累计未分配利润和累计盈余公积按减少实收资本比例计算的部分。

第16列"应确认的股息所得"：填报第13列与第14列孰小值。

第17列"合计"：填报第7+10+16列的合计金额。

13. 减免所得税优惠明细表

减免所得税优惠明细表(A107040)结构，如表19-26所示。

表 19-26 减免所得税优惠明细表

行次	项目	金额
1	一、符合条件的小型微利企业减免企业所得税	
2	二、国家需要重点扶持的高新技术企业减按15%的税率征收企业所得税(填写A107041)	
3	三、经济特区和上海浦东新区新设立的高新技术企业在区内取得的所得定期减免企业所得税(填写A107041)	
4	四、受灾地区农村信用社免征企业所得税(4.1+4.2)	
4.1	(一)芦山受灾地区农村信用社免征企业所得税	
4.2	(二)鲁甸受灾地区农村信用社免征企业所得税	
5	五、动漫企业自主开发、生产动漫产品定期减免企业所得税	
6	六、线宽小于0.8微米(含)的集成电路生产企业减免企业所得税(填写A107042)	
7	七、线宽小于0.25微米的集成电路生产企业减按15%税率征收企业所得税(填写A107042)	
8	八、投资额超过80亿元的集成电路生产企业减按15%税率征收企业所得税(填写A107042)	
9	九、线宽小于0.25微米的集成电路生产企业减免企业所得税(填写A107042)	
10	十、投资额超过80亿元的集成电路生产企业减免企业所得税(填写A107042)	
11	十一、新办集成电路设计企业减免企业所得税(填写A107042)	
12	十二、国家规划布局内集成电路设计企业可减按10%的税率征收企业所得税(填写A107042)	
13	十三、符合条件的软件企业减免企业所得税(填写A107042)	
14	十四、国家规划布局内重点软件企业可减按10%的税率征收企业所得税(填写A107042)	
15	十五、符合条件的集成电路封装、测试企业定期减免企业所得税(填写A107042)	
16	十六、符合条件的集成电路关键专用材料生产企业、集成电路专用设备生产企业定期减免企业所得税(填写A107042)	
17	十七、经营性文化事业单位转制为企业的免征企业所得税	
18	十八、符合条件的生产和装配伤残人员专门用品企业免征企业所得税	
19	十九、技术先进型服务企业减按15%的税率征收企业所得税	
20	二十、服务贸易创新发展试点地区符合条件的技术先进型服务企业减按15%的税率征收企业所得税	
21	二十一、设在西部地区的鼓励类产业企业减按15%的税率征收企业所得税	
22	二十二、新疆困难地区新办企业定期减免企业所得税	
23	二十三、新疆喀什、霍尔果斯特殊经济开发区新办企业定期免征企业所得税	
24	二十四、广东横琴、福建平潭、深圳前海等地区的鼓励类产业企业减按15%税率征收企业所得税	
25	二十五、北京冬奥组委、北京冬奥会测试赛事组委会免征企业所得税	
26	二十六、享受过渡期税收优惠定期减免企业所得税	
27	二十七、其他	
28	二十八、减:项目所得额按法定税率减半征收企业所得税叠加享受减免税优惠	
29	二十九、支持和促进重点群体创业就业企业限额减征企业所得税(29.1+29.2)	
29.1	(一)下岗失业人员再就业	
29.2	(二)高校毕业生就业	
30	三十、扶持自主就业退役士兵创业就业企业限额减征企业所得税	
31	三十一、民族自治地方的自治机关对本民族自治地方的企业应缴纳的企业所得税中属于地方分享的部分减征或免征(□免征 □减征:减征幅度____%)	
32	合计(1+2+…+26+27-28+29+30+31)	

减免所得税优惠明细表具体填表说明如下。

第1行"符合条件的小型微利企业减免企业所得税"：由享受小型微利企业所得税政策的纳税人填报。填报纳税人为从事国家非限制和禁止行业的企业，并符合工业企业，年度应纳税所得额不超过50万元，从业人数不超过100人，资产总额不超过3 000万元；其他企业，年度应纳税所得额不超过50万元，从业人数不超过80人，资产总额不超过1 000万元条件的，其所得减按50%计入应纳税所得额，按20%的税率缴纳企业所得税。本行填报《中华人民共和国企业所得税年度纳税申报表(A类)》(A100000)第23行应纳税所得额×15%的金额。

第2行"国家需要重点扶持的高新技术企业减按15%的税率征收企业所得税"：国家需要重点扶持的高新技术企业享受15%税率优惠金额填报本行。同时须填报《高新技术企业优惠情况及明细表》(A107041)。

第3行"经济特区和上海浦东新区新设立的高新技术企业在区内取得的所得定期减免企业所得税"：填报纳税人为经济特区和上海浦东新区内，在2008年1月1日(含)之后完成登记注册的国家需要重点扶持的高新技术企业。在经济特区和上海浦东新区内取得的所得，自取得第一笔生产经营收入所属纳税年度起，第一年至第二年免征企业所得税，第三年至第五年按照25%法定税率减半征收企业所得税。对于跨经济特区和上海浦东新区的高新技术企业，其区内所得优惠填写本行，区外所得优惠填写本表第2行。经济特区和上海浦东新区新设立的高新技术企业定期减免税期满后，只享受15%税率优惠的，填写本表第2行。同时须填报《高新技术企业优惠情况及明细表》(A107041)。

第4行"受灾地区农村信用社免征企业所得税"：填报受灾地区农村信用社免征企业所得税金额。本行为合计行，等于4.1行+4.2行。

芦山农村信用社在2017年12月31日前免征所得税，在4.1行填列；鲁甸农村信用社在2018年12月31日前免征所得税，在4.2行填列。免征所得税金额根据表A100000第23行应纳税所得额和法定税率计算。

第5行"动漫企业自主开发、生产动漫产品定期减免企业所得税"：经认定的动漫企业自主开发、生产动漫产品，享受软件企业所得税优惠政策。即在2017年12月31日前自获利年度起，第一年至第二年免征所得税，第三年至第五年按照25%的法定税率减半征收所得税，并享受至期满为止。本行填报根据表A100000第23行应纳税所得额计算的免征、减征企业所得税金额。

第6行"线宽小于0.8微米(含)的集成电路生产企业减免企业所得税"：集成电路线宽小于0.8微米(含)的集成电路生产企业，在2017年12月31日前自获利年度起计算优惠期，第一年至第二年免征企业所得税，第三年至第五年按照25%的法定税率减半征收企业所得税，并享受至期满为止。当表A107042"减免方式"选择第1行时，本行填报表A107042第32行的金额，否则不允许填报。

第7行"线宽小于0.25微米的集成电路生产企业减按15%税率征收企业所得税"：线宽小于0.25微米的集成电路生产企业，享受15%税率。当表A107042"减免方式"选择第2行的"15%税率"时，本行填报表A107042第32行的金额，否则不允许填报。

第8行"投资额超过80亿元的集成电路生产企业减按15%税率征收企业所得税"：投资额超过80亿元的集成电路生产企业，享受15%税率。当表A107042"减免方式"选择第3行的"15%税率"时，本行填报表A107042第32行的金额，否则不允许填报。

第9行"线宽小于0.25微米的集成电路生产企业减免企业所得税"：线宽小于0.25微米的集成电路生产企业，经营期在15年以上的，在2017年12月31日前自获利年度起计算优惠期，第一年至第五年免征企业所得税，第六年至第十年按照25%的法定税率减半征收企业所得税，并享受至期满为止。当表A107042"减免方式"选择第2行的"五免五减半"时，本行填报表A107042第32行的金额，否则不允许填报。

第10行："投资额超过80亿元的集成电路生产企业减免企业所得税"：投资额超过80亿元的集成电路生产企业，经营期在15年以上的，在2017年12月31日前自获利年度起计算优惠期，第一年至第五年免征企业所得税，第六年至第十年按照25%的法定税率减半征收企业所得税，并享受至期满为止。当表A107042"减免方式"选择第3行的"五免五减半"时，本行填报表A107042第32行的金额，否则不允许填报。

第11行"新办集成电路设计企业减免企业所得税"：我国境内新办的集成电路设计企业，在2017年12月31日前自获利年度起计算优惠期，第一年至第二年免征企业所得税，第三年至第五年按照25%的法定税率减半征收企业所得税，并享受至期满为止。当表A107042"减免方式"选择第4行时，本行填报表A107042第32行的金额，否则不允许填报。

第12行"国家规划布局内集成电路设计企业可减按10%的税率征收企业所得税"：国家规划布局内的重点集成电路设计企业，如当年未享受免税优惠的，可减按10%税率征收企业所得税。当表A107042"减免方式"选择第5行时，本行填报表A107042第32行的金额，否则不允许填报。

第13行"符合条件的软件企业减免企业所得税"：我国境内新办的符合条件的企业，在2017年12月31日前自获利年度起计算优惠期，第一年至第二年免征企业所得税，第三年至第五年按照25%的法定税率减半征收企业所得税，并享受至期满为止。当表A107042"减免方式"选择第6行时，本行填报表A107042第32行的金额，否则不允许填报。

第14行"国家规划布局内重点软件企业可减按10%的税率征收企业所得税"：国家规划布局内的重点软件企业，如当年未享受免税优惠的，可减按10%税率征收企业所得税。当表A107042"减免方式"选择第7行时，本行填报表A107042第32行的金额，否则不允许填报。

第15行"符合条件的集成电路封装、测试企业定期减免企业所得税"：符合条件的集成电路封装、测试企业，在2017年(含2017年)前实现获利的，自获利年度起第一年至第二年免征企业所得税，第三年至第五年按照25%的法定税率减半征收企业所得税，并享受至期满为止；2017年前未实现获利的，自2017年起计算优惠期，享受至期满为止。本行填报根据表A100000第23行应纳税所得额计算的免征、减征企业所得税金额。当表A107042"减免方式"选择第8行时，本行填报表A107042第32行的金额，否则不允许填报。

第16行"符合条件的集成电路关键专用材料生产企业、集成电路专用设备生产企业定期减免企业所得税"：符合条件的集成电路关键专用材料生产企业、集成电路专用设备生产企业，在2017年(含2017年)前实现获利的，自获利年度起第一年至第二年免征企业所得税，第三年至第五年按照25%的法定税率减半征收企业所得税，并享受至期满为止；2017年前未实现获利的，自2017年起计算优惠期，享受至期满为止。本行填报根据表A100000第23行应纳税所得额计算的免征、减征企业所得税金额。当表A107042"减免方式"选择第9行时，本行填报表A107042第32行的金额，否则不允许填报。

第17行"经营性文化事业单位转制为企业的免征企业所得税"：从事新闻出版、广播影视和文化艺术的经营性文化事业单位转制为企业的，自转制注册之日起免征企业所得税。本行填报根据表A100000第23行应纳税所得额计算的免征企业所得税金额。

第18行"符合条件的生产和装配伤残人员专门用品企业免征企业所得税"：符合条件的生产和装配伤残人员专门用品的企业免征企业所得税。本行填报根据A100000表第23行应纳税所得额计算的免征企业所得税金额。

第19行"技术先进型服务企业减按15%的税率征收企业所得税"：对经认定的技术先进型服务企业，减按15%的税率征收企业所得税。本行填报根据表A100000第23行应纳税所得额计算的减征所得税金额。

第20行"服务贸易创新发展试点地区符合条件的技术先进型服务企业减按15%的税率征收企业所得税"：在服务贸易创新发展试点地区，符合条件的技术先进型服务企业减按15%的税率征收企业所得税。本行填报根据表A100000第23行应纳税所得额计算的减征所得税金额。

第21行"设在西部地区的鼓励类产业企业减按15%的税率征收企业所得税"：对设在西部地区的鼓励类产业企业减按15%的税率征收企业所得税；对设在赣州市的鼓励类产业的内资和外商投资企业减按15%税率征收企业所得税。本行填报根据表A100000第23行应纳税所得额计算的减征所得税金额。

第22行"新疆困难地区新办企业定期减免企业所得税"：对在新疆困难地区新办的属于《新疆困难地区重点鼓励发展产业企业所得税优惠目录》范围内的企业，自取得第一笔生产经营收入所属纳税年度起，第一年至第二年免征企业所得税，第三年至第五年减半征收企业所得税。本行填报根据A100000表第23行应纳税所得额计算的免征、减征企业所得税金额。

第23行"新疆喀什、霍尔果斯特殊经济开发区新办企业定期免征企业所得税"：对在新疆喀什、霍尔果斯两个特殊经济开发区内新办的属于《新疆困难地区重点鼓励发展产业企业所得税优惠目录》范围内的企业，自取得第一笔生产经营收入所属纳税年度起，五年内免征企业所得税。本行填报根据A100000表第23行应纳税所得额计算的免征企业所得税金额。

第24行"广东横琴、福建平潭、深圳前海等地的鼓励类产业企业减按15%税率征收企业所得税"：对设在广东横琴新区、福建平潭综合实验区和深圳前海深港现代服务业合作区的鼓励类产业企业减按15%的税率征收企业所得税。本行填报根据表A100000第23行应纳税所得额计算的减征所得税金额。

第25行"北京冬奥组委、北京冬奥会测试赛赛事组委会免征企业所得税"：为支持发展奥林匹克运动，确保北京2022年冬奥会和冬残奥会顺利举办，对北京冬奥组委免征应缴纳的企业所得税，北京冬奥会测试赛赛事组委会取得的收入及发生的涉税支出比照执行北京冬奥组委的税收政策。本行填报北京冬奥组委、北京冬奥会测试赛赛事组委会根据表A100000第23行应纳税所得额计算的免征企业所得税金额。

第26行"享受过渡期税收优惠定期减免企业所得税"：自2008年1月1日起，原享受企业所得税"五免五减半"等定期减免税优惠的企业，新税法施行后继续按原税收法律、行政法规及相关文件规定的优惠办法及年限享受至期满为止，但因未获利而尚未享受税收优惠的，其优惠期限从2008年度起计算。本行填报根据表A100000第23行应纳税所得额计算的免征、减征企业所得税金额。

第27行"其他"：填报国务院根据税法授权制定的及本表未列明的其他税收优惠政策，需填报项目名称、减免税代码，以及免征、减征企业所得税金额。

第28行"项目所得额按法定税率减半征收企业所得税叠加享受减免税优惠"：纳税人同时享受优惠税率和所得项目减半情形下，在填报本表低税率优惠时，所得项目按照优惠税率减半计算多享受优惠的部分。计算公式：本行=减半项目所得额×50%×(25%-优惠税率)，本行应大于等于0且小于等于第1+2+…+20+22+…+27行的值。

第29行"支持和促进重点群体创业就业企业限额减征企业所得税"：商贸企业、服务型企业、劳动就业服务企业中的加工型企业和街道社区具有加工性质的小型企业实体，在新增加的岗位中，当年新招用在人力资源社会保障部门公共就业服务机构登记失业半年以上且持《就业创业证》或《就业失业登记证》(注明"企业吸纳税收政策")人员，与其签订1年以上期限劳动合同并依法缴纳社会保险费的，在3年内按实际招用人数予以定额依次扣减增值税、城市维护建设税、教育费附加、地方教育附加和企业所得税优惠。定额标准为每人每年4 000元，最高可上浮30%。本行填报企业纳税年度终了时实际减免的增值税、城市维护建设税、教育费附加和地方教育附加小于核定的减免税总额，在企业所得税汇算清缴时扣减的企业所得税，当年扣减不完的，不再结转以后年度扣减。本行为合计行，等于29.1行+29.2行。

安置下岗失业人员再就业、高校毕业生就业扣减的企业所得税，分别填写本表29.1行、29.2行。

第30行"扶持自主就业退役士兵创业就业企业限额减征企业所得税"：对商贸企业、服务型企业、劳动就业服务企业中的加工型企业和街道社区具有加工性质的小型企业实体，在新增加的岗位中，当年新招用自主就业退役士兵，与其签订1年以上期限劳动合同并依法缴纳社会保险费的，在3年内按实际招用人数予以定额依次扣减增值税、城市维护建设税、教育费附加、地方教育附加和企业所得税优惠。定额标准为每人每年4 000元，最高可上浮50%。本行填报企业纳税年度终了时实际减免的增值税、城市维护建设税、教育费附加和地方教育附加小于核定的减免税总额，在企业所得税汇算清缴时扣减的企业所得税，当年扣减不完的，不再结转以后年度扣减。

第31行"民族自治地方的自治机关对本民族自治地方的企业应缴纳的企业所得税中属于地方分享的部分减征或免征(□免征 □减征：减征幅度____%)"：实行民族区域自治的自治区、自治州、自治县的自治机关对本民族自治地方的企业应缴纳的企业所得税中属于地方分享的部分，可以决定减征或者免征，自治州、自治县决定减征或者免征的，须报省、自治区、直辖市人民政府批准。纳税人填报该行次时，根据享受政策的类型选择"免征"或"减征"，二者必选其一。选择"免征"是指企业所得税款地方分成40%部分全免；选择"减征"需填写"减征幅度"，减征幅度填写1至100，表示企业所得税地方分成部分减征的百分比。优惠金额填报(应纳所得税额-本表以上行次优惠合计)×40%×减征幅度的金额，本表以上行次不包括第4.1行、4.2行、29.1行、29.2行。如地方分享部分减半征收，则选择"减征"，并在"减征幅度"后填写"50%"。

14. 境外所得税收抵免明细表

境外所得税收抵免明细表(A108000)结构，如表19-27所示。

表 19-27 境外所得税收抵免明细表

行次	国家(地区)	境外税前所得	境外所得纳税调整后所得	弥补境外以前年度亏损	境外应纳税所得额	抵减境内亏损	抵减境内亏损后的境外应纳税所得额	税率	境外所得应纳税额	境外所得可抵免税额	境外所得抵免限额	本年可抵免境外所得税额	未超过境外所得税抵免限额的余额	本年可抵免以前年度未抵免境外所得税额	按简易办法计算				境外所得税抵免额合计
															按低于12.5%的实际税率计算的抵免额	按12.5%的计算的抵免额	按25%的计算的抵免额	小计	
	1	2	3	4	5(3-4)	6	7(5-6)	8	9(7×8)	10	11	12	13(11-12)	14	15	16	17	18(15+16+17)	19(12+14+18)
1																			
2																			
3																			
4																			
5																			
6																			
7																			
8																			
9																			
10	合计																		

境外所得税收抵免明细表具体填表说明如下。

1) 行次填报

纳税人若选择"分国(地区)不分项"的境外所得抵免方式，应根据表A108010、表A108020、表A108030分国(地区)别逐行填报本表；纳税人若选择"不分国(地区)不分项"的境外所得抵免方式，应按照税收规定计算可抵免境外所得税税额和抵免限额，并根据表A108010、表A108020、表A108030的合计金额填报本表第1行。

2) 列次填报

第1列"国家(地区)"：纳税人若选择"分国(地区)不分项"的境外所得抵免方式，填报纳税人境外所得来源的国家(地区)名称，来源于同一国家(地区)的境外所得合并到一行填报；纳税人若选择"不分国(地区)不分项"的境外所得抵免方式，填报"不分国(地区)不分项"。

第2列"境外税前所得"：填报《境外所得纳税调整后所得明细表》(A108010)第14列的金额。

第3列"境外所得纳税调整后所得"：填报《境外所得纳税调整后所得明细表》(A108010)第18列的金额。

第4列"弥补境外以前年度亏损"：填报《境外分支机构弥补亏损明细表》(A108020)第4列和第13列的合计金额。

第5列"境外应纳税所得额"：填报第3-4列的余额。当第3-4列＜0时，本列填报0。

第6列"抵减境内亏损"：当纳税人选择用境外所得弥补境内亏损时，填报纳税人境外所得按照税收规定抵减境内的亏损额(包括弥补的当年度境内亏损额和以前年度境内亏损额)；当纳税人选择不用境外所得弥补境内亏损时，填报0。

第7列"抵减境内亏损后的境外应纳税所得额"：填报第5-6列的余额。

第8列"税率"：填报法定税率25%。符合《财政部 国家税务总局关于高新技术企业境外所得适用税率及税收抵免问题的通知》(财税〔2011〕47号)第一条规定的高新技术企业填报15%。

第9列"境外所得应纳税额"：填报第7×8列的金额。

第10列"境外所得可抵免税额"：填报表A108010第13列的金额。

第11列"境外所得抵免限额"：境外所得抵免限额按中国境内、境外所得依照企业所得税法和条例的规定计算的应纳税总额×来源于某国(地区)的应纳税所得额÷中国境内、境外应纳税所得总额填报。

第12列"本年可抵免境外所得税额"：填报纳税人本年来源于境外的所得已缴纳所得税在本年度允许抵免的金额。填报第10列、第11列孰小值。

第13列"未超过境外所得税抵免限额的余额"：填报纳税人本年在抵免限额内抵免完境外所得税后，有余额的可用于抵免以前年度结转的待抵免的所得税额。本列填报第11-12列的余额。

第14列"本年可抵免以前年度未抵免境外所得税额"：填报纳税人本年可抵免以前年度未抵免、结转到本年度抵免的境外所得税额。填报第10列、《跨年度结转抵免境外所得税明细表》(A108030)第7列孰小值。

第15列至第18列由选择简易办法计算抵免额的纳税人填报。

第15列"按低于12.5%的实际税率计算的抵免额"：纳税人从境外取得营业利润所得以及符合境外税额间接抵免条件的股息所得，所得来源国(地区)的实际有效税率低于12.5%的，填报按照实际有效税率计算的抵免额。

第16列"按12.5%计算的抵免额":纳税人从境外取得营业利润所得以及符合境外税额间接抵免条件的股息所得,除第15列情形外,填报按照12.5%计算的抵免额。

第17列"按25%计算的抵免额":纳税人从境外取得营业利润所得以及符合境外税额间接抵免条件的股息所得,所得来源国(地区)的实际有效税率高于25%的,填报按照25%计算的抵免额。

第19列"境外所得抵免所得税额合计":填报第12+14+18列的合计金额。

15. 中华人民共和国企业所得税年度纳税申报表(A类)

中华人民共和国企业所得税年度纳税申报表(A类)(A100000)结构,如表19-28所示。

表 19-28　中华人民共和国企业所得税年度纳税申报表(A类)

行次	类别	项　目	金额
1	利润总额计算	一、营业收入(填写A101010\101020\103000)	
2		减:营业成本(填写A102010\102020\103000)	
3		减:税金及附加	
4		减:销售费用(填写A104000)	
5		减:管理费用(填写A104000)	
6		减:财务费用(填写A104000)	
7		减:资产减值损失	
8		加:公允价值变动收益	
9		加:投资收益	
10		二、营业利润(1-2-3-4-5-6-7+8+9)	
11		加:营业外收入(填写A101010\101020\103000)	
12		减:营业外支出(填写A102010\102020\103000)	
13		三、利润总额(10+11-12)	
14	应纳税所得额计算	减:境外所得(填写A108010)	
15		加:纳税调整增加额(填写A105000)	
16		减:纳税调整减少额(填写A105000)	
17		减:免税、减计收入及加计扣除(填写A107010)	
18		加:境外应税所得抵减境内亏损(填写A108000)	
19		四、纳税调整后所得(13-14+15-16-17+18)	
20		减:所得减免(填写A107020)	
21		减:弥补以前年度亏损(填写A106000)	
22		减:抵扣应纳税所得额(填写A107030)	
23		五、应纳税所得额(19-20-21-22)	
24	应纳税额计算	税率(25%)	
25		六、应纳所得税额(23×24)	
26		减:减免所得税额(填写A107040)	
27		减:抵免所得税额(填写A107050)	
28		七、应纳税额(25-26-27)	
29		加:境外所得应纳所得税额(填写A108000)	
30		减:境外所得抵免所得税额(填写A108000)	
31		八、实际应纳所得税额(28+29-30)	
32		减:本年累计实际已缴纳的所得税额	
33		九、本年应补(退)所得税额(31-32)	
34		其中:总机构分摊本年应补(退)所得税额(填写A109000)	
35		财政集中分配本年应补(退)所得税额(填写A109000)	
36		总机构主体生产经营部门分摊本年应补(退)所得税额(填写A109000)	

中华人民共和国企业所得税年度纳税申报表具体填表说明如下。

第1至13行参照国家统一会计制度规定填写。

第1行"营业收入":填报纳税人主要经营业务和其他经营业务取得的收入总额。本行根据"主营业务收入"和"其他业务收入"的数额填报。一般企业纳税人根据《一般企业收入明细表》(A101010)填报；金融企业纳税人根据《金融企业收入明细表》(A101020)填报；事业单位、社会团体、民办非企业单位、非营利组织等纳税人根据《事业单位、民间非营利组织收入、支出明细表》(A103000)填报。

第2行"营业成本"：填报纳税人主要经营业务和其他经营业务发生的成本总额。本行根据"主营业务成本"和"其他业务成本"的数额填报。一般企业纳税人根据《一般企业成本支出明细表》(A102010)填报；金融企业纳税人根据《金融企业支出明细表》(A102020)填报；事业单位、社会团体、民办非企业单位、非营利组织等纳税人，根据《事业单位、民间非营利组织收入、支出明细表》(A103000)填报。

第3行"税金及附加"：填报纳税人经营活动发生的消费税、城市维护建设税、资源税、土地增值税和教育费附加等相关税费。本行根据纳税人相关会计科目填报。纳税人在其他会计科目核算的税金不得重复填报。

第4行"销售费用"：填报纳税人在销售商品和材料、提供劳务的过程中发生的各种费用。本行根据《期间费用明细表》(A104000)中对应的"销售费用"填报。

第5行"管理费用"：填报纳税人为组织和管理企业生产经营发生的管理费用。本行根据《期间费用明细表》(A104000)中对应的"管理费用"填报。

第6行"财务费用"：填报纳税人为筹集生产经营所需资金等发生的筹资费用。本行根据《期间费用明细表》(A104000)中对应的"财务费用"填报。

第7行"资产减值损失"：填报纳税人计提各项资产准备发生的减值损失。本行根据企业"资产减值损失"科目上的数额填报。实行其他会计制度的比照填报。

第8行"公允价值变动收益"：填报纳税人在初始确认时划分为以公允价值计量且其变动计入当期损益的金融资产或金融负债(包括交易性金融资产或负债，直接指定为以公允价值计量且其变动计入当期损益的金融资产或金融负债)，以及采用公允价值模式计量的投资性房地产、衍生工具和套期业务中公允价值变动形成的应计入当期损益的利得或损失。本行根据企业"公允价值变动损益"科目的数额填报，损失以"-"号填列。

第9行"投资收益"：填报纳税人以各种方式对外投资确认所取得的收益或发生的损失。根据企业"投资收益"科目的数额计算填报，实行事业单位会计准则的纳税人根据"其他收入"科目中的投资收益金额分析填报，损失以"-"号填列。实行其他会计制度的纳税人比照填报。

第10行"营业利润"：填报纳税人当期的营业利润。根据上述项目计算填列。

第11行"营业外收入"：填报纳税人取得的与其经营活动无直接关系的各项收入的金额。一般企业纳税人根据《一般企业收入明细表》(A101010)填报；金融企业纳税人根据《金融企业收入明细表》(A101020)填报；实行事业单位会计准则或民间非营利组织会计制度的纳税人根据《事业单位、民间非营利组织收入、支出明细表》(A103000)填报。

第12行"营业外支出"：填报纳税人发生的与其经营活动无直接关系的各项支出的金额。一般企业纳税人根据《一般企业成本支出明细表》(A102010)填报；金融企业纳税人根据《金融企业支出明细表》(A102020)填报；实行事业单位会计准则或民间非营利组织会计制度的纳税人根据《事业单位、民间非营利组织收入、支出明细表》(A103000)填报。

第13行"利润总额"：填报纳税人当期的利润总额。根据上述项目计算填列。

第14行"境外所得"：填报纳税人取得的境外所得且已计入利润总额的金额。本行根据《境外所得纳税调整后所得明细表》(A108010)填报。

第15行"纳税调整增加额":填报纳税人会计处理与税收规定不一致,进行纳税调整增加的金额。本行根据《纳税调整项目明细表》(A105000)"调增金额"列填报。

第16行"纳税调整减少额":填报纳税人会计处理与税收规定不一致,进行纳税调整减少的金额。本行根据《纳税调整项目明细表》(A105000)"调减金额"列填报。

第17行"免税、减计收入及加计扣除":填报属于税收规定的免税收入、减计收入、加计扣除金额。本行根据《免税、减计收入及加计扣除优惠明细表》(A107010)填报。

第18行"境外应税所得抵减境内亏损":当纳税人选择不用境外所得抵减境内亏损时,填报0;当纳税人选择用境外所得抵减境内亏损时,填报境外所得抵减当年度境内亏损的金额,用境外所得弥补以前年度境内亏损的,填报《境外所得税收抵免明细表》(A108000)。

第19行"纳税调整后所得":填报纳税人经过纳税调整、税收优惠、境外所得计算后的所得额。

第20行"所得减免":填报属于税收规定所得减免金额。本行根据《所得减免优惠明细表》(A107020)填报。

第21行"弥补以前年度亏损":填报纳税人按照税收规定可在税前弥补的以前年度亏损数额。本行根据《企业所得税弥补亏损明细表》(A106000)填报。

第22行"抵扣应纳税所得额":填报根据税收规定应抵扣的应纳税所得额。本行根据《抵扣应纳税所得额明细表》(A107030)填报。

第23行"应纳税所得额":本行金额等于本表第19-20-21-22行的计算结果。本行不得为负数。按照上述行次顺序计算结果本行为负数,则本行金额填零。

第24行"税率":填报税收规定的税率25%。

第25行"应纳所得税额":金额等于本表第23×24行。

第26行"减免所得税额":填报纳税人按税收规定实际减免的企业所得税额。本行根据《减免所得税优惠明细表》(A107040)填报。

第27行"抵免所得税额":填报企业当年的应纳所得税额中抵免的金额。本行根据《税额抵免优惠明细表》(A107050)填报。

第28行"应纳税额":金额等于本表第25-26-27行。

第29行"境外所得应纳所得税额":填报纳税人来源于中国境外的所得,按照我国税收规定计算的应纳所得税额。本行根据《境外所得税收抵免明细表》(A108000)填报。

第30行"境外所得抵免所得税额":填报纳税人来源于中国境外所得依照中国境外税收法律以及相关规定应缴纳并实际缴纳(包括视同已实际缴纳)的企业所得税性质的税款(准予抵免税款)。本行根据《境外所得税收抵免明细表》(A108000)填报。

第31行"实际应纳所得税额":填报纳税人当期的实际应纳所得税额。金额等于本表第28+29-30行。

第32行"本年累计实际已缴纳的所得税额":填报纳税人按照税收规定本纳税年度已在月(季)度累计预缴的所得税额,包括按照税收规定的特定业务已预缴(征)的所得税额,建筑企业总机构直接管理的跨地区设立的项目部按规定向项目所在地主管税务机关预缴的所得税额。

第33行"本年应补(退)的所得税额":填报纳税人当期应补(退)所得税额。金额等于本表第31-32行。

第34行"总机构分摊本年应补(退)所得税额":填报汇总纳税的总机构按照税收规定在总机

构所在地分摊本年应补(退)所得税额。本行根据《跨地区经营汇总纳税企业年度分摊企业所得税明细表》(A109000)填报。

第35行"财政集中分配本年应补(退)所得税额"：填报汇总纳税的总机构按照税收规定财政集中分配本年应补(退)所得税款。本行根据《跨地区经营汇总纳税企业年度分摊企业所得税明细表》(A109000)填报。

第36行"总机构主体生产经营部门分摊本年应补(退)所得税额"：填报汇总纳税的总机构所属的具有主体生产经营职能的部门按照税收规定应分摊的本年应补(退)所得税额。本行根据《跨地区经营汇总纳税企业年度分摊企业所得税明细表》(A109000)填报。

【例19-2】升达有限公司企业所得税征收方式为查账征收，按照实际利润预缴方式预缴企业所得税。企业为非汇总纳税，无分支机构，非境外中资控股居民企业。根据20×8年利润表及相关明细资料(见表19-29～表19-38)，进行企业所得税的汇算清缴。

表 19-29　利润表

公司名称：升达有限公司　　　　　　　　　20×8年12月　　　　　　　　　　　　单位：元

项　　目	本　月　数	本年累计数
一、营业收入	7 865 284.00	34 507 676.82
减：营业成本	3 689 430.00	15 365 521.17
税金及附加	1 539 315.12	5 624 452.00
销售费用	1 622 000.00	4 323 010.00
管理费用	857 520.00	3 073 259.20
财务费用	71 000.00	172 070.00
资产减值损失		
加：公允价值变动损益		
投资收益		
二、营业利润	86 018.88	5 949 364.45
加：营业外收入	20 000.00	120 000.00
减：营业外支出	11 110.09	62 000.00
三、利润总额	94 908.79	6 007 364.45
减：所得税费用		
四、净利润		6 007 364.45

表 19-30　营业收入明细表

单位：元

序号	收入项目	入账金额	备注
1	销售空调收入	15 672 331.00	
2	提供修理空调收入	7 234 911.71	
3	让渡资产使用权收入	11 600 434.11	
	合计	34 507 676.82	

表 19-31　营业外收入明细表

单位：元

序号	收入项目	入账金额	备注
1	固定资产处置利得	60 000.00	
2	非货币性资产交换利得	30 000.00	
3	无法偿付的应付款项	30 000.00	
	合计	120 000.00	

表 19-32　营业成本明细表

单位：元

序号	收入项目	入账金额	备注
1	销售空调成本	7 248 426.43	
2	提供修理空调成本	5 100 425.23	
3	让渡资产使用权成本	3 016 669.51	
	合计	15 365 521.17	

表 19-33　管理费用明细表

单位：元

序号	项目明细	入账金额	备注
1	工资薪金	2 019 494.02	
2	咨询顾问费	6 773.00	
3	业务招待费	975 325.25	
4	折旧费	2 635.00	
5	办公费	4 871.23	
6	差旅费	1 247.00	
7	费用化税金	62 030.7	
8	其他费用	883.00	
	合计	3 073 259.20	

表 19-34　销售费用明细表

单位：元

序号	项目明细	入账金额	备注
1	广告宣传费	3 686 067.00	20×8年发生的广告宣传费中有68 067.00不符合扣除条件，结转到今年扣除金额为0元
2	折旧费	441041.60	
3	差旅费	195 901.40	
	合计	4 323 010.00	

表 19-35　财务费用明细表

单位：元

序号	项目明细	入账金额	备注
1	利息支出	172 070.00	
	合计	172 070.00	

表 19-36　营业外支出明细表

单位：元

序号	项目明细	入账金额	备注
1	工商罚款	11 000.00	
2	税收滞纳金	4 000.00	通过红星实业有限公司向四川发生地震村庄捐款17 000元
3	赞助支出	30 000.00	
4	捐赠支出	17 000.00	
	合计	62 000.00	

表 19-37　资产折旧明细表

单位：元

序号	资产	折旧摊销年限	资产原值	本年折旧	累计折旧
1	生产用器具工具	5年	666 526.32	126 640.00	297 604.00
2	电子设备	3年	644 210.56	204 000.00	479 400.00
3	房屋建筑物	20年	20 160 000.00	957 600.00	2 250 360.00
4	机器设备	10年	6 750 240.00	320 636.40	753 495.54

注：固定资产净残值率为5%，折旧采用平均年限法，会计与税法无差异。

表 19-38 工资明细

单位：元

序号	项目明细	入账金额	备注
1	工资支出	1 704 214.36	1.工资支出符合税法规定 2.上年结转本年的教育经费为 0 元
2	福利费用支出	238 590.01	
3	职工教育经费支出	42 605.36	
4	上缴工会组织的工会经费	34 084.29	
合计		2 019 494.02	

分析：根据相关资料进行企业所得税汇算清缴，具体内容如表19-39～表19-47所示。

表 19-39 填写完整的企业所得税年度纳税申报表 (A 类)(A10000)

单位：元

行次	类别	项 目	金额
1	利润总额计算	一、营业收入(填写A101010\101020\103000)	34 507 676.82
2		减：营业成本(填写A102010\102020\103000)	15 365 521.17
3		减：税金及附加	5 624 452.00
4		减：销售费用(填写A104000)	4 323 010.00
5		减：管理费用(填写A104000)	3 073 259.20
6		减：财务费用(填写A104000)	172 070.00
7		减：资产减值损失	
8		加：公允价值变动收益	
9		加：投资收益	
10		二、营业利润(1-2-3-4-5-6-7+8+9)	5 949 364.45
11		加：营业外收入(填写A101010\101020\103000)	120 000.00
12		减：营业外支出(填写A102010\102020\103000)	62 000.00
13		三、利润总额(10+11-12)	6 007 364.45
14	应纳税所得额计算	减：境外所得(填写A108010)	
15		加：纳税调整增加额(填写A105000)	932 853.87
16		减：纳税调整减少额(填写A105000)	
17		减：免税、减计收入及加计扣除(填写A107010)	
18		加：境外应税所得抵减境内亏损(填写A108000)	
19		四、纳税调整后所得(13-14+15-16-17+18)	6 940 218.32
20		减：所得减免(填写A107020)	
21		减：弥补以前年度亏损(填写A106000)	
22		减：抵扣应纳税所得额(填写A107030)	
23		五、应纳税所得额(19-20-21-22)	6 940 218.32
24	应纳税额计算	税率(25%)	
25		六、应纳所得税额(23×24)	1 735 054.58
26		减：减免所得税额(填写A107040)	
27		减：抵免所得税额(填写A107050)	
28		七、应纳税额(25-26-27)	1 735 054.58
29		加：境外所得应纳所得税额(填写A108000)	
30		减：境外所得抵免所得税额(填写A108000)	
31		八、实际应纳所得税额(28+29-30)	1 735 054.58
32		减：本年累计实际已缴纳的所得税额	
33		九、本年应补(退)所得税额(31-32)	
34		其中：总机构分摊本年应补(退)所得税额(填写A109000)	
35		财政集中分配本年应补(退)所得税额(填写A109000)	
36		总机构主体生产经营部门分摊本年应补(退)所得税额(填写A109000)	

表 19-40　填写完整的一般企业收入明细表 (A101010)

单位：元

行次	项目	金额
1	一、营业收入(2+9)	34 507 676.82
2	(一) 主营业务收入(3+5+6+7+8)	34 507 676.82
3	1. 销售商品收入	15 672 331.00
4	其中：非货币性资产交换收入	
5	2. 提供劳务收入	7 234 911.71
6	3. 建造合同收入	
7	4. 让渡资产使用权收入	11 600 434.11
8	5. 其他	
9	(二) 其他业务收入(10+12+13+14+15)	
10	1. 销售材料收入	
11	其中：非货币性资产交换收入	
12	2. 出租固定资产收入	
13	3. 出租无形资产收入	
14	4. 出租包装物和商品收入	
15	5. 其他	
16	二、营业外收入(17+18+19+20+21+22+23+24+25+26)	120 000.00
17	(一) 非流动资产处置利得	60 000.00
18	(二) 非货币性资产交换利得	30 000.00
19	(三) 债务重组利得	
20	(四) 政府补助利得	
21	(五) 盘盈利得	
22	(六) 捐赠利得	
23	(七) 罚没利得	
24	(八) 确实无法偿付的应付款项	30 000.00
25	(九) 汇兑收益	
26	(十) 其他	

表 19-41　填写完整的一般企业成本支出明细表 (A102010)

单位：元

行次	项目	金额
1	一、营业成本(2+9)	15 365 521.17
2	(一) 主营业务成本(3+5+6+7+8)	15 365 521.17
3	1. 销售商品成本	7 248 426.43
4	其中：非货币性资产交换成本	
5	2. 提供劳务成本	5 100 425.23
6	3. 建造合同成本	
7	4. 让渡资产使用权成本	3 016 669.51
8	5. 其他	
9	(二) 其他业务成本(10+12+13+14+15)	
10	1. 销售材料成本	
11	其中：非货币性资产交换成本	
12	2. 出租固定资产成本	
13	3. 出租无形资产成本	
14	4. 包装物出租成本	
15	5. 其他	
16	二、营业外支出(17+18+19+20+21+22+23+24+25+26)	62 000.00
17	(一) 非流动资产处置损失	
18	(二) 非货币性资产交换损失	
19	(三) 债务重组损失	
20	(四) 非常损失	
21	(五) 捐赠支出	17 000.00
22	(六) 赞助支出	30 000.00

(续表)

行次	项　目	金额
23	(七) 罚没支出	15 000.00
24	(八) 坏账损失	
25	(九) 无法收回的债券股权投资损失	
26	(十) 其他	

表 19-42　填写完整的期间费用明细表 (A104000)

单位：元

行次	项　目	销售费用	其中：境外支付	管理费用	其中：境外支付	财务费用	其中：境外支付
		1	2	3	4	5	6
1	一、职工薪酬		*	2 019 494.02	*	*	*
2	二、劳务费					*	*
3	三、咨询顾问费			6 773.00		*	*
4	四、业务招待费		*	975 325.25	*	*	*
5	五、广告费和业务宣传费	3 686 067.00	*		*	*	*
6	六、佣金和手续费						
7	七、资产折旧摊销费	441 041.60	*	2 635.00	*	*	*
8	八、财产损耗、盘亏及毁损损失		*		*	*	*
9	九、办公费		*	4 871.23	*	*	*
10	十、董事会费		*		*	*	*
11	十一、租赁费						
12	十二、诉讼费		*		*	*	*
13	十三、差旅费	195 901.40	*	1 247.00	*	*	*
14	十四、保险费		*		*	*	*
15	十五、运输、仓储费					*	*
16	十六、修理费					*	*
17	十七、包装费		*		*	*	*
18	十八、技术转让费					*	*
19	十九、研究费用					*	*
20	二十、各项税费		*	62 030.70	*	*	*
21	二十一、利息收支	*	*	*	*	172 070.00	
22	二十二、汇兑差额	*	*	*	*	*	
23	二十三、现金折扣	*	*	*	*	*	
24	二十四、党组织工作经费	*	*	*	*	*	
25	二十五、其他			883.00			
26	合计(1+2+3+…25)	4 323 010.00		3 073 259.20		172 070.00	

表 19-43　填写完整的纳税调整项目明细表 (A105000)

单位：元

行次	项　目	账载金额	税收金额	调增金额	调减金额
		1	2	3	4
1	一、收入类调整项目(2+3+…8+10+11)	*	*		
2	(一) 视同销售收入(填写A105010)	*			
3	(二) 未按权责发生制原则确认的收入(填写A105020)				
4	(三) 投资收益(填写A105030)				
5	(四) 按权益法核算长期股权投资对初始投资成本调整确认收益	*	*	*	
6	(五) 交易性金融资产初始投资调整	*	*		*
7	(六) 公允价值变动净损益		*		
8	(七) 不征税收入	*	*		

（续表）

行次	项　目	账载金额 1	税收金额 2	调增金额 3	调减金额 4
9	其中：专项用途财政性资金(填写A105040)	*	*		
10	(八) 销售折扣、折让和退回				
11	(九) 其他				
12	二、扣除类调整项目(13+14+…24+26+27+28+29+30)	*	*		
13	(一) 视同销售成本(填写A105010)	*		*	
14	(二) 职工薪酬(填写A105050)	2 019 494.02	2 019 494.02	0	
15	(三) 业务招待费支出	975 325.25	172 538.38	802 786.87	*
16	(四) 广告费和业务宣传费支出(填写A105060)	*	*	68 067.00	
17	(五) 捐赠支出(填写A105070)	17 000.00	0	17 000.00	
18	(六) 利息支出	172 070.00	172 070.00		
19	(七) 罚金、罚款和被没收财物的损失	15 000.00	*	15 000.00	*
20	(八) 税收滞纳金、加收利息		*		*
21	(九) 赞助支出	30 000.00	*	30 000.00	*
22	(十) 与未实现融资收益相关在当期确认的财务费用				
23	(十一) 佣金和手续费支出				*
24	(十二) 不征税收入用于支出所形成的费用	*	*		*
25	其中：专项用途财政性资金用于支出所形成的费用(填写A105040)	*	*		*
26	(十三) 跨期扣除项目				
27	(十四) 与取得收入无关的支出		*		*
28	(十五) 境外所得分摊的共同支出	*	*		*
29	(十六) 党组织工作经费				
30	(十七) 其他				
31	三、资产类调整项目(32+33+34+35)	*	*		
32	(一) 资产折旧、摊销(填写A105080)	*	*		
33	(二) 资产减值准备金		*		
34	(三) 资产损失(填写A105090)				
35	(四) 其他				
36	四、特殊事项调整项目(37+38+…+42)	*	*		
37	(一) 企业重组及递延纳税事项(填写A105100)				
38	(二) 政策性搬迁(填写A105110)	*	*		
39	(三) 特殊行业准备金(填写A105120)				
40	(四) 房地产开发企业特定业务计算的纳税调整额(填写A105010)	*			
41	(五) 有限合伙企业法人合伙方应分得的应纳税所得额				
42	(六) 其他	*	*		
43	五、特别纳税调整应税所得	*	*		
44	六、其他	*	*		
45	合计(1+12+31+36+43+44)	*	*	932 853.87	

表 19-44　填写完整的职工薪酬支出及纳税调整明细表 (A105050)

单位：元

行次	项目	账载金额 1	实际发生额 2	税收规定扣除率 3	以前年度累计结转扣除额 4	税收金额 5	纳税调整金额 6(1-5)	累计结转以后年度扣除额 7(1+4-5)
1	一、工资薪金支出	1 704 214.36		*	*	1 704 214.36	0	*
2	其中：股权激励			*	*			*
3	二、职工福利费支出	238 590.01			*	238 590.01	0	*
4	三、职工教育经费支出	42 605.36		*		42 605.36	0	

（续表）

行次	项目	账载金额	实际发生额	税收规定扣除率	以前年度累计结转扣除额	税收金额	纳税调整金额	累计结转以后年度扣除额
		1	2	3	4	5	6(1-5)	7(1+4-5)
5	其中：按税收规定比例扣除的职工教育经费							
6	其中：按税收规定全额扣除的职工培训费用				*			*
7	四、工会经费支出	34 084.29			*	34 084.29	0	*
8	五、各类基本社会保障性缴款		*		*			*
9	六、住房公积金		*		*			*
10	七、补充养老保险				*			*
11	八、补充医疗保险				*			*
12	九、其他		*	*	*			*
13	合计(1+3+4+7+8+9+10+11+12)	2 019 494.02	*			2 019 494.02	0	

表 19-45　填写完整的广告费和业务宣传费跨年度纳税调整明细表 (A105060)

单位：元

行次	项目	金额
1	一、本年广告费和业务宣传费支出	3 686 067.00
2	减：不允许扣除的广告费和业务宣传费支出	68 067.00
3	二、本年符合条件的广告费和业务宣传费支出(1-2)	3 618 000.00
4	三、本年计算广告费和业务宣传费扣除限额的销售(营业)收入	34 507 676.82
5	乘：税收规定扣除率	15%
6	四、本企业计算的广告费和业务宣传费扣除限额(4×5)	5 176 151.523
7	五、本年结转以后年度扣除额(3>6，本行=3-6；3≤6，本行=0)	
8	加：以前年度累计结转扣除额	
9	减：本年扣除的以前年度结转额(3>6，本行=0；3≤6，本行=8与(6-3)孰小值)	
10	六、按照分摊协议归集至其他关联方的广告费和业务宣传费(10≤3与6孰小值)	
11	按照分摊协议从其他关联方归集至本企业的广告费和业务宣传费	
12	七、本年广告费和业务宣传费支出纳税调整金额(3>6，本行=2+3-6+10-11；3≤6，本行=2+10-11-9)	
13	八、累计结转以后年度扣除额(7+8-9)	

表 19-46　填写完整的捐赠支出及纳税调整明细表 (A105070)

单位：元

行次	项目	账载金额	以前年度结转可扣除的捐赠额	按税收规定计算的扣除限额	税收金额	纳税调增金额	纳税调减金额	可结转以后年度扣除的捐赠额
		1	2	3	4	5	6	7
1	一、非公益性捐赠	17 000.00	*	*	*	17 000.00	*	*
2	二、全额扣除的公益性捐赠		*	*		*	*	*
3	三、限额扣除的公益性捐赠(4+5+6+7)							
4	前三年度(　　年)		*		*	*	*	
5	前二年度(　　年)		*		*	*	*	
6	前一年度(　　年)		*		*	*	*	
7	本　年(　　年)		*				*	
8	合计(1+2+3)							

表19-47 填写完整的资产折旧、摊销及纳税调整明细表（A105080）

行次	项目	账载金额			税收金额					纳税调整金额
		资产原值	本年折旧、摊销额	累计折旧、摊销额	资产计税基础	税收折旧额	享受加速折旧政策的资产按税收一般规定计算的折旧、摊销额	加速折旧统计额	累计折旧、摊销额	纳税调整金额
		1	2	3	4	5	6	7=5-6	8	9(2-5)
1	一、固定资产(2+3+4+5+6+7)									
2	（一）房屋、建筑物	20 160 000.00	957 600.00	2 250 360.00	20 160 000.00	957 600.00	*	*	2 250 360.00	0
3	（二）飞机、火车、轮船、机器、机械和其他生产设备	6 750 240.00	320 636.40	753 495.54	6 750 240.00	320 636.40	*	*	753 495.54	0
4	所有固定资产 （三）与生产经营活动有关的器具、工具、家具等	666 526.32	126 640.00	297 604.00	666 526.32	126 640.00	*	*	297 604.00	0
5	（四）飞机、火车、轮船以外的运输工具						*	*		
6	（五）电子设备	644 210.56	204 000.00	479 400.00	644 210.56	204 000.00	*	*	479 400.00	0
7	（六）其他									
8	其中：享受固定资产加速折旧政策的资产折旧大于一般折旧额的部分 （一）重要行业固定资产加速折旧(不含一次性扣除)						*	*		*
9	（二）其他行业研发设备加速折旧						*			*
10	（三）允许一次性扣除的固定资产(11+12+13)						*			*
11	1.单价不超过100万元专用研发设备						*			*
12	2.重要行业小型微利企业单价不超过100万元研发生产共用设备						*			*
13	3.5 000元以下固定资产						*			*
14	（四）技术进步、更新换代固定资产						*			*
15	（五）常年强震动、高腐蚀固定资产						*			*
16	（六）外购软件折旧						*			*
17	（七）集成电路企业生产设备						*			*

（续表）

行次	项目	账载金额			资产计税基础	税收金额				纳税调整金额
		资产原值	本年折旧、摊销额	累计折旧、摊销额		税收折旧额	享受加速折旧政策的资产按税收一般规定计算的折旧、摊销额	加速折旧统计额	累计折旧、摊销额	
		1	2	3	4	5	6	7=5-6	8	9(2-5)
18	二、生产性生物资产(19+20)									
19	(一)林木类						*	*		
20	(二)畜类						*	*		
21	三、无形资产(22+23+24+25+26+27+28+30)						*	*		
22	(一)专利权						*	*		
23	(二)商标权						*	*		
24	(三)著作权						*	*		
25	(四)土地使用权						*	*		
26	(五)非专利技术						*	*		
27	(六)特许权使用费						*	*		
28	(七)软件						*	*		
29	其中：享受企业外购软件加速摊销政策									*
30	(八)其他						*	*		
31	四、长期待摊费用(32+33+34+35+36)						*	*		
32	(一)已足额提取折旧的固定资产的改建支出						*	*		
33	(二)租入固定资产的改建支出						*	*		
34	(三)固定资产的大修理支出						*	*		
35	(四)开办费						*	*		
36	(五)其他						*	*		
37	五、油气勘探投资						*	*		
38	六、油气开发投资						*	*		
39	合计(1+18+21+31+37+38)									
附列资料	享受全民所有制改制资产评估增值政策资产						*	*		

第20章 个人所得税纳税实操

　　个人所得税作为调节收入分配、促进公平的重要工具，对于改变个人收入分配结构，缩小高收入者和低收入者之间的收入差距有着十分重要的作用。在企业里，最常见的需要征收个人所得税的收入就是工资和劳务报酬。本章在讲述个人所得税理论知识的基础上，介绍工资薪金、劳务报酬代扣代缴个税的计算方法和纳税申报流程。

20.1 个人所得税认知

20.1.1 个人所得税概述

1. 个人所得税的概念及特点

　　个人所得税是以个人(自然人)取得的各项应税所得为征税对象所征收的一种税。

　　个人所得税具有以下特点：

　　(1) 实行分类征收。世界各国的个人所得税制大体分为3种类型：分类所得税制、综合所得税制和混合所得税制。我国个人所得税正在由分类所得税制向综合所得税制改革。

　　(2) 超额累进税率与比例税率并用。分类所得税制一般采用比例税率，综合所得税制通常采用累进税率。我国现行个人所得税根据各类个人所得的不同性质和特点，将这两种形式的税率运用于个人所得税制中。

　　(3) 费用扣除额较宽。

　　(4) 计算简便。

　　(5) 采取课源制和申报制两种征税方法。

2. 个人所得税纳税人

　　个人所得税的纳税人不仅涉及中国公民，也涉及在华取得所得的外籍人员和中国的港、澳、台同胞。个人所得税的纳税人分为居民纳税人和非居民纳税人。

　　(1) 居民纳税人。判断是否为居民纳税人，有以下两个标准，只要具备一个就可以成为居民纳税人：①在中国境内有住所，是指因户籍、家庭、经济利益关系而在中国境内习惯性居住；②在中国境内居住满1年，是指在一个纳税年度(即公历1月1日起至12月31日止)内，在中国境内居住满183日。

　　(2) 非居民纳税人。非居民纳税人的判定条件：①在我国无住所又不居住；②在一个纳税年度内在中国境内居住累计不满90天。

3. 个人所得税的征税对象

　　个人所得税针对个人的所得进行征税，具体征税对象如表20-1所示。

表 20-1 征税对象分类表

项 目		具体内容
劳动所得	工资、薪金所得	工资、薪金、奖金、年终加薪、劳动分红、津贴、补贴
	劳务报酬所得	从事设计、装潢、安装、制图、化验、测试、法律、咨询、讲学、新闻、广播、翻译、审稿、书画、雕刻、影视、录音、录像、演出、表演、广告、展览、技术服务、介绍服务、经济服务、代办服务以及其他劳务取得的所得
	稿酬所得	作品以图书、报刊形式出版、发表而取得的所得
经营所得	个体工商户生产经营所得	个人独资企业投资人、合伙企业的个人合伙人来源于境内注册的个人独资企业、合伙企业生产经营所得
	有偿服务所得	从事办学、医疗、咨询，以及其他有偿服务活动取得的所得
	承包、承租经营所得	企业、事业单位承包经营、承租经营以及转包、转租取得的所得
	其他生产经营所得	个人从事其他生产、经营活动取得的所得
资本所得	利息、股息、红利	拥有债券、股权等而取得的利息、股息、红利所得
	财产租赁所得	出租不动产、机器设备、车船，以及其他财产取得的所得
	财产转让所得	转让有价证券、股权、合伙企业中的财产份额、不动产、机器设备、车船，以及其他财产取得的所得
其他所得	偶然所得	得奖、中奖、中彩，以及其他偶然性质取得的所得

20.1.2 个人所得税税率及应纳税额计算

1. 个人所得税的税率

1) 超额累进税率

超额累进税率适用于综合所得和经营所得。

(1)综合所得，使用3%～45%的七级超额累进税率。具体税率如表20-2所示。

表 20-2 个人所得税税率表（综合所得适用）

级 数	全月应纳税所得额	税率/%	速算扣除数
1	不超过36 000元的	3	0
2	超过36 000元至144 000元的部分	10	2 520
3	超过144 000元至300 000元的部分	20	16 920
4	超过300 000元至420 000元的部分	25	31 920
5	超过420 000元至660 000元的部分	30	52 920
6	超过660 000元至960 000元的部分	35	85 920
7	超过960 000元的部分	45	181 920

注：非居民个人取得工资薪金所得、劳务报酬所得、稿酬所得和特许权使用费所得，依照本表换算后计算应纳税额。

(2) 经营所得，适用3%～45%的五级超额累进税率，如表20-3所示。

表 20-3 个人所得税税率表（经营所得适用）

级 数	全年应纳税所得额	税率/%	速算扣除数
1	不超过30 000元的	5	0
2	超过30 000元至90 000元的部分	10	1 500
3	超过90 000元至300 000元的部分	20	10 500
4	超过300 000元至500 000元的部分	30	40 500
5	超过500 000元的部分	35	65 500

注：本表所称全年应纳税所得额，是指依照税法规定，以每一纳税年度的收入总额减除成本、费用以及损失后的余额。

2) 比例税率

利息、股息、红利所得，财产租赁所得，财产转让所得和偶然所得依照税法规定分别计算个人所得税，适用20%的比例税率。

2. 个人所得税应纳税额的计算

不同的征税项目，应纳税额的计算有所差异，具体如表20-4所示。

表 20-4 应纳税额计算方法

征税项目	计税依据	税率	计税方法	计税公式
工资、薪金所得，劳务报酬所得，稿酬所得，特许权使用费所得等综合所得	综合所得按年征税，以每一纳税年度的收入额减除费用6万元以及专项扣除、专项附加扣除(包括子女教育、继续教育、大病医疗、住房贷款利息或者住房租金、赡养老人等)和依法确定的其他扣除后的余额为应纳税所得额(注：劳务报酬所得、稿酬所得、特许权使用费所得以收入减除费用后的余额为收入额。稿酬所得的收入额减按70%计算)	七级超额累进税率	按年计算，预扣预缴税款，年终汇算清缴	应纳税额=应纳税所得额×适用税率-速算扣除数
经营所得	以每一纳税年度的收入总额减除成本、费用，以及损失后的余额为应纳税所得额	五级超额累进税率	按年计算，按月/次缴纳	
财产租赁所得	每次收入不超过4 000元的减除费用800元；4 000元以上的，减除20%的费用，其余额为应纳税所得额	20%比例税率	按次/月纳税	应纳税额=应纳税所得额×20%
财产转让所得	以转让财产的收入额减除财产原值和合理费用后的余额为应纳税所得额			
利息、股息、红利所得	以每次收入额为应纳税所得额			
偶然所得	以每次收入额为应纳税所得额			

20.2 个人所得税纳税申报实务

个人所得税的申报分为个人申报及企业代扣代缴。企业代扣代缴主要通过纳税人进行纳税服务平台的相关数据导入即可完成申报。申报的具体操作步骤如下。

1. 人员信息采集

进入自然人税收管理系统扣缴客户端，进行自然人信息登记，如图20-1所示。

图 20-1　人员信息采集

2. 专项附加扣除信息采集

人员信息采集成功后，进行专项附加扣除信息采集。以子女教育支出信息采集为例，讲解专项附加扣除信息的填制方法。

(1) 单击进入"专项附加扣除信息采集"界面,选择"子女教育支出"选项,单击"新增"按钮,在弹出的对话框中填写子女教育支出信息,如图20-2所示。

图 20-2　新增子女教育支出信息

(2) 子女教育支出信息填写完成后,单击"导入"按钮,导入子女教育支出明细,如图20-3所示。

图 20-3　导入子女教育支出明细

(3) 以上信息填写完成后,单击"报送"按钮,进行子女教育支出信息报送,如图20-4所示。

3. 进行综合所得申报

单击进入"综合所得申报"界面,填写个人综合所得相关信息,如图20-5所示。

4. 进行税款缴纳

将上述信息填制完成后,单击"确定"按钮,系统将自行核算相关税费。核对无误后,单击"提交数据"按钮,完成税款缴纳,如图20-6所示。

图 20-4　子女教育支出信息报送

图 20-5　综合所得申报

图 20-6　税款缴纳

第 21 章

其他税种的纳税实操

企业除了要进行增值税、消费税、所得税等主要税种的申报以外，还需完成其他税种的日常申报工作。本章主要讲述房产税、城镇土地使用税、印花税、城建税及教育费附加等其他税种的申报工作。

21.1 房产税纳税实务

21.1.1 房产税概述

1. 房产税的概念和特点

房产税是以房屋为征税对象，按照房屋的计税余值或租金收入为计税依据，向产权所有人征收的一种财产税。

房产税属于财产税中的个别财产税，征税范围限于城镇的经营性房屋，区别房屋的经营使用方式规定征税办法。

房产税属于地方税，征收房产税可以为地方财政筹集一部分市政建设资金，解决地方财力不足的问题。对房屋拥有者征收房产税，可以调节纳税人的收入水平，有利于加强对房屋的管理，提高房屋的使用效益，控制固定资产的投资规模和配合国家房产政策的调整，合理调节房产所有人和经营人的收入。

2. 房产税的税率和应纳税额的计算

1) 房产税的税率

我国现行房产税采用的是比例税率。由于房产税的计税依据分为从价计征和从租计征两种形式，所以房产税的税率也包含以下两种。

(1) 从价计征：按房产原值一次减除10%～30%后的余值计征，税率为1.2%。

(2) 从租计征：按房产出租的租金收入计征，税率为12%。

2) 房产税应纳税额的计算

(1) 从价计征的计算。从价计征是按房产的原值扣除一定比例后的余值计征，其计算公式为

$$应纳税额=应税房产原值×(1-扣除比例)×1.2\%$$

(2) 从租计征的计算。从租计征是按房产的租金收入计征，其计算公式为

$$应纳税额=租金收入×12\%(或4\%)$$

3. 房产税的征收管理

房产税实行按年计算、分期缴纳的征收方法，具体纳税期限由省、自治区、直辖市人民政府确定。

房产税在房产所在地缴纳。房产不在同一地方的纳税人，应按房产的坐落地点分别向房产所在地的税务机关纳税。

房产税的纳税人应按照条例的有关规定，及时办理纳税申报，并如实填写《房产税纳税申报表》。

21.1.2 房产税的纳税申报

(1) 操作人员登录网上办税服务厅，在"系统功能"列表下选择"税费申报及缴纳"|"房产税申报"|"房产纳税申报表"选项，系统显示"房产税纳税申报表"页面。

(2) 在"房产税纳税申报表"页面填写企业相关信息，系统将自动带出该纳税人已登记的房源信息。按照此方法操作人员分别填写"房屋申报从价计征明细表""房屋申报从租计征明细表"和"房产税减免税明细申报表"。填写完成后系统自动汇总填入"房产税纳税申报表"，如图21-1所示。

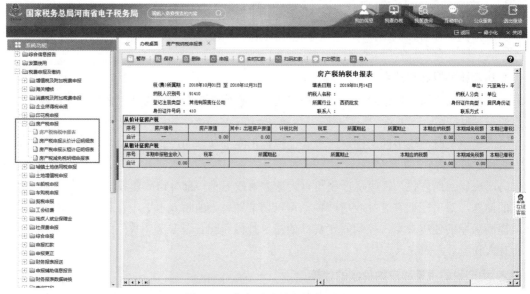

图 21-1 房产税纳税申报表页面

(3) 以上信息填制完成后，单击"保存"按钮，系统将显示上一环节填写的申报表主表数据，操作人员确认是否正确，如需修改可单击"返回"按钮，回到填写申报表页面修改数据；如确认无误可单击"确认"按钮。

(4) 保存信息后，单击"申报"按钮，完成房产税申报工作。

21.2 城镇土地使用税纳税实务

21.2.1 城镇土地使用税概述

1. 城镇土地使用税的概念及征税范围

城镇土地使用税是以国有土地或集体土地为征税对象，对拥有土地使用权的单位和个人征收的一种税。

城镇土地使用税的征税范围包括在城市、县城、建制镇和工矿区内的国家所有和集体所有的土地。对建立在城市、县城、建制镇和工矿区以外的工矿企业则不需要缴纳城镇土地使用税。

2. 城镇土地使用税的税率

城镇土地使用税采用定额税率。每平方米土地年税额规定如下：

(1) 大城市1.5～30元；

(2) 中等城市1.2～24元；

(3) 小城市0.9～18元；

(4) 县城、建制镇、工矿区0.6～12元。

3. 城镇土地使用税计税依据

城镇土地使用税以纳税义务人实际占用的土地面积为计税依据。其应纳税额计算的基本公式为

$$全年应纳税额=实际占用应税土地面积(平方米)\times 适用税额$$

单独建造的地下建筑物的税额计算公式为

$$全年应纳税额=证书确认应税土地面积或地下建筑物垂直投影面积(平方米)\times$$
$$适用税额\times 50\%$$

城镇土地使用税按年计算，分期缴纳。使用城镇土地，一般是从次月起发生纳税义务，只有新征用耕地是在批准使用之日起满一年时开始纳税。

21.2.2　城镇土地使用税的纳税申报

城镇土地使用税的纳税人应按照有关规定，及时办理纳税申报。具体申报步骤如下。

(1) 操作人员登录"网上办税服务厅"，在"系统功能"列表下，选择"税费申报及缴纳"|"城镇土地使用税申报"|"城镇土地使用税纳税申报表"选项，进入"城镇土地使用税纳税申报表"页面，如图21-2所示。

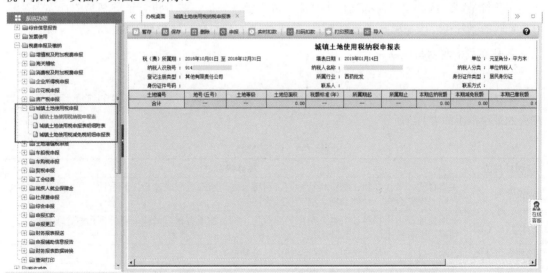

图 21-2　城镇土地使用税纳税申报页面

(2) 在"城镇土地使用税纳税申报"页面，录入企业相关信息，系统自动导入企业土地使用信息。根据以上方法分别填写"城镇土地使用税申报表明细附表"和"城镇土地使用税减免税明细申报表"。

(3) 填写完成后，单击"保存"按钮，保存企业土地使用税信息。单击"申报"按钮进行城镇土地使用税申报，如图21-3所示。

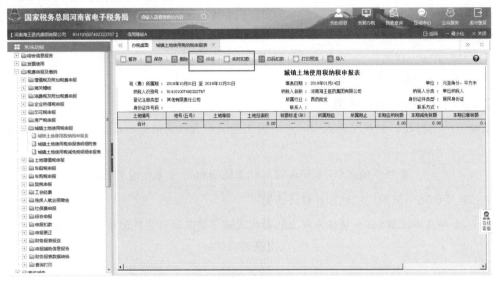

图 21-3　城镇土地使用税的申报

21.3　印花税纳税实务

21.3.1　印花税概述

1. 印花税的概念和特点

印花税是对经济活动和经济交往中订立、领受经济凭证，或者进行证券交易的行为为征税对象征收的一种税。印花税具有征税范围广、税率低、税负轻，纳税期限较长的特点。

2. 印花税的税目与税率

1) 印花税税目

印花税税目采用正列举的方式，凡有列举的项目都须征税，未列入范围的则不用征收。印花税的征税范围如表21-1所示。

表 21-1　印花税税目表

税目类型	具体内容
应税合同	买卖合同、借款合同、融资租赁合同、租赁合同、承揽合同、建设工程合同、运输合同、技术合同、保管合同、仓储合同、财产保险合同
产权转移书据	土地使用权出让和转让书据，房屋等建筑物、构筑物所有权，股权，商标专用权，著作权，专利权，专有技术使用权转让书据
权利许可证照	不动产权证书、营业执照、商标注册证、专利证书
营业账簿	营业账簿属于财务会计账簿，按其反映内容的不同，可分为记载资金的账簿和其他账簿
证券交易	依法设立的证券交易所上市交易或者在国务院批准的其他证券交易场所转让公司股票和以股票为基础发行的存托凭证

※提示※

根据《财政部 税务总局关于对营业账簿减免印花税的通知》(财税〔2018〕50号)的规定，自2018年5月1日起，对按0.5‰税率贴花的资金账簿减半征收印花税，对按件贴花5元的其他账簿免征印花税。

2) 适用税率

现行印花税采用比例税率和定额税率两种形式。

(1) 比例税率。印花税的比例税率分为5档，即1‰、0.5‰、0.3‰、0.25‰、0.05‰。

(2) 定额税率。适用定额税率的是权利许可证照，采取按件规定固定税额，单位税额均为每件5元。由于这类凭证没有金额记载，规定按件定额征税，可以方便征纳，简化手续。

印花税税目、税率表如表21-2所示。

表 21-2 印花税税目、税率

税目		税率	说明
应税合同	(1) 买卖合同	支付价款0.3‰	动产买卖合同
	(2) 借款合同	借款金额0.05‰	银行业金融机构和借款人(不包括银行同业拆借)订立的借款合同
	(3) 融资租赁合同	租金0.5‰	
	(4) 租赁合同	租金1‰	
	(5) 承揽合同	支付报酬0.3‰	
	(6) 运输合同	运输费用0.3‰	货运合同和多式联运合同(不包括管道运输合同)
	(7) 技术合同	支付价款、报酬或者使用费0.3‰	
	(8) 借款合同	借款金额0.05‰	
	(9) 保管合同	保管费1‰	
	(10) 仓储合同	仓储费1‰	
	(11) 财产保险合同	保险费1‰	不包括再保险合同
产权转移书据	土地使用权出让和转让书据，房屋等建筑物、构筑物所有权，股权(不包括上市和挂牌公司股票)，商标专用权，著作权，专利权，专有技术使用权转让书据	支付价款0.5‰	
权利许可证照	不动产权证书、营业执照、商标注册证、专利证书	按件5元	
营业账簿		实收资本(股本)、资本公积合计金额0.25‰	
证券交易		成交金额1‰	对证券交易的出让方征收，不对证券交易的受让方征收

3. 印花税应纳税额的计算

印花税应纳税额按照下列方法计算。

(1) 应税合同的应纳税额为价款或者报酬乘以适用税率。

(2) 应税产权转移书据的应纳税额为价款乘以适用税率。

(3) 应税营业账簿的应纳税额为实收资本(股本)、资本公积合计金额乘以适用税率。

(4) 应税权利许可证照的应纳税额为适用税额。

(5) 证券交易的应纳税额为成交金额或者按照《印花税暂行条例》第七条的规定计算确定的计税依据乘以适用税率。

4. 印花税征收管理

印花税纳税义务发生时间为纳税人订立、领受应税凭证或者完成证券交易的当日。证券登记结算机构为证券交易印花税的扣缴义务人，证券交易印花税扣缴义务发生时间为证券交易完成的当日。

印花税按季、按年或者按次计征。实行按季、按年计征的，纳税人应当于季度、年度终了之日起15日内申报并缴纳税款。实行按次计征的，纳税人应当于纳税义务发生之日起15日内申报并缴纳税款。

证券交易印花税按周解缴。证券交易印花税的扣缴义务人应当于每周终了之日起5日内申报解缴税款及孳息。

21.3.2　印花税的纳税申报

印花税的纳税人应按照有关规定，及时办理纳税申报，具体申报步骤如下。

(1) 操作人员登录"网上办税服务厅"，在"系统功能"列表下，选择"税费申报及缴纳"|"印花税申报"选项，进入"印花税申报"页面。在申报界面中输入纳税人识别号，按Enter键，系统自动导出纳税人登记信息，录入需要申报的数据，如图21-4所示。

图 21-4　申报界面

(2) 填写完申报数据以后，单击"保存"按钮，系统弹出提示框，提示保存成功，单击"是"按钮完成申报工作。如图21-5所示。

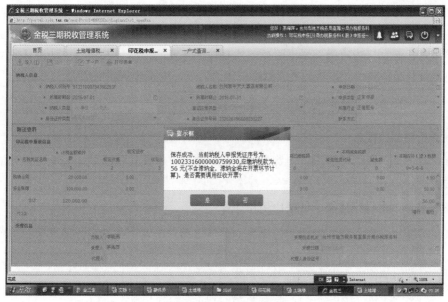

图 21-5　申报成功界面

21.4　城市维护建设税及教育费附加纳税实务

21.4.1　城市维护建设税概述

1. 城市维护建设税的概念和特点

城市维护建设税是对在中华人民共和国境内缴纳增值税、消费税的单位和个人征收的，以其实际缴纳的"两税"税额以及出口货物、劳务或者跨境销售服务、无形资产增值税免抵税额为计税依据的一种税。

城市维护建设税属于一种附加税，具有税款专款专用、实行地区差别比例税率、征收范围较广等特点。

2. 城市维护建设税的税率和应纳税额的计算

1) 城市维护建设税的税率

城市维护建设税按纳税人所在地的不同，设置了如下两档地区差别比例税率。

(1) 纳税人所在地在市区的，税率为7%。

(2) 纳税人所在地不在市区的，税率为5%。

2) 城市维护建设税应纳税额的计算

城市维护建设税应纳税额的计算公式为

$$应纳税额 = 纳税人实际缴纳的增值税、消费税税额以及出口货物、劳务或者$$
$$跨境销售服务、无形资产增值税免抵税额 \times 适用税率$$

3. 城市维护建设税的征收管理

城市维护建设税的征收管理比照增值税、消费税的有关规定办理。城市维护建设税的纳税环节，实际就是纳税人缴纳"两税"的环节。纳税人只要发生"两税"的纳税义务，就要在同样的环节分别计算缴纳城市维护建设税。

城市维护建设税的纳税期限与"两税"的纳税期限一致。城市维护建设税按月或者按季计征。不能按固定期限计征的，可以按次计征。实行按月或者按季计征的，纳税人应当于月度或者季度终了之日起15日内申报并缴纳税款。实行按次计征的，纳税人应当于纳税义务发生之日起15日内申报并缴纳税款。扣缴义务人解缴税款的期限，依照前两款规定执行。

21.4.2 教育费附加概述

1. 教育费附加的概念

教育费附加是对缴纳增值税、消费税的单位和个人，以其实际缴纳的税额为计算依据征收的一种附加费。

2. 教育费附加的计征依据、计征比例和计算

教育费附加以纳税人实际缴纳的增值税、消费税为计征依据，分别与增值税、消费税同时缴纳。

现行教育费附加征收比率为3%，其计算公式为

$$应纳教育费附加=实际缴纳的增值税、消费税×征收比率$$

21.4.3 城市维护建设税及教育费附加的纳税申报

城市维护建设税及教育费附加的纳税人应按照有关规定，及时办理纳税申报。具体申报步骤如下所示。

(1) 操作人员登录"网上办税服务厅"，在"系统功能"列表下，选择"税费申报及缴纳"|"城建税及教育费附加"选项，进入申报页面。在打开的"城建税、教育费附加、地方教育附加税(费)申报表"内，确认申报数据。该数据根据增值税(消费税)申报情况自动带入，可修改，如图21-6所示。

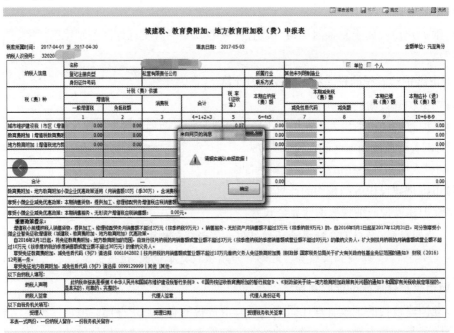

图21-6　申报界面

(2) 据实填写申报数据，填写完毕单击右上角"提交"按钮，核实无误后确认提交，完成城建税等附加税(费)的申报，如图21-7所示。

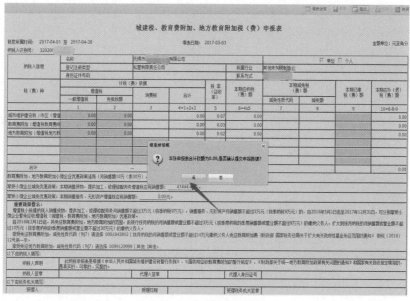

图 21-7 申报确认界面